国家社会科学基金一般项目（17BJY118）

主产区粮食产后服务主体的收储行为及供应链治理机制研究

冷志杰　高　艳　文春玲　于晓秋　马伊茗　著

中国农业出版社
北　京

序　一

中国是人口大国和粮食消费大国，粮食安全是国家安全的基础，是维系社会稳定的"压舱石"。市场导向的粮食收储制度改革是"十三五"期间农业供给侧改革的重要内容，主产区收储主体作为粮食产后服务主体，必须承担粮食收储市场化情景下有效衔接产销双方的重要任务。因此，以收储制度改革后的粮食收储供应链为研究对象，针对粮食产后服务主体的收储行为及其收储供应链管理进行系统研究，是2016年开始的收储制度改革引出的新课题，也是粮食经济研究的新领域。黑龙江八一农垦大学冷志杰教授带领的科研团队对此进行了系统研究，完成了国家社会科学基金项目"主产区粮食产后服务主体的收储行为及供应链治理机制研究"（17BJY118），该项目的主要成果形成了本专著。

本书聚焦粮食主产区"高产量、高仓储、高价格"和主销区"高进口"的粮食领域新问题，选择东北三省粮食主产区为背景，以粮食收储供应链为研究对象，研究粮食产后服务主体的收储行为规律、可推广的收储供应链模式，以及收储供应链治理机制和治理模式，获得提升粮食产后服务主体收储服务水平、改进粮食产后服务体系的政策建议，具有实践的先导性和理论的创新性。

本书对粮食供应链理论进行了有益扩充，对农业经济学科发展具有学术价值：（1）选择东北三省主产区的玉米收储供应链为研究对象，研究得出玉米产后服务主体收储满意度的影响因素和提升路径，以及种植主体售粮忠诚度的影响因素及提升路径，总结了玉米产后服务主体的收储行为本质特征和机理；（2）获得了相对最优型玉米、水稻收储供应链模式选择的影响机理，得出可推广的收储供应链模式；（3）得出粮食产后服务主体采取种植主体先出价的不同博弈激励，可以构建不同情境下与种植主体双赢的收储供应链治理机制和治理模式的结论；（4）针对产后服务主体协调定价机制中"理性人"和"非理性人"间博弈方法的局限性，引入信任关系，得出完全市场化的玉米产后服务主体提升农场主信任度的机制，设计了基于质量和信任的收储供应链治理模式的实施机制。

本书的主要研究特色在于，突出了粮食收储制度改革新时期的重要任务，以及粮食行业和政府关注的重要问题。列举出的实际案例应用佐证了结论，有助于遴选示范企业和提取推广培训内容，指导粮食产后服务主体进行收储市场运作，达到有效衔接产销双方的目的。政策支持方面，从提出产后服务中心示范政策，到支持增加粮食产后服务中心覆盖全部主产区，再到引导粮食产后服务主体运营的政策，包括了改进粮食产后服务体系的支持、促进和调控政策，构成的政策体系较为完整，该政策体系能够促进粮食产后服务中心提升收储意愿、实施供应链治理模式，有助于加速实现政府收储制度改革目标。

农林经济管理学科带头人

世界生产力科学院院士、中国农业经济学会　副会长

黑龙江省高端智库东北农业大学现代农业发展研究中心　主任兼首席专家

郭翔宇 教授

2021 年 10 月

序　二

中国粮食问题关乎国计民生，2016年开始了市场化导向的收储制度改革之后，中国未来粮食安全的稳定性在很大程度上取决于粮食收储供应链的稳定程度，因为粮食安全不仅需要生产环节的安全保障，更需要粮食产后服务主体注重协同收储前端和后端主体一体化运营，才能保证有序稳定的粮食供给。粮食产后服务主体的收储供应链治理问题，是农产品供应链领域的前沿问题，亟须广大学者研究粮食产后服务主体的收储行为规律，洞悉收储供应链治理机制和模式。

黑龙江八一农垦大学经济管理学院冷志杰教授在农产品物流与供应链管理领域具备多年科研与实践经验，她主持过1项国家自然基金和3项国家社科基金项目，该著作是冷教授主持的第2个国家社会科学基金一般项目"主产区粮食产后服务主体的收储行为及供应链治理机制研究"（批准号17BJY118）的主要成果。

该著作研究视角新颖、研究方法科学、研究观点可靠、研究内容系统。首先，选择东北三省主产区收储供应链为研究对象，研究聚焦到粮食产后服务主体的收储供应链治理这一新问题。其次，分别构建东北三省玉米、水稻收储供应链模式的选择模型，基于质量和信任构建收储供应链治理机制，结合七星农场等协同创新单位开展示范应用，验证了粮食收储供应链治理的实践有效性。再次，提出粮食收储供应链治理模式可以形成"利益分享机制→关系协调机制"的治理路径，构建粮食供应链治理的"支持政策＋示范政策＋促进政策"收储政策体系架构等科学观点。最后，探索不同利益相关主体差异化收储运作的系统性新规律，得出粮食产后服务主体政策体系的改进要点，为政策工具组合制定奠定了基础。

该著作初步形成的收储供应链治理理论不仅丰富了粮食供应链理论，而且得到了横向课题的应用佐证：提出的水稻供应链创新模式已经在北大荒农垦集团应用，并且形成了黑龙江省地方标准《物联网环境下高品质水稻供应链管理规范》（DB23T 2455—2019）；碱地大米供应链创新应用于京东碱地高品质水稻物联网供应链溯源体系。为了提升粮食产后服务主体收储意愿并有效实施供应链治理模式，本书提出了"支持政策＋示范政策＋促进政策"构成的粮食产后服务主体政策体系，回答了在粮食主产区的"高产量、高仓储、高价格"和主销区"高进口"的"四高"叠加情境下，对于主产区有收储功能的粮食产后服务主体这类新型农业社会化服务主体，实现产销有效对接，政府应实施怎样的政策。研究真正做到了学术研究的"顶天立地"。

综上，该研究成果为政府在产业政策制定、企业在粮食供应链运营决策等方面提供了重要的参考依据，是一项落实粮食收储制度改革、高质量推进乡村振兴的优秀成果。

工商管理学科带头人

哈尔滨商业大学管理学院　院长

黑龙江省优质农产品智慧供应链价值共创协同创新中心　主任

教授

2021 年 10 月

前　言

本书是国家社会科学基金一般项目"主产区粮食产后服务主体的收储行为及供应链治理机制研究"（批准号 17BJY118）的主要成果。

2016 年出现了粮食主产区的"高产量、高仓储、高价格"和主销区"高进口"的叠加问题，因此，市场导向的粮食收储制度改革就归入政府农业供给侧结构性改革的第一场硬仗。随着玉米临储制度的取消、水稻托市收购价格的调低等收储政策变化，激活、建设一批粮食产后服务主体，有效完成粮食产后处理、存储、加工、销售一体化的社会化服务，成为国家重中之重的任务，从而粮食企业的竞争转化为粮食供应链的竞争。因此，急需研究粮食产后服务主体的收储行为规律及其供应链治理机制。本书研究成果可概括为以下五方面。

（一）得出四个重要观点。①2016 年开始的粮食收储制度改革效果明显。东北三省玉米主产区和主销区市场环节整合程度最高，水稻整合程度次之；玉米产后服务主体失去了政策性套利空间，水稻产后服务主体的政策性套利空间压缩；粮食产后服务主体市场性套利意愿增加。②针对粮食高质量约束下东北三省主产区常见的收储环节利润分配问题，构建不同情境下与种植主体双赢的合理利润分配定价协调机制。③基于质量和信任的收储供应链治理模式，可以形成由"利益分享机制"和"关系协调机制"构成的治理路径。

④为了粮食产后服务体系发展，2020年收储政策领域改进要点是推动建立收储供应链治理实施的支持政策、收储供应链模式的示范政策、社会—技术范式急需更迭的促进政策。

（二）研究方法的创新性。①运用协整模型和格兰杰因果关系检验得出，粮食收储制度改革效果明显，玉米产后服务主体失去了政策性套利空间，水稻产后服务主体的政策性套利空间压缩，基于市场整合特点的市场套利意愿增加。②运用多项Logit模型，分别构建东北三省主产区玉米、水稻收储供应链模式的选择模型，验证了相对最优的收储供应链模式选择机理。运用结构方程，验证了存在玉米产后服务主体提升种植户售粮忠诚度的路径和自身满意度的路径。③运用博弈论方法，验证了在常见的收储供应链中，产后服务主体采取种植主体先出价的不同博弈激励，均能得到一个双赢的均衡契约。在高质量约束下的玉米收储供应链治理模式实施过程中，引入信任关系，构建了具有信任关系协调特点的、具有完全市场化特征的收储供应链治理机制，弥补了博弈模型应用中"理性人"假设的局限。④运用政策周期视角和多层视角分析框架，可以得出2020年东北粮食主产区产后服务主体的政策体系改进要点。

（三）研究成果具有科学性与系统性。主产区粮食产后服务主体作为新型农业经营主体，强化粮食产后处理、存储、加工、销售一体化的社会化服务，是新的系统科学问题，研究粮食产后服务主体的收储行为规律及其供应链治理机制，反映了不同利益相关主体的不同收储运作流程的系统性新规律，体现了政府引导的粮食收储制度市场化改革的初衷。

（四）研究成果具有学术价值。2016年开始收储制度改革，粮食主产区产后服务主体作为新型农业经营主体，如何强化收储供应链上的社会化服务，是农业经济领域的前沿问题，在东北三省主产区以粮食收储供应链为研究对象，研究得出：一是玉米产后服务主体满意度的影响因素和提升路径，以及种植户忠诚度的影响因素及提升路径，构成了玉米产后服务主体收储行为本质特征和机理；二是获得了相对最优型玉米、水稻收储供应链模式选择的影响机理；三是粮食产后服务主体采取种植主体先出价的不同博弈激励，构建了不同情境下与种植主体双赢的收储供应链治理模式；四是针对产后服务主体协调定价机制中"理性人"和"非理性人"间博弈方法的局限性，引入信任关系，得出了完全市场化的玉米产后服务主体提升农场主信任度的机制，设计了基于质量和信任的收储供应链治理模式的实施机制。上述结论丰富了粮食供应链理论。

（五）研究成果具有应用价值。本书突出了收储制度改革新时期的重要研究对象和关键问题的研究应用。一是梳理相对最优型的收储供应链模式，有助于遴选示范企业和推广培训；二是得到不同收储情境下的收储供应链治理模式及实施机制，形成黑龙江省地方标准，说明可以指导粮食产后服务主体进行市场运作，国有企业和民营企业的案例示范有助于提取推广培训的内容和政策制定的要素；三是提出的支持、促进和调控政策，部分已提供给黑龙江省粮食局进行应用，有助于相关粮食产后服务体系的建设。

本书撰写工作是由黑龙江八一农垦大学的冷志杰、高艳、文春玲、于晓秋和马伊茗著完成的。其中，冷志杰主持全书设计并统稿，撰写第1章，第2章2.2～2.4节，2.6节，第4章4.1～4.6节，4.8～4.9节，第5章5.1节，5.4～5.7节，第6章6.1节，6.5～6.6节，第7章7.2～7.6节，以及所有章的引言；高艳撰写第4章4.7节，第5章5.2节；文春玲撰写第2章2.1节和第3章；于晓秋撰写第 5 章 5.3 节；马伊茗撰写第 2 章 2.5 节，第 6 章 6.2～6.4 节，以及第 7 章 7.1 节。课题组的寇晨欢、耿晓媛、刘永悦、刘新红、刘晓晶进行了相关的调研和成果校对工作。硕士研究生计春雷、任晓雪、赵佳、王蕾和王媛等参加了调研、资料整理和分析工作。还有一些粮食收储供应链相关主体在调研中给予了热情支持，尤其是黑龙江省七星农场和鲶鱼沟万基谷物加工有限责任公司相关领导提供了案例应用所需条件。研究中参考了众多研究者的文献，在此一并向他们表达诚挚的谢意！最后，感谢黑龙江八一农垦大学提供的良好研究环境，感谢国家社科规划办公室的课题支持。限于著者团队的研究水平，书中可能有不足之处，欢迎各位读者和同行批评指正。

冷志杰

2021 年 5 月于黑龙江八一农垦大学学苑

目　　录

1 引 言

1.1 问题的提出

2017 年中央 1 号文件指出，深化粮食价格形成机制和收储制度改革是农业供给侧结构性改革的第一场硬仗。要想解决粮食主产区的"高产量、高仓储、高价格"和主销区"高进口"叠加的粮食领域新问题（简称"四高"叠加问题），必须激励主产区有收储功能的"粮食产后服务主体"这类新型农业社会化服务主体实现产销有效对接。

"粮食产后服务主体"是指主产区从事粮食产后处理的农业社会化服务主体，如："烘干塔""粮库""粮食处理中心"等，名字不同，本质一样。最初是民间收储企业或者合作社组织经营，主要靠粮食处理和仓储赚取国家临储的收购差价或者临储服务费，也有少量通过加工、销售获得收益。这类收储主体于 2016 年完成布局。调查表明，虽然它们社会化服务行为不同，粮食处理的功能差异较大，但是至少有 90% 的粮食从田间进入这类主体，说明它们在粮食流通中起着最初质量处理、集货和产销衔接的关键作用[1]。随着玉米临储制度取消，水稻收储制度的改革，国有粮食收纳库也急需提升功能、延伸粮食产后服务，所以，激活、建设一批粮食产后服务主体，有效完成粮食产后处理、存储、加工、销售一体化的社会化服务，成为国家重中之重的任务。自 2017 年以来，粮食企业的竞争已经转化为粮食供应链的竞争，因此，亟须从供应链视角研究粮食产后服务主体的收储行为规律，洞悉收储供应链治理机制和模式，研究成果有利于增加粮农收入，有利于解决上述粮食领域"四高"叠加问题，相关政策建议方面的研究具有实践的紧迫性和理论的创新性。

1.2 基本概念界定

研究粮食产后服务主体的收储行为规律、收储供应链治理机制和模式，以及如何实现产销有效对接，是复杂度很高的问题，首先涉及概念不一致的问题，因此，必须在本研究中明确相关概念。

1.2.1 粮食产后服务主体的界定

粮食产后服务主体，是指针对市场化收购条件下主产区农民收粮、卖粮、清理、干燥、储粮等一系列问题，通过整合粮食流通领域的现有资源，建立的专业化、经营性的粮食产后服务组织。一般应具有独立法人资格，具备相应的粮食产后服务功能和经营管理能力，提供种粮农民需要的粮食产后收储功能服务，随着服务能力的提升，服务对象可以从农民扩展至一般种植主体。2017年政府支持的国有粮食产后服务主体称为"粮食产后服务中心"（详见《粮食产后服务中心服务要点》（国粮办储〔2017〕266号））。

1.2.2 粮食产后服务主体的收储功能界定

根据《粮食产后服务中心服务要点》（国粮办储〔2017〕266号），粮食产后服务中心的功能是为种粮农民提供"代清理、代干燥、代储存、代加工、代销售"等"五代"有偿服务，有利于增强农民市场议价能力、促进粮食提质进档、推动节粮减损、减少农户储粮损失率和提高农业专业化水平。以此为依据得出：粮食产后服务主体的收储功能，是指为粮食种植主体提供清理、干燥、储存、销售等服务，主要评价指标包括粮食产后服务主体的规模、烘干能力、储存能力、建立仓储方式、储存方式、结算方式、销售方式等。粮食主产区粮食收储主体一般没有加工的功能，因此，粮食产后服务主体代加工的属性可视需要考虑。

1.2.3 粮食产后服务主体的收储行为界定

粮食产后服务主体的收储行为，是指其在粮食收购储存环节的行为举动。粮食收储供应链中粮食产后服务主体的收储行为主要包括收购来源确定、烘干方式和储存方式选择[2]，也包括与种植主体有关的交易行为。

1.2.4 粮食产后服务主体进行质量提升的收储服务水平界定

为提升粮食质量，粮食种植主体或者粮食产后服务主体都可以进行粮食收储服务，但是二者是不同的。粮食种植主体多数是为自己种植的粮食进行清理、干燥和储存，而粮食产后服务主体是为粮食种植主体进行收储服务，即提供全部或部分收储功能服务。

粮食产后服务主体进行质量提升的收储服务一般指为种植主体提供清理、干燥、储存、销售等收储功能业务。但是，某些有实力的产后服务主体，还提供代收割、代加工、信息服务等业务，能够进一步提升粮食的质量价值。尤其重要的是信息服务，产后服务主体主要依据市场上不同区域粮食需求商需要的粮食品种、标准等构成的质量信息，以及数量结构信息，各种粮食供应链渠道的成本等等，针对不同种植主体销售决策进行相关信息服务。简言之，粮食产后服务主体拥有收储功能优势和针对下游需求商的信息优势，据此可为粮食种植主体提供专业化收储服务，相较种植主体自身进行收储业务，能够降低提升粮食质量价值的成本。

粮食产后服务主体进行质量提升的收储服务水平是可以界定的。一是基于比较法，依据粮食服务主体之间服务水平差异，定性其中某一粮食产后服务主体针对种植主体进行质量提升的收储服务水平居于高、中、低等级；二是基于成本的量化方法，因为粮食产后服务主体针对种植主体进行质量提升的收储服务水平与其付出的收储服务成本成反比的函数关系为业内广泛接受，所以可以用粮食产后服务主体针对种植主体进行质量提升的收储服务成本函数乘以一个常数来界定粮食产后服务主体进行质量提升的收储服务水平。

1.2.5　粮食收储供应链管理的界定

本研究依据《国务院办公厅关于积极推进供应链创新与应用的指导意见》（国办发〔2017〕84号）中供应链的定义以及供应链管理定义[3]，确定粮食收储供应链及粮食收储供应链管理内涵。

粮食收储供应链，是指粮食收储主体及其上下游成员形成的网链结构。粮食收储供应链是从田间到餐桌的粮食供应链前端部分，一般包括种植主体、收储主体和需求商。收储主体从多个种植主体采购粮食，销售给需求商，需求商有产地加工企业和批发商，也有主销区的加工企业和批发商。粮食收储供应链，实质上是指以需求商为导向，以协调质量标准化、供应链总成本最小化、提前期最大化、服务水平最优化为目标，以整合资源为手段，实现粮食收储全过程高效协同的组织形态。

粮食收储供应链管理，是指收储主体通过对种植主体提供收储功能服务、购买和销售粮食等决策行为，影响收储供应链成员的利益分配机制，使供应链所有成员均能提高绩效，从而提高整个供应链运作效率和效益的管理行为。粮食收储供应链中粮食产后服务主体的主要功能是为种植主体提供粮食"五代"服务，其他决策都是由此展开的。因此，一般确定粮食产后服务主体为核心，协调管理收储供应链，主要包括粮食产后服务主体从种植主体采购粮食，对粮食实施烘干、清理、储存等收储全部功能或部分功能，最后销售给需求商；也可以单独对种植主体提供部分收储功能，或者代加工、代销售等服务。

1.2.6 粮食收储供应链模式的界定

《国家粮食局财政部关于印发"优质粮食工程"实施方案的通知》（国粮财〔2017〕180号），《商务部等8部门关于进一步做好供应链创新与应用试点工作的通知》（商建函〔2020〕111号）等一系列文件说明，对具有供应链创新特点的、可推广的粮食收储供应链模式梳理，是政府引导市场化收储制度改革的重点任务，因此要界定以粮食产后服务主体为核心的粮食收储供应链模式的内涵。

供应链模式是一个宽泛的概念，常见的供应链模式研究有供应链的治理模式[1,4,5]、服务模式[6]、运作模式[7]、金融模式[8]、流通模式[9]研究等。供应链模式的优化是通过规则的约束，对传统商业运行环境下的供应链管理存在的诸多痛点进行整改，达到进一步改善合作模式与供应链商业模式的目标[10]。常用的供应链模式指运作模式，在供应链中位于各环节的成员根据战略目标，确定自身的运作方式，供应链上各成员间不同运作方式组合即为供应链模式[11]。

针对可推广的粮食供应链模式研究中，一般以运作模式视角进行的研究居多[12]，主要集中为粮食银行运作模式、物流运作模式、原粮供应模式等。当粮食供应链核心主体为政府、国有大宗粮食企业时，主要以公平关切视角考虑问题；当粮食供应链核心主体为中小型粮食企业，多以博弈视角为主；当粮食供应链核心主体为国际大型粮商时，主要侧重于商业视角研究。本研究从公平关切视角和博弈视角理解粮食收储供应链模式的内涵：一是针对粮食收储供应链主体构成，主要包含粮食种植主体、粮食产后服务主体和下游需求商，他们根据各自的战略目标确定自身的运作方式，三者间的运作方式组合为粮食收储供应链模式；二是针对上下游成员间的运作方式组合，往往是上下游两个主体用契约的形式固化，因此，粮食收储供应链模式呈现特定的收储供应链中上下游契约之间的组合形式；三是针对粮食收储供应链模式研究的目的，为了遴选更好的收储供应链模式，运用博弈论等方法寻找均衡状态形成契约。

1.3　研究对象的选择

2017 年中央 1 号文件指出，一要统筹调整粮经饲种植结构，"粮食作物要稳定水稻、小麦生产，确保口粮绝对安全，重点发展优质稻米和强筋弱筋小麦，继续调减非优势区籽粒玉米，增加优质食用大豆、薯类、杂粮杂豆等"。二要深化粮食等重要农产品价格形成机制和收储制度改革，这是农业供给侧结构性改革的第一场硬仗。"坚持并完善稻谷、小麦最低收购价政策，合理调整最低收购价水平，形成合理比价关系。坚定推进玉米市场定价、价补分离改革，健全生产者补贴制度，鼓励多元市场主体入市收购，防止出现卖粮难。科学确定粮食等重要农产品国家储备规模，优化中央储备粮品种结构和区域布局，改革完善中央储备粮管理体制，充分发挥政策性职能作用，严格政策性粮食监督管理，严防'跑冒滴漏'，确保储存安全。支持家庭农场、农民合作社科学储粮。"综上，进行如下研究对象选择步骤：

1.3.1　研究粮食产后服务主体收储的粮食种类选择

表 1-1 表明，主食用粮中稻谷播种面积大于小麦，非主食用粮的玉米播种面积大于豆类，因此，原粮种类选择口粮绝对安全类的水稻，水稻中选取市场接受度较好的粳稻，玉米和大豆中选择播种面积占绝对优势的玉米。

表 1-1　主要粮食播种面积

单位：千公顷

品种	稻谷	小麦	玉米	豆类
2015	30 784	24 596	44 968	8 433
2016	30 746	24 694	44 178	9 287
2017	30 747	24 508	42 399	10 051

注：数据来自《2018 年中国统计年鉴》。

在种植结构调整方面，一是取消玉米托市收购政策后，调减玉米库存，比较容易实现，如 2016 年调减籽粒玉米 3 000 万亩，2017 年调减 3 000 万亩（2015 年 11 月 2 日农业部发布《关于"镰刀弯"地区玉米结构调整的指导意见》）。二是政府通过调整水稻最低收购价格逐年调减水稻库存，2016—2018

年粳稻（三等）最低收购价分别为 1.55 元/斤*、1.50 元/斤、1.30 元/斤。综上，主要研究收储制度改革后，市场条件下的产后服务主体收储玉米形成的收储供应链，还要研究政府调整水稻最低收购价格条件下，水稻由政策性收储为主转向政府引导下市场化收购为主情形下的产后服务主体收储供应链。

1.3.2 粮食产后服务主体所在粮食主产区的选择

1.3.2.1 基于2017年水稻和玉米主产区种植面积的主产区选取

如表 1-2 所示，2016 年全国水稻和玉米种植面积相对较大的共计有 7 个省份。为了比较主粮水稻和非主粮玉米收储供应链的区别，需要选择水稻和玉米种植都比较多的省份，因此要选择黑龙江省、吉林省、辽宁省、河南省、山东省。

表 1-2 粮食主产区玉米和水稻播种面积

单位：千公顷

主产区	黑龙江	吉林	辽宁	内蒙古	河北	河南	山东
玉米播种面积	5 217.4	3 656.9	2 258.9	3 208.8	3 191.1	3 316.9	3 206.9
水稻播种面积	3 203.3	780.7	562.5	98.4	81.5	655	105.8

注：数据来自《2017 年中国统计年鉴》。

1.3.2.2 基于粮食收储调研的主产区选取

2017 年 11 月研究团队通过对河南省、河北省、山东省粮食局进行走访调研，了解到收储环节的如下信息：

（1）烘干方式，以自然晾晒为主，少数为烘干塔烘干玉米，主要受地域特点、气候和种植规模等因素影响。多数小农户表示承担不起烘干服务费用，规模小也用不着烘干；

（2）储存方式，多数是晾晒后放在平房房顶、自家院子，或者装麻袋后存放到屋子里；

（3）储存时间，最多 3~5 个月，多数种植户选择收获后直接卖掉。

结合 2017 年 10 月从黑龙江、辽宁和吉林搜集到的收储信息，发现河南省、河北省、山东省在收储环节的问题不如黑龙江省、吉林省和辽宁省大，黑龙江省、辽宁省和吉林省收储问题典型性较强。2017 年 10 月 11 日国家粮食局办公

---

* 斤为非法定计量单位，1 斤＝500 克，下同。

室印发的关于《粮食产后服务中心建设技术指南（试行）》和《粮食产后服务中心服务要点（试行）》（国粮办储〔2017〕266号），也印证了这点，文件对东北地区粮食产后服务中心连续式烘干系统的主要建设内容进行了特殊规定。

1.3.2.3　基于粮食主产区产量层级特点的代表性主产区选取

根据《国家粮食安全中长期规划纲要（2008—2020年）》的划分标准，河北、内蒙古、辽宁、吉林、黑龙江、山东、河南、江苏、安徽、江西、湖北、湖南、四川13个省（自治区）是中国粮食生产的主产区。从地域上看，中国粮食主产区主要分布在内蒙古高原、东北地区、黄淮海地区及长江中下游流域，主产区省际粮食产量差异较大，大致分为三个层级：河南省、黑龙江省和山东省为产量最大的第一层级；江苏省、安徽省、河北省、吉林省、四川省和内蒙古自治区为产量居中的第二层级；江西省、湖北省、湖南省和辽宁省为产量最低的第三层级[13]。据此从每一个层级选择一个代表省，最终选择了黑龙江省、吉林省、辽宁省。黑龙江省、吉林省和辽宁省主产区构成了东北三省主产区，也是玉米和粳稻的主产区，针对东北三省粮食产后服务主体的调查，具有产量差异化的主产区代表性。

综上，选择东北三省主产区进行水稻、玉米产后服务主体收储供应链研究，具有主产区代表性和典型性。

1.3.3　粮食产后服务主体的收储供应链选择

针对粮食领域"四高"叠加问题，在水稻主产区最低收购价政策不变，玉米实施市场收购的条件下，确定以东北三省主产区的社会化粮食产后服务主体收储供应链为研究对象，主要包括有代表性的玉米收储供应链、水稻收储供应链，这里水稻主要指粳稻，粮食收储供应链基本结构如图1-1所示。

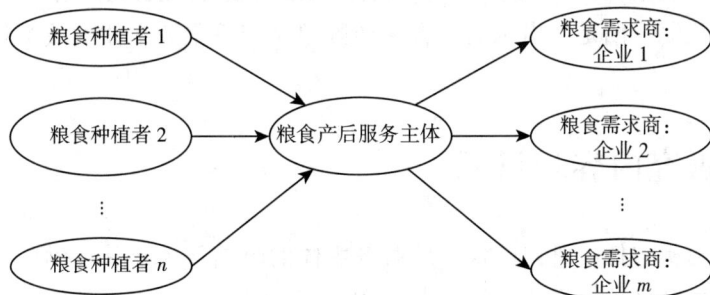

图1-1　东北三省主产区粮食收储供应链基本结构

1.4　研究目的和意义

　　粮食主产区的"高产量、高仓储、高价格"和主销区呈现"高进口"的粮食领域"四高"叠加问题，是一个社会经济发展的重大问题。从供应链视角研究"粮食产后服务主体"的收储行为规律、供应链治理机制和模式，目的是为政府提供支持这一类新兴农业经营主体的有效政策，同时为农业经济学科提供新知识。

　　在政府推进的收储制度改革中，主产区粮食产后服务主体是主要冲击对象，从面向国家储备库销售，转向粮食产后的供应链集成服务，急需供应链治理模式指导。本研究针对收储制度改革新时期的重要研究对象和关键问题，研究得出的供应链治理模式及实施机制，可以指导东北三省主产区粮食产后服务主体进行市场运作，提高粮食质量，实现供应链和产业链高效衔接。设计的粮食产后服务主体的政策体系，有助于形成生产、供销、信用"三位一体"的综合合作途径，有助于在东北三省主产区实现"增加农民收入、保障有效供给"的政府收储制度改革目标。

　　主产区粮食产后服务主体作为新型农业经营主体，如何强化粮食产后处理、存储、加工、销售一体化的社会化服务功能，是农业经济领域新的科学问题。对此，本研究的结论对农业经济学科的创新价值包括：一是得到收储制度改革后主产区与主销区的主要粮食市场环节间整合规律，以及粮食产后服务主体的套利规律；二是得到粮食产后服务主体的收储供应链模式选择机理，收储顾客忠诚度的影响因素及提升路径，构成了促进主产区粮食产后服务主体收储功能实施行为的原理，形成了完整的收储行为本质特征；三是得出高质量约束下收储供应链治理机制和模式，引入信任关系的粮食产后服务主体供应链治理模式实施机制；四是提出东北三省主产区粮食产后服务主体的政策体系设计思路。

1.5　研究内容和目标

　　研究目标包括：研究粮食产后服务主体的收储行为及其在供应链中的功能；优化主产区粮食产后服务主体的供应链治理模式；研究粮食产后服务主体的供应链治理模式实施机制；提出对粮食产后服务主体的政策支持建议。

本研究主要内容包括：

（1）主产区粮食产后服务主体相关理论分析与借鉴

应用文献研究法，基于粮食领域新形势对主产区粮食产后服务主体的新要求，总结主产区粮食产后服务主体种类及供应链治理模式的经验，采用比较研究方法，从中寻找启示和可借鉴之处。

（2）市场均衡背景：粮食主产区与主销区的主要粮食市场环节间的整合

选取 2016—2018 年水稻和玉米在东北三省粮食主产区及其主销区不同市场环节的价格数据，对于主产区和主销区，可以从网上相关数据库、相关市场实时发布的数据提取价格数据，也可以调查粮食部门报送数据和定点企业交易数据，要求能够反映代表性收储供应链对应的各市场，尤其是位于主产区和主销区的市场。运用协整方法，分别研究水稻和玉米主产区与主销区市场价格的整合规律。用向量自回归模型（VAR 模型）定量分析粮食价格波动的市场传导路径。明确收储制度改革后，粮食产后服务主体在收储供应链中基于市场整合特点的套利策略。

（3）调研：基于收储意愿和顾客忠诚度的粮食产后服务主体在原粮供应链的功能及收储行为

2016 年收储制度改革后，粮食产后服务主体从处理功能向综合功能转型，并以向主产区收纳市场节点实现集中布局为主要发展趋势。首先，根据该主体所在收储供应链的收储功能和行为进行问卷调查；其次，根据供应链中收储功能不同，建立粮食产后服务主体分类，探寻粮食产后服务主体的收储供应链模式选择机理，分析收储顾客忠诚度的影响因素及路径问题；再次，建立促进主产区粮食产后服务主体收储功能和行为的政策体系；最后，为了明确粮食产后服务主体实施供应链治理中存在质量和产销市场整合的约束，检验假说Ⅰ：在粮食领域新形势下，取消临储政策后，粮食产后服务主体收储意愿受粮食质量、产销市场整合的正向影响。

（4）供应链契约：粮食产后服务主体的供应链治理模式及能力提升策略

根据（3）中遴选的粮食产后服务主体收储供应链模式，首先，进行供应链协调定价策略的研究，构建协调定价激励机制，得出东北三省主产区玉米批发收储供应链治理机制和治理模式；其次，以高质量、高效率为收储激励目标，考虑显示收储制度特征的最低收购价等影响因素，以函数形式表达，代入该主体供应链定价策略，进入协调定价激励机制的约束，优化该机制，形成收储和销售的定价基础，从而得出东北主产区水稻双渠道收储供应链治理机制和模式；再次，在第一作者已有研究对"粮食处理中心"的原粮供应链治理模式[1]的研究基础上，拓展研究不同功能的粮食产后服务主体类别，在上述定价基础上构建非完全信息下的动态博弈模型，研究均衡解的表达式及其影响因素，以此作为收储和销售契约中的均衡定价范围及相关说明，得出水稻主产区水稻单渠道的产后服务主体收储供应链治理机制和模式；最后，根据博弈研究结果检验假说Ⅱ：在粮食质量约束下，粮食产后服务主体使用粮农先出价的博弈激励，仍然能得到一个双赢的均衡契约。在上述研究基础上，提出粮食产后服务主体的能力提升策略，并且应用案例进行检验。

（5）基于信任度的提升机制研究粮食产后服务主体的供应链治理模式实施机制

要实施（4）的结果——主产区粮食产后服务主体的收储供应链治理模式，必须打破博弈模型应用中"理性人"假设的局限，需要考虑"信任"这一影响因素。在水稻原粮供应链治理模式的基础上，将动态信任引入到重复博弈的分析框架中，分析信任认知对供应链成员的合作行为演化的影响，试图找到合作现象在供应链系统中涌现并维持的临界值，明确对合作行为产生影响的因素。为了促进合作行为的形成和演化，可以通过提升主产区粮食产后服务主体与供应链其他行为主体之间的信任度，来诱导行为主体选择合作集成策略。因此，研究行为主体之间信任度的提升机制，并针对不同主体的特点，从竞争、利益分配的激励机制、约束、信任、合作等方面，构建粮食产后服务主体的供应链治理模式实施机制，期望据此提升主产区粮食收储供应链竞争力，最终得出粮食产后服务主体的供应链治理模式实施机制。

（6）支持粮食产后服务主体的政策体系设计

总结、梳理促进粮食产后服务主体收储意愿并实施供应链治理模式的政府支持政策体系，提出支持粮食产后服务主体建设的政策体系。

2 主产区粮食产后服务主体相关理论基础

基于粮食领域新形势对中国主产区粮食产后服务主体的新要求，采用比较研究方法，对国内外的相关理论进行对比分析，总结主产区粮食产后服务主体在种类、收储行为，以及供应链治理机制和治理模式的经验，得出启示和可借鉴之处。

2.1 粮食市场价格整合的理论分析与借鉴

2.1.1 国外产销区粮食市场价格整合的研究综述

(1) 粮食市场间价格整合的研究方法

国际上，通常采用多市场均衡分析框架，即用协整模型方法判断市场间的整合程度，整合度高代表资源配置合理，否则需要政府政策干预。Goychuk et al（2014）采用协整方法和阈值误差修正技术实证分析了俄罗斯、乌克兰与美国、欧盟及加拿大小麦市场之间的整合问题[14]，Ghosh（2011）采用极大似然法研究了印度农业政策改革对水稻和小麦市场空间整合的影响[15]。针对新兴经济体国家的研究表明：政府应适当干预，但干预后粮食价格越稳定并不一定意味着社会福利越高，在贸易自由化的环境下利用缓冲储备和补贴私人储备来稳定粮价的效率不高[16]；库存对价格变动很重要[17]；政府提供的粮食与通过市场提供的粮食质量是不同的，一味地给予粮食补贴会导致粮食价格的上涨，伤害贫困人群利益[18]。因此，市场间价格整合研究成为市场主体收储行为和供应链管理的环境基础。

(2) 粮食市场价格整合研究的主要观点

国外对于农产品价格传导和市场整合的研究较多。多数文献都是从农产品市场价格纵向整合的方面进行分析。近几年，发展中国家研究市场整合价格传导的文献较为集中。不同国家的农产品市场整合研究结果表明，政府取消对农产品的政策干预促进了农产品市场的整合。比如"与改革前相比，印度自 20

世纪 90 年代初以来的农业政策改革后，水稻和小麦市场的州内和州际空间整合程度有所提高。农业政策改革似乎有助于提高粮食市场的空间一体化程度，为市场自由化和尽量减少政府干预粮食经济的论点提供了支持。而进一步的自由化将加强市场的空间一体化。"[15]

在农产品产业链上，不同品种、不同价格类型的市场整合程度都可能存在差异。比如，在孟加拉国、斯里兰卡研究大米产业链的市场价格时发现，大米批发价格和零售价格是协整的，批发市场在决定零售价格中起主导作用，在价格传递的过程中表现为涨价的价格信息传递是顺畅的，但降价的价格信息传递是无效率的[19,20]，这与产业组织理论一致。而研究南非的小麦和玉米产业链的市场价格时发现，从小麦生产者价格到面包消费价格的价格传递是完全的，二者的价格信息传递是双向的，而玉米生产者和玉米粉消费者之间价格的传递是不完全的[21]。

不同的国家在整合机制方面也存在着差异。例如，在俄罗斯，加大对运输、贸易基础设施的投资，实行支持市场信息服务和商品期货市场发展的政策都能够提高粮食市场效率。而在美国，由商品期货市场引发的传统信息流发挥了巨大的作用[22]。市场整合程度还受到其他因素的影响[15,23,24,25]：地理距离的增加会降低价格传导的速度，进而影响市场整合的程度；政府的价格干预等政策的变化和制度的变化，以及交易成本等其他因素对农产品的市场整合和价格传导也会起到作用。

2.1.2 国内产销区粮食市场价格整合的研究综述

(1) 粮食市场间价格整合的研究方法

国内关于不同市场间粮食价格相互影响的研究主要集中于市场整合和价格传导的分析：一是运用两个地区市场的价格数据考察市场整合程度，包括相关分析法、Rvallion 模型和 Johansen 协整检验（JJ 检验）；二是运用价格数据、交易成本和贸易流量考察市场的竞争化程度、整体运营效率及其影响因素的状态转换模型[26]。然而，由于国内对于交易成本和贸易流量数据搜集较为困难[26]，考察两个市场之间市场整合的主要方法仍然是协整模型和误差修正模型（ECM 模型），其中，协整模型可以考察长期整合关系，误差修正模型可以考察短期整合关系；考察两个市场间价格传导主要用的是格兰杰因果关系检验。

国内学者使用协整方程、误差修正模型、格兰杰因果关系检验等方法，分别以小麦、玉米、大米、大豆等单一农产品价格，或者以价格指数为研究对象[27]，从不同区域[28,29]、不同市场环节[30]、不同产业间[31]进行市场整合关系和价格传导机制的分析。

(2) 稻米市场价格整合研究的主要观点

数据选取上，把省作为一个市场来研究它与其他省的整合关系，存在资料汇总平均导致错误的问题[32]。

随着中国粮食市场化、国际化的日益推进，大米市场的整合程度开始逐渐提高。1992—1995 年中国稻米市场趋于长期整合，但整合程度较低[33]，1988—1995 年国家对粮食市场的行政干预影响了中国粮食市场朝一体化方向发展的速度[32-35]。

从区域间市场的整合情况看，中国水稻的空间整合程度正在不断增强，但受到最低收购价政策的影响。2006 年国内主要粳米和籼米市场大部分都存在协整关系[34]；受到市场力量、运输能力等因素影响，中心市场价格波动对地方市场价格变动的影响强度存在差异[35]；稻谷的最低收购价政策使得由市场供给和需求共同作用形成价格的机制不能正常发挥作用，发生价格传导方向和效率的改变[36]。

从价格传导的不同环节上来讲，稻谷和大米的市场整合程度存在明显的差异。2009 年 1 月 1 日—2017 年 9 月 30 日的周数据研究表明，中国稻谷收购价格政策的实施导致稻谷收购市场呈现寡占市场特征，具有将稻谷价格维持高位运行的控制能力；而大米批发市场接近完全竞争的市场结构，价格受上游影响，缺乏市场控制力，处于弱势地位。因此，在有管制的政府调控体制下，中国稻米市场的收购价格和批发价格之间价格传递机制被扭曲，严重影响粮食市场的整体运行效率，出现纵向市场分割、市场条块化等问题[37]。因此，2017年调整水稻最低收购价是必然的选择。

(3) 玉米市场价格整合研究的主要观点

1987—2017 年，中国玉米市场长期整合[28,29]。随着中国玉米商品化率的日益提高，研究发现 1987—1997 年玉米市场短期不整合，但 2002—2012 年两两玉米市场短期整合的成对市场数量明显提高。2008 年玉米市场实施临储制度，2008 年 10 月—2017 年 12 月的月度数据研究表明，在剥离了其他因素对价格波动的影响之后，玉米收储制度市场化改革可以降低东北三省主产区价格波动率，这种影响在改革实施初期效应更为明显，但随着时间的推移，这种影响效应逐渐减弱[38]。随着东北主产区玉米价格的连年上升，出现其他产区的玉米倒流入东北的现象，玉米高库存和高进口并存。伴随 2016 年玉米临储政策的市场化改革，预计短期市场整合程度进一步提高，也必然会引起价格传导更加顺畅。临储政策的影响消除后，东北主产区价格波动率降低，玉米的政策套利收益下降，那么，玉米收储主体如何适应这一变化，寻找新的套利空间是值得关注的一个重要问题。

2.1.3　启示和可借鉴之处

综上，可以借鉴协整检验、误差修正模型和格兰杰因果关系检验研究市场整合问题，得出如下的启示，将用于第3章的研究。

（1）协整检验和格兰杰因果关系检验在国内外仍然是市场整合和价格传导研究的主要方法。因此本研究借鉴这两种方法，确定水稻和玉米主产区与主销区间的主要市场环节间整合程度和价格传导的方向问题。在此基础上可以讨论粮食收储主体或者粮食产后服务主体在粮食领域新形势下的套利规律。

（2）粮食价格数据采用市场报价点的数据或者调查数据，避免因数据的"加工"引起市场长期和短期关联度的加强。

（3）收储制度改革减少了政府政策对市场的干预，能够提高市场整合程度。

2.2　粮食产后服务主体分类及功能的理论分析与借鉴

2.2.1　国外粮食产后服务主体分类及功能的研究综述

国外粮食产后服务主体分类主要包括农民、农场主、合作社、私营企业、加工企业、销售企业等，主要功能包括收购、粮食产后处理、储备和销售，实现了从单一处理功能到综合功能的转变。收储目的既有自行储备，也有为下游企业周转性库存，还有为国家缓冲储备[39]。收储相关的仓库可以分成政府储备仓库、商业出租仓库、粮食收购企业的自备仓库、农户拥有的储存仓库；也可分成政府和私营储备经营公司共同参与的缓冲储备仓库，以及粮食生产者和加工企业在交易过程中用于周转性库存的正常储备仓库。收储过程中，存在政府委托农场主、合作社进行粮食收购和储存，同时政府给予委托的农场主或合作社一定的仓储费，增加经营者收入[39]。

2.2.2　国内粮食产后服务主体分类及功能的研究综述

主产区粮食产后服务主体，在国内一般是指粮食主产区投资建设粮食处理的主体，可分成粮食初加工企业、种粮大户、农业合作社、国有农场等农村经济合作组织，也有各级政府财政补贴和政府项目支持为主的企业。也包括规模小的粮食处理中心，也称为粮食收储中心，也有叫收储粮库或烘干塔，通常没有政府支持[1]。这类主体于 2016 年在主产区完成布局，它们社会化服务行为不同，粮食处理的功能差异较大，但是至少有 90％的粮食从田间进入这类主体，说明它们在粮食流通中起着最初质量处理、集货和产销衔接的关键作用[1]。各市场环节的粮食价格对粮食收购主体的行为影响不断增强[40]。

2016 年开始收储制度改革后，粮食产后服务主体从处理功能向综合功能转型，并以向主产区收纳市场节点实现集中布局为主要发展趋势。种粮大户、家庭农场、专业合作社、龙头加工企业等已经成为粮食种植产后服务主体的重要力量[41、42]。其中，私营企业（经纪人）逐渐增强经营能力，并常常与农业合作社结合发展。

总之，国内粮食产后服务主体分类主要包括种粮大户、家庭农场、农业合作社、私营企业、经纪人、国有农场、加工企业或者销售企业等，也可以分为粮食收储中心或收储粮库，或者烘干塔。主要功能是收购、粮食产后处理、储备和销售，以处理功能为主。收储目的和国外一样，既有自行储备销售，也有为下游需求商周转性收储，还有为国家临时收储。

2.2.3　启示和可借鉴之处

综上，可借鉴国内、国外粮食产后服务主体分类、主要功能以及其收储目的，得出的启示如下：

(1) 新型粮食产后服务主体的收储功能内涵需要重新界定

收储制度改革后，借鉴国内外研究，粮食产后服务主体的范围界定在粮食主产区的经济主体，包括粮食经纪人（也称粮贩子）、私营企业、收储销为主的烘干塔、粮食处理中心等等。他们从处理销售的简单功能向综合功能转型过程中，针对主产区粮食产后服务主体这类新型农业社会化服务主体，提供的粮食收储功能如何界定？需要依据国内外相关收储研究，根据国家政策结合现实进行界定。

(2) 新型粮食产后服务主体的收储功能供给与种植主体的需求差异研究迫在眉睫

在主产区有收储功能的粮食产后服务主体这类新型农业社会化服务主体，实现产销有效对接的作用日渐增强，那么它提供的收储功能的现状是什么？能否满足种植户的需求？将在第 4 章研究。

2.3 粮食产后服务主体收储行为的理论分析与借鉴

2.3.1 国外粮食产后服务主体收储行为的研究综述

(1) 鼓励进行与生产者相关的民间粮食储备

鼓励进行与生产者相关的民间粮食储备成为共识[29]。一是不设立政府粮库。比如，欧盟的一些国家不设立政府粮库，而是委托农场主、合作社进行粮食收购和储存，主要通过在他们建设粮食仓库时给予补贴、低息贷款等优惠政策，以及给予委托的农场主或合作社一定的仓储费，增加经营者收入来实现粮食储备[39]。二是设立政府储备为辅。以日本为例，粮食储备也是政府为辅，民间为主，粮食储备分别由政府储备仓库、商业出租仓库、粮食收购企业的自备仓库、农户拥有的农业仓库完成。其中，政府以收购大米和进口米为储备粮源，80%的粮食由从事收购、销售的企业和团体组织进行储存[39]。

(2) 粮食产后服务主体的收储行为及影响因素基础

普冀喆等（2019）归纳了主要国家（地区）粮食收储政策演进脉络[43]，明确了如下内容：利用粮食收储来稳定市场和保证粮食安全是世界各国家和地区的普遍做法[44,45]。国家自身的农业资源禀赋、市场条件、国内外经济环境等是促成收储行为变化的主要原因。欧盟将粮食安全责任分散到市场中，由私人存储来缓冲风险。欧盟通过私人存储支持，保持对市场的调控能力[39,59]。以日本为例，政府不断转变储备的形成方式，过去是从市场购买，现在采取面积订购[39]。订购以招标方式进行，粮食生产者提出竞标申请，通过资格筛选的生产者可对生产数量和单价向政府投标，中标生产者再与政府签订收购协议，政府确定每个生产者的生产规模，生产者提供当年的经营计划[45]。

(3) 粮食产后服务主体的收储供应链模式分类基础

对收储供应链模式的研究较少。就供应链模式而言，作为一种新的经营方式，越来越多的企业意识到供应链模式对于企业的发展具有重要性，可以帮助企业捕捉到供应链中各主体的功能以及供应链主体间的协同作用，以便做出更好的决策[56,59]：一是从供需匹配的角度出发，定义为需求模式，主要传达下游需求商需求的持续变化，可获取更直接的信息，供应链上游方便下订单[46]。二是从供应链的核心主体出发[47]，供应链模式可以改善供应链合作伙伴的战略合作和协作管理，实现有效和高效的产品和服务[48]。

（4）粮食产后服务主体的粮食收储供应链模式评价指标基础

在评价供应链模式方面，相关研究较少。但从供应链视角，为了适应市场变化，并且满足众多客户的需求，供应链应该具有灵活性，以应对企业决策的不确定性，从而提出了一个供应链评价的框架，该框架封装了市场敏感性、流程集成、信息驱动因素和供应链绩效（其中包括提前期、成本、质量和服务标准[49,50,51]）的灵活性度量。为解决供应链中的供应商选择问题，有的研究提出模糊决策方法，这通常要确定合适的供应商，必须考虑许多定量和定性因素，例如质量、价格、灵活性和交付性能，并根据产品来评估因素的等级和权重，提供了供应商选择的决策工具[52,53,54]。

（5）粮食收储供应链模式选择的主要影响因素基础

对粮食收储供应链模式选择的影响因素研究较少。从企业选择供应链的视角出发，可以分为企业的属性特征、产品的属性特征以及企业与上下游关系协调三方面因素。其中，企业的属性特征中企业规模、人才占比、物流设施的水平、信息化、管理、技术、市场反应会对模式选择产生影响[55,56,57]；产品的属性包括质量监督、品牌、标准化、消费者意识、政策支持、基础设施和人力资源指标，这些因素会影响模式的选择[58,59,60]；企业与上下游关系协调方面，考虑为合作伙伴提供系统化服务、与合作伙伴的关系经营调整均对模式选择决策产生影响[61,62]。

（6）粮食收储供应链模式选择机理研究方法

对粮食收储供应链模式选择机理研究较少。一般选择机理研究方法主要依赖于离散选择模型。其中，为了分析水稻种植主体对农业订单的偏好，使用混合 Logit 模型分析数据，得出小农在订单选择上面临许多制约因素，包括缺乏信息，缺乏信贷和市场准入[63]。另外，根据组合多项 Logit 模态分裂和配对组合 Logit 交通分配（MNL-PCL）模型，利用灵敏度分析的结果，使用数值示例来演示所提出的 MNL-PCL 模型的若干应用，给出的研究结论可以帮助决策者设计出更有效的策略[64]。

（7）基于顾客忠诚度的粮食产后服务主体收储行为决定机理研究方法

粮食产后服务主体的生存动力和利润来源于粮食种植主体，即采购业务的顾客。顾客也是服务性企业可持续发展的关键所在。因此，粮食产后服务主体必须培养顾客的忠诚度，才能稳定利润源，降低吸引新顾客的成本，增强市场的竞争优势。已有国外研究将顾客忠诚度分为行为、态度和复合三类学派：在行为学派中，忠诚就是因为顾客对某一特定品牌、服务的认同，且在较长一段时间内会继续重复购买的行为[65]。态度学派认为真正的顾客忠诚发生在其对某品牌、服务产生积极乐观的态度[66]。复合学派强调顾客忠诚是一种承诺，同时也是顾客长期重复购买行为的发生以及态度上对该产品或服务的强烈认同[67]。驱使顾客忠诚的粮食产后服务主体收储行为决定机理可分为两类，一类为驱动顾客购买的因素，一类为制约顾客购买的因素[68]。因此，在忠诚度形成的过程中，积极维护与顾客之间的关系能加快忠诚的形成，培养顾客对粮食产后服务主体的信任也能促进忠诚的形成。

Zhang（2008）认为种植大户主体的出现将作为一种结构性的存在，并影响其内部的利益分配机制[69]。Montalbano et al（2018）发现农民通过将粮食直接出售给市场，可以获得更多的财富；中间商与粮食安全问题并无联系[70]。Egbetokun et al（2017）发现农户性别、年龄、婚姻状况、家庭人数、农业生产经验、学历和协会、团体的成员身份是影响研究区玉米农户市场参与的主要因素[71]。Nicholas et al（2014）发现玉米的装配市场具有很强的竞争力，尤其是在贸易商数量以及市场利润方面[72]。Yami et al（2017）发现玉米批发市场会影响该区域内玉米价格的形成。因此，可以制定针对中央批发市场的价格策略来抵御其对本地玉米盈余和消费市场的价格冲击[73]。可见，种植户销售行为，尤其是销售玉米的忠诚度对实现玉米产销有效衔接和平衡起着重要作用。

2.3.2 国内粮食产后服务主体收储行为的研究综述

粮食收储制度改革后，粮食收储及流通主要存在以下四方面的问题：一是市场价格不确定；二是多元主体入市存在不确定性；三是收购资金落实存在不确定性；四是农户不及时卖粮导致霉变的风险[74]。收储主体缺乏财务风险、成本控制与财务管理意识，以及存在绩效考核差、信息不畅与披露不及时等问题[75]。需要从下面七个方面进行综述。

（1）鼓励生产者相关的民间粮食储备正在探索

2016 年收储制度改革后，粮食产后服务主体从处理功能向综合功能转型。粮食行业呈现出"高收购、高库存、高进口、高成本"的新形势[76]，主产区收储环节呈现断链问题。水稻作为主食用粮，由政府最低收购价收购为主向引导"优质优价"的市场化收购为主转变，同时取消了玉米临储收购制度，因此，开始实践对民间粮食收购与储备的探索。

（2）粮食产后服务主体的收储行为及影响因素

2016 年收储制度改革后，粮食产后服务主体以向主产区收纳市场节点完成集中布局为主要发展趋势。因此，各市场环节的粮食价格对粮食收购主体的行为影响不断增强[40]。根据消费者行为理论，粮食产后主体收储行为是指受到粮食收购政策、不同市场间的价格、仓储能力、购销企业的盈亏等因素影响[77]，形成的对粮食价值和价格的认知，并在认知的基础上进行购买、收储、销售等决策行为。粮食产后服务主体的收储行为影响因素可以分成两方面：一是收储决策行为形成的供应链模式；二是对粮食产后服务主体的种植主体忠诚度的影响因素，以及影响路径构成的收储行为影响机理。

（3）粮食产后服务主体的收储供应链模式分类基础

对这类研究比较少，可从三个方面讨论分类情况：一是根据核心主体或者交易主体不同进行农产品供应链模式分类。可分为以批发市场为中心的模式、"农超对接"模式、以第三方物流企业为核心的模式、以农产品加工商为核心的模式、以零售商为核心的模式和农产品直销模式[78]，以及市场交易模式、花卉协会模式和经纪人模式[79]。二是根据运作方式组合不同进行农产品供应链模式分类。以秸秆收储为例，根据秸秆收储主体的集中程度分为分散型收储运模式和集中型收储运模式[80]，而对其他运作方式组合的模式分类研究较少。三是农产品供应链模式分类方法。首先，多数运用多元统计方法，分析出的粮食收储供应链模式的分类更具客观性[81]；与主成分分析方法相比，聚类分析更适合粮食收储供应链模式没有事先分类标准的情况，即根据粮食收储供应链中采购、储存、销售环节的运作方式，构建指标体系，选择聚类分析方法进行粮食收储供应链模式分类。在运用聚类分析方法进行分类的研究中，较少用于供应链模式的分类，多用于选取相关指标体系进行供应商选择[82]、供应链联盟合作伙伴分类[83]，也有按照应急物资生产、采购、储存的特性，构建应急物资储备分类体系，确定不同种类应急物资的储备模式[84]。其次，如果遇到政策转型的时候，用多元统计分类农产品供应链模式结论不明显，可以根据政策目标，结合实际和专家建议选择关键指标，运用基础统计的特征，构建农产品供应链模式分类体系。

（4）粮食产后服务主体的粮食收储供应链模式评价指标基础

农产品供应链评价指标包括质量[85]、供应链总成本[86]、提前期[87]和服务水平[88]。农产品质量评价可用国家、地区和行业标准来表达；农产品供应链总成本越小评价越好；农产品供应链提前期体现供应链总体效率，评价越高越好；农产品供应链服务水平，即满足用户需求的比率，愈大愈好[54]。质量、供应链成本、提前期和服务水平中，服务水平是供应链赢得市场的关键要素，而其他三项则是进入市场的资格评价指标[81]。但是对粮食和粮食收储供应链模式评价指标研究较少。

（5）粮食收储供应链模式选择的主要影响因素基础

对粮食收储供应链模式选择的主要影响因素的相关研究较少。一般供应链模式选择的影响因素主要分为宏观因素、供应链参与企业因素，以及供应链自身因素[89]。其中，影响收储行为的因素应予以考虑。

在供应链核心企业选择运作模式的影响因素研究中，主要包括企业属性因素和交易特征因素。企业属性因素包括企业成立年限、性质、企业规模、总资产以及政策因素，交易特征因素包括与上游供应商的合作关系、传递信息的方式、收购的方式、收购资金渠道等[90,91]。聚焦到粮食收储企业属性特征因素，主要包括建立仓储方式、采购结算方式、销售方式、买家履约情况[92,93,94,96]。因为主食粮食市场化趋势时间不长，所以水稻收储供应链模式选择的影响因素研究较少。综上，通过借鉴上述成果，结合现状，研究粮食收储供应链模式选择的影响因素是可行的。

玉米收储供应链模式选择的影响因素选取，一是来源于文献梳理，包括企业规模[95]、建立仓储方式[96]、公众号[97]、收购资金获得渠道[98]、补贴政策[99]、收购来源[100]、结算方式[101]、销售方式[102]、销售对象[103]、买家近三年履行约定情况[104]和对买家的信誉评价[105]；二是来源于实地调查和咨询[106]。相较计春雷的收购方式和储存方式分类的收储供应链模式[106]，依据收储供应链模式的基础统计分析和供应链绩效评价归纳和聚类的模式研究是全新的视角。

（6）粮食收储供应链模式选择机理研究方法

研究选择模式机理的方法主要包括两种，一种是通过构建供应链管理优化模式来研究其机理[107]，另一种是根据效用最大化理论研究选择机理[106]。主要应用 Heckman 样本选择模型[108]、Logistic 选择模型[109]、Probit 选择模型[110]、离散多项 Logit 选择模型[111]解决实际问题居多，研究的问题主要包括厘清苹果生产环节外包逻辑、农户土地产权抵押贷款融资意愿、多时段过渡方案选择、托运人对港口、运输方式及陆港的联合选择行为等。模式选择机理研究方法主要集中在离散选择模型上，常用 Probit 模型[112]和 Logit 模型[113]。Probit 离散选择模型需要对多元正态分布的整体进行评价，而 Logit 离散选择模型的样本不需要服从正态分布，更适合于效用最大化时的分布选择。如果粮食收储供应链模式选择是基于产后服务主体效用最大化原则[114]，那么选择多项 Logit 模型更为适合。

（7）基于顾客忠诚度的粮食产后服务主体收储行为决定机理研究方法

结构方程模型是在社会科学领域应用非常广泛的一种建模方法[115]。由于社会科学领域多数变量无法直接测量，对研究造成困扰，而结构方程模型是通过将难以衡量的潜变量以调研打分测量方式予以概念化，进而测量变量之间的协方差关系，研究潜变量之间的关系[116]，在一定程度上可以解决此类问题，优势明显[117]。结构方程模型能直接处理变量间误差，直观反映各变量间的作用路径和相关关系[118]。使用结构方程模型研究粮食安全的影响因素，结果表明，除社会发展对粮食安全有负向影响外，科技支撑、资源要素、环境状况和农业经济对其都有显著正向影响[119]。粮食种植户行为意愿的影响因素有心理，外部和内部因素三类。其中心理的知觉性、易用性与如技术特征、结果展示等外部因素存在相关关系，心理因素和外部因素共同作用于粮农收入和教育信念等内部因素[120]。粮食收购的相关研究结果表明，粮食生产对粮食收购的影响显著，随着粮食种植规模的不断扩大，粮食价格对粮食收购的影响不断增强[40]。粮食收购市场中，各利益相关主体的行为会受到粮食收购政策、粮食流通价格、粮食仓储能力、购销企业的盈亏等因素的影响[77]，而粮食收购方式和市场信息的不对称是影响粮食市场各主体利益的关键[125]。对顾客忠诚度的行为决定机理研究多数选择运用结构方程模型。

2.3.3 启示和可借鉴之处

综上，可借鉴国外利用多元化粮食收储来稳定市场和保证粮食安全的经验，优化供应链模式可以改善供应链合作伙伴的战略合作和协作管理关系，实现有效甚至高效的粮食供给和服务；借鉴国内粮食产后服务主体收储行为受到粮食的收购政策、不同市场间的价格、仓储能力、购销企业的盈亏等因素的影响。得到的启示是：主要采用多项 Logit 选择模型作为研究粮食收储供应链模式选择机理的方法，选用结构方程模型研究基于顾客忠诚度的行为决定机理，将用于第 4 章的研究。具体启示如下：

（1）粮食产后服务主体收储功能和收储行为研究是前沿选题

综合国内外研究，2016 年中国收储制度改革后，种植主体相关的民间粮食储备市场主体的收储行为研究是新的选题。结合 2017 年国家政策针对粮农的服务定位，由多元主体形成的粮食产后服务主体的收储功能和收储行为研究，将成为国内粮食经济领域的前沿问题。

（2）粮食收储供应链模式选择机理研究的启示和借鉴

国内外研究中，针对粮食供应链中代表性较强的玉米、水稻收储供应链，进行供应链模式选择机理研究的文献较少[4]，且该领域少数实证研究以宏观数据为主，研究不够细致[122]，粮食收储供应链模式选择机理研究是一个急待解决的科学问题。采用问卷调查方法，依据基本统计和聚类方法，以及供应链绩效评价归纳相对最优的典型收储供应链模式，运用多项 Logit 选择模型研究玉米和水稻收储供应链模式选择机理是可行的创新研究方法。

（3）研究新型粮食产后服务主体收储供应链模式优化和推广的问题

根据中国新粮食观"谷物基本自给、口粮绝对安全"，谷物中选择水稻和玉米为代表性作物，针对东北主产区的"高产量、高仓储、高价格"和主销区呈现"高进口"的粮食领域新问题，2016 年开始收储制度改革，在主产区取消玉米托市收购政策后，不断调低水稻最低收购价。2019 年初，国家收储任务减少或不再委派给私营的收储服务主体，那么，在东北主产区大量私营的收储服务主体必须自己走向市场，成为以收储业务为主的新型粮食产后服务主体。其关键问题是要抑制由于有效供给和高质量需求双重不确定性导致的收储供应链断链问题，以及收储服务主体市场运营不成熟问题。为此，需要筛选相对最优的水稻和玉米供应链模式，研究其影响机理，并构建政策加以推广。换言之，尽快探索收储服务主体向相对最优的新型粮食产后服务主体收储供应链模式转变的路径，成为紧迫的实践问题。尤其要关注，一是主产区粮食产后服务主体从处理功能向综合功能转型变得愈加重要；二是水稻收储环节作为保证主食大米质量安全及食味值的关键节点，在水稻流通中起着最初质量处理的关键作用；三是收储玉米的质量要求越来越重要，高质量玉米收储供应链模式需要归纳。

（4）研究新型粮食产后服务主体收储行为决定机理的启示和借鉴

根据国内外研究，基于顾客忠诚度的行为决定机理研究多数选择结构方程研究。截至 2017 年，国内外研究综述表明，种植户对粮食供销有效衔接和供求平衡都起到重要作用，对粮食产后收储主体的收储行为有重要的影响。新收储制度实施后，种植户的销售行为和收储主体的收储行为对粮食尤其是玉米供应链的形成和稳定起到重要作用。针对"收储主体的收储行为决定机理研究"还未检索到，从种植户忠诚度的角度研究收储行为的也比较少见。因此，运用结构方程，研究收储主体的种植主体忠诚度的影响因素及影响路径，建立各类收储主体的收储行为差异及其决定因素机理是可行的，其研究结果可以用于新型粮食产后服务主体提升种植主体忠诚度和自身满意度的路径探索，方便研究政府支持粮食产后服务主体的政策。

2.4 粮食产后服务主体供应链治理的理论分析与借鉴

粮食产后服务主体的功能及收储行为的研究为供应链治理机理提供了研究依据。在此基础上，梳理研究主产区粮食产后服务主体的供应链治理机制和模式的理论基础。

2.4.1 国外主产区粮食产后服务主体供应链治理模式的研究综述

粮食产后服务主体供应链治理模式的应用是实现粮食产业竞争力的有效方法。

(1) 供应链治理机制和供应链治理模式的基本概念

现有关于供应链治理的研究大多基于交易成本理论及信任理论展开。由于研究目标的不同，学者们给出的供应链治理的含义也不大相同。李维安（2016）把这些定义大致分为三类[123]：一是将治理视为管理的一个分支，如Richey et al 认为供应链治理是对供应链内部及外部整合的边界和有利因素的管理[124]，将治理看作供应链管理战略下的一个潜在理论。二是将治理等同于治理结构[125]，Aitken et al 就是将治理看作治理结构[126]，在 Gereffi et al 的基础上[125]划分了五种治理结构。三是认为治理是一种维护和协调的机制。

供应链治理是供应链的核心问题，也是一个重要研究方向。供应链治理是供应链伙伴之间为提高竞争力及产品价值，而进行的高层次的合作管理方式[127]。供应链治理是"指规范和监督供应链各成员的行为，确保供应链稳定持续发展的有效措施"，把供应链治理分为契约型治理和信誉机制治理[128]。

供应链治理机制是指在治理环境的影响下，通过经济契约的联结与社会关系的嵌入所构成的供应链利益相关者之间的制度安排，并借由一系列治理机制的设计实现供应链成员之间关系安排的持续互动过程[129]。供应链治理机制的目标是协调供应链成员目标冲突，维护供应链持续、稳定运行。供应链治理机制可视作一种维护和协调的机制，是能够应对风险的机制，并将其划分为正式（市场、层级）和非正式（信任、信息共享、规范）两类机制[130]。

供应链模式是由各环节的契约决定的。在供应链中，各环节的供应链成员会根据战略目标，确定自身的运作方式，供应链上各成员间不同运作方式的组合即为供应链模式[11]。综上，供应链治理模式是指供应链的某一主体实施供应链治理机制的具体协调模式[131]。

（2）粮食产后服务主体供应链治理模式的研究

收储供应链相关的供应链治理模式研究一直是热点问题，供应链治理模式的研究目的是预测降低制造商、供应商和零售商财务风险的途径。在国际贸易中，建立了具有风险规避功能的以零售商为核心的供应链模式，需求不确定的订货供应链的质量投资和价格决策早前有报道[132]，如考虑了一种供应链情形，即买方决定消费者的退货政策，并将产品质量决策委托给供应商。也有提供了在分散系统中退货政策和产品质量决策之间的关系[133]。

农产品供应链治理模式的研究侧重于供应链的纵向协调治理，通过对供应链内部进行有效整合，严格控制农产品质量与交易费用。运用交易费用理论，一是对农产品质量与供应链治理结构的关系进行分析，认为有效的农产品供应链治理在降低交易费用和提高农产品质量方面效果显著[134]；二是从交易费用角度对农产品供应链的治理结构进行分类，提出治理结构是农产品质量安全信号表现机制[135]；三是纵向契约协作不仅能够有效降低交易成本，更重要的是在一定程度上降低农产品质量和价格相关风险；四是供应链成员之间的合作伙伴关系可以减少一些投机行为的发生[136]；五是采用交易成本理论和资源依赖模型分析食品供应风险管理，发现积极主动的采购管理能够较好实现对农产品食品供应风险控制[137]。

供应链模式评价指标包括提前期、成本、质量和服务水平[49]。因此，供应链治理模式主要包括三个部分：确定治理主体和治理客体；治理主体选择提前期、成本、质量和服务水平等单独或者组合指标作为优化目标，来确定治理目标；通过建立包含各种约束的各主体或者供应链博弈函数，研究各种博弈机制，获得实现治理目标的一种供应链治理机制。可以归纳为五方面研究：一是优化的供应链治理模式取决于供应链的特点，比如，公司要判断是自己管理所有的供应链流程，还是让第三方管理，取决于哪一种管理能实现较低的物流成本和较高的服务水平[138]。二是在中国、印度等新兴经济体国家，研究发现在电子商务环境下的农产品供应链管理中有政策约束的物流服务提供者能力越来越重要，其中，分销者和农场主之间分享，以及整合库存、运输和投入等主体间讨价还价和合作经营成为重要研究内容，但是，对如何减少供应链不确定性的影响有待于进一步研究[139]。三是针对一般产品线上直销和线下销售的双渠道供应链，运用博弈论研究实施价格折扣机制，好于没有折扣时候的供应链总利润及运行效率，可以有效减少渠道冲突，有利于零售商受益，但不能保证制造商总有优势[140]。四是政府或有资质的中介机构对粮食供应链进行食品的质量认证、标签管理，使食品这个信用品有效转变为搜寻品，使食品的生产者可以把食品的相关信息准确及时传递给消费者[141]。五是在信息对称不完全的情况下，食品的生产者、供应商也会对食品的特征信息无法全部掌握，那么政府的商标管理就无法发挥作用，需要建立完善的信息系统，如制定相关的法律法规、改进产品质量认证体系、建立企业的声誉形成机制、实施标签管理、实行标准战略和提高消费者食品安全意识等[142]。但是，针对粮食产后服务主体供应链治理模式的研究较少。

总之，粮食产后服务主体供应链治理模式作为一种新的经营方式，越来越多的相关企业意识到它的重要性，可以帮助企业捕捉到供应链中的功能以及供应链主体间的协同作用，以便做出更好的决策，可提高供应链合作伙伴战略合作与协同管理水平，实现有效甚至高效的粮食供给和服务。

（3）粮食产后服务主体供应链治理机制的研究

供应链作为一个建立在合作共赢基础之上的自治组织，维持其有效运行的治理机制包括：供应链关系治理机制以及利益分享机制[143]。

已有国外研究从社会学理论、资源基础理论和社会契约理论视角对供应链关系治理机制进行研究[144]。在社会学理论角度下，将关系治理机制界定为交易过程中社会规范强度的基准点，会随着时间的变迁而不断发展[145]。在资源基础理论视角下，关系治理机制被界定为可以强有力地影响交易行为的非正式签订的协议和没有明文规定的行为准则[146]。在社会契约理论视角下，其被界定为通过促进关系规范使得交易中产生履约义务、承诺和期望的社会化概念[147]。供应链关系治理机制可用于企业成员间的关系协作，如通过关系治理机制，公司可以使用有效的机制来管理供应链中的交互，促进协作并产生关系租金[148]。基于此，粮食产后服务主体供应链关系治理机制并不是对供应链成员之间的"私人关系"进行协调和控制，而是和契约治理机制相类似，属于交易治理机制范畴的治理方式。

利益分享机制的研究主要集中于利益分配机制的分配方法研究，以及契约机制的研究。利益分享机制主要包括：定价协调机制、价值共享机制、数目柔性机制、两部定价机制、收益补偿机制、批发价补偿机制等[149]。首先，关于定价协调激励机制的相关研究成果较多，主要研究方法为博弈论的方法，如通过博弈方法研究顾客市场需求比例未知情况下的均衡价格[150]，利用报童模型对新供应商的最优联合订单和定价决策进行分析[151]，以及在订单农业供应链中由农业企业和多风险规避农户构成的农业供应链的最优生产和定价决策[152]。其次，有关供应链契约机制的研究已取得较多成熟的研究结果，其中包括批发价格契约、回购契约、数量弹性契约等[153]，批发价格契约不能单独协调供应链，并且最优批发价格对于订购量来说是递减的[154]。

综上，利益共享机制与关系治理机制二者并不是独立的[123,155]，且都对粮食产后服务主体供应链绩效提升具有明显作用，它们之间相互影响、相互补充。随着治理环境的变化，一种机制可能向另外一种转移，因此，在粮食产后服务主体供应链交易关系发展的不同阶段，主导的治理机制也会有所不同。由于粮食产后服务主体供应链治理的复杂性，在某些情况下还需要多种机制联合作用才能保证粮食产后服务主体供应链的高效运行。

2.4.2 国内主产区粮食产后服务主体供应链治理模式的研究综述

(1) 供应链治理模式和供应链治理机制的基本概念

国内学者近年来对供应链治理相关问题也进行了大量研究，供应链治理是一种有别于公司治理的新型治理对象，是环境演化和组织变迁的结构性反映，供应链治理的形成，是供应链的特征与决策者的有限理性双重因素作用的结果[123]。因切入视角不同，供应链治理的概念可大致分为结构观、行为观、制度观三类，三者间并非孤立存在，而是有机联系相互交叉，根据治理模式中各治理机制相对重要性程度的不同，可分为随机交易型、核心领导型、多元协作型三种类型[156]。国内供应链治理实践中存在缺乏内部协商机制、核心企业滥用成员资格控制权、信任基础不牢等问题，而树立合作共赢理念、建立有效内部协商机制、筑牢供应链信任基础等正是完善供应链的对策[157]。当现有治理模式下有关稳定、开拓关系的诉求表现出低效率情形，供应链参与者就会突破原有制度框架，通过试错探索新的治理机制[156,158]。

(2) 粮食产后服务主体供应链治理模式的研究

对粮食产后服务主体供应链治理模式的研究较少，主要包括，冷志杰和谢如鹤（2016）应用 Rubinstein 讨价还价博弈模型研究了非完全竞争市场下粮农和粮食处理中心激励契约谈判的过程，得到了一份非线性激励契约函数，形成粮食处理中心讨价还价博弈模型的原粮供应链治理模式[1]。在治理模式中可以利用如下已有研究的结论，包括，针对收益共享契约和返利惩罚契约，得出当销售量的变化对产品质量改进的敏感程度较高时，收益共享契约的协调效果较好[159]；返利与惩罚契约通过调节契约参数可以达到供应链协调的目的，但返利与惩罚幅度过大时，不利于实现供应链的协调发展[160]。

总之，将返利与信用抵押引入到粮食收储供应链利益分享机制中，解决种植主体（粮农或农场主）和粮食产后服务主体的目标冲突，激励种植主体进行质量投入是可行的。

（3）粮食产后服务主体供应链治理机制的研究

1）粮食产后服务主体供应链治理机制的研究架构

在理论方面，粮食供应链治理理论研究成果较少。供应链治理机制的划分普遍存在两种观点。第一种观点是以李维安（2016）为代表的学派，提出了规范的供应链治理分析逻辑框架，包括供应链治理结构和供应链治理机制[123]。其中，治理结构选择运用适当的经济或社会机制来实施治理，供应链治理机制划分为利益分享机制和关系协调机制。第二种观点是以王影等（2017）为代表的流派，认为供应链的治理机制不存在普适路径，她以随机交易型治理模式为切入点，以交互式创新和供应链治理机制的因果反馈为脉络，总结出了典型供应链治理模式的演化路径。随机交易型治理模式中的主流治理机制是市场机制，核心领导型治理模式中以层级治理机制为主导，多元协作型治理模式中以规范机制为主要机制[156]。中国粮食生产的激励机制包括两个层次：一是压力督促型、二是政策奖励型[161]。

2）利益共享供应链治理机制的研究

用各种博弈论方法研究各种假设条件下供应链的治理机制成果较多，但是对粮食供应链研究较少。

在分散决策下，选择博弈模型是主要方法。董坤祥等在允许缺货和考虑资金机会成本情况下，通过分析领导者（SL）和零售商（RL）的 Stackelberg 博弈模型唯一均衡解，讨论信用期、零售价格、订货量、变质时刻等要素，从而使供应链达到 Pareto 改进，实现收益最大化[162]。表明选择 Stackelberg 博弈模型研究实践中分散决策下粮食收储供应链利益分享机制是可行的。

在集成决策下，博弈模型常用来做比较研究，比如粮食收储主体可以通过利益分享机制激励农场主扩大质量投入，保证供应链利益最大化[1]。赵秀堃等（2015）研究了生产责任延伸制度背景下的供应链系统中主体决策影响因素和治理机制的融合问题，给出基于 EPR 制度的供应链均衡治理机制，即内部效率机制和外部合法性机制[163]。

动态博弈论方法比静态博弈论方法更加贴近实际。刘颖和武小涵（2014）运用完全信息下的静态和动态博弈模型，证明了农户、企业在政府补贴下具有逆向操作行为[164]。杨磊等（2017）引入收益共享契约，当收益共享契约满足一定条件时，可以实现供应商、零售商以及生鲜供应链整体的帕累托改进[165]。

对供应链成员的合作利益分配是供应链治理的核心手段。供应链合作关系是指交易双方间一种信息共享、利益共享、风险共担的长期和稳定的协议关系[166]。企业间的谈判地位、信息对称程度等因素对提高粮食供应链各成员合作可能性大小具有重要影响[167]。非合作时双方的强弱和在渠道中的各自地位是分配渠道利润的重要依据[168]。企业经营活动是一种可以实现双赢的非零和博弈[169]。粮食供应链利润分配机制应考虑风险修正因子[170]。农产品供应链利润分配协调机制的构建，解决了农产品供应链各环节节点利润分割不公平、不合理问题。合作情况下供应链总收益明显高于非合作情况中的总收益[171]。粮食供应链中各主体间选择利益补偿协调契约等契约合作的方式，有利于实现粮食供应链利益长期最大化[172]。粮食供应链通过最优定价实现价格补偿机制和收益共享机制的协调定价[173]。利润的分配是供应链企业间合作与纷争的焦点问题[174]，利润分配是否得当，关乎供应链合作的成败[175]，只有对供应链合作利益进行合理分配，才能使其建立并保持良好的供应链合作关系[176]。

粮食价格是博弈论应用的重要因素，不可或缺。发展中国家为稳定粮食价格而出台的各种收储政策为平衡粮食供需做出了贡献。2016 年之前，中国玉米临储收购价格逐年提高[177]，玉米临储收购政策导致了农民对市场反应能力下降[178]。玉米临时收储价格在客观上已经形成了"保一伤二"的双重效应，对其进行有效的改革已经到了刻不容缓的地步[179]。2016 年，玉米临时收储政策改革的核心是"市场化收购＋补贴"，玉米价格由市场定价和市场收购决定[180]。在以补贴保障粮农基本收益的前提下，价补分离能够实现玉米价格由市场决定[181]。提高玉米种植户市场观念[182]，才能形成国家单一主体收购转变为多元主体收购的新收购局面[183]。

粮食供应链治理研究要考虑链的特点。比如，冷志杰等（2014）通过对加工企业主导型粮食供应链中粮农风险共担契约研究得出："从供应链整体利益最大的视角，求出最优订购量，分析得出粮食加工企业可通过风险共担契约中惩罚系数的设定，达到选择具有规模生产及长久履约能力的种粮农户的目的。"[184]高艳（2015）对分散运作的粮食供应链研究发现，必须通过供应链参与方之间的契约机制来激励信息等各种资源的共享，甚至需要实施主体间的利益补偿机制[185]。古川，罗峦（2016）认为需借助绿色食品、食品追溯体系等信息手段将消费者识别和不同主体主导下的质量投入和价格决策结合起来，分析消费者质量识别对农产品供应链质量投入和定价在不同情况的差别影响[186]。刘侃莹（2017）研究了信息共享环境下粮食公路运输承运商、粮食水路运输承运商、信息服务商组成的粮食运输联盟的利润协调问题[187]。冯春（2018）认为粮食供应链通过最优定价实现价格补偿机制和收益共享机制协调定价[173]。周业付（2017）认为粮食供应链利润的分配是供应链内企业间合作与纷争的焦点问题[174]等。

3）信任关系的关系协调研究

在供应链治理机制文献中，大部分都是基于信任理论研究供应链关系协调机制[1]。如何进行关系专用性投资，将供应链成员间的合作关系转化成信任关系，提高供应链信任度，形成核心企业的无形资产，是供应链治理理论研究的一个重要研究方向[156]。

信任机制是供应链治理的基本机制。汪岚（2007）建构了一种多层次的供应链信任治理结构体系，即由供应链信任评审机制、信任产生机制以及信任保障机制三方面组成供应链信任治理机制体系[188]。

供应链中的信任关系定义。是指合作中一方关心另一方的利益，任何一方在采取行动之前都会优先考虑自己的行动对另一方产生的影响[189]。在供应链中直接信任关系相较推荐信任关系更为可信[190]。

信任关系具有中介作用。是指即使在无法监督和控制被信任方的同时，仍愿意相信对方可以达成合作[191]。这种中介作用体现在日常交易中的信用担保，信用担保是借贷市场运行的基础，其最常见的表现形式是信用抵押[192]。信用抵押是担保人依据信用担保制度向合作方递交合作申请，从而获得信任抵押权利。通过信用抵押，实现资金流和货物流的匹配[193]。

信任关系的强化机制。研究表明，在信用背书、信息加密、智能合约等多个领域，区块链技术逐渐被业界所关注和应用。区块链作为"一种把区块以链的方式组合在一起的数据结构，具有去中心化、按时序记录数据、集体维护、可编程和安全可信等特点，"[194]对信任关系的建立提供技术支持。李晓（2017）借鉴去中心且去信任的区块链互联网治理机制体系发展供应链智能治理机制，解决新环境中供应链治理的机会主义风险和信任问题[195]。

供应链中信息共享与信任是相互依存的关系。信任是信息共享的关键因素。当供应链伙伴间信任程度越高时，彼此之间则越愿意分享信息，甚至越愿意改变其内部信息系统与再投资来减少信息共享系统障碍问题，进而提高供应链信息共享水平。

单纯依靠建立信任机制，无法长久的进行供应链上的合作。由于参与主体间的合作是持续不断的过程，连续的信任才能得到长久的发展。参与主体在相互信任的过程中合作，中途会受到各种外界因素的影响，引发信任问题，所以信任机制需要进行维护。维护信任关系需要参与信息共享的主体建立风险共担的机制，提高对共享过程中的风险预测能力，把风险的可能性降到最低，或者保持在一定的可控范围内。对于已经发生的风险，信息共享的合作企业应该及时解决问题，或者停止共享的关系，当风险解决以后，重新对信息共享的合作企业进行信任度评估，考虑是否继续进行信息共享。

2.4.3 启示和可借鉴之处

综合国内外已有研究，借鉴国内外供应链治理模式和治理机制相关的研究方法，获得启示包括，一是供应链治理模式是实现粮食产后服务主体市场竞争力的有效方法；二是采用博弈论研究方法，通过建立供应链利益分享机制和关系协调机制构建治理机理，获得治理模式是可行的，可以达到改进供应链绩效的目的。具体内容如下：

（1）粮食产后服务主体可借鉴的供应链治理机理、机制、模式理论

综上，梳理出主产区粮食产后服务主体可借鉴的供应链治理机理、机制、模式理论研究框架，将用于第5章的研究。

主产区粮食产后服务主体可借鉴的供应链治理机理。从供应链视角研究主产区粮食产后服务主体的收储行为，研究供应链治理机理是研究热点。运用博弈论研究方法，进行粮食契约定价协调也是比较常见的方法，且在粮食供应链定价协调研究的发表数量和覆盖范围都是较全面的，但粮食供应链的定价协调研究目前以理论研究为主。主产区粮食产后服务主体可借鉴粮食供应链协调定价方法，利用粮食产后服务主体的粮食收储供应链协调定价，确定收储供应链的治理机理。

主产区粮食产后服务主体可借鉴的供应链治理机制。基于博弈论的粮食供应链治理机制研究中 Stackelberg 博弈、利润共享、讨价还价和囚徒困境博弈等应用也较为普遍。可借鉴博弈论方法研究主产区粮食产后服务主体的供应链治理机制，包括对治理主体、治理客体、治理目标，治理策略（或手段）进行研究。

主产区粮食产后服务主体可借鉴的供应链治理模式。基于博弈论的粮食供应链治理机制，考虑信息完全性、粮食质量、主体合作等背景下，设计主产区粮食产后服务主体可借鉴的粮食供应链治理模式。

（2）研究主产区粮食产后服务主体供应链治理模式和实施机制的理论框架

综上，梳理出主产区粮食产后服务主体可借鉴的供应链治理结构，研究治理模式构成，在此基础上研究供应链治理模式实施机制，可以达到改进供应链绩效的目的。该研究框架包括下面两个步骤，将用于第 6 章的研究。

研究主产区粮食产后服务主体的现有供应链治理模式。主产区粮食产后服务主体的供应链激励机制大多是政策奖励型[161]，以此结合实际进行分析，提取现实中最重要的、最普遍的供应链治理结构，就可清晰供应链治理模式的构成。

研究主产区粮食产后服务主体的现有供应链治理模式实施机制。主产区粮食产后服务主体可在利益分享机制中，引入关系专用性投资和质量投入因素，研究以信用抵押为主的供应链关系协调机制是可行的；综合供应链利益分享机制和关系协调机制，从而得出能达到协调成员目标冲突和抑制机会主义的治理效果的供应链治理模式实施机制，思路是可行的。

2.5 粮食政策体系的理论分析与借鉴

2.5.1 国外粮食政策体系的研究综述

政策体系表示的形式确定了决策的"可见性空间"，其中包括治理部门可以控制的变量，可以根据策略问题和治理单元来构建[196]。政策框架是社会技术制度的关键组成部分，它们由政策目标和政策范围界定，以及相关机制组成[196]。关于粮食有关政策的研究跨越了健康和农业以外的多个领域，包括环境、社会、道德、经济方面，并开辟了一系列潜在的政策实施路径[197]，如为实现全人类健康和可持续饮食的目标，这需要农业和环境政策的整合[198]。总之，粮食政策体系框架包括政策目标（如策略问题解决等目标），政策范围（如政府部门治理的单元），相关机制（政府治理部门根据可控制变量的相关机制，可以构建系列政策体系）。

已有国外政策体系概念框架设计主要侧重于从一个政策体系向另一个政策体系过渡，国外粮食政策体系设计概念框架如图 2 - 1 所示[196,199]，占主导地位的粮食政策体系框架用垂直虚线框表示，并由三个相关维度构成。

维度 1 是垂直层面，表示社会技术转型的多个层次，包括利基市场，社会技术制度和地景。维度 1 主导影响粮食系统的变化，从而触发政策框架的改变。其中，利基市场代表了任一个企业与竞争对手的差异化程度，描述的不仅仅是一个公司的竞争环境，也体现了如何与其他公司进行竞争，Aldrich把利基界定为"允许一个企业生存的，由一系列异质性资源组合（信息、原材料、客户等）构成的资源空间"，这些资源是奠定企业竞争优势的基础[200]。社会技术制度即为社会技术体制，是指社会技术系统发展过程中形成的、支撑社会技术系统运行的、由社会技术系统中占主导地位的用户偏好、产品、技术、组织、规制、标准、知识等构成的高度关联的稳定结构[201]。地景一般指在特定的场所和空间，讨论公共事务的场景、遗址，形成或产生的特定形制[202]。

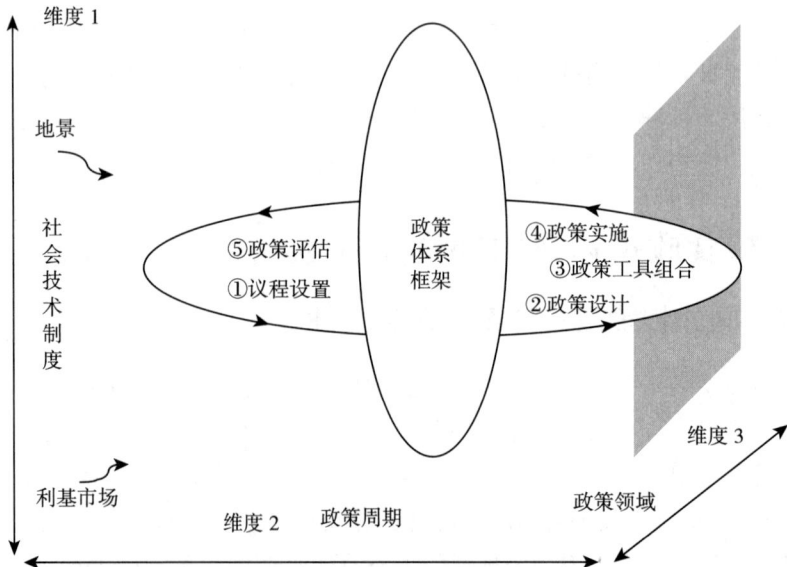

图 2-1　国外粮食政策体系设计框架[196]

维度 2 水平层面，表示关键阶段的政策实施周期。该周期包括议程设置、政策设计、政策工具组合、政策实施和政策评估。议程设置是指政策议题进入决策者的正式议事日程[203]，它是连接政策议题和政策制定的关键环节。政策议题若不能实现议程设置，后续过程就无法启动[203]。政策设计是政府行为导向的展示，目的在于促进基础建设、公共服务、人才配备、资金支持、要素配置[204]。政策工具组合是指为实现政策目标而采用两个或两个以上政策工具构成的组合。政策工具间的相互依赖程度影响政策工具组合的综合效应和政策目标的实现，这是因为在一个政策工具组合中，政策工具会受到其他政策工具的影响而改变，变化原因是其他政策工具的实施或结果会对该政策工具产生直接或间接作用[205]。政策工具组合发生在与粮食系统相关的不同政策领域中，以此确保推进政策体系设计依据的合理化、推进政策体系对象的精准化、推进政策体系设计标准的科学化[206]。政策实施是指政策实施者通过建立组织机构，运用各种政策资源，采取解释、宣传、实验、协调与监控等行为，将政策观念形态的内容转化为实际效果，从而实现既定政策目标的活动过程[207]。政策评估是指根据一定的评估标准和程序，对政策体系、政策过程和政策结果的质量、效果等方面进行评价或判断的系列活动。其目的是改进公共政策系统，提高公共政策的科学性和实践性，促进政策目标的顺利实现[208]。

维度 3 为政策领域，如农业，卫生，环境，社会政策等。

上述这些关键方面之间的动态关系与欧洲可持续食品体系的政策制定过程有关[196]，形成了政策体系框架。

2.5.2　国内粮食政策体系的研究综述

国内研究也曾使用多层视角分析框架，这是分析复杂动态转型机制的有效方法。多层视角分析框架是指包括利基、地景以及社会—技术范式（也称社会技术制度）三个层面的共同演化关系体系[199]。这里利基是推动范式更迭的内在动量，地景通过对社会—技术范式施加压力，为政策体系转型提供了机会[199]。在现有的研究中，学者将多层视角分析框架理论广泛应用于新兴技术产业领域，如专利情报分析[209]、风能产业的演进[210]、新能源汽车技术转型[211]等。综上，由于中国的粮食政策体系是一个综合性的系统，因此，基于多层视角分析框架对粮食政策体系进行研究是可行的。

体系即依据一定性质、规律、秩序所形成的一个综合性的系统，其包含了主体间的联结机制[212]。政策体系是指不同政策单元之间和同一政策内部不同要素之间的关联性及其与社会环境相互作用而形成的系统[196]。政策体系构建标准原则包括补偿原则、动态化原则、差异化原则，构建基础包括物质基础、技术基础、社会基础和实践基础[206]。政策体系内容从功能上主要包括支持政策、保护政策、调控政策和促进政策[213]，政策体系设计框架如图 2-2 所示。

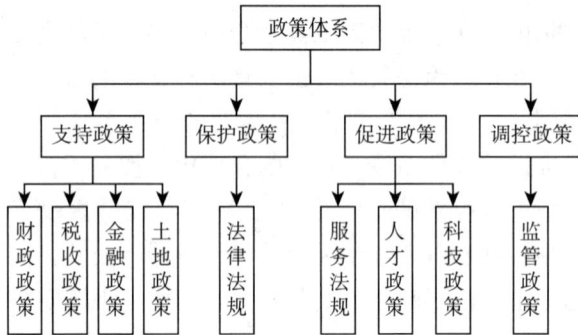

图 2-2　粮食政策体系设计框架[213]

国内政策体系设计理论的一些重要观点如下：政策设计是政府行为导向的展示，目的在于促进基础建设、公共服务、人才配备、资金支持、要素配置[204]。政策分析框架主要包括政策目的、政策领域、政策工具、政策主体、空间地理和时间六个维度[214]。一是政策目标维度，政策目标是政策实施的预期结果，是战略总目标和分目标的组合，通过各个具体分目标的实现，促进战略总目标的完成[214]。二是政策领域维度，按政策在经济发展中发挥作用的具体领域，将政策领域分为财税金融政策、人才政策及其他等[214]。三是政策工具维度，政策组合认为政策工具组合是供给面、需求面和环境面三类政策工具的组合通过发挥"引领—推动—拉动—影响—监督反馈"的作用，共同促进政策目标的完成[214]。四是政策主体维度，政策主体是负责政策的制定、执行、监督与评估的政府组织机构，分为中央和地方两个层次，中央政府机构包括国务院、国务院办公厅及其所属机构，地方政府机构包括省市及以下各级政府机构[214,215]。五是空间地理维度，空间地理维度是政策作用的具体空间。结合地理临近属性，以单一省级行政区域为基本区域单位，将其分为四种类型：省级区域、临近跨省级区域（简称临近跨区域）、非临近跨省级区域（简称非临近跨区域）和跨国家区域[214]。

2.5.3　启示和可借鉴之处

综上，可借鉴已有国外粮食政策体系设计框架[196]，以及国内农产品流通领域的政策体系架构[213]，用于粮食收储政策体系改进，详见第7章。具体启示如下：

（1）有关粮食收储方面已成体系的政策不多。农业政策体系研究大多以农民增收和农业可持续发展为目标，已有的新型农业经营体系是根据当今农业、农村发展实际及需求，在坚持原有基本经营制度基础上，通过政府引导、相关服务部门支持而形成的各种农业经营主体和相互关系。范围涉及传统粮食及副产品的生产、经营、销售、加工等各环节，且包括生产过程中的各种服务[212]。

（2）运用政策周期分析方法[196]，可以分析2017—2020年收储政策体系是否需要进一步调整。

（3）基于多层视角分析框架[199]，可以研究2020年收储政策领域改进要点。即运用Galli et al（2020）及刘秀珍等（2019）的粮食政策体系设计和分析框架[196,214]，结合中国现有的粮食收储相关的政策，分析需要改进的政策领域。

（4）粮食收储政策体系设计包括主要原则、目标和政策内容的确定。其中，指导思想、基本原则和目标的确定需要比对2017—2020年现行粮食相关政府文件，并结合收储供应链的收储功能供需差异、相对最优型收储供应链模式选择、治理模式、实施模式等制定所需要的政策。政策内容依据2017—2020年收储政策体系的政策周期分析结果，采用王冲（2012）所用的针对农产品流通领域的政策体系架构进行政策内容的设计[213]。

2.6　研究框架的确定

根据上述启示和可借鉴之处，得出研究思路如图2-3所示。在分析粮食领域新形势下主产区粮食产后服务主体的新要求，总结其他国家主产区粮食收储主体供应链治理模式经验的基础上，探讨东北三省主产区粮食产后服务主体的套利变化、收储功能和行为，得出可推广的收储供应链模式，在此基础上提出优化的供应链治理模式，明晰治理模式实施机制，最后，提出激励粮食产后服务主体的政策体系是可行的。

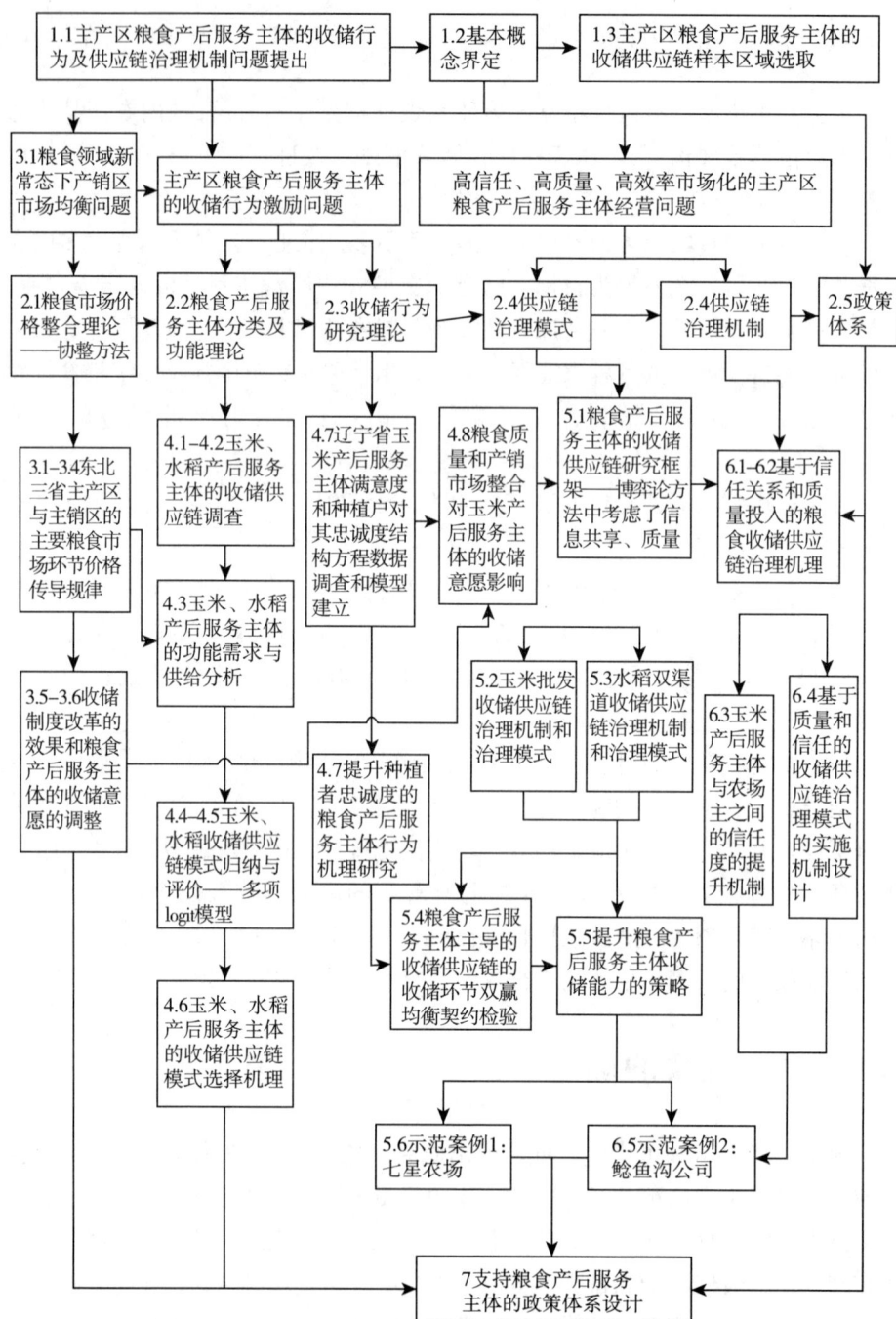

图 2-3　研究思路

3 东北三省粮食主产区与主销区的主要粮食市场环节间整合现状

粮食收储制度改革之后一年，前文提到的粮食领域"四高"叠加问题是否得到解决？收储制度改革是否有效？粮食产后服务主体收储意愿是否变化？通过研究东北三省粮食主产区与主销区主要粮食市场环节间的整合规律，本章将回答上述问题。

3.1 产销区市场环节间整合规律对粮食产后服务主体套利影响的问题

2015 年 12 月，中央农村工作会议上提出了着力加强农业供给侧结构性改革，高度重视去库存、降成本、补短板，提出保障国家粮食安全是农业结构性改革的基本底线，确定了"确保谷物基本自给、口粮绝对安全"的新粮食观。2016 年和 2017 年连续两年的中央 1 号文件提出了"深化粮食等重要农产品价格形成机制改革"，而价格的形成机制包括市场定价和政府干预两种类型，政策干预减弱表现在从 2016 年开始，实施了 8 年的玉米收储政策调整为"市场化改革＋补贴"的形式以调低水稻的最低收购价。

那么，在政府取消玉米的临时收储制度，调低主产区水稻最低收购价之后，是否解决了主产区和主销区市场流动不畅问题？需要验证和判别。

价格是经济运行中的核心指标，价格机制是市场机制的核心内容。在市场经济中，对资源的配置主要是通过价格的涨跌引导市场主体来完成的（顾海兵等，2005）[216]。从粮食生产者、收储企业、批发商、零售商到消费者，任一环节的主体具有市场势力都会引起主产区到主销区的市场整合程度降低，价格信息传导的顺畅程度下降，国家政策的作用如是。而这种不顺畅性直接导致的后果是：市场某个环节由于政策利好或者市场整体环境优化时所产生的利益无法传递给产业链上的其他环节，就无法实现整个产业链的环境和收益改进。因此，通过对粮食主产区与主销区市场之间的价格传导机制进行分析，探寻上下游市场间的关联关系及运行效率，有利于从主产区粮食产后服务主体的视角，针对玉米和水稻收储供应链的主产区到主销区的不同主体、在不同环节、就不同的关联强度和价格传导方式，采用不同的策略，来激励其合理的套利行为，也有利于提出政策解决粮食领域"四高"叠加导致的供应链断链问题。

综上，判断粮食收储制度改革效果如何，需要通过分析水稻、玉米主产区与主销区市场价格的整合规律，价格波动的市场传导路径，判断所有市场运行效率和运行机制如何。在此基础上，分析主产区粮食产后服务主体如何进行套利活动，从而明确收储意愿的变化，为后期的供应链各环节间整合分析提供支撑。

3.2　主要粮食市场环节间整合及套利研究方法选择

3.2.1　相关概念和重要规律

(1) 市场整合程度及变化

市场整合是指"某一市场价格变化对另一市场价格变化影响的程度。"[33]完全整合的市场间一般存在一个稳定的价差，而且其中一个市场的价格变化会引起其他市场上的价格在同一方向上发生相同幅度的变化[32]。

随着中国粮食商品化水平的日益提高、运输能力的提升，市场整合程度也日益提高，但受到国家粮食政策的影响，市场整合程度也在不断发生变化。2008—2016 年国家实施的粮食临储政策就是这样一类政策。以玉米为例，根据粮油市场报的资料显示，2014 年 3—4 月，大量河北、山东及河南的大量玉米倒流东北，导致用粮企业库存普遍偏低，7—8 月出现严重缺粮现象，6—10月玉米市场供应主要依赖国家政策粮，玉米市场定价机制也由市场转向政策[217]。由于库存结余较多，2015 年面临相同的问题。据此可以判断出，2014—2015 年，玉米临储制度改革前，市场上玉米的流动逆着产业流，大量流向国有收储企业，为了获得粮源，大多数东北主产区和南方销区的用粮企业是从临储玉米竞价交易中获得的，这造成了玉米市场的割裂，因此，这一时期玉米市场是不整合的。而在国家实施玉米临储制度改革之后，东北玉米大量流出，主要流向华北和南方地区，与临储制度改革之前逆着产业流相比，这种顺着产业流流动的情况必然会引起市场整合程度的提高，同时也将引起玉米收储企业套利行为的变化，进而引起收储意愿的变化。

（2）玉米、水稻产后服务主体的套利空间和套利行为内涵

所谓套利是指一种投资策略，即保证在某些偶然情况下获取正报酬而没有负报酬的可能性，也无需有净投资[218]。不同区域间玉米市场和水稻市场的套利属于同种商品跨区域套利，是一种套利行为，即如果把粮食比作资源，实质上是通过利用资源价格在时间与空间的不均等性，将资源进行时空转移而获利的一种市场行为[219]。

（3）市场效率

市场运行机制是通过市场价格的波动、市场主体之间的利益竞争、市场供求关系的变化来调节经济运行的机制。主要包括价格机制、供求机制、竞争机制和风险机制。市场效率在市场机制中得以实现。

在经济学中判断效率的标准是看是否处于帕累托最优状态，即："如果对于某种既定的资源配置状态，所有的帕累托改进均不存在，即在该状态上，任意改变都不可能使至少有一个人的状态变好而又不使任何人的状况变坏，则称这种资源配置状态为帕累托最优状态。"[220]处于帕累托最优时的市场是有效率的。

在市场整合中，市场效率高低是由价格从偏离长期市场均衡到回复均衡状态的速度来判断的。

3.2.2 市场环节间整合的研究方法选择

根据 2.1 节可知，从国内外的研究来看，采用协整类的模型对市场整合情况进行分析仍然是普遍采用的方法[14,15,30]。首先，选用 Johansen 协整检验（JJ 检验）分别分析主产区和主销区水稻和玉米市场间的价格长期市场整合情况，随后用误差修正模型（ECM 模型）来判断，在短期市场价格偏离均衡时是如何回复到均衡状态的，最后用格兰杰因果关系检验产、销区市场不同环节的价格传导方向，判断玉米、水稻两种产品在纵向市场上的市场势力。主要通过如下四个步骤实现：

第一步，单位根检验（ADF 检验）。通过 ADF 检验，来判定价格时间序列数据的平稳性，只有当数据之间具有平稳关系时，才可以使用这组数据进一步进行协整检验和格兰杰因果关系检验。通过平稳性检验能够防止虚假回归的存在。

第二步，Johansen 协整检验。虽然对于产区和销区各个市场环节的价格来说，价格数据有其各自变化的长期模式，但如果它们存在协整关系，那么二者的变化速度将会大体相同，从而使二者之间形成一个稳定的长期均衡关系，任何对均衡状态的偏离都是短暂的。

第三步，ECM 模型建立。经济实际运行状态于长期均衡关系的偏离表现为协整方程的误差项。ECM 模型可以分析系统向长期均衡回复的动态调整过程，同时也提供了相应的短期预测。通过 ECM 系数可以粗略判断当产销区间的价格偏离长期均衡时，是以怎样的效率或速度回归到长期均衡的。

第四步，格兰杰因果关系检验。用 VAR 模型定量分析粮食价格波动的市场传导路径。使用格兰杰因果关系检验来判断主产区和主销区各个市场环节的价格传导关系，即判断哪个环节的价格主体在产品市场上更具有话语权。

综上，通过对比临储制度取消后的玉米和调低最低收购价的水稻在不同主产区到主销区各市场环节的市场整合程度和价格传导效率，来验证政府相关政策的有效性，同时，根据玉米和水稻在不同政策背景下的价格传导规律，明确粮食产后服务主体的套利行为，为下一步的收储政策调整奠定基础。

3.2.3 套利研究方法选择

不同区域间玉米市场和水稻市场的套利属于同种商品跨区域套利。跨区套利的核心理论是对不同区域进行"买低卖高"，当不同区域间的商品价格存在稳定的关联关系，即协整关系，则二者具有一定的套利基础[221]。当受到当地需求或供给冲击时，两地价差超过贸易成本所构成的价格区间时，就会产生套利行为。商品从富余且低价的市场转移到稀缺而高价的市场，直到套利收益为零[222]，两地市场中断，然后再出现价差形成的套利机会，市场重建均衡。因此，如果某市场的价格变化不引起、或仅在很小程度上引起同一产品在其他市场上的价格变化，那么该市场与其他市场间不存在或仅存在微弱的整合关系，这时候很难出现套利机会；反之，该市场与其他市场间存有较强的整合关系[33]。

从上面的分析可以看出，受到市场供求因素的影响，两个关联市场上的价格波动偏离市场均衡状态，两地价差超过贸易成本，就存在着套利空间，价格波动偏离均衡区间越大套利利润越高。套利企业通过抓住价格偏离均衡区间的机会来获取价差，进行套利行为。而由于两个市场上价格整合，这种偏离会随着低价市场上产品的需求增加，价格升高，高价市场上产品的供给增加，价格降低。当高价市场到货价格等于产地收购价与中间运营成本之和，套利停止，实现无套利均衡价格，高价市场到货价格低于产地收购价与中间运营成本之和，市场发生中断。

市场整合越强，价格会向均衡价格调整越快，越容易形成无套利均衡价格。因此，针对产销市场整合性较强的情形，收储主体尽管进行收储决策有风险，但是，可以通过储存来等待价格调整，实施套利行为。因此，整合性越强，套利行为发生的风险就可以规避，有仓储能力的产后服务主体的收储意愿就越高。

总之，当不同区域间的粮食价格存在长期稳定的关系时，跨区套利就具有了市场套利基础。当两地价差超过贸易成本所构成的价格区间时，就会产生套利行为，即两市场间是无套利均衡价格情形下，市场主体通过覆盖两市场间的物流与交易成本实现正常利润，市场行为主体通过捕捉偏离无套利均衡价格的市场波动情形，进行高卖低买，在价格回归到均衡价格后平仓，来实现套利，偏离程度越高，就越易于套利。学者们通常采用协整检验、误差修正模型、格兰杰因果关系检验等来分析不同市场价格间的长期关系，来分析套利行为，从而制定相应的套利政策。

3.3　东北三省主产区和主销区的主要市场环节选择和价格数据来源

根据 1.3 节中主产区的选择，确定本研究的水稻和玉米的主产区在东北三省，根据东北三省的主要销售去向，选择主销区，并对报价点做出了选择，获得了价格数据。

3.3.1　东北三省玉米和水稻主产区和主销区的选择

东北三省玉米主产区是玉米净流出省份。2016—2018 年三年的玉米平均产量占全国玉米总产量的 31.7%，随着国家指导玉米深加工项目靠近粮源地建设，就地转化的政策导向作用增强，东北玉米就地转化能力提升。但根据中国各省玉米产量和艾瑞克数据库各省的消费数据差额来看，2017 年东北三省仍然是玉米的净流出省份，流出量占中国当年玉米全部流出总量的 25.8%。

东北三省水稻主产区具有如下产量特点。主产区生产的是粳稻，在后续文中的所有水稻都指东北三省生产的粳稻。而全国粳稻主产区有两大区域，即东北产区的黑龙江、吉林和辽宁以及苏皖产区的江苏和安徽。根据中国期货排名网的数据（如表 3-1 所示），2017 年中国粳米产量约为 4 680 万吨。其中黑龙江为 1 620 万吨，吉林为 460 万吨，辽宁为 330 万吨，东北三省占全国粳米总产量的 51.5%。江苏粳米的产量为 1 220 万吨，占全国总产量的 26%。

表 3-1　2017 年中国不同地区粳米产量分布情况

地区	具体省市	占比
华北产区	黑龙江、吉林、辽宁	51.5%
华东产区	江苏、上海、浙江、安徽、福建	35.6%
华北黄淮海产区	北京、天津、河北、陕西、山东、河南	2.3%
西北产区	陕西、甘肃、青海、宁夏、新疆	2.5%
西南产区	重庆、四川、云南、贵州、西藏	5.1%

数据来源：中国期货排名网，http：//www.qihuor.com/3995.htm.

东北三省玉米的主销区选择。玉米是中国三大主粮产品之一，可以作为食用、饲用和工业用粮。2018 年，中国玉米的食用数量仅占玉米总供给量的 10%左右，玉米主要用于饲用消费和工业消费两个方面。2018 年全国各省饲料工业总产值 8 872 亿元、全国饲料总产量 22 788 万吨，其中玉米用于饲料消费占总消费量的 70%左右，工业消费占总消费量的 20%左右。因此，可以粗略的使用饲用玉米来推断中国玉米主要的消费区域。从空间分布上看，饲用玉米消费的区域分布较广，玉米工业消费在全国的分布相对集中。根据杨艳昭等（2016）的研究结果，选择广东、广西、四川、湖南 4 个省作为玉米的主销区具有代表性。

东北三省粳米的主销区选择。中国粳米流通方向有两个：东北大米主要流向京津唐、东南沿海、西北、苏浙沪闽粤；江苏和安徽的大米主要流向为浙沪闽粤。结合《国家粮食安全中长期规划纲要（2008—2020 年)》中粮食的主销区，把研究的主销区确定为广东、福建、上海。

3.3.2　东北三省玉米主产区和主销区主要市场环节的报价点选择

在黑龙江省选择齐齐哈尔为报价点。玉米是黑龙江省播种面积最大的粮食作物，2018 年黑龙江省玉米的播种面积占粮食作物总播种面积的 44%。其中，哈尔滨、齐齐哈尔和绥化是三个最大的玉米生产区域，合计产量占全省玉米总产量的 55.2%，因此，黑龙江省主产区报价点选择齐齐哈尔。

在吉林省选择长春为报价点。吉林玉米带是世界三大黄金玉米带之一，位于吉林省中部、松辽平原腹地，分布于吉林省长春、四平、松原、白城、辽源和吉林市。因此，吉林省主产区报价点选择长春。

在辽宁省选择大连为报价点。2017 年辽宁省玉米播种面积为 269.2 万公顷，占粮食作物总播种面积的 77.6%。大连市玉米播种面积在辽宁省属于中等水平，同时是整个东北地区粮食运往销区的枢纽城市，因此，辽宁省主产区报价点选择大连。

主销区的报价点选择。在销区报价点的选择上，主要依据东北三省玉米主销区的企业市场活跃性进行选择。在主销区湖南、四川和广西分别选择了对应省会城市长沙、成都和南宁，在广东省则选择了深圳。

3.3.3　水稻和大米主产区和主销区主要市场环节报价点选择

考虑到报价点选取的代表性原则，本研究对于所选的主产区报价点进行了甄别选择。

在黑龙江省选择佳木斯、虎林为报价点。黑龙江是中国最大的粳稻生产地，稻米产量比较大的城市包括哈尔滨、佳木斯、绥化等地，2017 年前，三个地区产量约占总产量的 60%。不考虑黑龙江省哈尔滨市五常大米等国内驰名的高端稻米，主要研究对象为普通粳稻和粳米，因此报价点不选哈尔滨市。鉴于黑龙江省东部和南部分别为水稻产量最大和居中的两个区域，因此在黑龙江省东部和南部各选了一个产量相对较大的地区作为报价点，获取价格数据。最终确定了佳木斯（位于黑龙江省东部）和虎林（隶属于鸡西市，位于黑龙江省南部）作为黑龙江的稻米报价点。

在吉林省选择长春和松原为报价点。吉林地区水稻的主产区在松辽平原，据此分别选择长春和松原两个报价点。

在辽宁省选择盘锦为报价点。辽宁省最大的水稻种植区域在沈阳和盘锦，2017 年两地水稻产量分别达到 100 万吨和 98 万吨，占全省总产量的 46.9%。在报价点选取时，选择了临海有港口的盘锦作为报价点。

稻米主销区的报价点选择。主要考虑到市场的活跃性，主销区报价点选择广东的广州、福建的福州，以及上海。

3.3.4　玉米和水稻报价点价格数据的来源

随着信息化水平的迅速提升，中国市场间的价格传递越加频繁，以及考虑到获取数据的波动性，选择周作为数据时间跨度。

玉米价格采用的数据时间跨度为 2016 年 1 月 7 日—2018 年 6 月 26 日的

周数据。主产区分别选择的是黑龙江齐齐哈尔、吉林长春和辽宁大连的玉米出库价格；主销区分别选择的是广西南宁、湖南长沙、四川成都和广东深圳的玉米到货价格。数据来自 ZC 粮食企业流通节点报价点市场交易的历史数据。

水稻价格采用的数据时间跨度为 2016 年 1 月 7 日—2018 年 1 月 25 日的周数据。其中，主产区水稻价格选择的是黑龙江佳木斯粳稻收购价格、粳米火车板价格，黑龙江虎林粳稻火车板价格、粳米火车板价格，吉林长春粳稻收购价格、粳米收购价格，吉林松原粳稻火车板价格、粳米火车板价格，辽宁盘锦粳稻出库价格。主销区选择的是上海粳米批发价格、福建福州粳米批发价格、广东广州的粳米到货价格。以上数据中，辽宁盘锦的数据来源于 ZC 粮食企业流通节点历史数据，其他数据均来源于农业部信息中心发布的数据。上述数据具有代表性，可以检验东北主产区内部粳稻和粳米整合、主产区粳稻和主销区粳米整合、主产区粳米和主销区粳米的整合。

3.4 东北三省主产区与主销区的主要粮食市场间整合规律

在本节，先用 JJ 协整检验分别分析主产区和主销区水稻和玉米在不同区域长期市场的整合情况，随后用 ECM 模型来判断当市场价格短期偏离均衡时是如何回复到均衡状态的，最后用格兰杰因果关系检验主产区和主销区市场不同环节的价格传导方向。

3.4.1 东北三省主产区与主销区的主要玉米市场整合分析

3.4.1.1 主产区与主销区的玉米市场价格单位根检验

在构建 VAR 模型之前，需要判定变量是否平稳和变量间是否存在协整关系。运用 ADF 检验方法分别对所选的 7 个主产区和主销区的玉米价格做了单位根检验，以验证数据的平稳性，结果如表 3-2 所示，表明：在 1% 的置信水平下，各个报价点的价格数据均为一阶单整，通过了 ADF 检验，因此，可以进行协整检验。

其中 GDSZ、GXNN、HLJQS、HNCS、JLCC、LNDL、SCCD 分别表示广东深圳、广西南宁、黑龙江齐齐哈尔、湖南长沙、吉林长春、辽宁大连和四川成都报价的玉米价格数据，字符 D 表示对数据进行一阶差分。

表 3 - 2　玉米市场价格时间序列平稳性检验结果

变量	检验类型（c, t, d）	ADF 值	1%显著水平	是否平稳
GDSZ	(c, 0, 1)	−2.834	−3.457	不平稳
GXNN	(c, 0, 2)	−2.660	−3.457	不平稳
HLJQS	(0, 0, 1)	−0.860	−2.575	不平稳
HNCS	(c, 0, 2)	−3.441	−3.457	不平稳
JLCC	(0, 0, 1)	−0.647	−2.575	不平稳
LNDL	(c, 0, 2)	−2.337	−3.457	不平稳
SCCD	(c, 0, 2)	−2.886	−3.457	不平稳
D (GDSZ)	(0, 0, 0)	−11.571	−2.575	平稳
D (GXNN)	(0, 0, 0)	−11.085	−2.575	平稳
D (HLJQS)	(0, 0, 0)	−8.992	−2.575	平稳
D (HNCS)	(0, 0, 0)	−11.434	−2.575	平稳
D (JLCC)	(0, 0, 0)	−11.084	−2.575	平稳
D (LNDL)	(0, 0, 0)	−12.936	−2.575	平稳
D (SCCD)	(0, 0, 1)	−7.073	−2.575	平稳

注：c 表示截距项；t 表示时间趋势；d 表示滞后长度。

3.4.1.2　主产区与主销区的玉米市场价格长期协整分析

　　市场整合是一种状态，是对市场效率和市场运行机制的反映。市场完全整合时两地之间的价差满足无套利条件。价格传导是一个动态过程，是对市场之间相互影响的方向、速度等的反映。市场整合是通过价格传导来完成和实现的，市场整合程度既是价格传导的结果，又反过来影响价格传导的效率。在计量经济学中，市场整合分析通常可以采用协整检验的方法进行，从而反映两个或多个市场之间在长期是否具有稳定的价格传导关系，同时判断市场效率的高低。

　　通过主产区和主销区的玉米价格 JJ 协整检验，分析主产区和主销区之间的玉米价格是否存在稳定的长期整合关系，如表 3 - 3 所示。在 1%的显著水平下，大部分主产区和主销区的市场价格间存在着长期稳定的传导关系；在 5%的显著水平下，广东深圳与辽宁大连的玉米价格也存在长期稳定的传导关系；当显著水平设定为 10%时，样本所涉及的三个主产区和四个主销区都存在着长期稳定的价格整合关系。

表 3 - 3　主产区和主销区玉米市场价格长期协整结果

报价点	广西南宁	湖南长沙	四川成都	广东深圳
黑龙江齐齐哈尔	协整***	协整***	协整*	协整***
吉林长春	协整***	协整***	协整*	协整***
辽宁大连	协整***	协整***	协整*	协整**

注：*、**、*** 分别表示在 10%、5% 和 1% 的水平上显著。

据此得出结论，玉米东北主产区和主销区市场长期整合程度较高，主产区和主销区玉米价格在长期具有稳定的传导关系。

3.4.1.3　主产区与主销区的玉米市场价格短期协整分析

短期协整分析是用来分析在价格变量间存在长期稳定关系时，由于外部冲击出现偏离长期均衡状态时市场短期的反应情况。这一反应通常是对前期偏离的一种纠偏，即这种反馈是反向的，最终使得价格关系重新回归到长期稳定的均衡状态。

短期协整分析通常用 ECM 模型，其结果反映了市场整合程度的高低，即用 ECM 模型检验主产区和主销区玉米市场价格在短期波动中，偏离长期均衡关系的程度，即检验玉米主产区市场价格和主销区价格偏离市场均衡价格后，回归均衡的速度。检验结果如表 3 - 4 所示，表明在 10% 的显著水平下，当存在外在因素的冲击时，玉米市场都有一个负反馈机制，使价格逐渐向长期稳定均衡的价格调整。相对于广西和广东而言，四川和湖南的市场价格与东北三省的市场整合程度低，在偏离均衡之后调整的速度较慢，效率较低。这是因为，湖南和四川处于内陆地区，而东北三省作为中国玉米的主要产地，玉米向外运输的过程中，主要是以海运为主。中粮集团的数据显示，2017—2018 产季，东北玉米总共完成外流约 8 817 万吨，其中汽运为 885 万吨，铁路为 1 814 万吨，集装箱为 2 314 万吨，散船为 3 694 万吨。42% 的东北三省产区主要选择从产地的库点，经过铁路、装车点到北方的主要港口，上散船，从北港经海运到南港，再到终端客户的物流模式[224]。因此，处于沿海地区的广东和广西与东北玉米市场价格的传递更通畅，整合程度高。

表 3 - 4　主产区与主销区的玉米价格短期协整结果

报价点	ECM 函数	是否通过检验
齐齐哈尔→南宁	D(GXNN)=59.262+0.384D(HLJQS)-0.076ecm (2.074)　(5.580)　(-2.126)	通过***

（续）

报价点	ECM 函数	是否通过检验
齐齐哈尔→长沙	$D(HNCS)=96.075+0.312D(HLJQS)-0.074ecm$ (2.159) (3.318) (−2.174)	通过**
齐齐哈尔→成都	$D(SCCD)=84.975+0.291D(HLJQS)-0.052ecm$ (1.796) (3.058) (−1.789)	通过*
齐齐哈尔→深圳	$D(GDSZ)=117.521+0.350D(HLJQS)-0.117ecm$ (2.834) (2.894) (−2.890)	通过***
长春→南宁	$D(GXNN)=120.915+0.360D(JLCC)-0.133ecm$ (3.117) (3.633) (−3.148)	通过***
长春→长沙	$D(HNCS)=97.929+0.355D(JLCC)-0.078ecm$ (2.226) (3.997) (−2.239)	通过**
长春→成都	$D(SCCD)=85.802+0.092D(JLCC)-0.053ecm$ (1.809) (3.058) (−1.804)	通过*
长春→深圳	$D(GDSZ)=136.295+0.282D(JLCC)-0.146ecm$ (3.172) (2.534) (−3.233)	通过***
大连→南宁	$D(GXNN)=26.692+0.666D(LNDL)-0.133ecm$ (3.716) (9.480) (−3.898)	通过***
大连→长沙	$D(HNCS)=72.803+0.416D(LNDL)-0.101ecm$ (2.226) (3.997) (−2.543)	通过**
大连→成都	$D(SCCD)=75.075+0.349D(LNDL)-0.060ecm$ (2.017) (4.409) (−2.004)	通过**
大连→深圳	$D(GDSZ)=24.386+0.933D(LNDL)-0.140ecm$ (2.857) (13.505) (−2.992)	通过***

注：*、**、***分别表示在10%、5%和1%的水平上显著。

3.4.1.4　基于 VAR 模型定量分析玉米价格波动的市场传导路径

由表3-3、表3-4可知，东北三省报价点玉米市场价格和四个主销区玉米价格存在联动关系。那么，是主销区引导着主产区的价格变化还是相反呢？在玉米市场上产区和销区哪一个更具定价权呢？为分析主产区与主销区之间玉米价格的动态变化规律，用 VAR 模型来分析玉米价格波动，即用格兰杰因果关系来判断玉米价格波动的传导路径。

东北三省主产区与主销区的玉米价格传导关系如表3-5所示，根据格兰杰因果关系检验可以得出两类结果：

（1）玉米价格是由该主产区传导到主销区的，表现为玉米价格波动是产区影响销区，即主产区在玉米价格上具有主导权。这是因为，玉米在合理条件下可以长时间储存，因此生产者对于玉米销售的时机具有一定的选择权，即当市场上价格较低的时候生产者会采取减少或者不出售玉米，当价格较高的时候再出售，表现为玉米的供给弹性相对要大；而玉米的买方如饲料加工等厂商必须以玉米为原材料，短期内做出调整的可能性相对于供给方来说要小，即玉米的需求弹性相对小。

表 3-5 主产区与主销区的玉米价格传导关系

报价点	湖南长沙	四川成都	广东深圳	广西南宁
黑龙江齐齐哈尔	→***	→***	→***	→***
吉林长春	→***	→***	←→***	→**
辽宁大连	←→***	←***	←→*	←→***

注：* 、** 、*** 分别表示在10%、5%和1%的水平上显著。

（2）大连报价点与湖南长沙、广东深圳、广西南宁，以及吉林长春和广东深圳的报价点市场玉米价格是双向传导的，玉米价格波动受产区与销区双向影响。这是因为，大连地区作为玉米北粮南运的枢纽，一头联系着买方市场，另一头联系着卖方市场，作为主产区，由于供给弹性大于需求弹性，在价格变化中起着主导作用；而大连作为连接买卖双方的枢纽，同样受到销区价格波动的影响也较为明显。

3.4.1.5 东北三省主产区与主销区玉米市场价格的整合规律

根据2016年1月7日—2018年6月26日的周数据，东北三省主产区与主销区玉米市场价格的整合规律如下：

（1）伴随着玉米价格市场化改革的实施，玉米市场价格纠正了在临时收储政策下的价格扭曲，市场实际的供求发挥对价格的调整作用，并反过来通过价格规律来调整玉米市场的供给和需求。主产区和主销区间玉米价格波动具有长期的稳定关系。

（2）从整个玉米市场对长期均衡的短期纠偏来看，玉米市场整体上有效率，但是鉴于东北铁路运力比较紧张，汽车货运成本较高，42%的玉米以海运的方式运往南方。在短期，当价格自身遇到外界冲击的时候，沿海地区比内陆地区的主销区市场效率水平更高。因此，国家在进行玉米价格监测预警时，应主要考虑沿海玉米主销区的价格变化和冲击情况。

（3）从中国玉米市场买方和卖方市场的价格主导关系来看，黑龙江和吉林主产区的玉米出库收购价格波动对主销区到货价格的波动起到主导作用。这一证据表明中国在进行玉米供给侧结构性改革时，要通过引导主产区的价格变化最终实现全国的价格变化，实现政府的宏观经济政策。交通枢纽城市大连产区的价格变化与主销区之间的价格变化关系是双向影响的，这一现象体现了作为承接主产区和主销区的港口城市，收购价格变化会影响主产区，同时，主销区的价格波动也会影响主产区。

3.4.2 东北三省主产区与主销区的粳稻和粳米市场整合分析

如表 3-6 所示，自稻谷最低收购价实施至 2018 年，收购价格呈现了先升后降的倒 U 形变化趋势，下降的拐点在国家提出供给侧结构性改革之后出现。从 2018 年来看，在政府"谷物基本自给，口粮绝对安全"的方针下，大米市场价格更多地受到来自国家粮食安全政策方面的干预，虽然稻谷的最低收购价格下调，但是对市场的扭曲作用还存在，不利于体现真实的市场供求关系，也不利于不同市场间的价格传递。那么，收储制度改革后，政府根据市场供需状况，为了去库存，不断调低最低收购价，该政策效果有待检验，即粳稻的主产区和主销区价格传递是否顺畅？受到短期冲击时价格是如何调整的？市场价格波动是由主产区还是主销区哪一方主导的？

表 3-6　2004 年以来稻谷最低收购价

单位：元/斤

年份	早籼稻	中晚籼稻	粳稻	变动趋势	年份	早籼稻	中晚籼稻	粳稻	变动趋势
2004	0.7	0.72	0.75	开始	2012	1.2	1.25	1.4	上升
2005	0.7	0.72	0.75	不变	2013	1.32	1.35	1.5	上升
2006	0.7	0.72	0.75	不变	2014	1.35	1.38	1.55	上升
2007	0.7	0.72	0.75	不变	2015	1.35	1.38	1.55	不变
2008	0.77	0.79	0.82	上升	2016	1.33	1.38	1.55	下降
2009	0.9	0.92	0.95	上升	2017	1.3	1.36	1.5	下降
2010	0.93	0.97	1.05	上升	2018	1.2	1.26	1.3	下降
2011	1.02	1.07	1.28	上升					

数据来源：中华人民共和国国家发展和改革委员会网站。

3.4.2.1 主产区与主销区的粳稻和粳米价格 ADF 检验

通过对报价点价格数据做 ADF 检验，检验结果如表 3-7 所示，所有的时间序列都在 1％的显著水平下不平稳，一阶差分后平稳。结果表明，全部价格变量通过 ADF 检验，均可用于市场整合分析。

表 3-7　水稻市场价格时间序列平稳性检验结果

品种	变量	地区	检验类型（c，t，d）	ADF 值	1％显著水平	是否平稳
零阶						
	火车板价	虎林	(1，1，0)	−3.471	−4.058	不平稳
粳稻	收购价	佳木斯	(1，0，6)	−20.29	−3.506	不平稳
	收购价	长春	(1，1，0)	−2.410	−4.058	不平稳
	火车板价	松原	(1，1，0)	−3.234	4.058	不平稳
	出库价	盘锦	(1，0，0)	−2.346	−3.501	不平稳
粳米	火车板价	虎林	(1，1，0)	−1.945	−4.058	不平稳
		佳木斯	(0，0，0)	−0.855	−2.590	不平稳
		长春	(1，1，8)	−2.050	−4.670	不平稳
		松原	(1，0，0)	−1.984	−3.501	不平稳
	批发价	福州东北产	(1，1，0)	−1.824	−4.058	不平稳
		上海东北产	(1，1，1)	−2.491	−4.059	不平稳
	口岸价	广州东北产	(1，1，0)	−2.784	−4.058	不平稳
一阶						
	火车板价	虎林	(0，0，0)	−11.977	−2.592	平稳
粳稻	收购价	佳木斯	(0，0，3)	−2.433	−2.593	平稳
	收购价	长春	(0，0，0)	−11.828	−2.592	平稳
	火车板价	松原	(0，0，0)	−9.561	−2.590	平稳
	出库价	盘锦	(0，0，0)	−11.700	−2.590	平稳
粳米	火车板价	佳木斯	(0，0，0)	−11.902	−2.592	平稳
		虎林	(0，0，0)	−8.300	−2.592	平稳
		长春	(0，0，7)	−6.867	−2.594	平稳
		松原	(0，0，0)	−9.644	−2.590	平稳
	批发价	福州东北产	(0，0，0)	−7.364	−2.592	平稳
		上海东北产	(0，0，0)	−13.262	−2.590	平稳
	口岸价	广州东北产	(0，0，0)	−9.220	−2.592	平稳

注：D 表示一阶差分，c 表示常数项，t 表示时间趋势，d 表示滞后阶数，根据 SIC 准则来判断数据的滞后阶数。

3.4.2.2 主产区的粳稻和粳米价格市场整合关系

选用 JJ 协整检验，来分析主产区与主销区之间不同市场环节间的稻米价格是否存在长期稳定关系。

（1）长期市场整合检验

将同一省份的粳稻收购价格和粳米火车板价之间进行了 JJ 协整检验，结果如表 3-8 所示，表明在 5% 的显著水平下，佳木斯、虎林、松原的粳稻和粳米间的价格间存在整合关系，说明这三个市场的粳稻收购价格和粳米的批发价格间存在着长期稳定的均衡关系，价格传导较为顺畅。长春的粳稻和粳米价格间不存在长期的整合关系，这说明两个市场之间是不整合的，价格传导不顺畅。

表 3-8　主产区内部粳稻和粳米市场长期整合结果

报价点	特征值	迹统计量	5% 的临界值	协整方程数	报价点	特征值	迹统计量	5% 的临界值	协整方程数
佳木斯	0.176	18.409	15.495	0 个 **	长春	0.064	6.539	15.494	0 个
	0.004	0.411	3.841	最多一个		0.004	0.364	3.841	最多一个
虎林	0.165	24.300	20.262	0 个 **	松原	0.266	35.125	25.872	0 个 **
	0.077	7.485	9.165	最多一个		0.066	6.376	12.518	最多一个

注：** 表示在 5% 的显著性水平下通过检验，其他为不通过检验。"0 个"通过检验，表示拒绝"0 个协整方程"，意味着至少有一个协整方程，"最多一个"没有通过检验，意味着拒绝有两个协整方程通过检验。

（2）短期整合关系

由于在佳木斯、虎林和松原地区粳稻价格和粳米价格之间存在长期整合关系，因此，可以进一步分析短期整合关系。构建 ECM 模型，结果如表 3-9 所示，表明虎林、佳木斯、松原在偏离均衡后的调整速度分别是 0.139、0.052、0.098，由于系数均为负值，说明粳米和粳稻价格之间在偏离长期均衡时有一个负的反馈机制。

表 3-9　主产区内部粳稻与粳米之间的短期协整结果

报价点	ECM 函数	是否通过检验
虎林	$D(HLJM) = -106.790 + 0.236D(HLJD) - 0.139ecm$ $(-3.909)\quad(1.568)\quad(-3.965)$	通过

(续)

报价点	ECM 函数	是否通过检验
佳木斯	D(JMSJD)＝279.178－0.350D(JMSJM)－0.052ecm (1.716)(－4.311)　(－1.716)	通过
松原	D(SYJM)＝1 040.116－1.430D(SYJD)－0.098ecm (2.846)(－13.649)　(－2.845)	通过

(3) 价格传导

采用格兰杰因果关系检验。在检验时要求变量是平稳变量，所以，对价格序列进行差分，再进行检验，建立 VAR 模型。检验结果如表 3－10，表明在 10％显著水平下，两对主产区报价点的粳稻价格波动是粳米价格波动产生的原因，即在主产区内部粳稻市场具有价格涨跌的话语权，与实际相符。

表 3－10　主产区粳稻和粳米之间的格兰杰检验结果

报价点	格兰杰检验	滞后期
虎林	粳稻是粳米的格兰杰原因 ***	1
佳木斯	粳米是粳稻的格兰杰原因 **	6
松原	粳稻是粳米的格兰杰原因 *	3

注：*、**、*** 分别表示在 10％、5％和 1％的水平上显著。

3.4.2.3　主产区的粳稻收购价与主销区大米的批发价之间市场整合分析

(1) 长期市场整合分析

主产区粳稻和主销区粳米市场长期整合结果如表 3－11 所示，表明近半数主产区粳稻市场到主销区的粳米市场间存在长期整合关系，说明价格传导较为顺畅。从东北市场到福州的市场整合程度最好，有四对存在长期整合关系；而从东北市场到广州的整合程度下降，五对市场有两对市场是长期整合的；而东北主产区与上海批发市场没有整合关系。这说明两个市场之间的空间距离是影响市场间整合程度的一个主要因素，这一点与 Kouyaté 和 Cramon-taubadel (2016) 的观点是一致的。盘锦粳稻与所有粳米市场都不整合，原因在于出库价格波动较小。如 2017 年盘锦粳稻出库价格仅变化了一次，"稻强米弱"的现状改观不大。

表 3 - 11　主产区粳稻和主销区粳米市场长期整合结果

报价点	特征值	迹统计量	5%的临界值	协整方程数	报价点	特征值	迹统计量	5%的临界值	协整方程数
长春→	0.302 615	36.190 98	25.872 11	0个*	虎林→	0.202 457	18.158 15	15.494 71	0个**
福州	0.109 328	8.799 228	12.517 98	最多一个	福州	0.012 623	0.965 47	3.841 466	最多一个
长春→	0.052 383	4.093 481	15.494 71	0个	虎林→	0.212 88	25.918 98	25.872 11	0个*
广州	0.000 057	0.004 343	3.841 466	最多一个	广州	0.096 668	7.726 514	12.517 98	最多一个
长春→	0.060 32	4.750 884	15.494 71	0个	虎林→	0.146 109	19.074 51	18.397 71	0个*
上海	0.000 296	0.022 505	3.841 466	最多一个	上海	0.088 833	7.070 214	3.841 466	最多一个
佳木斯→	0.237 035	24.311 02	15.494 71	0个*	松原→	0.255 832	30.041 33	25.872 11	0个**
福州	0.048 141	3.749 735	3.841 466	最多一个	福州	0.094 974	7.584 165	12.517 98	最多一个
佳木斯→	0.210 749	17.987 01	19.387 04	0个*	松原→	0.150 688	19.846 24	18.397 71	0个
广州	0.051 446	4.014 062	12.517 98	最多一个	广州	0.093 175	7.433 267	3.841 466	最多一个
佳木斯→	0.609 601	71.484 54	14.264 6	0个	松原→	0.143 4	12.229 28	12.320 9	0个*
上海	0.014 863	1.138 086	3.841 466	最多一个	上海	0.006 109	0.465 681	4.129 906	最多一个
盘锦→	0.079 648	8.398 136	15.494 71	0个	盘锦→	0.083 457	12.417 16	15.494 71	0个
福州	0.007 276	0.679 177	3.841 466	最多一个	上海	0.045 313	4.312 599	3.841 466	最多一个**
盘锦→	0.056 203	5.835 272	15.494 71	0个					
广州	0.004 888	0.455 735	3.841 466	最多一个					

注:*、**、*** 分别表示在10%、5%和1%的水平上显著。

（2）短期市场整合分析

没有长期市场整合关系的市场无法分析其短期市场整合，因此针对3－11所示的四个主产区的粳稻收购价与三个主销区粳米批发价存在长期整合的七对市场，分析短期调整速度。构建ECM模型，结果如表3－12所示，表明虎林粳稻价格和福州、广州粳米价格之间偏离了均衡之后分别以0.139和0.098的速度回复长期均衡；佳木斯粳稻收购价和福州的粳米批发价，以及广州粳米到货价均在偏离了均衡之后没有回复均衡的机制；长春粳稻收购价和福州粳米批发价之间偏离长期均衡的回复速度为0.262；松原粳稻收购价和福州粳米批发价偏离长期均衡后的回复速度为0.128，且与上海粳米批发价无短期协整关系。

（3）价格传导机制分析

四个主产区粳稻市场和三个主销区大米市场的价格传导关系如表3－13所

示，表明在产销地粳稻收购价和粳米批发价之间市场间的价格传导关系不顺畅，主要是销地粳米的批发价格影响产地粳稻的收购价格。这与 Gedara 等（2016）[20]的研究结论是一致的，在价格传导中，销区决定了市场上的话语权，批发商起到了主要的作用。而佳木斯到福州的情况是相反的，说明也有产区具有话语权的。

表 3-12　主产区粳稻和主销区大米市场 ECM 模型结果

报价点	ECM 函数	检验
虎林—福州	$D(HLJJD)=109.614+0.097D(FZJM-0.139ecm)$ (3.614)　(0.585)　(−3.664)	通过
虎林—广州	$D(SYJM)=1\ 040.116-1.430D(SYJD)-0.098ecm$ (2.846)　(−13.649)　(−2.845)	通过
佳木斯—福州	$D(FZJM)=105.556+0.368D(JMSJD)-0.029ecm$ (1.008)　(5.036)　(−1.018)	未通过
佳木斯—广州	$D(JMSJD)=28.933-0.525D(GZJM)-0.012ecm$ (0.394)　(−2.135)　(−0.395)	未通过
长春—福州	$D(CCJD)=109.610+0.240D(FZJM)-0.262ecm$ (3.614)　(1.511\ 3)　(−3.664)	通过
松原—福州	$D(SYJD)=591.445-0.285D(FZJM)-0.128ecm$ (2.602)　(−4.913)　(−2.604)	通过
松原—上海	$D(SYJD)=240.482-0.001D(SHJM)-0.066ecm$ (1.535)　(−0.024)　(−1.538)	未通过

表 3-13　主产区粳稻和主销区大米市场的价格传导关系

主产区	主销区：福州	主销区：广州	主销区：上海
虎林	←	—	—
佳木斯	→	←	—
长春	←	—	—
松原	—	←	←*

注：* 表示在 10%显著水平下通过检验，其他为在 1%显著水平下通过检验，"—"表示两个市场间没有价格传导关系。

3.4.2.4　主产区粳米和主销区粳米价格的市场整合分析

(1) 主产区粳米和主销区粳米价格长期市场整合关系

JJ 检验的结果如表 3-14 所示，表明十二对主产区和主销区之间，仅有两对市场整合，即虎林与福州、松原与福州市场间在 5%的显著水平存在着市场整合关系。但从整体上来看，主产区粳米与主销区粳米的大多数市场之间是不存在整合关系的，说明价格传导关系不顺畅。从结果中还发现，东北产区与距离较远的广州市场不整合，与福州有一半的市场整合；而与苏皖粳稻主产区临近的上海与东北产区市场不整合，这进一步说明了距离是影响市场整合的主要原因。

表3-14　东北主产区和主销区粳米市场整合结果

报价点	特征值	迹统计量	5%的临界值	协整方程数	报价点	特征值	迹统计量	5%的临界值	协整方程数
长春→福州	0.090	9.800	15.495	0个	虎林→福州	0.219	32.235	25.872	0个**
	0.011	1.031	3.841	最多一个		0.095	9.270	12.518	最多一个
长春→广州	0.087	12.626	15.495	0个	虎林→广州	0.090	8.868	15.495	0个
	0.043	4.117	3.841	最多一个		0.001	0.057	3.841	最多一个
长春→上海	0.091	9.399	15.495	0个	虎林→上海	0.074	12.191	15.495	0个
	0.005	0.504	3.841	最多一个		0.053	5.054	3.841	最多一个
佳木斯→福州	0.057	5.495	15.495	0个	松原→福州	0.168	19.728	18.398	0个**
	0.000	0.035	3.841	最多一个		0.028	2.636	3.841	最多一个
佳木斯→广州	0.040	3.823	15.495	0个	松原→广州	0.060	5.997	15.495	0个
	0.000	0.007	3.841	最多一个		0.003	0.268	3.841	最多一个
佳木斯→上海	0.071	7.284	15.495	0个	松原→上海	0.075	13.142	15.495	0个
	0.005	0.479	3.841	最多一个		0.062	5.925	3.841	最多一个

注：** 表示在5%的水平上显著。

（2）主产区粳米和主销区粳米价格短期市场整合分析

使用ECM模型进一步检验，产地和主销区粳米市场短期均衡结果如表3-15所示，表明在具有长期市场整合关系的四个市场中，当发生外部冲击时，虎林和福州在短期以0.100的速度回复到长期均衡状态，而松原和福州粳米市场则不具有这种市场效率。

表3-15　东北主产区和主销区粳米市场短期均衡结果

报价点	ECM函数	是否通过检验
虎林—福州	$D(FZJM) = -2.938 + 0.244D(HLJM) - 0.100ecm$ $(-0.879) \quad (1.412) \quad (-2.788)$	通过
松原—福州	$D(FZJM) = 37.284 + 0.407D(SYJM) - 0.014ecm$ $(0.480) \quad (5.081) \quad (-0.500)$	未通过

(3) 主产区到主销区不同市场环节的粳米价格传导关系

东北主产区和主销区粳米市场价格传导结果如表 3 - 16 所示，表明主产区东北粳米的火车板价与主销区粳米的批发价及口岸价之间的关系。总体来看是产地影响销地的，说明价格间的信息传递比较顺畅，且仍然表现出了主产区的市场优势。究其原因，产区市场有国家最低价格支撑托底，因此，这一方面影响了粳米市场的整合程度，另一方面，也使得产区在粳米的销售上更具有话语权。

表 3 - 16 主产区和主销区粳米市场价格传导结果

主产区	销区：福州
虎林	← →
松原	→

3.4.2.5 东北粳稻主产区与主销区不同市场环节的市场整合和价格传导规律

根据 2016 年 1 月 7 日—2018 年 1 月 25 日的周数据，得到东北粳稻主产区与主销区不同市场环节的市场整合和价格传导规律：

（1）从东北主产区粳稻与粳米市场的市场整合关系来看，主产区内部粳稻和粳米的市场存在着较强的整合关系，同时市场效率较高；从价格传导关系上来看，价格信息主要是从粳稻市场传递到粳米市场的，说明粳稻市场具有话语权。

（2）从东北主产区粳稻市场与主销区粳米市场的关系来看，产销区之间近一半的市场是存在长期整合关系的。从这些存在长期整合关系的市场上来看，大多数市场效率较高，当受到外部冲击价格关系偏离均衡时，能够回复到长期均衡状态。从价格传导的方向来看，与主销区之间的关系大体上是销区影响产区，即粳米价格影响了粳稻的市场价格。说明"稻强米弱"状态的改进不大。

（3）从东北主产区市场与主销区市场的粳米价格关系来看，产销区间绝大多数市场都不存在着长期整合关系，少数存在整合关系的在偏离了均衡之后，回复到均衡状态效率也不高。从价格传导方向上来看，是由主产区传递到主销区。

3.5 基于产销区粮食市场整合规律的粮食收储政策改革的效果

粮食收储制度改革后至 2018 年，玉米产销市场整合度提高，水稻市场整合具有差异化，总体偏低，主产区和主销区间"稻强米弱"的关系改变不大，但是由原来主产区定价影响主销区定价，转变为主销区粳米定价影响产地粳稻收购价格的情形，说明收储政策改革是有效的。

3.5.1 稻米市场和玉米市场的整合关系存在显著的差异

玉米市场整合度高、效率高，水稻市场整合度低、效率低。引起这种现象的主要原因是玉米市场和水稻市场的政策背景不同。玉米市场的市场化程度较高，而水稻市场长期以来一直处于国家最低收购价格政策下，价格偏离均衡后回复较慢，因此，玉米市场整合程度高，同时，市场效率也较高。

从区域间的价格传导关系方面，玉米市场整体上体现了销区决定产区价格的趋势。在稻米市场的价格传导关系上则体现销区粳米价格决定产区粳稻价格，部分产区粳米价格决定销区粳米价格的趋势。不断调低水稻最低收购价格之后，稻米市场整合程度仍然偏低，水稻供应链市场套利经营空间少，产销区间"稻强米弱"的情形没有发生实质性的改变。2017年调低收购价格之后，出现如下情况：一是水稻主产区内部的粳稻和粳米价格之间存在着较高的整合关系，主产区粳稻和主销区粳米价格之间整合度一般；二是在粳米市场产销区间套利的空间小，因此，水稻收储供应链市场套利经营仍然是重要难点；三是最低收购价格政策在前期积累了大量的稻米库存，导致市场上稻米供大于求，同时伴随国家托市价格的下调，销区粳米价格波动在市场上对主产区稻谷的价格起到主导作用。

3.5.2 临储政策的变化引起产后服务主体的政策套利空间下降

（1）源于玉米市场套利方向逆转的产后服务主体套利空间下降

玉米临储制度改革之前，为了提高农民收入水平，鼓励农民种植积极性，国家连年提高玉米收储价格，导致收储价格高于市场价格，玉米收储主体借助于国家较高的收储价格来获得政策性的套利。临时收储政策改革后，玉米价格回归市场价格，价格大幅度下降，市场价格在2016—2018年之间低位波动，相对平稳，原有的玉米收储主体在没有国家收储的情况下，短暂失去目标市场，失去了政策性套利空间。在此过程中缺乏外销渠道的一些玉米收储主体倒闭。同时，由于市场价格低，而玉米生产成本高，注重服务农户的玉米产后服务主体在这一阶段的利润非常低。2018—2019年伴随着玉米去库存任务逐步完成，以及受到南方涝灾的影响，市场上供小于求，市场价格回升，东北玉米,特别是辽宁和吉林的玉米以质优价廉迅速获得了南方销区市场的认可,市场套利空间有所上升。

由于玉米市场整合程度高,且产区价格波动影响销区价格波动,因此,玉米产后服务主体作为连接买卖双方的中间环节,利用在价格信息获取上的优势可以根据价格波动实现市场套利。

(2)源于水稻最低收购价降低的水稻产后服务主体套利空间下降

水稻市场的托市收储政策改革采取的是降低最低收购价的措施。改革前,东北主产区收储主体通过政策性套利获得生存空间。在国家调低最低收购价之后,由于水稻市场始终处于供过于求的状态,水稻市场上服务农户的产后服务主体的套利空间迅速下降,稻米加工企业开工不足,加工企业和经销商根据粳米的销售情况来确定收购和加工策略。

综上,临储制度改革后,玉米产后服务主体失去了政策性套利空间,套利空间下降,需要利用价格信息获取和销售渠道上的优势,根据市场波动偏离市场均衡的情况来实现套利。水稻产后服务主体的政策性套利空间大幅度压缩,需要以销售情况来确定收购和加工的水平。

3.6 基于产销市场整合规律的粮食产后服务主体收储意愿

粮食产后服务主体的收储意愿实质上和套利机会正相关,套利机会越大,收储意愿越强。

(1)收储政策改革之前的粮食产后服务主体政策性套利空间托高收储意愿

收储政策改革之前,粮食产后服务主体实施低风险的政策套利策略,收储意愿较高。在国家实施临时储备政策时,水稻和玉米实施保底收购价,粮食产后服务主体作为连接种植主体和粮食需求商的中间商,因为了解收购价和粮农的种植成本,可以无风险的赚差价,拥有套利机会。2008年之后的八年间,随着国家最低收购价逐渐提高且高于市场价格时,东北主产区价格高于其他产区价格和销区价格,但因为有国家临储保底,有套利空间,收储意愿较高。收购价格越高,收储意愿越高,价格达到一定程度时,出现从其他主产区向东北主产区流动的现象,2016年的玉米市场就出现过这种现象。

(2)收储政策改革之后的粮食产后服务主体市场套利空间托高收储意愿

国家临储制度改革后,玉米临储制度取消,玉米产后服务主体失去了依靠政策套利的机会，收储意愿下降，部分产后服务主体因为没有能够适应政策变化找到套利机会而退出市场，留在市场内的产后主体也在积极寻找新的套利机会。2017 年之后随着储备玉米数次的拍卖、库存大量减少，以及南方暴雨造成的内涝影响，玉米市场供需趋紧，玉米价格走高。由于玉米临储改革带来的价格平稳为价格波动风险所取代，同时，受到国内生猪价格较高的影响，玉米价格仍然可以维持在当前的高价格，玉米产后服务主体的市场套利机会增加。而在水稻市场，随着水稻最低收购价格下降，产后服务主体的利润逐渐下降，套利机会越来越少。水稻产后服务主体的政策性收储意愿下降，根据市场间整合情况寻找套利机会，按需采购逐渐成为常态。

总之，粮食产后服务主体要根据产地市场、产销两地的粮食差价情况，寻找套利机会，并根据实际套利情况来决定和调整其收储数量。针对市场整合程度比较强的产地销地市场，具有粮食价格向无套利均衡价格调整快的特点，容易判断价格涨跌走向，因此，可以实现粮食收储量的调节跟上销地价格的涨跌节奏，这里关键条件是粮食质量要好。

3.7　结果与讨论

（1）**收储制度改革后，东北三省玉米主产区与主销区市场价格的整合程度高。**主产区和主销区玉米市场整合程度较高，市场整体上有效率，黑龙江和吉林主产区的玉米收购价格波动对主销区到货价格的波动起到主导作用。交通枢纽城市大连产区的价格变化与主销区之间的价格变化关系是双向影响的，玉米产销流通价格监测预警时，应侧重观测沿海玉米主销区的价格变化和冲击情况。

（2）**收储制度改革后，东北三省粳稻主产区与主销区市场价格的整合程度不一致。**主产区内部的粳稻和粳米价格之间大部分存在着整合关系，市场效率较高，粳稻市场影响粳米市场。主产区粳稻市场到主销区粳米市场之间近一半的市场存在长期整合关系，大多数市场效率较高，销区批发粳米市场影响了产区粳稻收购市场。主产区市场到主销区市场的粳米价格之间仅有少部分存在整合关系，市场效率不高。

（3）**收储制度改革效果明显。**玉米产后服务主体失去了政策性套利空间，水稻产后服务主体的政策性套利空间大幅度压缩。利用价格信息获取和销售渠道上的优势，当市场间整合度越高，粮食产后服务主体根据市场波动偏离无套利均衡价格的情况实现市场套利行为的可能性越高。

(4) **收储制度改革后，粮食产后服务主体依托市场整合进行套利的收储意愿增强。**收储意愿与套利机会正相关。收储政策改革之前，粮食产后服务主体的政府套利机会促进收储意愿稳定在高位，收储政策改革之后，需要根据不同市场价格均衡状况实施套利策略，套利空间不明则收储意愿低，如果市场间整合程度高，套利空间可估。比如，粮食产后服务主体针对高质量粮食，可利用收储策略，实现收储利润，因此收储意愿较高。

(5) **运输条件仍然是影响粮食市场整合的重要因素。**这可以从如下三点看出：一是在玉米市场，东北主产区与沿海的广东、广西的市场整合度高，而与内陆的四川和湖南市场整合度低；二是在水稻市场，主产区内部粳稻粳米市场整合度高，东北粳稻与福建粳米市场的整合程度高于东北粳稻与广东粳米市场的整合程度；三是在水稻市场，位于苏皖粳米主产区周围的上海市粳米与东北粳稻的市场不整合。因此，改变粮食运输难的状态，可以改进市场整合程度。比如把粮食运输纳入鲜活农产品绿色运输通道，或者继续扶持东北玉米产地深加工政策。

3.8　本章小结

在第 3 章，选择东北三省主产区到主销区的粮食供应链主要环节市场，先用 Johansen 协整检验分别分析主产区和主销区水稻和玉米不同区域不同价格间的长期市场整合情况，随后用误差修正模型（ECM）来判断当市场价格短期偏离均衡时是如何回复到均衡状态的，最后用格兰杰因果关系检验主产区和主销区市场不同环节的价格传导方向。研究表明，一是 2016—2017 年粮食收储制度改革效果明显，玉米产后服务主体失去了政策性套利空间，水稻产后服务主体的政策性套利空间大幅度压缩。二是收储制度改革后，粮食产后服务主体要根据市场波动偏离无套利均衡价格的程度，实施套利行为。2016 年后玉米主产区和主销区市场整合程度变高，主产区内部的粳稻和粳米市场价格之间大部分存在整合关系，主产区粳稻市场与主销区粳米市场之间部分的成对市场存在长期整合关系，主销区批发粳米市场价格影响了主产区粳稻收购价。两市场间在无套利均衡价格情形下，粮食产后服务主体通过覆盖两市场间的物流与交易成本实现正常利润。如果市场波动偏离无套利均衡价格，偏离度越高，就越有利于粮食产后服务主体运用信息、收储综合功能的优势获得短期套利机会,如果市场间短期整合度越高,短期套利实现的机会就越大,收储意愿就越强。

综上,粮食产后服务主体的收储意愿已经变化,那么,将在下一章研究粮食产后服务主体收储意愿的影响因素以及收储行为。

4 粮食产后服务主体在收储供应链的功能及收储行为规律

　　根据第 3 章，粮食产后服务主体虽然减少或者失去了政策性套利空间，仅具有处理功能的粮食产后服务主体收储意愿下降，但是偏离无套利均衡价格的套利空间仍存在，粮食产后服务主体运用信息、收储综合功能的优势获得短期套利机会的模式已经形成，表明研究粮食产后服务主体从处理功能向综合功能转型的收储供应链管理的外界市场条件已经具备，可以对东北三省主产区粮食产后服务主体在收储供应链的功能及收储行为进行研究。通过对东北三省主产区粮食产后服务主体的收储供应链调查，本章可以解决三个重要理论和实践问题：一是明确粮食产后服务主体收储供应链上的收储功能需求与供给的现状，尤其要梳理市场接受的具有节约成本的代销售功能服务的收储供应链模式的特征，从而得出强化收储功能服务的政策建议；二是研究可以推广的、相对最优的收储供应链模式的选择机理，从而发现推广问题的解决方法和政策启示；三是要为解决粮食产后服务主体市场主体作用不强，服务粮农不足的问题，探索其收储行为机理，包括影响粮农忠诚度的因素及路径问题，粮食产后服务主体的满意度影响机理，从而获得提升种植主体忠诚度的玉米产后服务主体满意度的政策建议；四是检验假说Ⅰ：在粮食领域新形势下，取消临储政策后，粮食产后服务主体收储意愿受粮食质量、产销市场整合的正向影响。

4.1　2017 年粮食产后服务主体的相关政策及调查的必要性

4.1.1　2017 年支持粮食产后服务主体的相关政策

　　2016 年粮食收储制度改革坚持市场化方向，国家取消玉米临时收储政策，执行"价补分离＋市场化收购"的新政策，同时，政府开始逐步下调主粮稻谷和小麦的最低收购价格。2016 年全国粮食产量保持在 1.2 万亿斤以上，产需总量基本平衡，但品种和品质结构性矛盾突出[225]。对此，政府发布一系列文件：一是国务院办公厅《关于完善支持政策促进农民持续增收的若干意见》（国办发〔2016〕87号），明确要求"建设一批集收储、烘干、加工、配送、销售等于一体的粮食服务中心"，说明期望粮食产后服务主体要起到在产销之间进行沟通的集成作用；二是中共中央、国务院《关于深入推进农业供给侧结构性改革加快培育农业农村发展新动能的若干意见》（中发〔2017〕1号）要求"扶持烘干仓储等经营性服务组织""支持家庭农场、农民合作社科学储粮"，明确支持粮食产后服务主体进入市场；三是国务院办公厅《关于加快推进农业供给侧结构性改革大力发展粮食产业经济的意见》（国办发〔2017〕78号）提出"建设一批专业化、市场化的粮食产后服务中心，为农户提供粮食'五代'服务"，给出了粮食产后服务中心的发展方向。总之，截至2017年，为支持种植户的市场化，政策指向扶持粮食产后服务主体发挥服务功能，使其尽快承接原国有收储企业退出的收储市场。

4.1.2　2017年政府针对东北地区粮食产后服务主体的收储功能建设要求

2017年10月11日国家粮食局办公室印发《粮食产后服务中心建设技术指南（试行）》和《粮食产后服务中心服务要点（试行）》（国粮办储〔2017〕266号），特别提出了对东北地区粮食产后服务中心的收储功能建设要求，粮食产后服务主体要据此建设。

（1）东北地区粮食产后服务主体的收储功能规定

粮食产后服务中心的收储功能主要包括：为农户开展代清理、代干燥、代储存的基本服务功能，有条件的，宜具备代加工、代销售等服务功能，并在安全可控的条件下发展"粮食银行"等业务。应具备为农户提供专业化、质量稳定、安全可靠的粮食计量、快速检验、清理、干燥、分类储存保管等服务功能，提高粮食保质能力。

（2）东北地区粮食产后服务主体的建设要求

东北地区粮食产后服务中心的建设要求中特别强调为农户代销售的基本服务功能建设。

主要建设要求包括：一是能够有效改善粮食品质、提高粮食质量标准，有条件的可满足分等定级、分仓储存、分类加工的市场需求，为实现优质优价、增加绿色优质粮食产品供给、促进农民增收创造条件；二是宜配备交易终端等设备，与销售平台联网，可通过国家粮食电子交易平台服务，为农户直接开展网络售粮；三是宜具备代运输、代装卸功能，在偏远、交通不便和经济欠发达地区，可配备必要的收粮运输工具，开展上门收粮业务；四是可与农户科学储粮新装具新粮仓应用结合和对接，并提供产后技术服务指导。特别规定东北地区粮食产后主体建设内容如表 4-1 所示，收储供应链服务流程如图 4-1 所示。

表 4-1　东北地区粮食产后服务中心连续式烘干系统主要建设内容一览

| 序号 | 日烘干能力 | 年烘干能力 | 输送、清理能力 | 烘前、烘后仓 | 道路地坪 | 罩棚 | 汽车衡 | 检化验设备 | 供配电设备 |
	(t/d)	(t/y)	(t/h)	(t/仓)	(m²)	(m²)	(台)	(套)	(套)
1	500	67 500	100	≥750	6 000	3 000	1	1	1
2	300	40 500	50	≥450	3 000	1 500	1	1	1
3	200	27 000	30	≥300	2400	1 200	1	1	1

注：来自《粮食产后服务中心建设技术指南（试行）》。

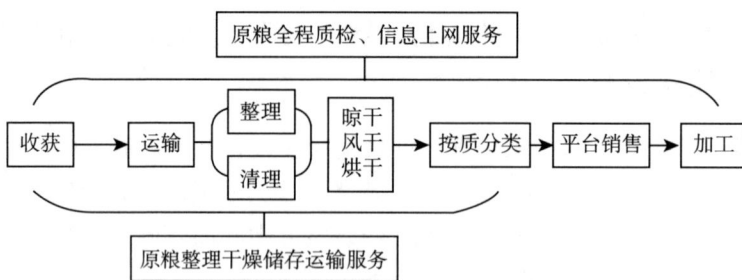

图 4-1　粮食产后服务中心服务流程
（《粮食产后服务中心建设技术指南（试行）》）

4.1.3　东北三省主产区粮食产后服务主体的调查必要性

2016 年针对主粮水稻进行调低最低收购价格的收储制度改革，是为了保障农民种粮基本收益，保障粮食安全，同时，发挥市场作用也是现实要求，非主粮玉米的临储制度取消就是受现实的驱动。这迫使原有承接国家临储业务的市场主体必须走向市场，同时，一些国有粮食收纳库也急需提升功能、延伸服务转型。那么激活、建设一批粮食产后服务主体，进行粮食产后处理、存储、加工、销售一体化的社会化服务，提质增效，实现市场化的产业链衔接，成为收储制度改革的核心问题。因此，依据 1.2 中有关收储功能、收储行为、收储供应链等概念，结合支持粮食产后服务主体的相关政策和东北地区粮食产后服务主体的收储功能建设要求，需要通过对水稻和玉米的收储供应链调查，研究粮食产后服务主体的收储行为及其在供应链中的功能，明确高信用、高质量、高效率的市场化经营模式。

4.2 东北三省粮食主产区粮食产后服务主体的收储供应链调查

4.2.1 东北三省玉米产后服务主体的收储供应链调查

（1）调查对象

东北三省玉米收储供应链模式调查对象为主营收储业务的玉米产后服务主体，以及与其建立合作关系的上游种植主体和下游玉米需求商。种植主体包括种植户（又称粮农）、合作社、经纪人等。调查对象不包括国储库，皆属于商业主体。所调查的单个收储供应链基本结构如图4-2所示。

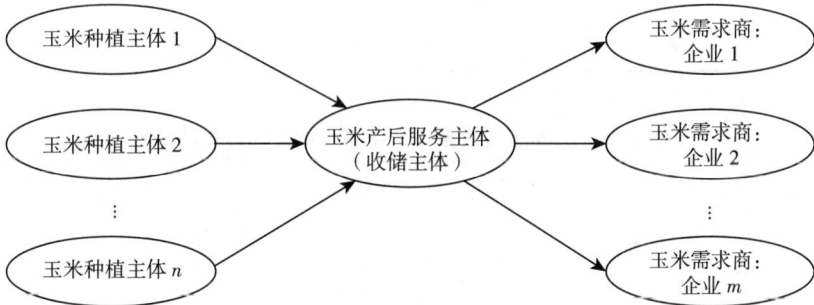

图4-2 玉米收储供应链基本结构

（2）调查内容

调查内容分三类：一是东北三省主产区玉米种植主体"五代服务"相关的收储功能需求情况，相关内容如表4-2、表4-10，以及表4-12至表4-16所示；二是玉米产后服务主体的属性特征，如表4-3所示；三是玉米产后服务主体收储行为，主要包括其上游收购来源，与上游交易时的收购方式、结算方式、烘干方式、储存方式和储存时间，如表4-4所示；四是玉米产后服务主体收储行为影响因素，反映了收储供应链模式影响因素，包括该主体收购资金获得渠道、所接受的收储补贴情况、与下游玉米需求商交易时的销售方式、建立合作途径的方式，以及与下游玉米需求商交易时的买家履约和信誉评价，详见表4-5。

表4-2　东北三省主产区玉米种植主体的收储功能调查结果

服务需要	一级	二级	频数	频率（%）
清理干燥	烘干方式	①不考虑	34	4.39
		②烘干塔	234	30.23
		③自然晾晒＋烘干塔	145	18.73
		④自然晾晒	361	46.64
储存	储存方式	①不储存	387	50.00
		②外包烘干塔	28	3.62
		③自己储存	359	46.38
	储存时间（月）	①不储存	313	40.44
		②0<t≤3	420	54.26
		③3<t≤12	41	5.30
销售	销售方式	①等待收购主体上门收	565	73.00
		②等待收购主体上门收＋主动送到收购企业	16	2.07
		③主动送到收购企业	193	24.94
	是否有长期固定买家	①否	506	65.37
		②是	268	34.63

注：收购主体指玉米产后服务主体。

表4-3　东北三省玉米产后服务主体属性调查结果

属性变量	变量取值	频率（%）	属性变量	变量取值	频率（%）
地区变量 x_0	1=黑龙江省	48	储存能力 x_{13}（万吨）	1=($s≤0.3$)	14.34
	2=吉林省	35		2=($0.3<s≤0.5$)	21.71
	3=辽宁省	17		3=($0.5<s≤1$)	19.77
企业规模 x_{11}（人）	1=($5≤c≤10$)	28.68		4=($1<s≤3$)	26.74
	2=($10<c≤20$)	47.29		5=($3<s≤5$)	9.69
	3=($20<c≤30$)	15.89		6=($s>5$)	7.75
	4=($30<c≤50$)	2.71	建立仓储方式 x_{14}	1=两种以上方式组合	45.35
	5=($c>50$)	5.43		2=合作经营	5.43
烘干能力 x_{12}（吨/天）	1=($d≤100$)	36.05		3=承包	1.55
	2=($100<d≤300$)	43.41		4=租赁	5.04
	3=($300<d≤500$)	12.79		5=收购	1.94
	4=($500<d≤1\,000$)	4.65		6=自建	40.7
	5=($d>1\,000$)	3.1	微信群公众号或购销公众号 x_{15}	0=否	66.28
				1=是	33.72

（3）调查过程和结果

调研时间是 2018 年 1—2 月，采取随机抽样方法，在黑龙江省、吉林省、辽宁省主产区分别发放问卷 145 套、105 套、65 套，问卷递减原因是烘干问题越往北越重要。

每个调查者调查的 1 套收储供应链的问卷包括具有主营收储业务的玉米产后服务主体 1 份问卷和 3 份其对应采购的种植主体问卷，有关下游玉米需求商的问题并入玉米产后服务主体的问卷中。调查者先调查玉米产后服务主体，然后调查与其合作的上游三个种植主体。黑龙江、吉林、辽宁分别回收 135 套、95 套、55 套，其中有效问卷分别为 123 套、91 套、44 套，有效率分别为 91%、96%、80%。

玉米种植主体调查问卷回收 774 份，其中，黑龙江、吉林、辽宁分别回收 405 份、285 份、165 份，其中有效问卷分为 369 份、273 份、132 份，有效率分别为 91%、96%、80%。东北三省主产区玉米种植主体关于"五代服务"需求分析主要是通过调查他们清理、干燥、储存、加工、销售的情况来进行。由于干燥之前一定要清理，因此将清理并入干燥，不再单独调查，调查结果如表 4-2、表 4-10，以及表 4-12 至表 4-16 所示。玉米产后服务主体调查结果详见表 4-3、表 4-4 和表 4-5。

表 4-4　东北三省玉米产后服务主体收储行为调查结果

行为变量	变量取值	频率（%）	行为变量	变量取值	频率（%）
收购来源	1＝粮农＋粮农＋粮农	34.5	收购方式 x_{21}	1＝等待送粮	50
	2＝粮农＋粮农＋合作社	4.26		2＝不带设备上门	13
	3＝粮农＋粮农＋经纪人	4.26		3＝多种收购方式	15
	4＝合作社＋合作社＋粮农	2.71		4＝带设备上门	22
	5＝粮农＋合作社＋经纪人	1.55	结算方式 x_{22}	1＝现金一次	44
	6＝合作社＋合作社＋合作社	17.44		2＝现金一次＋定金滞后	5
	7＝合作社＋合作社＋经纪人	4.65		3＝定金滞后	23
	8＝经纪人＋经纪人＋粮农	8.91		4＝现金一次＋信誉滞后	4
	9＝经纪人＋经纪人＋合作社	3.49		5＝现金一次＋定金滞后＋信誉滞后	2
	10＝经纪人＋经纪人＋经纪人	18.22		6＝定金滞后＋信誉滞后	1
				7＝信誉滞后	21

（续）

行为变量	变量取值	频率（%）	行为变量	变量取值	频率（%）
储存方式	1＝压平耕地	1	烘干方式	1＝烘干塔	82
	2＝压平耕地＋仓库；压平耕地＋仓库＋地坪；玉米篓子/玉米栈子＋压平耕地	3		2＝自然晾晒＋烘干塔	5
				3＝自然晾晒	13
	3＝地坪	7	储存时间 x_{23}（月）	1＝(t≤1)	15
	4＝仓库＋地坪	16		2＝(1<t≤3)	44
	5＝仓库	33		3＝(3<t≤6)	33
	6＝玉米篓子/玉米栈子＋仓库/地坪	38		4＝(6<t≤9)	6
	7＝玉米篓子	3		5＝(9<t≤12)	2

表4-5　玉米产后服务主体选择收储行为的影响因素调查结果

因素变量	变量取值	频率（%）	因素变量	变量取值	频率（%）
收购资金获得渠道 x_{31}	1＝民间贷款	6.59	销售方式 x_{33}	3＝一次销售＋多次销售	5
	2＝民间贷款＋银行贷款	4.65		4＝全年销售	22
	3＝民间贷款＋银行贷款＋股份投入	2.33	与下游需求商合作途径 x_{34}	1＝市场交易	8
				2＝信息共享	2
	4＝民间借贷＋股份投入	1.16		3＝对需求商信任	5
	5＝民间借贷＋其他投资	1.16		4＝需求商名声名誉	11
	6＝银行贷款	39.15		5＝建立2种合作途径	49
	7＝银行贷款＋股份投入	11.24		6＝建立3种合作途径	14
	8＝银行贷款＋其他投资	8.14		7＝建立4种合作途径	12
	9＝股份投入	5.81	买家履约 x_{35}	0＝不履行	9
	10＝其他投资（自投）	19.77		1＝部分履行	49
补贴 x_{32}	0＝无	51		2＝全部履行	41
	1＝市（县）级	41	买家信誉评价 x_{36}	1＝差	0
	2＝省级	1		2＝较差	5
	3＝市（县）级＋省级	4		3＝一般	21
	4＝国家级	3		4＝较好	47
销售方式 x_{33}	1＝一次销售	7		5＝好	27
	2＝多次销售	65			

4.2.2　东北三省水稻产后服务主体的收储供应链调查

(1) 调查对象

东北三省粮食主产区水稻收储供应链，基本结构与图 4-2 一致，包括主营收储业务的水稻产后服务主体（不包括国储库），以及与其有合作关系的三个上游种植主体和下游水稻需求商。

(2) 调查内容

根据有关部门的调研或者咨询结果，发现产后服务主体的烘干能力、储存能力、烘干方式和储存时间对其选择水稻收储供应链模式有主要影响作用。结合 2.3 节中的影响因素，确定调查内容：一是东北三省主产区水稻种植主体"五代服务"相关的收储功能需求调查，如表 4-6、表 4-11，以及表 4-17 至表 4-21 所示；二是水稻产后服务主体的属性因素，如表 4-7 所示；三是水稻产后服务主体的收储行为因素，如表 4-8 所示；四是产后服务主体选择收储供应链模式的影响因素，如表 4-9 所示。

(3) 调查过程和结果

研究团队于 2018 年 1—2 月，对水稻产后服务主体进行随机抽样的问卷调查，调查范围是黑龙江省、辽宁省、吉林省水稻主产区。每个调查者收到的成套问卷包括具有主营收储业务的水稻产后服务主体 1 份问卷和 3 份其采购的种植主体问卷，有关下游水稻需求商的问题并入水稻产后服务主体的问卷中。

调查者先调查水稻产后服务主体，然后调查与其合作的上游三个种植主体。对黑龙江、吉林、辽宁分别发放 150 套、50 套、30 套问卷，问卷递减原因是烘干和储存问题越往北越重要。回收问卷 230 套，经过筛选、审核和整理，黑龙江、吉林、辽宁的实际有效问卷分别为 144 套、40 套、28 套，共计 212 套，有效率分别为 96%、80%、93%。

水稻种植主体调查问卷总计 636 份，黑龙江、吉林、辽宁分别回收 450 份、150 份、90 份，其中有效问卷分别为 432 份、120 份、84 份，有效率分别为 96%、80%、93%。东北三省主产区水稻种植主体关于"五代服务"需求分析主要是通过调查他们清理、干燥、储存、加工、销售的情况来进行。由于干燥之前一定要清理，因此清理并入干燥，不再单独调查，调查结果如表 4-6、表 4-11，以及表 4-17 至表 4-21所示。水稻产后服务主体调查结果如表 4-7、表 4-8 和表 4-9 所示。

表4-6 东北三省主产区水稻种植主体的收储功能需求调查结果

服务需要	一级	二级	频数	频率（%）
清理 干燥	烘干方式	①不考虑	131	20.60
		②烘干塔	35	5.5
		③自然晾晒＋烘干塔	16	2.52
		④自然晾晒	454	71.38
储存	储存方式	①不储存	298	46.86
		②外包烘干塔	10	1.57
		③自己储存	328	51.57
	储存时间 （月）	①不储存	197	30.97
		②0＜t≤3	400	62.89
		③3＜t≤12	39	6.13
销售	销售方式	①等待收购主体上门收	480	75.47
		②等待收购主体上门收＋主动送到收购企业	45	7.08
		③主动送到收购企业	111	17.45
	是否有长期 固定买家	①否	434	68.24
		②是	202	31.76

表4-7 东北三省水稻产后服务主体属性调查结果

变量	选项	频率 （%）	变量	选项	频率 （%）
地区 (x_1)	1＝黑龙江	67.92	存储能力 (x_4) （万吨）	1＝($s≤0.3$)	8.49
	2＝吉林	18.87		2＝($0.3＜s≤0.5$)	11.32
	3＝辽宁	13.21		3＝($0.5＜s≤1$)	20.75
规模 (x_2) （人）	1＝($5≤c≤10$)	22.17		4＝($1＜s≤3$)	26.42
	2＝($10＜c≤20$)	30.19		5＝($3＜s≤5$)	12.74
	3＝($20＜c≤30$)	24.06		6＝($s＞5$)	20.28
	4＝($30＜c≤50$)	11.32	建立仓储 方式（x_5）	1＝自建	56.6
	5＝($c＞50$)	12.26		2＝收购	10.38
烘干能力 (x_3) （吨/天）	1＝($d≤100$)	23.11		3＝租赁	8.96
	2＝($100＜d≤300$)	41.51		4＝合作经营	11.32
	3＝($300＜d≤500$)	16.04		5＝自建＋合作经营	6.60
	4＝($500＜d≤1\ 000$)	13.21		6＝自建＋租赁	6.13
	5＝($d＞1\ 000$)	6.13	是否开通微 信群（x_6）	1＝是	30.19
				2＝否	69.81

表 4-8 水稻产后服务主体收储行为调查结果

变量	选项	频率(%)	变量	选项	频率(%)
上游收购来源结构	1＝粮农＋粮农＋粮农	33.96	结算方式	3＝现金一次结算＋点金收购＋信誉收购	5.66
	2＝粮农＋合作社＋粮食经纪人	24.06		4＝现金一次结算＋信誉收购	16.04
	3＝合作社＋合作社＋合作社	8.02		5＝定金收购，滞后结算	16.98
	4＝粮食经纪人＋粮食经纪人＋粮食经纪人	33.96		6＝信誉收购，滞后结算	25.47
收购方式(x_7)	1＝不带收获设备上门收购	22.17	烘干方式	1＝烘干塔	50.94
	2＝不带收获设备上门收购＋等待送粮	15.09		2＝自然晾晒＋烘干塔	18.4
	3＝带收获设备上门收购	12.26		3＝自然晾晒	30.66
	4＝带收获设备上门收购＋等待送粮	18.4	储存方式	1＝地坪	23.58
				2＝地坪＋仓库	24.53
	5＝等待送粮	32.08		3＝仓库	51.89
结算方式	1＝现金一次结算	30.66	储存时间（月）	1＝(t≤1)	5.66
				2＝(1＜t≤3)	37.26
				3＝(3＜t≤6)	21.7
	2＝现金一次结算＋定金收购	5.19		4＝(6＜t≤9)	15.57
				5＝(9＜t≤12)	19.81

表 4-9 水稻产后服务主体选择收储行为的影响因素调查结果

变量	选项	频率(%)	变量	选项	频率(%)
收购资金渠道(x_8)	1＝股份投入	2.36	收储政策补贴(x_9)	4＝市级＋省级＋国家级	3.77
	2＝股份投入＋银行贷款	15.57		5＝省级	4.25
	3＝股份投入＋银行贷款＋民间借贷	4.25		6＝省级＋国家级	1.42
	4＝股份投入＋银行贷款＋其他投资	3.77		7＝国家级	8.96
	5＝股份投入＋其他投资	2.83	销售方式(x_{10})	1＝一次性销售	14.15
	6＝银行贷款	30.66		2＝一段时间内多次销售	53.77
	7＝银行贷款＋民间借贷	10.85		3＝全年时间内销售	32.08
	8＝银行贷款＋其他投资	15.09	下游需求商的合作途径	1＝企业的名声和信誉	45.28
	9＝民间借贷	2.36		2＝对需求商的信任	0
	10＝其他投资	12.26		3＝多次的市场交易价格合理	20.75
				4＝与需求商的信息共享	33.96
收储政策补贴(x_9)	1＝无	49.06	买家履约情况(x_{11})	1＝不履行	5.66
	2＝市级	29.72		2＝部分履行	33.02
	3＝市级＋省级	2.83		3＝全部履行	61.32

4.3 东北三省粮食主产区收储供应链的收储功能需求 与供给分析

4.3.1 东北三省粮食主产区粮食种植主体的收储功能需求分析

2017 年 9 月，国务院办公厅《关于加快推进农业供给侧结构性改革大力发展粮食产业经济的意见》（国办发〔2017〕78 号）首次提出"建设一批专业化、市场化的粮食产后服务中心，为农户提供粮食'五代'服务"。那么，水稻和玉米在市场化收购条件下，东北粮食主产区种植主体（包括农户，也称粮农，又称为粮食种植户）是否需要与"五代"服务相关的收储功能服务？需要服务的群体属性特征是什么？该项研究结果对粮食收储供应链产后服务主体提供粮食"五代"服务具有实践指导作用。

4.3.1.1 粮食种植主体收储功能的统计分析

针对东北三省主产区水稻和玉米种植主体，进行关于"五代"服务相关的收储功能需求分析，需要通过调查他们清理、干燥、储存、加工、销售的情况来判别。由于干燥之前一定要清理，因此清理并入干燥，不再单独调查。调查的结果见表 4-2 和表 4-6。水稻和玉米种植主体在清理、干燥、销售方面存在共同点，但在储存上存在差异。水稻和玉米种植主体烘干方式以自然晾晒居多，销售方式以等待收购主体上门收购居多，且大部分没有固定买家。储存方面，水稻种植主体以自己储存为主，而玉米种植主体以不储存为主。水稻和玉米种植主体储存时间主要集中在 0~3 个月。可见，针对水稻和玉米种植主体，整合水稻和玉米流通领域的现有资源，建立专业化经营性粮食产后服务主体进行"代清理、代干燥、代储存、代加工、代销售"有偿服务，在种植主体和市场之间架起桥梁，构建节约成本的规模收储供应链是极其必要的。

4.3.1.2 水稻和玉米种植主体收储功能的分类

（1）聚类指标的选择

为了明确哪些种植主体急需"五代服务"相关的收储功能，需要将种植主体进行相关分类。在研究中，不同的样本之间存在着不同程度的相似性，聚类分析就是依据数据之间的相似性，将研究对象进行分类，建立粮食种植主体收储功能需求模式的聚类指标体系，然后运用系统聚类得出粮食种植主体主要收储功能需求模式。聚类指标主要取自于"五代服务"相关的产后服务主体收储功能指标，包括干燥、储存、销售的指标，一级指标和二级指标如表 4-10 和

表 4 - 11 所示。

（2）种植主体的聚类结果

将东北三省水稻和玉米种植主体的收储功能指标进行聚类，应用 SPSS 软件进行 K 均值聚类，各分为 6 类。基于聚类结果分析其特征，权重等于权数乘以频数，结果如表 4 - 10 和表 4 - 11 所示。

基于玉米种植主体收储功能指标聚类结果，得出表 4 - 10，结论如下：一是收储供应链中种植主体与收储主体合作关系不紧密，超过九成没有固定买家，存在收储供应链中断风险。二是种植主体主动销售占 25%，意味着玉米收储供应链中需要收储主体主动进行收储服务。三是收储供应链中玉米种植主体有超过五成急需收储服务，玉米第 2、5、6 类急需粮食产后服务主体对其进行收储服务，占比 52.4%，他们的共同特征包括：烘干采用自然晾晒或者烘干塔，均不考虑自己储存，主动或者被动地直接卖出，均没有固定的买家，也就是和下游收储主体合作不紧密。四是有自有储存能力的种植主体近五成，第 1、3、4 类占比 45.8%，因为通过自有储存，有条件等待合适的市场价格出售，所以认为能够抵御市场的波动，因此，这三类不作为急需收储功能服务的群体，其中，只有 3.6% 种植主体有固定买家，并且主动销售，可以利用自有仓储配合收储活动，说明收储协调具有一定基础，但是，长期协调收储供应链占比太少。

表 4 - 10　东北三省玉米种植主体收储功能需求分类（%）

分类	类1	类2	类3	类4	类5	类6
权重	36.1	14.6	4.7	6.9	11.2	26.6
烘干方式	自然晾晒	自然晾晒＋烘干塔	自然晾晒＋烘干塔	自然晾晒	自然晾晒＋烘干塔	自然晾晒
权重	18.2	5.9	3.5	4.0	7.9	18.7
储存方式	自己储存	不考虑	自己储存	自己储存	不考虑	不考虑
权重	35.8	14.2	3.4	6.6	9.4	26.4
储存时间	$0<t\leqslant3$	不储存	$0<t\leqslant3$	$0<t\leqslant3$	不储存	不储存
权重	32.2	10.5	4.4	6.1	7.5	22.1
销售方式	等待	主动	主动	主动	等待	等待
权重	35.8	14.2	4.4	6.4	10.7	26.5
是否有固定买家	没有	没有	有	没有	没有	没有
权重	23.9	8.3	3.6	6.2	7.9	18.1

根据表 4-11，得出水稻种植主体收储功能需求结论：一是水稻收储供应链中种植主体与收储主体合作关系不紧密，种植主体没有固定买家，这与当时政府保底收购有关。二是水稻种植主体主动销售意愿不足两成，意味着水稻收储供应链中需要收储主体主动进行收储服务。三是水稻收储供应链中种植主体有近五成急需收储服务，水稻种植主体的 1、3、5 类急需粮食产后服务主体对其进行收储服务，占 47.2%，因为这几类种植主体具有共同特征：皆不考虑自己储存，不考虑烘干或者自己晾晒，没有固定买家，等待或者主动销售，如果没有政府保底收购，那么急需提供收储服务的主体进行服务。四是具有自己储存条件的种植主体超过五成，能够自己储存的种植主体是第 2、4、6 类，合计占 52.8%，通过自有储存，可以等待合适的市场价格并与国家收储价格比较后出售，所以认为能够抵御市场的波动，因此，这三类不作为急需收储功能服务的群体。

综上，玉米种植主体有固定买家的占比 3.6%，而水稻均没有固定买家，说明收储供应链上游合作关系不紧密。急需对接"五代服务"相关收储功能的玉米种植主体占比 52.4%，水稻种植主体占比 47.2%。为了便于收储主体开展产后服务对接，需要研究这几类种植主体的特征。

表 4-11　东北三省水稻种植主体收储功能需求分类（%）

分类	类 1	类 2	类 3	类 4	类 5	类 6
权重	13.4	6.9	7.7	36.3	26.1	9.6
烘干方式	不考虑	自然晾晒	自然晾晒	自然晾晒	自然晾晒	不考虑
权重	11.6	6.3	6.9	34.7	23.4	9
储存方式	不考虑	自己储存	不考虑	自己储存	不考虑	自己储存
权重	13.1	6.6	7.7	36.3	26.1	8.8
销售方式	等待	主动	主动	等待	等待	等待
权重	9.1	6.8	7.5	33.2	25.5	7.7
是否有固定买家	没有	没有	没有	没有	没有	没有
权重	8	3.8	4.2	25.8	19.5	6.4

4.3.1.3　急需收储功能服务的种植主体群体特征

（1）急需收储功能服务的玉米种植主体群体特征

根据表 4-10 中第 2、5、6 类玉米种植主体的相关特征指标基本统计，得出相关特征指标在总体中出现的频率如表 4-12 至表 4-16 所示，从而得出总计占比 52.4% 的急需收储功能服务的玉米种植群体特征。

1）玉米种植主体的群体属性特征。如表 4-12 所示，种植主体群体多数为男性、年龄 30～45 岁、文化程度初中到高中，健康状况比较好；收入主要在 10 万元以下的群体占 48%，分布在小于 3 万元，3 万～5 万元，以及 5 万～10 万元；种植面积主要在 500 亩*以下，占 51%，其中，第二类集中在 0～50 亩，占 8%，第五类集中在 50～500 亩，占 6%，第六类集中在 0～20 亩，占 11%。

2）玉米种植主体种植行为的群体特征。如表 4-13 所示，种植行为特征的显著相同之处总结为：一是采用花钱收割为主，占 32%，说明比较容易接受从收割开始的产后服务主体服务；二是种植投入显示无贷款和年底还款两大特征，分别占 21%、20%，说明有的种植主体拥有种植的投入资金，虽然有贷款但是年底能还上，说明种植主体资金流是比较好的，但是年底还款会导致种植主体急于年底前销售而不能规避低价的风险；三是种植主体使用的保险中以阳光保险居多，占 23%，说明种植主体具有风险意识，可以考虑衔接一些收储相关的风险产品，完成收储供应链上利益共享风险共担的策略；四是没掌握储存技术的占 28%，说明急需服务的 52.45% 种植主体中，近一半没掌握储存技术；五是种植主体愿意承担 10 元/吨运费的占 33.7%，承担 10～20 元/吨运费的占 14%，说明在收储距离成本上种植主体具有一定的承担能力。种植行为特征显著不同在于：一是第 2 类和第 6 类自己收割占比分别为 5.2% 和 9.9%，而第 5 类自己收割和买粮者代收割占比分别为 2.2% 和 2.5%；二是掌握储存技术不同，没掌握储存技术占 28%，掌握占 25%，需要进行储存技术的普及，主要是让种植主体更理解粮食产后服务主体的价值，在收获后的短暂储粮过程中，能够提升粮食质量，避免"地趴粮"出现。

3）玉米种植主体群体最需要的政策支持特征。如表 4-14 所示，一是享受补贴在 1～2 种为主，占 42%，其中，第 2 类和第 6 类，以享有一种补贴的种植主体居多，占比分别为 13%、19%，其中主要为种植补贴，第 5 类以享有两种补贴的种植主体居多，占比为 10%，集中为种植补贴、良种补贴和农机补贴中任意两种，说明种植主体在良种和农机方面仍然有

---

* 亩为非法定计量单位，1 亩≈666.7 平方米，下同。

合作提升的空间，在收储供应链上向种植环节延伸服务，仍然是有良好的外部政策支持，有利可图。二是在所需的政策支持方面，选择农业补贴居多，第2类占比为7%，第5类占比为5%，第6类占比18%，其次，需要售粮渠道政策支持，而对有关收储类培训、贷款、设备补贴、保险关注不大，说明对产后服务主体需要通过政策支持来加强销售服务和收储等培训。

4）玉米种植主体的群体组织特征。如表4-15所示，一是以没有参加培训和参加种植技术培训为主，第2类和第6类均以未参加培训的种植主体居多，占比分别为7.1%、16.1%，第5类以种植培训居多，占比为6%，参加储存培训比较少，说明组织培训有一定基础，但是发展空间比较大，尤其是收储功能提升质量方面的培训空间比较大。二是未参加合作社的种植主体居多，占30.2%，第2类占比为10.3%，第5类占比为6.3%，第6类占比为13.6%。其次是加入一种合作社的群体，占19%，说明种植主体的群体还有组织化经营的空间。

5）玉米种植主体的群体交易特征。如表4-16所示，一是在收购信息来源有差异，第2和5类以一种收购消息来源居多，占13.1%，第6类以三种及三种以上的收购来源居多，占13.8%，说明仍然有近两成的种植主体收购信息单一，只能随行就市，而不足两成的种植主体从多种渠道获得收购信息，说明种植主体中销售更具主体地位，随着信息获得越来越充分，产后服务主体中的合作博弈条件会越来越充分，粮食产后服务主体必须给出双赢的合作方案才能保障长期受益。二是交易的合作途径有差异，建立两种合作途径的居多，占20.4%，说明合作有一定基础，但是，由于信息共享的比例均很小，结合多数没有固定卖家来看，合作不够紧密，第2类种植主体的合作依据主要侧重信任和声誉，这与他们主动送粮销售有关，而第5类和第6类因为等待收粮，侧重市场交易，所以选择余地不多，有过合作的收储主体上门，合得上就以市场价格交易了。因此，通过信息共享，加强信誉合作和信任合作，粮食产后服务主体服务利润提升空间很大。三是交易评价方面，有人推荐价格高、信誉好的玉米买家占比31.8%，在近三年收购主体履约部分及全部履行占比31%，且信誉评价较好和好占比33%。说明粮食产后服务主体在收储市场具有良好的履约基础，拥有一定比例的信誉度，且三成多的种植主体会推荐信誉度较好的收储主体，这一行为为产后服务主体提供了较好的服务策略，因此提高信任和信誉的措施要加强。

表4-12 东北三省急需收储功能服务的玉米种植主体属性占比（%）

变量	取值	类2	类5	类6	变量	取值	类2	类5	类6
性别	0：女	2.3	1.6	7.6	健康	4：较好	6.3	4.4	12.5
	1：男	12.3	9.7	19.0	状况	5：好	5.4	5.9	6.7
年龄	1：≤30	3.0	1.0	1.9		1：i≤3	5.8	1.8	6.2
（岁）	2：31～40	5.2	4.1	8.4	年收入	2：3<i≤5	4.7	4.1	10.7
	3：41～50	4.9	4.8	9.7	（万元）	3：5<i≤10	3.0	3.2	8.4
	4：≥51	1.6	1.3	6.6		4：0<i≤20	0.9	1.3	1.0
文化程度	1：≤小学	2.8	1.3	12.5		5：20<i≤50	0.3	0.8	0.3
	2：初中	6.7	4.0	8.9		6：i≥50	0.0	0.0	0.0
	3：高中	2.7	3.1	3.6	种植面积（亩）	1：S≤20	3.9	1.6	11.5
	4：中专	0.9	1.6	1.0		2：20<S≤50	3.9	2.1	11.2
	5：大专	1.3	0.4	0.4		3：50<S≤100	2.6	2.7	1.8
	6：≥本科	0.1	0.8	0.1		4：100<S≤500	3.7	3.2	1.8
健康状况	1：差	0.8	0.0	0.1		5：500<S≤1 000	0.4	1.3	0.1
	2：较差	0.1	0.1	0.6		6：1 000<S≤2000	0.0	0.4	0.0
	3：一般	1.9	0.8	6.6		7：S>2000	0.1	0.0	0.1

表4-13 东北三省急需收储功能服务的玉米种植主体种植
行为特征变量的占比（%）

变量	取值	类2	类5	类6	变量	取值	类2	类5	类6
收获方式	1：花钱收割	9.4	6.6	16.1		4：阳光保险	8.4	8.4	7.5
	2：自己收割＋花钱收割	0.0	0.0	0.4		5：农作物保险＋阳光保险	0.3	0.0	1.7
	3：头粮者代收割	0.0	2.5	0.1	保险类型	6：收获期农作物保险＋阳光保险	0.3	0.0	0.9
	4：自己收割	5.2	2.2	9.9		7：农作物保险＋收获期农作物保险＋阳光保险	0.0	0.1	0.1
农贷还款时间	0：没有	7.2	3.5	10.7		8：其他	0.1	0.1	0.0
	1：年底还款	5.9	7.2	7.5	掌握储存技术	0：否	8.8	6.8	11.8
	2：第二年还款	1.0	0.5	8.0		1：是	5.8	4.4	14.9
	3：年底还款＋第二年还款	0.4	0.0	0.4	承担运费（元/吨）	0：空白	0.4	0.1	2.8
保险类型	0：都没有	1.8	1.9	7.0		1：p≤10	9.8	5.9	18.0
	1：农作物保险	1.9	0.5	5.7		2：10<p≤25	3.6	4.7	5.7
	2：收获期农作物保险	1.2	0.0	3.5		3：p>25	0.8	0.5	0.1
	3：农作物保险＋收获期农作物保险	0.6	0.1	0.3					

表 4-14　东北三省急需收储功能服务的玉米种植主体种植外部
支持政策特征变量占比（%）

变量	取值	类2	类5	类6	变量	取值	类2	类5	类6
享受补贴	0：无	1.2	0.4	8.1	种植主体最需要的政策支持	0：空白不考虑	2.1	1.2	0.8
	1：一种	7.4	3.2	12.9		1：农业补贴	7.5	4.9	18.3
	2：两种	6.1	7.4	5.6		2：收储培训	1.3	0.0	0.6
	3：三种及三种以上	0.0	0.3	0.0		3：收储贷款	0.9	1.0	1.6
						4：收储设备补贴	0.3	0.0	0.4
						5：储存类保险	0.1	0.1	0.3
						6：售粮渠道	2.5	4.0	4.7

表 4-15　东北三省急需收储功能服务的玉米种植主体组织特征变量占比（%）

变量	取值	类2	类5	类6	变量	取值	类2	类5	类6
参加培训	0：没有	7.1	3.4	16.1	加入合作社	0：无（其他合作社）	10.3	6.3	13.6
	1：种植	6.3	6.3	6.1		1：一种合作社	3.1	4.3	12.1
	2：储存	0.3	0.1	3.2		2：两种及两种以上	1.2	0.6	0.9
	3：种植+储存	0.9	1.4	1.2					

表 4-16　东北三省急需收储功能服务的玉米种植主体交易特征变量占比（%）

变量	取值	类2	类5	类6	变量	取值	类2	类5	类6
收购消息来源	0：1种收购消息来源	8.4	4.7	6.7	推荐或介绍	0：没有	4.7	3.5	12.5
	1：2种收购并存	3.6	3.1	6.1		1：有	9.9	7.8	14.1
	2：三种及三种以上	2.6	3.5	13.8	买家对约定	0：空白	1.6	0.0	1.2
合作途径	1：市场交易	2.1	3.2	4.5		1：不履行	2.8	1.2	3.1
	2：对企业信任	3.7	1.7	3.5		2：部分履行	10.2	3.0	15.8
	3：企业名声名誉	2.7	1.0	2.1		3：全部履行	0.0	7.1	6.6
	4：信息共享	0.1	0.1	0.3	对买家信誉	0：不考虑	0.0	0.0	1.8
	5：2种合作途径	3.6	4.1	12.7		1：差	0.6	0.5	0.3
	6：3种合作途径	1.3	0.8	2.3		2：较差	1.8	0.1	1.9
	7：4种合作途径都存在	1.0	0.3	1.3		3：一般	2.7	2.3	7.2
						4：较好	3.7	4.1	9.6
						5：好	5.7	4.1	5.8

（2）急需收储功能服务的水稻种植主体群体特征

依据表 4-11 中水稻第 1、3、5 类的相关基本统计，针对水稻种植主体占比 47.17% 急需收储功能服务的群体，进行群体特征的相关指标取值在总体的占比计算，得到表 4-17 至表 4-21，据此得出急需收储功能服务的水稻种植主体群体特征。

1）水稻种植主体的群体属性特征。如表 4-17 所示，种植主体群体多数为男性，年龄 30~45 岁，文化程度初中到高中，健康状况比较好。年收入主要集中在 0~12 万元，占 36.2%；种植面积集中在 300 亩以下，占 40.3%。

表 4-17 东北三省急需收储功能服务的水稻种植主体属性变量占比（%）

变量	取值	类1	类3	类5	变量	取值	类1	类3	类5
性别	0：女	2.8	2.4	3.3	年收入（万元）	1：$i \leqslant 4$	4.6	1.6	7.5
	1：男	10.5	5.3	22.8		2：$4 < i \leqslant 8$	3.0	2.7	6.1
年龄（岁）	1：$\leqslant 30$	2.7	1.3	3.5		3：$8 < i \leqslant 12$	3.1	1.3	6.3
	2：31~40	3.8	1.4	7.7		4：$12 < i \leqslant 16$	1.3	1.6	2.5
	3：41~50	4.6	3.9	10.4		5：$16 < i \leqslant 20$	0.8	0.3	1.9
	4：$\geqslant 51$	2.4	1.1	4.6		6：$20 < i \leqslant 40$	0.6	0.2	1.4
文化程度	1：$\leqslant$小学	1.6	2.2	2.5		7：$i > 40$	0.0	0.2	0.3
	2：初中	6.6	1.9	9.1	种植面积（亩）	1：$S \leqslant 100$	6.6	3.5	10.5
	3：高中	2.8	2.4	9.7		2：$100 < S \leqslant 200$	2.5	2.0	4.9
	4：中专	1.1	0.2	0.9		3：$200 < S \leqslant 300$	2.4	1.1	6.8
	5：大专	0.5	0.7	1.7		4：$300 < S \leqslant 400$	0.8	0.6	2.2
	6：$\geqslant$本科	0.8	0.2	2.0		5：$400 < S \leqslant 500$	0.5	0.5	0.6
健康状况	1：差	0.2	0.0	0.2		6：$500 < S \leqslant 1\,000$	0.6	0.2	0.8
	2：较差	0.2	0.3	0.0		7：$S > 1\,000$	0.0	0.0	0.3
	3：一般	2.4	1.6	3.0					
	4：较好	6.3	2.8	10.7					
	5：好	4.4	3.0	12.3					

2）水稻种植主体种植行为的群体特征。如表 4-18 所示，一是以花钱收割和自己收割为主，占 47.17%，其中花钱收割和自己收割分别占 23%、21.6%，同时选用占 1.8%，说明与玉米种植主体相同，比较容易接受从收割开始的产后服务主体的服务；二是种植主体以不贷款和贷款（且年底还款）占主，其中，不贷款占 18.3%，贷款（且年底还款）占 25.7%，说明种植主体

资金流是比较好的，但是年底还款会导致种植主体因着急年底前销售而不能规避低价的情况；三是以阳光保险和农作物保险为主，占比 36.8%，说明种植主体具有风险意识，可以考虑衔接一些收储相关的风险产品，完成收储供应链上利益共享风险共担的策略；四是以掌握储存技术为主，占 33.1%，没掌握占 14.1%；五是在卖粮时能够承担的运费小于等于 25 元/吨的约占 33.8%，说明水稻种植主体无论是等待收粮，还是送粮，销售半径都好于玉米，具有更好的讨价还价的空间。

3）水稻种植主体群体最需要的政策支持特征。如表 4－19 所示，一是享受补贴以两种、三种为主，分别占 13.2%、14.9%，也有不享受补贴的情况，占 10%；二是所需的政策支持选择农业补贴、销售渠道居多，分别占 28.1%、14.3%，而有关收储类培训、收储贷款、收储设备补贴、储存类保险占比 4.8%，说明需要政策支持助力产后服务主体进行收储服务并实施收储培训。

4）水稻种植主体的群体组织特征。如表 4－20 所示，一是参加过水稻种植技术培训为主，占 23.3%，其次是没参加过培训，占 13.7%，参加仓储培训比较少，说明组织培训有一定基础，但是发展空间比较大，尤其和收储功能相关的培训提升空间比较大。二是未参加合作社的种植主体居多，占 31.4%，其次是加入一种合作社的群体，占 13.5%，说明种植主体的群体还有组织化经营的空间。

5）水稻种植主体群体的交易特征。如表 4－21 所示，一是在销售原因方面，以"合理收益下的省心交易"为主要原因的，占 22.5%，其次是"上门收购主体给的价格高于送到国储库的价格减去物流成本"，占 15.5%。二是在收购信息来源方面，以 1~2 个信息来源为主，分别占 21.2%、14.6%。三是与收购主体合作依据方面，主要是市场交易，占 22.3%，其次是看收储企业名声名誉，占 16.5%，最后是交易过形成的企业信任，占 8.2%，信息依据少，主要是因为国家制定收购价格，不需要共享。四是推荐方面，收储企业的信誉是可积累的，种植主体有 33.6%会推荐价格高、信誉好的买家。五是买家对约定的履行方面，种植主体的收储企业履约和信誉均较好，种植主体的收储企业全部履约和部分履约分别占 26.4%、14.8%；信誉评价较好、好、一般分别占 17.3%、13.9%、13.4%。说明种植主体主要根据国家确定的水稻收购价格来判定合理收益下的、省心的、双赢的收储方案，主要根据交易过的收储企业的声誉和履约情况，相互介绍，因此，粮食产后服务主体必须切实给出双赢的具有服务效率的合作方案，并需要积累信誉。

表 4 - 18 东北三省急需收储功能服务的水稻种植主体种植行为特征变量占比（%）

变量	取值	类1	类3	类5	变量	取值	类1	类3	类5
收获方式	1：花钱收割	6.3	4.1	12.6	保险类型	3：农作物保险＋收获期农作物保险	0.0	0.0	0.2
	2：自己收割＋花钱收割	0.8	0.2	0.8		4：阳光保险	5.3	3.5	15.1
	3：买粮者代收割	0.2	0.0	0.3		5：农作物保险＋阳光保险	1.1	0.3	2.5
	4：自己收割	6.0	3.3	12.3		6：收获期农作物保险＋阳光保险	0.0	0.0	0.2
	5：花钱收割＋买粮者代收割	0.2	0.2	0.0		7：农作物保险＋收获期农作物保险＋阳光保险	0.2	0.0	0.0
	6：自己收割＋花钱收割＋买粮者代收割	0.0	0.0	0.2		8：其他	0.0	0.0	0.0
农贷还款时间	0：没有	5.3	2.5	10.5	掌握储存技术	0：否	4.9	1.7	7.5
	1：年底还款	7.7	4.9	13.1		1：是	8.5	6.0	18.6
	2：第二年还款	0.3	0.3	2.5	承担运费（元/吨）	0：不涉及运费	2.7	0.0	0.9
保险类型	0：都没有	3.5	1.3	4.6		1：$p{\leqslant}25$	8.3	5.8	19.7
	1：农作物保险	3.3	2.2	3.5		2：$25<p{\leqslant}35$	1.4	1.4	4.7
	2：收获期农作物保险	0.0	0.2	0.2		3：$p>35$	0.9	0.5	0.8

表 4 - 19 东北三省急需收储功能服务的水稻种植主体外部支持特征占比（%）

变量	取值	类1	类3	类5	变量	取值	类1	类3	类5
享受补贴	0：无	5.3	1.7	3.1	种植主体最需要的政策支持	0：空白不考虑	0.0	0.0	0.0
	1：耕地地力保护补贴	0.2	0.0	0.8		1：农业补贴	7.7	5.3	15.1
	2：农业保险保费补贴	0.2	0.6	0.8		2：收储培训	0.0	0.0	0.3
	3：规模化经营补贴	0.0	0.2	0.0		3：收储贷款	0.6	0.2	2.4
	4：农机补贴	0.6	0.0	0.3		4：收储设备补贴	0.6	0.2	0.2
	5：仓储建设补贴	0.0	0.0	0.0		5：储存类保险	0.0	0.2	0.3
	6：粮食直接补贴	1.3	0.8	2.5		6：售粮渠道	4.4	2.0	7.9
	7：良种补贴	0.2	0.0	0.5					
	8：两种补贴	3.3	2.4	7.5					
	9：三种或三种以上补贴	2.4	2.0	10.5					

表 4 - 20　东北三省急需收储功能服务的水稻种植主体组织特征变量占比（%）

变量	取值	类1	类3	类5	变量	取值	类1	类3	类5
参加培训	0：都没参加过	4.7	2.7	6.3	加入合作社	0：无	10.7	5.3	15.4
	1：水稻种植技术	6.3	3.8	13.2		1：一种	2.0	2.2	9.3
	2：水稻储存技术	0.2	0.0	0.0		2：两种及两种以上	0.6	0.2	1.4
	3：水稻种植技术＋水稻储存技术	2.2	1.3	6.6					

表 4 - 21　东北三省急需收储功能服务的水稻种植主体交易特征变量占比（%）

变量	取值	类1	类3	类5	变量	取值	类1	类3	类5
销售原因	1：因为企业或者粮贩上门收购的价格高于送到国储库的价格减去物流成本	5.5	2.0	8.0	合作关系的依据	1：市场交易	5.8	3.8	12.7
						2：对企业信任	1.6	1.4	5.2
	2：只要有合理的收益，愿意卖是因为图省心	5.0	4.1	13.4		3：企业名声名誉	6.0	2.5	8.0
						4：信息共享	0.0	0.0	0.2
	3：愿意卖是因为怕以后的价格越卖越低，有市场风险	0.6	0.9	3.6	是否有人推荐	0：否	1.9	2.0	9.7
						1：有	11.5	5.7	16.4
	4：后期收储管理成本较高	1.4	0.3	0.3	买家对约定的履行	0：空白	0.0	0.0	0.0
						1：不履行	1.3	1.1	3.6
	5：没有人（销售企业）担保储存后有更好的收益	0.8	0.3	0.8		2：部分履行	3.0	3.3	8.5
						3：全部履行	9.1	3.3	14.0
	6：自己收割＋花钱收割＋买粮者代收割	0.0	0.0	0.0	信誉评价	0：空白	0.0	0.0	0.0
收购消息来源	0：1种收购消息来源	9.1	1.9	10.2		1：差	0.3	0.0	0.5
						2：较差	0.8	0.5	0.6
	1：2种收购信息并存	2.7	3.3	8.6		3：一般	3.9	2.7	6.8
	2：三种及三种以上	1.6	2.5	7.2		4：较好	4.2	2.2	10.9
						5：好	4.1	2.4	7.4

4.3.1.4　需要收储功能服务的玉米和水稻种植主体的群体主要特征

（1）需要收储功能服务的玉米和水稻种植主体的群体收储功能特征

需要收储功能服务的玉米种植主体占比 52.4%，需要收储功能服务的水稻种植主体占比 47.2%，其收储功能特点是：玉米清理和烘干采用自然晾晒或者烘干塔，水稻不考虑烘干或者自己晾晒；均不考虑自己储存；等待收粮且没有固定的卖家。对此，粮食产后服务主体进行收储功能有偿服务是必要的，尤其要加强合作。

（2）需要收储功能服务的玉米和水稻种植主体的群体属性特征

种植主体群体多数为男性，年龄 30～45 岁，文化程度初中到高中，健康状况比较好。种植玉米收入集中在 10 万元以下，种植水稻收入集中在 12 万元以下。玉米种植面积主要分布在 0～500 亩，水稻在 0～300 亩。

（3）需要收储功能服务的玉米和水稻种植主体的群体种植行为特征

收获方式主要采用花钱收割和自己收割，其中以花钱收割居多；资金方面，以不贷款或贷款（且年底还款）居多；参保情况，使用保险占多数，其中以阳光保险居多；存储技术掌握方面，玉米种植主体没掌握储存技术占四到六成，而水稻种植主体掌握的占 33.1%；运费承担方面，水稻种植主体能承担的运费范围主要在是 0～25 元/吨，玉米种植主体是 0～10 元/吨。总之，种植主体比较容易接受从收割开始的产后服务主体的服务，需要提供支持其年底前完成销售的服务，并衔接一些收储相关的风险产品，以及提升粮食质量储存技术的普及策略。水稻种植主体可以承担运费的销售半径好于玉米种植主体，可见水稻产后服务主体比玉米产后服务主体在采购上有更好的讨价还价空间，也需要收储供应链上利益共享风险共担的策略。

（4）需要收储功能服务的玉米和水稻种植主体的群体政策支持特征

在享受补贴方面，以享受 1～2 种补贴的占主，水稻种植主体也有不享受补贴的；在所需的政策支持方面，首选农业补贴居多，其次是售粮渠道政策，对有关收储类培训、贷款、设备补贴、保险政策关注不大。说明种植主体不关注收储，需要政策支持产后服务主体加强收储服务，以及采取收储培训等策略。

（5）需要收储功能服务的玉米和水稻种植主体的群体组织特征

玉米和水稻种植主体情况基本相同：一是以没有参加培训和参加种植技术培训为主，参加仓储培训比较少；二是未参加合作社的种植主体占绝大多数，其次是加入 1 种合作社的情况。说明种植主体群体还有组织化经营的空间。

（6）需要收储功能服务的玉米和水稻种植主体的群体交易特征

收购信息来源少，与收储企业合作关系不够紧密，信息共享比例较小，市场交易为主；玉米种植主体更注重值得信任的合作收储企业，而水稻种植主体习惯熟人推荐声誉好的企业，随行就市特征明显；交易时看重给出的合理收益和服务效率；收储企业以履约程度较好，声誉好占主，并会被推荐。因此，粮食产后服务主体必须切实给出双赢的具有服务效率的合作方案，需要积累信誉。

上述种植主体的特征，为粮食产后服务主体的收储功能供给分析提供了需求依据。

4.3.2 东北三省粮食主产区粮食产后服务主体的收储功能供给分析

本节根据4.2节的调查结果，首先明确玉米和水稻产后服务主体的收储功能特征，再比照4.3.1需要收储功能服务的玉米和水稻种植主体的主要群体特征，从而给出东北三省粮食主产区粮食产后服务主体有关收储功能的改进方向和策略。

4.3.2.1 玉米收储供应链中产后服务主体的收储功能特征

根据表4-3玉米收储供应链中产后服务主体的属性调查结果、表4-4玉米收储供应链中产后服务主体的收储行为调查结果、表4-5玉米产后服务主体选择收储供应链模式的影响因素调查结果，归纳玉米产后服务主体的收储功能特征：

(1) 玉米产后服务主体的规模

在被调查的玉米产后服务主体中，规模在10～20人最多，占比47.29%，规模在5～10人的占比28.68%，规模在20～30人的占比15.89%，规模超过50人的占比5.43%，最少的是规模30～50人的，占比2.71%。说明东北主产区玉米产后服务主体的规模以中小型居多，主要分布在5～20人之间。说明在收储玉米的有限时间里，针对上游种植主体进行采购玉米的能力有限，这就造成了服务效率和效益的局限性。

(2) 玉米产后服务主体的采购状况

玉米收储供应链中玉米产后服务主体采购的种植主体主要是以粮农为主，占到四成以上，合作社和经纪人各占近两成，这与上游种植主体的需求组织特征相符；收购方式主要以等待送粮为主，占五成以上，其次是带设备上门收购，占两成以上，这与上游等待收购的特征相匹配；种植主体在承担0～10元/吨的物流费用的情况下，与产后服务主体对接。总体来看，采购服务有待提升。

玉米产后服务主体的信息使用能力较弱，信息共享度不高，这与对种植主体的调查结果是一致的。被调查的玉米产后服务主体中，开通微信群或公众号的占比33.72%，而66.28%的玉米产后服务主体没有开通微信群或公众号。因此，需要加强信息共享。

（3）烘干能力

被调查的玉米产后服务主体烘干能力为100～300吨/天的占比43.41%，小于100吨/天占比为36.05%，300～500吨/天的玉米产后服务主体占比为12.79%，烘干能力为500～1 000吨/天的占比4.65%，超过1 000吨/天的仅占3.10%。表明东北主产区的玉米产后服务主体烘干能力在100～300吨/天的居多，主要分布在300吨以下，对比《粮食产后服务中心建设技术指南》对东北三省200～500吨/天的指导要求（详见表4-1），玉米产后服务主体烘干能力还需进一步规模发展。烘干方式主要是烘干塔，占八成，这与玉米种植主体进行玉米清理和烘干采用自然晾晒或者烘干塔是相符的，是需要提供服务的。

（4）储存能力

被调查的玉米产后服务主体储存能力在1万～3万吨的占比26.74%，在0.3万～0.5万吨的占比21.71%，在0.5万～1万吨的占比19.77%，储存能力在0～0.3万吨的占比14.34%，说明东北主产区的玉米产后服务主体储存能力在1万～3万吨的居多，主要分布在0.3万～3万吨。对比《粮食产后服务中心建设技术指南》对东北三省烘干前、后仓要求超过300万～750万吨/仓的指导要求（详见表4-1），都是符合的，因此国家支持政策不建仓、维修仓是正确的。

被调查的玉米产后服务主体中，选择合作经营、承包、租赁、收购分别占比5.43%、1.55%、5.04%、1.94%，选择自建仓储方式的占比40.70%，表明东北主产区的玉米产后服务主体选择自建仓储方式的居多，这和国家保底收储期间政府组织扩大仓储建设，以及托市收购时租赁私营业主仓库做临储有关。这些自建主体也兼具一些其他建库方式，因此，有两种以上方式建立仓储方式的占比45.35%。储存时间以12月前的1～3个月居多，占到四成以上，3～6个月占三成多，说明主要储存时间错开拍卖时间，长期储存时间价值不高。

储存方式以仓库和地坪为主，占四成以上，仓库和地坪再混用玉米篓子（栈子）占近四成，总计占到八成。

急需收储服务的种植主体不考虑自己储存，因此，需要玉米产后服务主体提供收储功能服务，进行 1～3 个月或者 3～6 个月的储存，以获得高品质玉米的时间价值。从质量上看，仓库和地坪再混用玉米篓子（栈子）均能保障玉米质量，而不受国家收储库拍卖玉米的影响。

（5）针对上游种植主体采购的代销售功能

在结算方式方面，被调查的玉米产后服务主体选择现金一次结算的占比 44%，体现了对种植主体的直接收购是以市场交易为主，这与对种植主体调查的市场交易为主相吻合；同时选择现金一次结算和定金收购的占被调查玉米产后服务主体的 5%，同时选择现金一次结算、定金收购和信誉收购，占比 2%，同时选择现金一次结算和信誉收购的占被调查玉米产后服务主体的 4%，选择定金收购和滞后结算的占 23%，而选择信誉收购和滞后结算的占比 21%，因为滞后结算体现了"代销售"的功能，总计占比 44%；含有"代销售"功能的混合型占比 16%。上述结果说明东北主产区的玉米产后服务主体以现金一次结算作为主要结算方式，与滞后结算的"代销售"占比相仿。说明收储供应链中玉米产后服务主体实施了利益共享和风险共担的代销售收储功能，主要覆盖了主动销售的种植主体，在急需收储服务的种植主体中占比不足 14.6%（见表 4-10 类 2）。

（6）玉米收储供应链中产后服务主体的收储功能特征

总结（1）—（5），得出玉米收储供应链中产后服务主体的收储功能特征：玉米产后服务主体以中小型居多，规模在 5～20 人；主要采购来自粮农，占到四成以上，合作社和经纪人各占近两成，收购方式主要以等待送粮为主，占五成以上，近七成没有开通微信群或公众号；烘干方式主要是烘干塔，占八成，烘干能力在 300 吨/天以下；储存能力在 0.3 万～3 万吨，自建仓储方式的居多并辅一种其他建仓方式；储存方式以仓库和地坪为主，占四成以上，仓库和地坪再混用玉米篓子（栈子）占近四成；储存时间以 12 月前的 1～3 个月居多，占到四成以上，3～6 个月三成多，说明主要储存时间错开拍卖时间，长期储存时间价值不高；在结算方式方面，使用滞后结算的"代销售"收购，比例与市场交易的现金结算采购相仿，占比 44%，说明收储供应链中玉米产后服务主体部分实施了利益共享和风险共担的代销售的收储功能。

4.3.2.2 水稻收储供应链中产后服务主体的收储功能特征

根据表 4-7 水稻收储供应链中产后服务主体的属性调查结果、表 4-8 水稻收储供应链中产后服务主体的收储行为调查结果、表 4-9 水稻产后服务主体选择收储供应链模式的影响因素调查结果，归纳水稻产后服务主体的收储功能特征：

（1）水稻产后服务主体的规模

在被调查的水稻产后服务主体中，规模在 10～20 人最多，占比 30.19%，其次规模在 20～30 人的占比 24.06%，规模在 5～10 人的占比 22.17%，规模超过 50 人的占比 12.26%，最少的是规模 30～50 人的占比 11.32%。说明东北主产区水稻产后服务主体主要分布在 5～30 人之间，以中小型规模居多，在集中水稻收储阶段不能较好地服务种植主体，获得高质量的水稻。

（2）采购状况

水稻收储供应链中水稻产后服务主体采购的种植主体主要是以粮农和粮食经纪人为主，各占三成以上，含有二者的混合型占两成以上。而粮农中急需服务的水稻种植主体未参加合作社的占绝大多数，其次是加入 1 种合作社的。

收购方式主要以等待送粮为主，占三成以上，其次是不带设备上门收购占两成以上，二者混合型占一成以上，而提供收获设备服务占三成以上，采购服务有待提升。而急需服务的水稻种植主体以等待收粮为主，水稻种植主体能承担的运费范围主要在是 0～25 元/吨，说明种植主体比较容易接受从收割开始的产后服务主体的上门收购服务。

水稻产后服务主体的信息使用能力较弱，信息共享度不高。被调查的水稻产后服务主体中，开通微信群或公众号的有 64 家，占比 30.19%，而 148 家均未开通微信群或公众号，占比 69.81%，见表 4-7。表明东北主产区的水稻产后服务主体未开通微信群或公众号的居多。在信息共享方面与玉米种植主体是一致的，需要加强。

（3）烘干能力

被调查的水稻产后服务主体烘干能力为 100～300 吨/天的占比 41.51%，小于 100 吨/天的占比 23.11%，300～500 吨/天的水稻产后服务主体占比 16.04%，烘干能力为 500～1 000 吨/天占比 13.21%，超过 1 000 吨/天占比 6.13%。表明东北主产区的水稻产后服务主体烘干能力分布在 300 吨/天以下。对比《粮食产后服务中心建设技术指南》对东北三省 200～500 吨/天的指导要求（详见表 4-1），水稻产后服务主体烘干能力还需进一步规模发展。烘干方式主要分布在烘干塔和自然晾晒，分别占五成和三成。因为急需收储服务的水稻种植主体不考虑烘干或者自己晾晒，因此，需要提供相应服务，两种方式均可。

（4）储存能力

被调查的水稻产后服务主体储存能力在 1 万～3 万吨的占比 26.42%，储存能力在 0.5 万～1 万吨的占比 20.75%，储存能力大于 5 万吨占比 20.28%，储存能力在 0.3 万～0.5 万吨占比 11.32%，储存能力小于 0.3 万吨的占比 8.49%。说明东北主产区的水稻产后服务主体储存能力分布在 1 万～3 万吨、0.5 万～1 万吨和 5 万吨以上。对比《粮食产后服务中心建设技术指南》对东北三省烘干前、后仓要求超过 300～750 吨/仓的指导要求（详见表 4-1），多数是符合的，因此国家支持政策不建仓、维修仓是正确的。

被调查的水稻产后服务主体中，选择自建仓储方式的有 120 家，占比 56.60%，选择收购仓储方式的有 22 家，占比 10.38%，19 家选择租赁仓储方式，占比 8.96%，有 24 家水稻产后服务主体选择合作经营的方式，占比 11.32%，而同时采取自建和合作经营方式的有 14 家，仅占 6.60%，同时采取自建和租赁的有 13 家，仅占 6.13%。表明东北主产区的水稻产后服务主体选择自建仓储方式的居多。

储存时间以到 12 月的 1～3 个月居多，占比近四成，3～6 个月占两成多，6～9、9～12 个月均占比不足两成，说明可以提供创造时间价值的仓储。

储存方式中，仓库占五成以上，仓库和地坪占两成以上，单独地坪占两成以上。急需收储服务的上游种植主体不考虑自己储存，因此需要水稻产后服务主体进行仓储服务。该服务有两方面特点：一是通过收储功能获得采购价和国家最低收购价的价差；二是通过销售渠道进行供应链运营，获得供应链上的时间和空间价值。

（5）针对上游种植主体采购的代销售功能

在结算方式方面：被调查的产后服务主体选择现金一次结算的占比 30.66%，体现了对上游种植主体的直接收购是以市场交易为主进行的；同时选择现金一次结算和定金收购的占被调查水稻产后服务主体的 5.19%；同时选择现金一次结算、定金收购和信誉收购，占比 5.66%；同时选择现金一次结算、信誉收购的占被调查水稻产后服务主体的 16.04%；选择定金收购和滞后结算的占 16.98%；而选择信誉收购和滞后结算的占比 25.47%；滞后结算体现了"代销售"的功能，占比 42.45%；含有"代销售"功能的混合型占比 26.89%。上述情况说明东北主产区的水稻产后服务主体中滞后结算的"代销售"比例超过了现金一次结算的市场交易，同时表明收储供应链中水稻产后服务主体实施利益共享和风险共担的代销售收储功能覆盖面的比例好于玉米。但是，上述代销售功能主要覆盖主动销售的种植主体，在急需收储服务的种植主体中占比不足 7.7%（见表 4-11 类 3）。

（6）水稻收储供应链中产后服务主体的收储功能特征聚焦

总结（1）—（5），得出水稻收储供应链中产后服务主体的收储功能特征：水稻产后服务主体以中小型居多，规模在5～30人；主要采购来自粮农和粮食经纪人，各占三成以上；收购方式主要以等待送粮为主，占三成以上，其次是不带设备上门收购占两成以上；近七成没有开通微信群或公众号；烘干能力在300吨/天以下；烘干方式主要为烘干塔和自然晾晒，分别占五成和三成；储存方式方面，仓库占五成以上，仓库和地坪占两成以上，单独地坪占两成以上；储存能力主要分布在1万～3万吨、0.5万～1万和5万吨以上，自建仓储方式的居多，储存到12月前销售近四成，储存3～12个月占五成；结算方式上，使用滞后结算的"代销售"收购占四成以上，混合型占比近三成，现金一次结算的占三成，说明收储供应链中水稻产后服务主体实施利益共享和风险共担的代销售收储功能好于玉米产后服务主体的情况。

4.3.2.3　玉米、水稻产后服务主体在东北三省的收储功能差距分析

（1）玉米产后服务主体在东北三省的收储功能差距分析

黑龙江省、吉林省、辽宁省的玉米产后服务主体属性调查结果比较分析如表4-22所示，相同之处在于：玉米产后服务主体规模均以中小型为主；玉米烘干能力主要在300吨/天以下，处于中小规模程度，但是与南方100吨以上算大规模相比，烘干能力比较强。不同之处在于：一是仓储能力黑龙江和辽宁以0.5万吨以下为主，吉林以0.5万～5万吨为主，相比能力较大；二是建仓方式方面，黑龙江主要是自建，而吉林建仓比较灵活多样，相比黑龙江要节省成本，辽宁和吉林类似，但自建仓的情况也比较突出；三是公众号信息使用方面，2018—2019年，吉林在采购和销售环节公众号的使用好于黑龙江和辽宁，但是，仍然需要很大改进。

表4-22　玉米产后服务主体在黑、吉、辽的收储功能属性比较结果

属性变量	企业规模（人）	烘干能力（吨/天）	储存能力（万吨）	建立仓储方式	公众号使用
黑龙江	0～20占76%	0～300占64%	0～0.5占51%	自建占67%	没用占72%
吉林	0～20占74%，0～30占99%	0～300占100%	0.5～5占93%	两种以上占91%	没用占51%
辽宁	0～20占80%	0～300占80%	0～0.5占66%	自建占43%；两种以上占30%	没用占86%

　　黑龙江、吉林、辽宁三省的玉米产后服务主体的收储行为特征差距分析如表 4-23 所示，一是收购来源，黑龙江和辽宁更多体现直接针对粮农服务，而吉林混合占比较大，均体现为种植主体服务；二是收购方式方面，等待送粮都占比最大，上门收购占比次之，说明服务意识仍然有待加强，带设备上门收购上吉林突出、黑龙江次之，这种举措符合收储功能要求；三是结算方式方面，仍然以一次结算为主，体现利益联结不足，而信誉收购和定金收购的滞后结算方式在吉林比较突出，说明利益联结有效果，体现有偿服务的结算方式；四是烘干方式方面，烘干塔占比最大，说明烘干效率较高，但是辽宁有高比例的自然晾晒，调查说明这部分玉米规模小，适于晾晒；五是储存方式方面，以仓库以及仓库混合地坪（玉米篓子/玉米栈子）占主，说明具有储存条件支持正确的储存方式；六是储存时间方面，1～3 月，三省均是集中销售时段，这和贷款周期相关，其次辽宁对接市场较近，一个月内销售 39%，而黑龙江和吉林是 3～6 月卖掉 21% 和 57%，说明通过储存方式判定"提质升级"的行为决定粮食质量，通过储存时间判定为种植主体实时卖粮创造条件。

表 4-23　玉米产后服务主体在黑、吉、辽的收储行为比较结果

行为变量	收购来源	收购方式	结算方式	烘干方式	储存方式	储存时间
黑龙江	粮农占47%；合作社占14%；经纪人占22%；其他3者混合型占17%	等待送粮占50%；带设备上门占18%；不带设备上门占15%	一次结算占70%；信誉收购且滞后结算占13%；定金收购且滞后结算占17%	烘干塔占85%；自然晾晒占14%	地坪+仓库占20%，仓库占52%	1～3个月占54%；3～6个月占21%
吉林	粮农占1%；合作社占29%；经纪人占19%；其他3者混合型占51%	等待送粮占58%；带设备上门占41%；不带设备上门占1%	一次结算占23%；信誉收购且滞后结算占40%；定金收购且滞后结算占37%	烘干塔占100%	玉米篓子/玉米栈子+仓库/地坪占91%	1～3个月占31%；3～6个月占57%
辽宁	粮农占68%；合作社占5%；经纪人占7%；其他3者混合型占20%	等待送粮占36%；带设备上门占0，不带设备上门占23%	一次结算占87%；信誉收购且滞后结算占2%；定金收购且滞后结算占11%	烘干塔占39%；自然晾晒占39%	地坪+仓库占32%；仓库占45%	1个月内占39%；1～3个月占45%

　　黑龙江省、吉林省、辽宁省的玉米产后服务主体的销售关系比较情况如表4-24所示，首先，在针对上游主体的采购方面，吉林省的玉米产后服务主体在"代销售"方面占比高于黑龙江省和辽宁省，"代销售"比例说明玉米产后服务主体与下游需求商之间具有稳定的市场关系；其次，在销售方式方面，黑龙江省、吉林省、辽宁省的玉米产后服务主体选择一段时间内多次销售的频率较高，说明这一类玉米产后服务主体根据玉米的市场价格实时销售；再次，在玉米产后服务主体与下游需求商的合作途径方面，黑龙江省、吉林省和辽宁省与下游需求商有两种合作途径的居多，这是能够滞后收购的主要原因；最后，在玉米产后服务主体进行玉米销售时，黑龙江省、辽宁省的下游需求商全部履行约定内容居多，而吉林省存在下游需求商不履行约定内容的现象。

表4-24　玉米产后服务主体在黑、吉、辽的上下游采购与销售合作关系比较情况

销售关系变量	"代销售"占采购比例	销售方式	与下游需求商的合作途径	下游需求商履约情况
黑龙江	信誉收购且滞后结算占13%；定金收购且滞后结算占17%	一次性销售占8.94%；一段时间内多次销售占76.42%；一次销售＋多次销售占4.07%；全年时间内销售占10.57%	多次的市场交易价格合理占16.26%；信息共享途径占7.32%；信任途径占20.33%；2种合作途径占30.89%；3种合作途径占13.82%；4种合作途径都存在占11.38%	部分履行占46.34%；全部履行占53.66%
吉林	信誉收购且滞后结算占40%；定金收购且滞后结算占37%	一次性销售占5.49%；一段时间内多次销售占50.55%；全年时间内销售占43.96%	2种合作途径占79.12%；3种合作途径占12.09%；4种合作途径都存在占8.79%	不履行占26.37%；部分履行占67.03%；全部履行占6.59%
辽宁	信誉收购且滞后结算占2%；定金收购且滞后结算占11%	一次性销售占6.82%；一段时间内多次销售占63.64%；一次销售＋多次销售占20.45%；全年时间内销售占9.09%	信息共享途径占6.82%；信任途径占6.82%；名声和信誉途径占13.64%；2种合作途径占36.36%；3种合作途径占15.91%；4种合作途径都存在占20.45%	部分履行占20.45%；全部履行占79.55%

(2) 水稻产后服务主体在东北三省的收储功能差距分析

黑龙江省、吉林省、辽宁省的水稻产后服务主体的属性调查结果比较分析如表 4-25 所示，共同之处在于：水稻产后服务主体规模均以中小型为主。不同之处在于：一是水稻产后服务主体的烘干能力主要在 300 吨/天左右，其中，黑龙江省的水稻产后服务主体的烘干能力要相对较强，大型烘干规模比较突出，吉林省的处于中小规模程度，辽宁省的处于中等规模；二是仓储能力，黑龙江省的仓储能力主要集中在 0.5 万~3 万吨和 5 万吨以上，吉林省的仓储能力主要集中在 0.5 万~5 万吨，辽宁省的仓储能力集中在 0.3 万~0.5 万吨和 1 万~3 万吨；三是建仓方式方面，黑龙江省主要是以自建为主，不如吉林省和辽宁省建仓成本低，而吉林省建仓比较灵活，聚焦在租赁、合作经营和两种以上方式，辽宁省聚焦在自建、收购和合作经营；四是公众号信息使用方面，吉林省在采购和销售环节中对公众号使用比例高于黑龙江省和辽宁省，但仍需要很大改进。

表 4-25　水稻产后服务主体在黑、吉、辽的属性特征比较情况

属性变量	企业规模（人）	烘干能力（吨/天）	储存能力（万吨）	建立仓储方式	公众号使用
黑龙江	0~20 占 50.7%；0~30 占 71.5%	0~300 占 51.4%；300~1 000 占 39.6%	0.5~3 占 35.4%；5 以上占 29.2%	自建占 72.2%	没用占 74.3%
吉林	0~20 占 72.5%；30 占 100%	0~300 占 92.5%	0.5~5 占 92.5%	两种以上占 30%；租赁占 22.5%；合作经营占 20%	没用占 50%
辽宁	10~30 占 64.3%	100~300 占 85.7%	0.3~0.5 占 21.3%；1~3 占 57.1%	自建占 39.3%；收购占 32.1%；合作经营占 25%	没用占 86%

黑龙江、吉林、辽宁三省的水稻产后服务主体的收储行为特征差距分析如表 4-26 所示，一是种植主体构成，黑龙江省单独针对粮农服务比例较大，吉林省和辽宁省服务粮食经纪人的占比较高，说明粮食经纪人在市场中起到

协调种植主体与水稻产后服务主体的作用；二是收购方式，三省均存在等待送粮的现象，但辽宁省选择带设备上门收购比例高于其他两省；三是结算方式，黑龙江省以现金一次结算为主，主要为直接收购种植主体的水稻，吉林省和辽宁省的水稻产后服务主体选择信誉收购和定金收购方式，主要为种植主体"代销售"；四是烘干方式，黑龙江省和吉林省以烘干塔进行烘干为主，说明烘干效率较高，但是辽宁省有高比例的自然晾晒，调查说明这部分水稻规模小适于晾晒；五是储存方式，三省均是仓库及仓库＋地坪占主，而且黑龙江和吉林还有单纯用于储存的地坪，支持了1～3个月销售的主要需求，说明具有储存条件支持正确的储存方式；六是储存时间上看，黑龙江省和吉林省储存水稻时间为1～3个月的占比较大，辽宁省却以6～9个月占比最大。

表 4-26　水稻产后服务主体在黑、吉、辽的收储行为比较情况

行为变量	收购来源的种植主体构成	收购方式	结算方式	烘干方式	储存方式	储存时间
黑龙江	粮农占43%；合作社占11%；经纪人占24%；其他3者混合型占22%	等待送粮占34.7%；带设备上门占20%；不带设备上门占21.5%	现金一次结算占39.6%；信誉收购且滞后结算占20%；定金收购且滞后结算占9%	烘干塔占73.6%	地坪占22.9%；地坪＋仓库占19.4%；仓库占57.6%	1～3个月占37.5%；9～12个月占26.4%
吉林	粮农占5%；合作社占5%；经纪人占60%；其他3者混合型占30%	等待送粮占27.5%；带设备上门占2.5%；不带设备上门占40%	信誉收购且滞后结算占30%；定金收购且滞后结算占40%	自然晾晒占70%	地坪占32.5%；地坪＋仓库占40%；仓库占27.5%	1～3个月占52.5%；3～6个月占32.5%
辽宁	粮农占28.6%；经纪人占46.4%；其他3者混合型25.5%	等待送粮占25%；带设备上门占42%；带收获设备上门收购＋等待送粮占32%	信誉收购且滞后结算占46.4%；定金收购且滞后结算占21.4%	自然晾晒占67.9%；自然晾晒＋烘干塔占28.6%	地坪＋仓库占28.6%；仓库占57.1%	6～9个月占35.7%

黑龙江省、吉林省、辽宁省的水稻产后服务主体在销售关系比较情况如下表 4 - 27 所示，首先，针对上游种植主体，吉林省和辽宁省的水稻产后服务主体的"代销售"占比高于黑龙江省，"代销售"的前提是水稻产后服务主体与下游需求商之间具有稳定的市场关系；其次，在与下游主体销售方式方面，黑龙江省、吉林省、辽宁省的水稻产后服务主体选择一段时间内多次销售的比例较高，说明这一类水稻产后服务主体根据水稻的市场价格实时销售，黑龙江省和吉林省选择全年时间内销售的比例高于选择一次性销售，说明黑龙江省和吉林省在向全年时间内销售转变；再次，在水稻产后服务主体与下游需求商的合作依据方面，黑龙江省和辽宁省的水稻产后服务主体选择名声和信誉较好的下游需求商偏多，吉林省的水稻产后服务主体与下游需求商的合作依据注重多次的市场交易；最后，在水稻产后服务主体进行水稻销售时，黑龙江省、辽宁省的下游需求商全部履行约定内容，而吉林省存在下游需求商不履行约定内容的现象。

表 4 - 27 水稻产后服务主体在黑、吉、辽的上下游采购与销售合作关系比较情况

销售关系变量	"代销售"占采购比例	销售方式	与下游需求商的合作途径	下游需求商履约情况
黑龙江	信誉收购且滞后结算占 20%；定金收购且滞后结算占 9%	一次性销售占 12%；一段时间内多次销售占 50%；全年时间内销售占 38%	多次的市场交易价格合理占 15%；信息共享途径占 41%；名声和信誉途径占 44%	部分履行占 33%；全部履行占 67%
吉林	信誉收购且滞后结算占 30%；定金收购且滞后结算占 40%	一次性销售占 12%；一段时间内多次销售占 58%；全年时间内销售占 30%	多次的市场交易价格合理占 50%；信息共享途径占 20%；名声和信誉途径占 30%	不履行占 30%；部分履行占 48%；全部履行占 22%
辽宁	信誉收购且滞后结算占 46.4%；定金收购且滞后结算占 21.4%	一次性销售占 25%；一段时间内多次销售占 68%；全年时间内销售占 7%	多次的市场交易价格合理占 7%；信息共享途径占 18%；名声和信誉途径占 75%	部分履行占 11%；全部履行占 89%

(3) 玉米、水稻产后服务主体在东北三省的收储功能差距总结

玉米、水稻产后服务主体在东北三省的收储功能差距主要分为五方面：

第一，产后服务主体的收购来源。黑龙江和辽宁玉米产后服务主体更多单

独对粮农服务，而吉林混合占比较大；带设备上门收储黑龙江和吉林分别占约两成、四成，对种植主体提供的服务均好于辽宁。黑龙江省的水稻产后服务主体单独服务粮农的比例较大，吉林省和辽宁省单独服务粮食经纪人的占比较高；辽宁省水稻产后服务主体选择带设备上门收购高于其他两省；黑龙江省水稻产后服务主体以现金一次结算为主，吉林省和辽宁省以信誉收购和定金收购为主，支持为种植主体"代销售"。

第二，产后服务主体的烘干方式。黑龙江和辽宁玉米产后服务主体以烘干塔为主，占八、十成，而辽宁以烘干塔和自然晾晒的比例相仿。黑龙江省和吉林省以烘干塔进行烘干为主，说明烘干效率较高，但是辽宁省有高比例的自然晾晒，调查说明烘干水稻规模小的适于晾晒。

第三，产后服务主体的仓储能力。黑龙江和辽宁玉米产后服务主体的仓储能力以 0.5 万吨以下为主，以仓库存储达五成左右，以结合地坪的仓库储存达到两三成；吉林以 0.5 万～5 万吨为主，玉米篓子/玉米栈子＋仓库/地坪占91%，相比仓储能力较大。三省水稻产后服务主体均以仓库及仓库＋地坪储存占主，而黑龙江和吉林还有两三成以单独地坪存储的情况；黑龙江省的仓储能力主要集中在 0.5 万～3 万吨和 5 万吨以上，吉林省的仓储能力主要集中在 0.5 万～5 万吨，辽宁省的仓储能力集中在 0.3 万～0.5 万吨和 1 万～3 万吨。

第四，产后服务主体的储存时间。三省玉米产后服务主体储存时间多是 1～3 个月，水稻产后服务主体的储存时间方面，黑龙江省和吉林省储存水稻时间为 1～3 个月占比较大，辽宁省却是 6～9 个月占比较大。

第五，产后服务主体针对种植主体的"代销售"。吉林省的玉米产后服务主体在"代销售"方面高于黑龙江省和辽宁省，主要原因是与下游需求商的合作途径占比高于其他两省。水稻产后服务主体的"代销售"方面，吉林省和辽宁省的水稻产后服务主体在"代销售"比例高于黑龙江省；主要原因是吉林省和辽宁省的采购主体以经纪人为主。

4.3.3 东北主产区粮食产后服务主体的收储功能主要提升方向

根据上述东北主产区粮食收储供应链的收储功能供需特征分析，得出提升粮食产后服务主体收储功能的主要方向：

(1) 需要筛选可扩大规模进行收储服务的粮食产后服务主体。 在收储规模上，黑龙江省、吉林省、辽宁省的粮食产后服务主体的收储规模以中小型居多，而急需收储服务的种植主体是粮农，其次是合作社或粮食经纪人，其群体特征是"男性，年龄 30～45 岁，文化程度初中到高中，健康状况比较好。种植玉米收入集中在 10 万元以下，种植水稻收入集中在 12 万元以下。玉米种植面积主要分布在 0～500 亩，水稻在 0～300 亩"。说明在有限时间内进行收储服务具有服务效率和效益的局限性，应持续选择合适的粮食产后服务主体扩大其收储规模。

（2）**粮食产后服务主体应拓展从收割开始的上门收储功能服务。**粮食产后服务主体要匹配急需收储服务的玉米和水稻种植主体的群体种植行为特征。应重点选择种植主体比较容易接受的从收割开始的上门收储服务，需要提供支持年底前收储完成的服务，衔接一些收储相关的风险产品，实施提升粮食质量的短期储存技术普及策略。

（3）**粮食产后服务主体的上门收储功能服务需要持续提升自身的信任和信誉度。**粮食产后服务主体要匹配急需收储服务的玉米和水稻种植主体的群体交易行为特征。急需服务的玉米和水稻种植主体以等待送粮为主，极少有固定买家，信息共享比例较小，种植主体习惯熟人推荐声誉好的收储企业，随行就市特征明显；交易时看重给出的合理收益和服务效率，分别能够承担 10 元/吨及 25 元/吨的运费，需要产后服务主体改变以坐等收粮为主的方式，加大上门收购的收储服务力度，收得更多的好粮，为此需要加强信息沟通，改变缺乏合作的现状，积累收储服务信任和信誉度。

（4）**筛选粮食产后服务主体以选择有效率、保质量、合理成本的清理和烘干服务。**在"代清理、代干燥"方面，黑龙江省的粮食产后服务主体的烘干能力较强，吉林省与辽宁省的烘干能力偏弱。而急需收储服务的上游玉米种植主体习惯采用自然晾晒或者烘干塔进行玉米清理和烘干，水稻种植主体不考虑自己烘干或者晾晒。因此，粮食产后服务主体需要针对玉米提供以烘干塔为主、针对水稻提供以达成高食味值质量的晾晒或者烘干为主的服务；还要强化自身的质量安全技术与管理培训。

（5）**筛选粮食产后服务主体以质量为目标选择储存服务。**黑龙江省的仓储能力主要集中在 0.5 万～3 万吨和 5 万吨以上，吉林省的仓储能力主要集中在 0.5 万～5 万吨，辽宁省的仓储能力集中在 0.3 万～0.5 万吨和 1 万～3 万吨。黑龙江省主要是以自建为主，不如吉林省和辽宁省建仓成本低，而急需收储服务的上游种植主体不考虑自己储存，需要玉米产后服务主体提供收储功能，进行 1～3 个月、或者 3～6 个月的储存，以获得高品质玉米的时间价值。从质量上看，仓库和地坪再混用玉米篓子（栈子）均能保障玉米质量，而不受国家收储库拍卖玉米的影响。水稻产后服务主体进行仓储服务有两方面特点：一是通过收储功能获得采购价和国家最低收购价的价差；二是通过销售渠道进行供应链运营，获得供应链上的时间和空间价值。结合实际，需要筛选粮食产后服务主体，增加仓储资金信贷支持。

（6）针对急需收储服务的种植主体需要粮食产后服务主体推广"代销售"收储供应链模式。筛选粮食产后服务主体，激励全年销售的政策。收储供应链中玉米和水稻产后服务主体实施了利益共享和风险共担的代销售收储功能，覆盖了主动销售的种植主体，但是在急需收储服务的玉米、水稻种植主体中覆盖率不足14.6%、7.7%。吉林省和辽宁省的水稻产后服务主体在"代销售"方面的表现好于黑龙江省，吉林省的玉米产后服务主体需要加强"代销售"的能力，需要推广代销售收储服务，因此，要明确"代销售"收储供应链模式，以便推广。

4.4 粮食产后服务主体采用代销售功能的收储供应链模式特征分析

4.3节研究表明，针对粮食产后服务主体，具有滞后结算的收储供应链模式具有节约成本等优势，也是政府支持的粮食产后服务中心应具有的"五代"功能之一，因此需要明确其特征。

4.4.1 产后服务主体采用代销售的玉米收储供应链模式特征

如表4-28所示，玉米产后服务主体在定金收购的滞后结算情况下，玉米收储供应链模式特征主要有：产后服务主体的上游是"合作社＋合作社＋合作社"的占比相对居多，占比为27.12%。销售方式以多次销售为主，占比达67.80%，与下游需求商建立合作的途径以两种方式为主，占比达66.10%。在下游需求商近三年履约情况中出现部分履约的相对居多，占比47.46%。对需求商近三年的信誉评价为较好的占比相对居多，占比为49.15%。

在信誉收购的滞后结算情况下，玉米收储供应链模式特征主要有：上游是"合作社＋合作社＋合作社"的方式占比相对居多，占比36.54%；销售方式以多次销售为主，占比55.77%；与下游需求商建立合作的途径以两种方式为主，占比61.54%；在下游需求商近三年履约情况中以部分履约为主，占比67.31%；对需求商近三年的信誉评价以较好为主，占比51.92%。

表 4 - 28　基于产后服务主体玉米收购滞后结算的"代销售"收储供应链模式特征（%）

变量		现金一次结算+定金收购	定金收购	现金一次结算+信誉收购	现金一次结算+定金收购+信誉收购	定金收购+信誉收购	信誉收购
上游种植主体的构成	①粮农+粮农+粮农	69.23	23.73	63.64	66.67	50.00	17.31
	②粮农+粮农+合作社	7.69	0.00	0.00	16.67	0.00	0.00
	③粮农+粮农+粮食经纪人	0.00	3.39	0.00	0.00	0.00	3.85
	④粮农+合作社+合作社	7.69	0.00	0.00	0.00	0.00	1.92
	⑤粮农+粮食经纪人+粮食经纪人	0.00	15.25	0.00	0.00	0.00	9.62
	⑥合作社+合作社+粮食经纪人	0.00	8.47	0.00	0.00	0.00	11.54
	⑦合作社+合作社+合作社	7.69	27.12	0.00	16.67	0.00	36.54
	⑧粮食经纪人+粮食经纪人+合作社	0.00	3.39	9.09	0.00	0.00	7.69
	⑨粮食经纪人+粮食经纪人+粮食经纪人	7.69	16.95	27.27	0.00	50.00	5.77
	⑩粮农+合作社+粮食经纪人	0.00	1.69	0.00	0.00	0.00	5.77
销售方式	①一次销售	0.00	3.39	0.00	0.00	0.00	7.69
	②多次销售	0.00	67.80	81.82	33.33	100.00	55.77
	③一次销售+多次销售	69.23	1.69	18.18	66.67	0.00	0.00
	④全年销售	30.77	27.12	0.00	0.00	0.00	36.54
产后服务主体合作途径	①市场交易途径	0.00	0.00	27.27	16.67	0.00	9.62
	②信息共享途径	0.00	1.69	18.18	0.00	0.00	0.00
	③信任途径	7.69	5.08	0.00	0.00	0.00	1.92
	④名声名誉途径	7.69	6.78	0.00	0.00	0.00	5.77
	⑤2 种合作途径	30.77	66.10	18.18	0.00	100.00	61.54
	⑥3 种合作途径	38.46	11.86	9.09	16.67	0.00	11.54
	⑦4 种合作途径都存在	15.38	8.47	27.27	66.67	0.00	9.62
需求商履约	①不履行	0.00	16.95	0.00	0.00	0.00	19.23
	②部分履行	46.15	47.46	36.36	50.00	100.00	67.31
	③全部履行	53.85	35.59	63.64	50.00	0.00	13.46
需求商信誉	①差	0.00	0.00	0.00	0.00	0.00	0.00
	②较差	0.00	6.78	0.00	0.00	0.00	13.46
	③一般	7.69	30.51	0.00	0.00	0.00	26.92
	④较好	46.15	49.15	81.82	50.00	100.00	51.92
	⑤好	46.15	13.56	18.18	50.00	0.00	7.69

在同时采用定金收购与信誉收购的滞后结算情况下，玉米收储供应链模式特征主要有：上游是"粮农＋粮农＋粮农""粮食经纪人＋粮食经纪人＋粮食经纪人"的方式占比相对居多，占比各为50％；销售方式全部为多次销售；与下游需求商建立合作的途径均通过两种方式；下游需求商近三年履约情况均为部分履约；对需求商近三年的信誉评价均较好。

4.4.2 产后服务主体采用代销售的水稻收储供应链模式特征

如表4-29所示，在定金收购的滞后结算情况下，水稻收储供应链模式特征主要有：上游以"粮食经纪人＋粮食经纪人＋粮食经纪人""粮农＋粮农＋粮农"为主，占比分别为41.67％、38.89％；销售方式以在一段时间内多次销售为主，占比52.78％；与下游需求商建立合作途径方面，看重多次的市场交易价格合理占比相对居多，占比41.67％；对需求商信任的占36.11％；下游需求商近三年履约情况中以全部履约为主，占比52.78％。

表4-29 基于产后服务主体水稻收购滞后结算的"代销售"收储供应链模式特征（％）

	变量	现金一次结算＋定金收购	定金收购	现金一次结算＋信誉收购	现金一次结算＋定金收购＋信誉收购	信誉收购
收购来源	①粮农＋粮农＋粮农	9.09	38.89	23.53	33.33	24.07
	②粮农＋合作社＋粮食经纪人	63.64	19.44	41.18	58.33	1.85
	③合作社＋合作社＋合作社	18.18	0.00	2.94	8.33	20.37
	④粮食经纪人＋粮食经纪人＋粮食经纪人	9.09	41.67	32.35	0.00	53.70
销售方式	①一次性销售	36.36	13.89	2.94	8.33	20.37
	②在一段时间内多次销售	45.45	52.78	38.24	50.00	50.00
	③在全年时间内销售	18.18	33.33	58.82	41.67	29.63
合作途径	①多次的市场交易价格合理途径	18.18	41.67	52.94	33.33	51.85
	②信息共享途径	27.27	0.00	0.00	8.33	14.81
	③信任途径	18.18	36.11	32.35	33.33	11.11
	④名声和信誉途径	36.36	22.22	14.71	25.00	22.22
需求商履约情况	①不履行	9.09	19.44	2.94	0.00	1.85
	②部分履行	18.18	27.78	61.76	41.67	24.07
	③全部履行	72.73	52.78	35.29	58.33	74.07

水稻产后服务主体在信誉收购的滞后结算情况下，水稻收储供应链模式特征主要有：上游以"粮食经纪人＋粮食经纪人＋粮食经纪人""粮农＋粮农＋粮农"为主，占比分为53.70％、24.07％；销售方式以在一段时间内多次销售为主，占比50.00％；与下游需求商建立合作途径时，看重以多次的市场交易价格合理为主，占比51.85％，看重需求商名声和声誉占22.22％；在需求商近三年履约情况中以全部履约为主，占比72.73％。

代销售功能的收储供应链模式有节约供应链成本的优点，那么如何推广这类供应链模式具备研究价值。

4.5　东北三省粮食主产区收储供应链模式析出与评价

4.5.1　聚焦东北三省玉米和水稻主产区收储供应链模式问题

针对玉米、水稻主产区的粮食领域"四高"叠加问题，在取消玉米托市收购政策、调低水稻收购价格后，关键要抑制由于有效供给和高质量需求双重不确定性导致的收储供应链断链问题和市场化条件不成熟问题。2019年初，国家收储任务不再委派给私营的收储服务主体，那么，在东北主产区大量私营的收储服务主体必须走向市场。需要聚焦以收储业务为主的新型玉米、水稻产后服务主体，建设一批新型产后服务主体供应链，承担市场中玉米、水稻产后处理、存储、加工、销售的一体化管理角色。作为收储制度改革的重中之重，探索收储供应链模式优化的路径成为紧迫的研究课题。

首先，从东北三省主产区粮食种类选取上，玉米主要侧重于工业用粮，水稻主要侧重于口粮。在主要用途不同的背景下，通过对粮食收储供应链中产后服务主体的收储功能以及特征分析，可知粮食产后服务主体在粮食收储供应链中扮演重要的角色，连接上游种植主体与下游需求商形成完整高效的粮食收储供应链。

其次，从粮食产后服务主体的角度，研究粮食产后服务主体在采购环节、储存环节以及销售环节的运作方式的组合，探索出可推广的收储供应链模式，可以使粮食收储供应链管理更高效。但从粮食政策性收储为主向政府引导下市场化粮食收购为主的转变过程中，由于时间较短，现有粮食收储供应链模式存在以下问题：一是粮食产后服务主体在粮食收储市场环境下，没有成型的、可推广的粮食收储供应链模式；二是急需梳理粮食市场中已有的粮食收储供应链模式，进而得出可推广的粮食收储供应链模式；三是要获得可推广的粮食收储供应链模式，必须研究粮食产后服务主体的收储供应链模式选择机理；四是如何提升粮食产后服务主体提供收储功能的意愿。

4.5.2　东北三省主产区玉米收储供应链主要模式及评价

4.5.2.1　玉米收储供应链模式分类

依据玉米产后服务主体上游收购来源、烘干和储存方式，针对东北三省258套有效问卷，即258个天然或构建的供应链，结合4.4.1产后服务主体采用代销售的玉米收储供应链模式特征，使用基础统计方法进行模式归纳。由于压平耕地的储存方式较为原始且只有两套问卷，故不考虑。则从256个供应链中归纳出8种以玉米产后服务主体为核心的收储供应链模式，如表4-30所示，每两种收购来源对应一种"烘干＋储存"方式。由于模式$j=4$样本量只有2套，不具代表性，所以最终保留7种模式。

表4-30　以玉米产后服务主体为核心的收储供应链主要模式

种类	频数	收购来源的种植主体结构	烘干方式＋储存方式
$j=1$	12	（粮农＋粮农＋粮农）	（自然晾晒）＋（压平耕地＋仓库；压平耕地＋
$j=2$	11	（"合作社＋""粮食经纪人＋"）	仓库＋地坪；压平耕地＋玉米篓子/玉米栈子；地坪；仓库＋地坪；仓库）
$j=3$	8	（粮农＋粮农＋粮农）	（自然晾晒）＋（玉米篓子/玉米栈子＋仓库/地
$j=4$	2	（"合作社＋""粮食经纪人＋"）	坪；玉米篓子）
$j=5$	60	（粮农＋粮农＋粮农）	（自然晾晒＋烘干塔，烘干塔）＋（压平耕地＋
$j=6$	68		仓库；压平耕地＋仓库＋地坪；压平耕地＋玉米篓子/玉米栈子；地坪；仓库＋地坪；仓库）
$j=7$	8	（粮农＋粮农＋粮农）	（自然晾晒＋烘干塔，烘干塔）＋（玉米篓子/
$j=8$	87	（"合作社＋""粮食经纪人＋"）	玉米栈子＋仓库/地坪；玉米篓子）

4.5.2.2　玉米收储供应链模式特征归纳

根据7种模式的基础统计分析，可提取出各模式的特征，具体如表4-31所示。其中，①$j=1$是具有长期储存特征的收储供应链模式。②$j=2$是具有带设备上门收购特征的收储供应链模式。③$j=5$和$j=6$是具有国家级政府补贴特征的收储供应链模式，样本数据合并为国家级补贴型$j=5$。④$j=7$和$j=8$是具有关系型特征的收储供应链模式，其他特征可以通过绩效评价进行分辨。

表 4 - 31　玉米收储供应链模式特征的频率分析

主要影响因素	取值	$j=1$	$j=2$	$j=3$	$j=5$	$j=6$	$j=7$	$j=8$
补贴	0＝无	33%	64%	63%	70%	66%	63%	23%
	1＝市（县）级	67%	36%	38%	23%	22%	38%	68%
	2＝省级	0%	0%	0%	0%	1%	0%	1%
	3＝市（县）级＋省级	0%	0%	0%	2%	4%	0%	8%
	4＝国家级	0%	0%	0%	5%	6%	0%	0%
合作途径	1＝市场交易途径	0%	9%	0%	13%	15%	13%	0%
	2＝信息共享途径	8%	0%	25%	3%	0%	0%	0%
	3＝信任途径	8%	0%	25%	7%	6%	0%	0%
	4＝名声名誉途径	17%	45%	13%	8%	21%	0%	0%
	5＝存在两种合作途径	50%	18%	25%	37%	32%	50%	78%
	6＝存在三种合作途径	17%	18%	0%	17%	12%	25%	13%
	7＝存在四种合作途径	0%	9%	13%	15%	15%	13%	9%
收购方式	1＝等待送粮	33%	0%	38%	37%	62%	63%	59%
	2＝不带设备上门	42%	18%	38%	17%	10%	38%	2%
	3＝多种收购方式并存	25%	18%	13%	33%	19%	0%	0%
	4＝带设备上门	0%	64%	13%	13%	9%	0%	39%
储存时间（月）	1＝t≤1	17%	45%	25%	23%	21%	13%	0%
	2＝1＜t≤3	50%	45%	38%	55%	47%	75%	32%
	3＝3＜t≤6	17%	9%	25%	13%	28%	13%	56%
	4＝6＜t≤9	8%	0%	13%	2%	3%	0%	11%
	5＝9＜t≤12	8%	0%	0%	7%	1%	0%	0%

4.5.2.3　玉米收储供应链模式评价指标

（1）玉米收储供应链模式评价一级指标选择

质量评价[49]。采用烘干储存的质量指标，自然晾晒成本低且质量效果优于烘干塔，以玉米篓子为主要存储方式的储存质量优于其他的储存方式。

供应链总成本评价[50]。采用收购资金渠道指标、政府补贴指标反映成本差异。政府补贴依据《2018 年财政重点强农惠农政策》进行条件审核。

提前期评价[50]。可用玉米产后服务主体与上游种植主体结算指标。信誉收购滞后结算，将有效提高供应链的资金使用效率。

服务水平评价[226]。采用玉米产后服务主体对上下游信息服务、和上游合作时的收购方式、与上下游建立合作的途径作为指标。信息服务主要体现在是否开通种粮大户微信群或粮食购销公众号。收购方式主要针对是否带设备上门收购，带设备且上门收购服务评价水平是否较高。建立合作途径方面，合作途径越多，说明供应链协调能力越强，服务水平越高。

（2）一级指标权重确定

对一级指标权重设计没有相近研究基础，考虑国家对收储质量等新要求，以及4.4粮食产后服务主体采用代销售功能的收储供应链模式特征，选择德尔菲法[227]依据15位东北三省粮食领域专家两轮权重评价的投票结果确定权重。基本步骤如下：

一是选择专家[227]。选择粮食供应链领域专家，包括有实际工作经验的收储主体管理者8名，有较深理论修养的粮食专家5名，以及政府粮食部门领导2名。

二是将待定权重的指标和有关资料以及统一的确定权重的准则发给选定的各位专家，并要求专家独立地给出各指标的权数值[227]。确定权重的准则包括：①服务水平越来越受到重视，由于没有前期标准，因此，按照供应链服务水平的已有经验，确定为35%[228]，质量、总成本和提前期权重占比之和为65%。②各位专家权重指标的设置偏差小于5%时其平均值为可接受结果。③玉米除主食功能外，工业用量居多，因此质量权重可行区间设为10%～20%。④由于市场化背景下，薄利多销，且已有研究成本权重设置为50%[229]，所以总成本指标权重可行区间设置为10%～60%。⑤结合①—④，提前期指标区间设为10%～20%。

三是回收第一轮结果，如表4-32所示。

表4-32　第一轮玉米收储供应链模式的评价指标权重

	质量评价 指标占比	SC总成本评价 指标占比	提前期评价 指标占比
可行区间	10%～20%	10%～50%	10%～20%
均值	14%	36%	15%
标准差	0.020	0.054	0.040

四是将计算的结果及补充资料再返还给各位专家，要求所有的专家重新确定权重，直至各指标权重与其均值的偏差不超过预先设定的标准为止，也就是各专家的意见基本趋于一致时的各权重均值就可以作为该指标的权重[227]。第二轮权重结果如表4-33所示，得到的均值可用，见表4-34中一级指标权重。

表4-33　第二轮玉米收储供应链模式的评价指标权重

	质量评价 指标占比	SC 总成本评价 指标占比	提前期评价 指标占比
可行区间	10%～20%	10%～50%	10%～20%
均值	15%	35%	15%
标准差	0.007	0.039	0.035

(3) 二级指标权重选择及取值评分

二级指标权重选择的依据为其在供应链模式中出现的频率。

根据实际效用区分二级指标不同取值的评分分值，打分结果如表4-34所示。

表4-34　玉米收储供应链模式的评价指标打分

一级指标	二级指标	取值	评分	一级指标	二级指标	取值	评分
质量 15%	烘干方式	①自然晾晒＋烘干塔；烘干塔	1	总成本 35%	政策补贴	④市（县）级＋省级	5
		②自然晾晒	5			⑤国家级	5
	储存方式	①压平耕地＋仓库；压平耕地＋仓库＋地坪；压平耕地＋玉米篓子/玉米栈子	1	提前期 15%	结算方式	①现金一次	1
		②地坪	2			②现金一次＋定金滞后	1.6
		③仓库＋地坪	3			③定金滞后	2.2
		④仓库	4			④现金一次＋信誉滞后	2.8
		⑤玉米篓子/玉米栈子＋仓库/地坪；玉米篓子	5			⑤现金一次＋定金滞后＋信誉滞后	3.4
总成本 35%	收购资金渠道	①民间贷款	1			⑥定金滞后＋信誉滞后	4
		②民间贷款＋银行贷款	1.4			⑦信誉滞后	5
		③民间贷款＋银行贷款＋股份投入	1.8	服务水平 35%	信息服务	①否	1
						②是	5
		④民间借贷＋股份投入	2.2		收购方式	①等待送粮	1
		⑤民间借贷＋其他投资	2.6			②不带设备上门	2
		⑥银行贷款	3			③根据具体情况采用多种收购方式	3
		⑦银行贷款＋股份投入	3.4				
		⑧银行贷款＋其他投资	3.8			④带设备上门	5
		⑨股份投入	4		与需求商建立合作途径	①市场交易	1
		⑩其他投资（自投）	5			②信息共享	2
	政策补贴	①无	1			③信任	3
		②市（县）级	5			④名声名誉	4
		③省级	5			⑤2种或2种以上途径	5

4.5.2.4　东北三省玉米收储供应链模式评价结果及典型模式归纳

如表 4-35 所示，$j=3$ 时，质量评分最高；$j=8$ 时，综合评分最高，且总成本、提前期和服务水平单项评分均为最高，提前期评价结果与 4.4 节的代销售功能的收储供应链模式特征相符。结合玉米收储供应链模式特征，归纳收储供应链典型模式为 6 种，依绩效逐渐增加顺序为：国家级补贴型、关系型、带设备上门收购型、长期储存型、质量优型、相对最优型。

表 4-35　玉米收储供应链模式评价结果

模式	质量		总成本		提前期	服务水平			典型模式	综合评分
	烘干方式	储存方式	收购资金渠道	政策	结算方式	信息服务	收购方式	合作途径		
$j=6$	1	3.4	2.9	2.4	2	2.2	1.8	4.1	国家级补贴型（$n=0$）	5.7
$j=5$	1	3.6	3.2	2.2	2	1.9	2.4	4.2	国家级补贴型（$n=0$）	5.8
$j=7$	1	5	3.3	2.5	2.2	3	1.4	4.5	关系型（$n=1$）	6.3
$j=2$	5	2.3	3.4	2.5	1.4	1	4.1	4.2	带设备收购型（$n=2$）	6.6
$j=1$	5	3.2	3.7	3.7	1.8	1.7	1.9	4.4	长期储存型（$n=3$）	6.9
$j=3$	5	8.1	4.1	2.5	1.2	2	2.1	3.6	质量优型（$n=4$）	7.2
$j=8$	1	5	3.6	4.1	3	2.9	2.6	5	相对最优型（$n=5$）	7.7

4.5.3　东北三省水稻收储供应链主要模式及评价

基于水稻收储供应链的调查，对东北水稻主产区收储供应链模式进行梳理是亟待完成的任务。结合 4.4.2 产后服务主体采用代销售的水稻收储供应链模式特征，以下内容运用聚类分析的方法对水稻收储供应链模式进行分类，并对水稻收储供应链模式进行供应链模式绩效评价。

4.5.3.1　东北三省水稻收储供应链主要模式分类

（1）水稻收储供应链模式的分类指标构建

在研究中，不同的样本之间存在着不同程度的相似性，聚类分析就是依据数据之间的相似性，将所研究的个体或对象进行分类，建立水稻收储供应链模式的聚类指标体系，最后运用系统聚类得出水稻收储供应链的主要模式。

以水稻产后服务主体为核心的收储供应链模式是由采购、储存、销售方式构成的，从采购、收储以及销售环节选取聚类指标，根据 2.2 和 4.2 调查结果得到如下指标：

水稻产后服务主体采购环节的可选指标。在水稻收储供应链中，水稻产后服务主体从上游进行采购时，涉及收购方式、种植主体的构成以及结算方式三类指标。其中收购方式主要包括等待送粮、不带设备上门收购、等待送粮和带设备上门收购；种植主体的构成主要有种植户、合作社和粮食经纪人；结算方式主要有现金一次结算、先定金收购再滞后结算、信誉收购再滞后结算。

水稻产后服务主体储存环节的可选指标。在水稻收储供应链中，水稻产后服务主体处理水稻时，涉及烘干方式、储存时间、储存方式三类指标。其中，烘干方式包括自然晾晒和烘干塔两种方式；储存时间以月份为单位进行；储存方式包括地坪、仓库以及压平的耕地。

水稻产后服务主体销售环节的可选指标。在水稻收储供应链中，水稻产后服务主体与下游需求商交易时，涉及与下游需求商的合作依据以及下游需求商的履约情况两类指标。其中合作依据包括需求商的名声和信誉、对需求商的信任、多次市场交易价格合理、与需求商的信息共享途径；下游需求商的履约情况分为全部履行、部分履行和不履行。

（2）基于聚类方法的水稻收储供应链模式分类

结合聚类分析理论[230]，采用系统聚类中的 Ward 法，欧氏距离表示类间相似度，对采购环节、储存环节以及销售环节组合而成的水稻收储供应链模式进行梳理分类。在聚类结果中，种植主体的构成、产后服务主体的储存方式、产后服务主体与下游需求商的合作依据这些指标的聚类效果明显，由此得出水稻收储供应链模式的分类，进而选择特征明显的四种收储供应链模式，如表 4-36 所示。

4.5.3.2 东北三省水稻收储供应链主要模式的特征归纳

应用聚类分析方法得出四种水稻收储供应链模式。其中，水稻种植主体的构成结构如表 4-36 所示，水稻产后服务主体的上游种植主体有粮农、合作社、粮食经纪人以及三者之间的混合；水稻产后服务主体的储存方式分为地坪、仓库以及两者的混合；水稻产后服务主体与下游需求商的合作依据有四种：多次的市场交易、价格合理、与需求商的信息共享、需求商的名声与信誉。

从种植主体的构成特征来看：模式一和模式三的上游种植主体构成中种植

户偏多，集成稍弱，且交易成本高；模式二和模式四的上游种植主体构成中粮食经纪人与合作社偏多，体现产后服务主体与上游种植主体之间集成较好，且交易成本低。

表 4-36　水稻收储供应链模式的分类结果

模式	收购来源（种植主体的构成）	产后服务主体的储存方式	产后服务主体与下游需求商的合作依据	占比（%）
模式一	（粮农＋粮农＋粮农；粮农＋合作社＋粮食经纪人）	（地坪＋仓库；仓库；地坪）	（多次的市场交易；价格合理；与需求商的信息共享）	61
模式二	（粮食经纪人＋粮食经纪人＋粮食经纪人；合作社＋合作社＋合作社）	（地坪＋仓库；仓库；地坪）	（多次的市场交易价格合理；与需求商的信息共享）	62
模式三	（粮农＋粮农＋粮农；粮农＋合作社＋粮食经纪人）	（地坪＋仓库；仓库；地坪）	（需求商的名声与信誉）	55
模式四	（粮食经纪人＋粮食经纪人＋粮食经纪人）	（仓库；地坪＋仓库）	（需求商的名声与信誉）	34

　　水稻产后服务主体的储存方式方面：地坪储存说明产后服务主体在短期内销售水稻；地坪＋仓库储存说明产后服务主体在水稻收储供应链中起到调节市场的作用，有能力多次销售；仓库储存说明水稻产后服务主体在水稻收储供应链中扮演"蓄水池"的作用，随着市场供需情况销售水稻。

　　水稻产后服务主体与下游需求商的合作途径方面：模式三和模式四的下游需求商的名声和信誉较好，产后服务主体愿意多次销售水稻给需求商；模式一和模式二与下游需求商合作途径为多次的买卖交易；产后服务主体与需求商分享市场供需信息，由此建立交易关系。

　　计算各模式指标体系中各指标的占比如表 4-37 所示。结合表 4-36 和表 4-37 分析水稻收储供应链主要模式的特征：模式一的收购来源主要为粮农，来源较分散，交易成本高，与下游需求商的合作途径主要是信息共享，定义模式一为粮农收购型模式；模式二的收购来源为粮食经纪人和合作社，交易成本较低，与下游需求商的合作途径主要是信息共享，定义模式二为上游集成型模式；模式三主要是混合型收购，从粮农、合作社和粮食经纪人多方收购，仓库储存比例相对较大，储存时间为 2 个季度相对较长，而且与下游需求商交易时注重名声与信誉，说明有较好的下游需求商与其合作，定义模式三为下游集成型模式；模式四的收购来源为粮食经纪人，可以做到信誉收购，滞后结算，节省收购资金成本，更多采用自然晾晒，比烘干塔烘干能提高食味值，用仓库储存比例大，能做到全年储存，可以抵御市场价格的波动，根据下游需求商名声与信誉确定销售，可以视为与下游需求商协调效果较好，交易成本较低，定义模式四为相对最优型模式。

表 4-37　水稻收储供应链模式特征的占比分析（%）

主要影响因素	取值	模式一	模式二	模式三	模式四
结算方式	现金一次结算	39	32	38	0
	现金一次结算＋定金收购	8	8	2	0
	定金收购，滞后结算	10	24	27	0
	现金一次结算＋信誉收购	16	21	13	12
	现金一次结算＋点金收购＋信誉收购	8	6	5	0
	信誉收购，滞后结算	18	8	15	88
储存时间（月）	$t \leqslant 1$	3	10	2	9
	$1 < t \leqslant 3$	41	34	49	18
	$3 < t \leqslant 6$	21	16	29	21
	$6 < t \leqslant 9$	11	15	16	24
	$9 < t \leqslant 12$	23	26	4	29
烘干方式	烘干塔	67	52	42	6
	烘干塔＋自然晾晒	11	26	15	24
	自然晾晒	21	23	44	71
收购来源：种植主体构成	粮农＋粮农＋粮农	69	0	48	0
	粮农＋合作社＋粮食经纪人	31	0	52	0
	合作社＋合作社＋合作社	0	31	0	0
	粮食经纪人＋粮食经纪人＋粮食经纪人	0	69	0	100
储存方式	地坪	33	24	27	0
	地坪＋仓库	39	31	13	9
	仓库	28	44	60	91

（续）

主要影响因素	取值	模式一	模式二	模式三	模式四
与需求商的合作途径	多次的市场交易价格合理	34	43	0	0
	信息共享	66	57	0	0
	信任	0	0	0	0
	名声和信誉	0	0	100	100

4.5.3.3 东北三省水稻收储供应链模式评价指标

（1）水稻收储供应链模式评价指标的选取

根据玉米收储供应链模式绩效评价体系，确定水稻收储供应链模式评价指标与玉米收储供应链模式评价指标相同。

质量评价[49]。采用烘干储存的质量指标，自然晾晒成本低且质量效果优于烘干塔，以仓库为主要储存方式的储存质量优于其他的储存方式。

供应链总成本评价[50]。采用收购资金渠道指标、政府补贴指标反映成本差异。政府补贴依据《2018年财政重点强农惠农政策》进行条件审核。

提前期评价[50]。可用产后服务主体与上游结算方式指标。信誉收购滞后结算，将有效提高供应链的资金使用效率。

服务水平评价[226]。采用水稻产后服务主体对上游信息服务、与上游合作时的收购方式、与下游建立合作的途径、需求商履约情况的指标。信息服务主要体现是否与上游种植主体开通微信群或与其建立粮食购销公众号。收购方式主要针对是否带设备上门收购，带设备且上门收购服务评价水平较高。建立合作依据方面，合作依据成本越低，说明该主体协调能力越强，服务水平越高。需求商履约情况，全部履行说明信誉较高。

（2）一级指标权重确定

与玉米收储供应链模式评价指标类似，在一级指标权重确定时选用德尔菲法，基本步骤如下：

第一，选择专家[227]。选择粮食供应链领域专家，包括有实际工作经验的收储主体管理者8名，有较深理论修养的粮食专家5名，以及政府粮食部门领导2名。

第二，将待定权重的指标和有关资料以及统一的确定权重的准则发给选定的各位专家，并要求专家独立地给出各指标的权数值[227]。确定权重的准则包括：①服务水平越来越受到重视，由于没有前期标准，因此，按照供应链评价中服务水平的已有经验，确定为 35%[228]，质量、总成本和提前期权重占比之和为 65%。②各位专家权重指标的设置偏差小于 5% 时其平均值为可接受结果。③水稻是主食粮食作物，水稻国家最低收购价格从 2017 年开始逐年走低，市场销售比例增加，质量作为主要竞争点，与 2017 年之前按国家收储标准考虑质量指标的重要程度要高。因此，质量权重指标可行区间设为 10%~40%。④在市场化收储背景下，水稻产后服务主体更多从供应链上下游的服务和产品质量考虑销售问题，而不是单一考虑成本问题。根据已有经验，供应链成本权重设置为 50%[229]，所以，供应链总成本指标的权重可行区间设置为 10%~50%。⑤结合①—④提前期这一指标区间设为 10%~20%。

第三，回收第一轮结果，如表 4-38 所示。

第四，将计算的结果及补充资料再返还给各位专家，要求所有的专家在新的基础上重新确定权重，直至各指标权重与其均值的偏差不超过预先设定的标准为止，各专家的意见基本趋于一致时的各权重均值就可以作为该指标的权重[227]。第二轮权重结果如表 4-39 所示。

表 4-38　第一轮水稻收储供应链模式的评价指标权重

指标	质量评价指标占比	总成本评价指标占比	提前期评价指标占比
可行区间	10%~40%	10%~50%	65%－质量%－总成本%
均值	33%	17%	15%
标准差	0.037 5	0.018 333	0.029 583

表 4-39　第二轮水稻收储供应链模式的评价指标权重

指标	质量评价指标占比	总成本评价指标占比	提前期评价指标占比
可行区间	25%~40%	15%~20%	9%~19%
均值	35%	15%	15%
标准差	0.024 25	0.009 5	0.023 75

通过上述第一轮和第二轮权重的计算，确定一级指标质量、总成本、提前期的权重分别为 35%、15%、15%。综上，得出四个一级指标权重，见表 4-40。

（3）二级指标权重确定及取值评分

二级指标权重选择的依据为其在供应链模式中出现的频率。

通过调研以及相关政策的梳理，按照供应链效用大小的顺序，得出水稻收储供应链模式的二级指标不同取值的分值，打分结果如表 4-40 所示。

表 4 - 40 水稻收储供应链模式的评价指标打分

一级指标	二级指标	取值	评分	一级指标	二级指标	取值	评分
质量 35%	烘干方式	1＝烘干塔	1	提前期 15%	结算方式	1＝现金一次结算	1
		2＝烘干塔＋自然晾晒	3			2＝现金一次结算＋定金收购	2
		3＝自然晾晒	5			3＝定金收购，滞后结算	2.5
	储存方式	1＝地坪储存	1			4＝现金一次结算＋信誉收购	3
		2＝地坪＋仓库储存	3			5＝现金一次结算＋定金收购＋信誉收购	4
		3＝仓库	5			6＝信誉收购，滞后结算	5
总成本 15%	收购资金渠道	1＝民间借贷	1	服务水平 35%	与上游间信息服务	0＝否	1
		2＝银行贷款＋民间借贷	1.4			1＝是	5
		3＝股份投入＋银行贷款＋民间借贷	1.8		收购方式	1＝等待送粮	1
		4＝股份投入＋银行贷款＋其他投资	2			2＝不带收获设备上门收购	2
		5＝银行贷款	2.5			3＝不带收获设备上门收购＋等待送粮	3
		6＝股份投入＋银行贷款	3			4＝带收获设备上门收购＋等待送粮	4
		7＝股份投入＋其他投资	3.2			5＝带收获设备上门收购	5
		8＝银行贷款＋其他投资	3.8		与下游需求商建立合作途径	1＝多次的市场交易价格合理	1
		9＝股份投入	4			2＝信息共享	2
		10＝其他投资	5			3＝信任	4
	政策补贴	0＝无	1			4＝名声和信誉	5
		1＝市级	2		需求商履约情况	0＝不履行	1
		2＝省级	3			1＝部分履行	3
		3＝市级＋省级	4			2＝全部履行	5
		4＝国家级	4.5				
		5＝省级＋国家级	4.8				
		6＝市级＋省级＋国家级	5				

4.5.3.4 东北三省水稻收储供应链模式评价结果及模式归纳

根据二级指标在水稻收储供应链模式中不同取值及出现频率计算的均值，再根据二级指标的均值和一级指标的权重计算各类模式的综合评分，收储供应链模式的评价结果如表 4 - 41 所示，绩效逐渐增加顺序为：粮农收购型、上游集成型、下游集成型、相对最优型。相较于其他模式，相对最优型值得推广，这里显示相对最优型水稻收储供应链结算方式的特征，可见与 4.4 节的代销售功能的水稻收储供应链模式特征相符。

表 4-41　水稻收储供应链模式评价结果

模式	质量综合		总成本综合		提前期综合	服务水平综合				总评分
	烘干方式	储存方式	收购资金渠道	收储政策	结算方式	信息服务	收购方式	合作途径	履约情况	
粮农收购型	1.85	2.90	2.95	1.96	4.74	2.38	2.57	1.75	4.38	6.989
上游集成型	2.75	3.44	3.30	1.76	2.43	2.75	2.33	1.64	3.87	6.991
下游集成型	1.90	3.65	2.64	2.14	2.38	1.90	2.60	4.92	3.90	7.678
相对最优型	4.76	4.82	2.83	2.12	4.76	1.59	2.88	5.00	1.18	8.539

4.5.4　东北三省可推广的相对最优型收储供应链模式

玉米相对最优型收储供应链模式的特点：玉米产后服务主体收购来源是粮农、合作社或者经纪人，采用滞后结算的代销售收储供应链模式，烘干方式有自然晾晒＋烘干塔，以及独立用烘干塔形式，储存方式是玉米篓子/玉米栈子＋仓库/地坪或者玉米篓子。与下游需求商具有合作关系，储存时间 6 个月之内。这与产后服务主体采用代销售功能的玉米收储供应链模式特征相似（详见 4.4.1），说明具有代销售的采用滞后结算的收储供应链模式值得推广。

水稻相对综合最优型收储供应链模式的特点：收购来源为粮食经纪人，可以做到信誉收购，滞后结算，节省收购资金成本，更多采用自然晾晒，比烘干塔烘干能提高食味值，用仓库储存比例大，能做到全年储存，可以抵御市场价格的波动，根据下游需求商的名声与信誉进行销售，可以视为与下游需求商协调效果较好，交易成本较低。这与产后服务主体采用代销售功能的水稻收储供应链模式特征相似（详见 4.4.2），说明具有代销售的采用滞后结算的水稻收储供应链模式值得推广。

4.6　东北三省粮食主产区粮食产后服务主体收储供应链模式选择机理

通过收储行为的影响因素分析粮食产后服务主体的收储模式选择机理，从而为在粮食产后服务主体中推广相对最优的收储模式提供建议和政策启示。

4.6.1　东北三省主产区粮食产后服务主体收储行为的影响因素分析

对东北三省主产区进行粮食产后服务主体收储行为的影响因素分析，有利于找出粮食产后服务主体促进粮食提质进档，帮助农户减少农户储粮损失率等影响机理。

4.6.1.1　玉米收储供应链中的玉米产后服务主体的收储行为影响因素特征

如表 4-5 所示，玉米产后服务主体中仍有较大比例无法获得政府补贴，且资金以银行贷款为主，但与下游需求商具有良好合作关系基础。其中，49%的玉米产后服务主体能够接受补贴，主要以市级补贴为主；银行贷款占65.51%；销售方式以多次销售为主，占比 65%，说明玉米产后服务主体基本懂得运用多次销售方式抵御价格波动的市场风险；下游需求商的履约评价以部分履行为主，占比 50%；需求商信誉评价以较好和好为主，占比 74%；根据下游需求商的名声和信誉、需求商的信任、多次的市场交易、需求商的信息共享，建立合作途径，主要以两种途径并存为主，占比 49%。

4.6.1.2　水稻收储供应链中水稻产后服务主体的收储行为影响因素特征

如表 4-9 所示，水稻产后服务主体近半数没有获得收储补贴，收购资金以银行贷款为主，在一个季度内多次销售且与下游需求商协调较好。其中，近一半的产后服务主体没有获得收储补贴；1/3 的产后服务主体的收购资金渠道是银行贷款；销售方式一般选择在一个季度内多次销售，占比 53.8%；在与下游需求商的合作中，比较注重需求商的名声和信誉，且大部分下游需求商全部履行约定。

4.6.2　东北三省玉米主产区玉米收储供应链模式选择机理

4.6.2.1　变量选择和数据获取

六种东北三省玉米收储供应链典型模式构成互斥的备选供应链模式选择集合，$n=0\sim5$ 分别表示选择国家级补贴型、关系型、带设备收购型、长期储存型、质量优型、相对最优型，具体见表 4-35。东北三省玉米收储供应链模式的影响变量为 15 种，m 表示其序号（$m=1\cdots15$），它们随个体变化，不随收储供应链模式变化而变化，变量及取值详见表 4-3、表 4-4 和表 4-5 中变量 x_m。i 表示样本序号（$i=1\cdots254$）。

4.6.2.2 多项 Logit 模型构建与求解

根据陈强（2014），构建多项 Logit 模型。沿用 McFadden 提出的个体效用函数的假设，如果玉米产后服务主体 i 选择玉米收储供应链模式 n，其效用函数为：

$$U_{in} = \beta_n x_i' + \varepsilon_{in} \qquad (4-1)$$

式中，x 是特征变量，代表相关影响因素，β 是 x 的系数向量，$\beta_n x_i'$ 表示影响玉米产后服务主体 i 选择玉米收储供应链模式 n 的作用机制；ε_{in} 是随机误差项（假设 ε_{in} 相互独立且服从 I 型标准极值分布）。

如果产后服务主体 i 选择 n 模式的效用大于其他所有可能的选择，那么玉米产后服务主体 i 选择 n 模式的偏好概率可以表示为 x_i'

$$P(y_i = n \mid x_i) = \frac{\exp(\beta_n x_i')}{\sum_{k=0}^{5} \exp(\beta_k x_i')} \qquad (4-2)$$

若选择模式五相对最优型作为参照，则产后服务主体 i 选择模式 n 的多项 Logit 模型为

$$P(y_i = n \mid x_i) = \begin{cases} \dfrac{1}{1 + \sum_{k=0}^{4} \exp(\beta_k x_i')} & (n = 5) \\[3ex] \dfrac{\exp(\beta_n x_i')}{1 + \sum_{k=0}^{4} \exp(\beta_k x_i')} & (n \neq 5) \end{cases} \qquad (4-3)$$

则相对风险（也称几率比）为 $\dfrac{P(y_i = n \mid x_i)}{P(y_i = 5 \mid x_i)} = \exp(\beta_n x_i')$，如果向量 x_i

中某个分量 x_{in} 增加一个单位，则 $\dfrac{\dfrac{P(y_i = n \mid x_i,\ x_{in}+1)}{P(y_i = 5 \mid x_i,\ x_{in}+1)}}{\dfrac{P(y_i = n \mid x_i,\ x_{in})}{P(y_i = 5 \mid x_i,\ x_{in})}} = \exp(\beta_{in})$，$\exp$

(β_{in}) 称为相对风险比率（RRR），表示 x_{in} 增加一个单位，引起几率比的变化倍数。其中，β_{in} 为效用函数（$4-1$）中 x_{in} 的回归系数（$Coef$），表示 x_{in} 增加一个单位，引起对数几率比的边际变化。

构建模型前，需要进行解释变量的多重共线性检验，运用 StataMP14 计算各解释变量的方差膨胀因子[231]（VIF），是检验各解释变量多重共线性的常用方法，检验结果如表 4-42 所示。根据表 4-42，解释变量的方差膨胀因子均小于 10，解释变量之间不存在多重共线性。

基于最大似然估计方法，采用 StataMP14 软件进行模型估计，得出 Log

$likelihood = -102.167\ 29$，$LR\ chi^2\ (75) = 410.51$，$Prob > chi^2 = 0.000\ 0$，伪 $R^2 = 0.667\ 7$，则模型通过检验，估计结果如表 4 - 43 所示。

表 4 - 42 解释变量多重共线性检验

变量	VIF	1/VIF	变量	VIF	1/VIF
x_0	1.60	0.623 746	x_{23}	1.50	0.667 472
x_{11}	1.33	0.749 968	x_{31}	1.42	0.703 566
x_{12}	1.80	0.555 119	x_{32}	1.54	0.648 180
x_{13}	2.21	0.452 957	x_{33}	1.27	0.785 747
x_{14}	1.68	0.595 859	x_{34}	1.23	0.814 849
x_{15}	1.37	0.731 822	x_{35}	2.18	0.459 335
x_{21}	1.07	0.937 938	x_{36}	1.89	0.528 473
x_{22}	1.23	0.811 704			

4.6.2.3 结果与讨论

(1) 在玉米收储供应链中，供应链管理方法仍需继续推进。体现供应链管理的指标，如信息服务 x_{15}、收购服务 x_{21}、结算方式 x_{22}、补贴 x_{32}、建立合作途径 x_{34}、需求商信誉评价 x_{36} 对收储模式选择影响不显著，说明供应链管理中的信息流、物流、资金流管理作用不明显，政府现有补贴对模式选择影响有限，供应链中关系协调、利益激励等协调方式还未显现主要作用。

(2) 玉米收储市场化刚开始，玉米产后服务主体服务优势还未显现。相较"相对最优型模式"，玉米产后服务主体属性因素、收储行为因素和其影响因素对选择带设备上门收购型（$n=2$）没有显著影响，说明服务水平有待提升。

(3) 选择长期储存型模式的产后服务主体，除发挥其储存优势外，应用有效营销手段延长销售周期是其未来发展的关键。相较相对最优型模式，储存能力 x_{13} 和销售方式 x_{33} 对"长期储存型模式"选择有显著负向影响，建立仓储的方式 x_{14} 有显著正向影响。x_{13}、x_{14} 以及 x_{33} 相对风险比率分别为 0.17、2.86、0.06，说明在给定其他变量的情况下，x_{13} 越大，销售周期越长，选择"相对最优型模式"较"长期储存型模式"的可能性越大。同时，x_{14} 收储企业建仓资金占用越小，选择"相对最优型模式"较"长期储存型模式"来说的概率越大。

4.6.2.4 东北三省玉米收储供应链模式选择机理的结论

针对高质量需求和供给双重不确定性引发的玉米收储供应链中断以及产后收储服务主体市场化不成熟问题，选择东北三省主产区调查分析收储供应链模

表4-43 玉米收储供应链模式的选择模型结果

变量	长期储存型模式 ($n=3$)		变量	质量优型模式 ($n=4$)		变量	国家补贴型模式 ($n=0$)		变量	关系型模式 ($n=1$)	
	$Coef$	RRR		$Coef$	RRR		$Coef$	RRR		$Coef$	RRR
x_0	1.522 5	4.583 7	x_0	7.023 2**	1 122.405	x_0	−0.865 1	0.421 0	x_0	−0.775 0	0.460 7
x_{11}	0.849 7	2.338 9	x_{11}	−4.598 8	0.010 1	x_{11}	0.528 6	1.696 5	x_{11}	1.445 9**	4.245 6
x_{12}	−1.002 4	0.367 0	x_{12}	−1.288 0	0.275 8	x_{12}	1.271 9***	3.567 6	x_{12}	0.042 1	1.043 0
x_{13}	−1.777 3**	0.169 1	x_{13}	−0.360 3	0.697 4	x_{13}	−0.768 1***	0.463 9	x_{13}	−0.510 2	0.600 4
x_{14}	1.049 7***	2.856 9	x_{14}	−0.090 2	0.913 8	x_{14}	0.631 6***	1.880 7	x_{14}	0.175 5	1.191 8
x_{15}	2.493 9	12.108 8	x_{15}	3.120 7	22.663 0	x_{15}	−0.520 8	0.594 0	x_{15}	1.165 0	3.205 8
x_{21}	−0.315 6	0.729 4	x_{21}	−0.256 3	0.773 9	x_{21}	−0.030 4	0.970 0	x_{21}	−0.276 3	0.758 6
x_{22}	−0.102 1	0.902 9	x_{22}	−1.712 5	0.180 4	x_{22}	0.055 0	1.056 5	x_{22}	0.371 0	1.449 2
x_{23}	0.373 9	1.453 4	x_{23}	3.553 8	34.946 6	x_{23}	−0.864 6**	0.421 2	x_{23}	−1.404 4	0.245 5
x_{31}	−0.348 2	0.706 0	x_{31}	−2.233 3**	0.107 2	x_{31}	−0.186 6	0.829 8	x_{31}	−0.475 9	0.621 3
x_{32}	1.088 4	2.969 4	x_{32}	−1.452 4	0.234 0	x_{32}	0.487 3	1.627 9	x_{32}	−0.736 7	0.478 7
x_{33}	−2.898 3**	0.055 1	x_{33}	−1.363 4	0.255 8	x_{33}	−0.013 9	0.986 2	x_{33}	−1.193 7	0.303 1
x_{34}	−0.630 8	0.532 2	x_{34}	−1.466 8	0.230 7	x_{34}	−0.267 9	0.765 0	x_{34}	−0.056 2	0.945 4
x_{35}	0.798 9	2.223 1	x_{35}	8.468 9**	4 764.128	x_{35}	0.720 0	2.054 3	x_{35}	2.407 6	11.107 0
x_{36}	0.644 9	1.905 8	x_{36}	1.527 7	4.607 7	x_{36}	1.017 2	2.765 5	x_{36}	1.278 5	3.591 0

注：*、**、***分别表示在10%、5%和1%的水平上显著。

式，研究玉米收储供应链模式的选择机理，得出：

（1）玉米产后服务主体还未适应市场化进行，供应链管理水平有待提高。其特征包括，以中小型居多、收购资金获得渠道以银行贷款为主，且多数无法获得政府补贴；市场信息关注度低且缺乏沟通交流平台；储存时间较短导致抵御市场波动的能力弱。同时，供应链中的信息流、物流、资金流管理有待发挥作用；关系协调、利益激励等协调方式作用不显著；政府现有补贴对模式选择影响有限。

（2）主产区玉米收储供应链模式现有六种典型模式。依据收储供应链特征和供应链绩效评价，归纳六种典型模式，按供应链绩效增加排序，分别为国家级补贴型、关系型、带设备上门收购型、长期储存型、质量优型、相对最优型。相对最优型在总成本、提前期和服务水平绩效占优，值得推广。

（3）相较相对最优型玉米收储供应链模式，国家级补贴型、关系型、带设备上门收购型、长期储存型和质量优型模式有存在的必然性。一是，有关于收储的政府专项基金，对符合标准的收储供应链各参与主体进行补贴；二是，各收储主体不适应收储市场化的变化，收购玉米急于脱手，所以通过建立关系、提高上门服务来促进交易成功率；三是，对于储存和质量型供应链模式的产后服务主体，高质量储存是政府和行业导向，是主流存在。

（4）相对最优型玉米收储供应链模式是可推广的。其优势在于产后服务主体结算方式以信誉收购，滞后结算为主，销售方式以全年销售为主，与下游需求商建立合作途径均为两种以上，其问题在于该模式下产后服务主体收购的服务水平以及下游需求商履约情况有待提高。

（5）相对最优型玉米收储供应链模式选择的影响机理。相较于其他模式，产后服务主体要提高储存能力上限、延长销售周期和储存时间、拓宽收购资金渠道、缩小建立仓储方式的收储企业资金占用，降低烘干能力上限，缩减员工规模，提高员工专业化程度。

4.6.3　东北三省水稻主产区水稻收储供应链模式选择机理

根据 4.5.3 对东北主产区水稻收储供应链模式的分类以及评价，按供应链模式绩效增加排序为，粮农收购型、上游集成型、下游集成型、相对综合最优型。与其他模式相比，相对综合最优型值得推广，那么运用选择模型，研究水稻产后服务主体选择收储供应链模式的机理，为推广相对综合最优型收储供应链模式奠定基础。

4.6.3.1　变量选择和数据获取

（1）被解释变量的选择。 将水稻产后服务主体 i 所选择的四种互斥的收储供应链模式作为被解释变量 $y_i = n$，（$n = 1, 2, 3, 4$，$i = 1, 2, \cdots, 212$），$n = 1, 2, 3, 4$ 分别代表粮农收购型、上游集成型、下游集成型和相对综合最优型。

（2）解释变量的选择。 根据 4.2 节确定水稻收储供应链模式选择的影响因素：水稻产后服务主体所在的地区，以及水稻产后服务主体的规模、烘干能力、存储能力、建立仓储方式、是否开通种粮大户微信群或公众号、收购方式、收购资金渠道、是否有收购政策、销售方式和其下游需求商的履约情况。根据调研发现水稻产后服务主体是否开通种粮大户微信群或公众号影响其选择。

表 4-44　变量的含义

变量	变量含义
收储供应链模式（$y_i = n$）	粮农收购型=1，上游集成型=2，下游集成型=3，相对最优型=4
地区（x_{i1}）	黑龙江=1，吉林=2，辽宁=3
规模（x_{i2}）	$5 \leqslant c \leqslant 10 = 1$，$10 < c \leqslant 20 = 2$，$20 < c \leqslant 30 = 3$，$30 < c \leqslant 50 = 4$，$c > 50 = 5$
烘干能力（x_{i3}）	$d \leqslant 100 = 1$，$100 < d \leqslant 300 = 2$，$300 < d \leqslant 500 = 3$，$500 < d \leqslant 1\,000 = 4$，$d > 1\,000 = 5$
存储能力（x_{i4}）	$s \leqslant 0.3 = 1$，$0.3 < s \leqslant 0.5 = 2$，$0.5 < s \leqslant 1 = 3$，$1 < s \leqslant 3 = 4$，$3 < s \leqslant 5 = 5$，$s > 5 = 6$
建立仓储方式（x_{i5}）	自建+合作经营=1，自建+租赁=2，合作经营=3，租赁=4，收购=5，自建=6
是否开通微信群（x_{i6}）	否=0，是=1
收购方式（x_{i7}）	等待送粮=1，不带收获设备上门收购=2，不带收获设备上门收购+等待送粮=3，带收获设备上门收购+等待送粮=4，带收获设备上门收购=5，
收购资金渠道（x_{i8}）	民间借贷=1，银行贷款+民间借贷=2，股份投入+银行贷款+民间借贷=3，股份投入+银行贷款+其他投资=4，银行贷款=5，股份投入+银行贷款=6，股份投入+其他投资=7，银行贷款+其他投资=8，股份投入=9，其他投资=10
是否有收储政策（x_{i9}）	无=0，市级=1，省级=2，市级+省级=3，国家级=4，省级+国家级=5，市级+省级+国家级=6
销售方式（x_{i10}）	一次性销售=1，在一段时间内多次销售=2，在全年时间内销售=3
履行约定情况（x_{i11}）	不履行=0，部分履行=1，全部履行=2

表 4-45 解释变量多重共线性检验表

变量	VIF	1/VIF	变量	VIF	1/VIF
x_{i1}	1.52	0.657 994	x_7	1.28	0.783 49
x_{i2}	1.65	0.607 242	x_8	1.14	0.877 398
x_{i3}	2.75	0.363 419	x_9	1.58	0.633 546
x_{i4}	2.21	0.452 493	x_{10}	1.32	0.759 046
x_{i5}	1.22	0.817 902	x_{11}	1.22	0.817 458
x_{i6}	1.08	0.924 085			

影响水稻产后服务主体选择收储供应链模式的变量有 11 个，作为解释变量，m 表示其序号（m=1，2，…，11），它们随水稻产后服务主体个体变化，不随收储模式变化而变化。由于变量中的结算方式、储存时间和烘干方式用于分析收储供应链模式特征，故不作为解释变量。变量的具体含义见表 4-44，变量的调查结果详见表 4-7、表 4-8 和表 4-9。

根据表 4-45，解释变量的方差膨胀因子均小于 10，解释变量之间不存在多重共线性。

4.6.3.2 东北三省水稻收储供应链模式选择模型构建与求解

构建多项 Logit 模型，过程与 4.6.2.2 一致，这里省略。基于最大似然估计方法，采用 StataMP15 软件进行模型估计，估计结果如表 4-46 所示，这里 Log $likelihood$ = -231.961 69，$LR\ chi^2$（33）=113.38，$Prob > chi^2$ = 0.000 0，伪 R^2=0.196 4，通过检验，且模型显著。

表 4-46 水稻收储供应链模式的选择模型结果

解释变量	粮农收购型/相对最优型		上游集成型/相对最优型		下游集成型/相对最优型	
	$Coef$	RRR	$Coef$	RRR	$Coef$	RRR
x_{i1}	-0.68*	0.51	-1.94***	0.14	-0.31	0.73
x_{i2}	-0.06	0.94	0.52**	1.69	0.00	1.00
x_{i3}	0.24	1.27	-0.51	0.60	0.02	1.02
x_{i4}	0.56**	1.76	0.30	1.34	0.14	1.15
x_{i5}	-0.05	0.95	-0.68***	0.50	-0.31*	0.74
x_{i6}	0.94	2.57	1.72***	5.60	0.41	1.51
x_{i7}	-0.18	0.84	-0.14	0.87	-0.12	0.88

(续)

解释变量	粮农收购型/相对最优型		上游集成型/相对最优型		下游集成型/相对最优型	
	$Coef$	RRR	$Coef$	RRR	$Coef$	RRR
x_{i8}	0.09	1.10	0.28 **	1.33	-0.07	0.94
x_{i9}	-0.48 **	0.62	-0.65 ***	0.52	-0.21	0.81
x_{i10}	0.35	1.42	0.07	1.08	0.46	1.59
x_{i11}	-0.26	0.77	-1.07 **	0.34	-0.70	0.49

注:*、**、*** 分别表示在 10%、5%、1% 的水平上显著。

4.6.3.3 结果与讨论

（1）在水稻收储制度改革初期，水稻产后服务主体的服务和质量优势还未显现。表 4-46 表明，产后服务主体的烘干能力 x_3、收购服务差异 x_7、销售方式差异 x_{10} 对收储供应链模式选择影响不显著。说明水稻产后服务主体的服务和质量把控能力有待市场化。

（2）选择粮农收购型模式的产后服务主体，其所在省域由北向南的变化、接受收储政策程度、存储能力是其发展的关键。相较相对最优型模式，产后服务主体所在省域由北向南变化和收储政策 x_9 对粮农收购型模式选择有显著负向影响，分别在 10% 和 5% 的水平上显著，存储能力 x_4 有显著正向影响，在 5% 的水平上显著。产后服务主体所在的省域由北向南变化 x_1、存储能力 x_4、收储政策 x_9 相对风险比分别为 0.51、1.76、0.62，说明在给定其他变量的情况下，东北三省中越向南的省域、接受收储政策程度越高、存储能力越小，选择相对综合最优型的概率高于粮农收购型。水稻产后服务主体的存储能力在 1 万~3 万吨居多，而适当减小存储能力，意味着"即买即卖"或者仓储能力基本够用。同时，产后服务主体在符合设备、资金、人员等标准的情况下，会有利于获得收储政策，从而更可能向相对最优型转变。

（3）选择上游集成型模式的产后服务主体，这类主体在规模、与上游建立沟通联系、收购资金渠道成本上有优势，但是，还需再降低仓储经营成本，激励下游需求商提升履约能力。相较相对最优型模式，产后服务主体所在省域由北向南变化 x_1、建立仓储的低成本程度 x_5、接受收储政策程度 x_9 和需求商履约情况 x_{11} 对上游集成型模式选择有显著负向影响。其中，产后服务主体所在省域由北向南变化 x_1 在 1% 的水平上显著，建立仓储的低成本程度 x_5 在 1% 的水平上显著，接受收储政策程度 x_9 在 1% 的水平上显著，需求商履约情况

x_{11} 在 5% 的水平上显著；规模 x_2、建立微信群 x_6、收购资金渠道 x_8 有显著正向影响，分别在 5%，1%，5% 水平上显著；产后服务主体所在省域由北向南变化 x_1、建立仓储的低成本程度 x_5、接受收储政策程度 x_9 和需求商履约情况 x_{11} 的相对风险比分别为：0.14、0.50、0.52、0.34，说明在其他变量不变的情况下，东北三省中越向南的省域，建立仓储的成本越低，收储政策应用越充分，需求商履约情况越好，微信沟通不良，规模越小，收购资金成本越高，选择相对最优型的可能性越大。

在杨子刚等（2011）的研究中，与上游供应链传递信息的方式这一影响因素在选择高层次模式中有负向影响作用[90]，与上述"微信沟通不良"结果相同，说明产后服务主体与上游种植主体了解程度越深，合作的强度越高，所以建立微信群这一媒介作用越明显，选择上游集成型模式的概率越大。在彭建仿等（2012）的研究中，产后服务主体的规模对其选择农户共生行为有正向影响，而对于产后服务主体选择相对最优型有负向影响[100]，说明在水稻供应链中，资金担负着重要的作用，规模庞大意味资金成本占用过高，会导致后续环节资金断链问题。

（4）选择下游集成型模式的产后服务主体，对这类主体节约仓储经营成本是关键。 相较相对最优型模式，建立仓储的低成本程度 x_5 对下游集成型模式选择有显著负向影响，在 10% 的水平上显著，相对风险比 0.74，说明建立仓储成本越低，选择相对最优型的概率越大。当产后服务主体资金成本占用越低，越注重水稻收储质量和收储服务。

（5）通过东北主产区水稻收储供应链模式的选择模型结果，得出水稻产后服务主体的收储供应链模式的选择机理。 水稻产后服务主体的员工规模和存储能力越小，且建立仓储的经营成本和收购资金渠道成本越小，下游需求商需求商的履约能力越强，越可能选择相对综合最优型。在产后服务主体符合设备、资金、人员等标准的情况下，东北三省中越向南的省域，且接受收储政策程度越高，越可能选择相对综合最优型，反之，东北三省中越向北的省域，水稻的物流成本相对较高，越需要收储政策的激励。

4.6.3.4 东北三省水稻收储供应链模式选择机理的结论

2017—2018 年政府实施水稻最低收购价下调政策，标志着水稻收储制度由政策性收购为主，向政府引导"优质优价"的市场收购为主、水稻最低收购价政策为辅的转变。对于水稻产后收储服务主体表现出的市场化不成熟和优质水稻有效供给不足问题，选择东北三省主产区，调查分析水稻收储供应链模式，研究水稻收储供应链模式选择机理，得出如下结论：

（1）在水稻收储制度改革的初期，东北三省水稻产后服务主体的服务和质量优势还未显现，供应链管理水平有待提高。其特征包括，水稻产后服务主体以中小型规模居多，收购资金多是银行贷款，没有获得政府补贴居多，缺少沟通交流的媒介，储存时间较短。而且水稻产后服务主体的烘干能力、收购服务水平差异、销售时间差异对收储供应链模式选择影响不显著，服务能力和供应链管理能力有待增强。

（2）东北三省水稻收储供应链模式按供应链绩效增序排序，分别为粮农收购型、上游集成型、下游集成型和相对最优型。相对最优型在质量、总成本、提前期绩效占优，值得推广。

（3）粮农收购型、上游集成型、下游集成型、相对最优型模式分别反映了口粮水稻的供应链在国家相关政策和市场化双重作用下的不同收储供应链集成程度。粮农收购型的收购来源主要是粮农，交易成本较高；上游集成型的收购主要来源为粮食经纪人和合作社，交易成本相对较低。这两种模式受收储政策影响显著，且受产后服务主体所在由北向南的省域环境影响显著。下游集成型是产后服务主体重视需求商的集成管理，注重有效满足需求商的需求。

（4）相对最优型模式是可推广的。其优势在于收购来源于粮食经纪人，可以做到信誉收购，滞后结算，节省收购资金成本，多采用自然晾晒，比烘干塔烘干更能提高食味值，使用仓库储存比例大，能做到全年储存，可以抵御市场价格的波动，根据下游需求商名声与信誉确定销售，可以视为与下游需求商协调效果较好，交易成本较低。

（5）相对最优型模式选择的影响机理。通过东北主产区水稻收储供应链模式的选择模型结果，得出水稻产后服务主体的收储供应链模式的选择机理。水稻产后服务主体的员工规模和存储能力越小，且建立仓储的经营成本和收购资金渠道成本越小，下游需求商的履约能力越强，越可能选择相对最优型。在产后服务主体符合设备、资金、人员等标准的情况下，东北三省中处于越向南的省域，且接受收储政策程度越高，越可能选择相对最优型，反之，东北三省中越向北的省域，水稻的物流成本相对较高，越需要收储政策的激励。

4.7 粮食主产区玉米产后服务主体的收储行为机理

4.3—4.5研究结论表明，存在粮食产后服务主体市场作用不强、服务粮农不足的问题，为有效开展粮食产后主体为粮农开展代清理、代干燥、代储存、代加工、代销售的"五代"服务，需要探索粮食产后主体为粮农服务的提升机理。因此，采用结构方程模型，研究粮农售粮忠诚度的影响因素及路径问题，以及粮食产后收储主体满意度的行为差异及其决定因素，从而得出提升种植主体售粮忠诚度的粮食产后服务主体行为机理，并且检验假说Ⅰ：在粮食领域新形势下，取消临储政策后，粮食产后服务主体收储意愿受粮食质量、产销市场整合的正向影响。

4.7.1 样本选择与研究框架设计

4.7.1.1 研究样本选择

粮食品种选择玉米，地区选择东北三省的辽宁省。品种选择上，相对水稻而言，玉米收储是完全市场化的，研究玉米产后服务主体的收储行为机理更具有市场行为代表性。地区选择上，结合玉米产后服务主体在黑、吉、辽的收储行为比较结果综合考虑。一方面，玉米收储供应链中产后服务主体的收购来源中，粮食种植户（简称粮农）占比最多的是辽宁省。另一方面，在东北三省中辽宁省主产区粮食产后服务主体离主销区市场较近，相关购销经验积累相对较多，易于梳理典型的收储行为机理。

研究思路如下：首先，针对粮农群体选择玉米种植户进行调查，研究提升种植主体忠诚度的粮食产后服务主体行为机理。其次，选择玉米产后服务主体，进行有关收储满意度调查。

4.7.1.2 相关概念内涵

根据1.2节，由于"玉米产后服务主体"在农村调研时不易于被参与者理解，因此需要把"粮食产后服务主体"称为"玉米产后收储主体"。

（1）玉米产后收储主体。是指从事玉米收储的社会化服务主体，如小商贩、合作社、玉米加工企业等规模不同，经营活动相同的主体。经营活动一般指玉米收购、长短期存储和销售加工、半加工、或买卖玉米产品的玉米经营收储销售行为。

（2）玉米种植户售粮满意度。是指玉米种植户在销售粮食后，对收储主体的服务质量或售粮过程的评价，以及对收储主体人员所提供服务的评价。种植户对收储主体的服务范围或服务质量有不同标准的要求，如果收储主体在某一方面提供的服务不符合种植户的要求时，会收到否定的评价，影响满意度。

（3）玉米种植户售粮忠诚度。是指玉米种植户由于价格、服务、距离等诸多因素的共同影响，对某一玉米产后收储主体的收储行为产生情感依赖，形成偏爱并习惯，而长期与该收储主体发生销售玉米的交易行为。

4.7.1.3 理论框架设计

（1）相关理论选取

顾客忠诚度及影响因素。顾客忠诚度[232]（CLD）是指顾客对产品、服务、企业、品牌的忠诚程度，是顾客继续接受该产品或服务的态度，是与顾客满意度成高度正相关的概念。其表现为，消费者在购买某种产品或服务后，通常会根据购买前的心理预期与购买后对质量的感知衡量满意程度。若感到满意，可以产生重复购买行为，还可能将满意感传递给其他人，为企业挖掘潜在顾客。顾客满意度与顾客忠诚度之间的关系有三点需要关注：一是顾客满意度对忠诚度的影响。顾客满意是顾客忠诚的前提，满意度是直接反映消费心理与消费行为的重要指标，传达消费者对该产品的态度。顾客满意会直接导致顾客忠诚[233]。满意度越高相对忠诚度越强[232]。二是顾客对品牌的价值判断。顾客对不同的品牌或服务的价值均有一个感性判断。若认为其价格高于或等于实际价值，则不利于顾客购买该品牌的产品或服务。反之，会减少顾客购买阻力。顾客长期忠诚受其对品牌价值判断的影响[232]。三是顾客对所购买产品或服务质量的感知。研究表明，产品的服务质量、顾客重复购买、将产品或服务推荐给其他顾客购买之间的关系为正向相关关系[234]。假设顾客在不受经济条件等其他因素限制的情况下，当产品价格上涨或服务质量提升时，顾客付出更高价格的意愿和保持购买忠诚度之间为正向相关[235]。

计划行为理论。计划行为理论[236]是在多属性态度理论和理性行为理论相结合的基础上发展起来的。多属性态度理论认为，个体对某一行为的态度对其行为意向起决定性作用，计划行为理论认为，当个体对某一行为具有完全可以控制的能力时，个体的某些行为态度在一定程度上可以由其行为意向进行恰当地推理，因此行为意向对其行为态度、主观规范方面起到决定性作用。

（2）提升种植主体忠诚度的玉米产后收储主体行为机理研究思路

根据以上理论设计调查问卷，并根据分析结果提出辽宁省玉米产后收储主体行为机理的研究思路。一是将顾客忠诚度及影响因素应用于玉米种植户对收储主体销售忠诚度的产生及影响因素的检验；二是将计划行为理论作为玉米种植户与玉米收储主体行为发生的理论依据；三是构建结构方程模型，然后根据分析结果提出提升种植主体忠诚度的玉米收储主体的行为机理。

4.7.2　辽宁省玉米种植户对玉米产后收储主体售粮忠诚度的影响机理

4.7.2.1　玉米种植户售粮忠诚度模型构建

结构方程模型被广泛使用在顾客满意度的研究中[237]。应用较多的是中国标准化研究院和清华大学共同开发的中国顾客满意度指数模型（CCSI）（2002年），模型结构如图4-3所示。

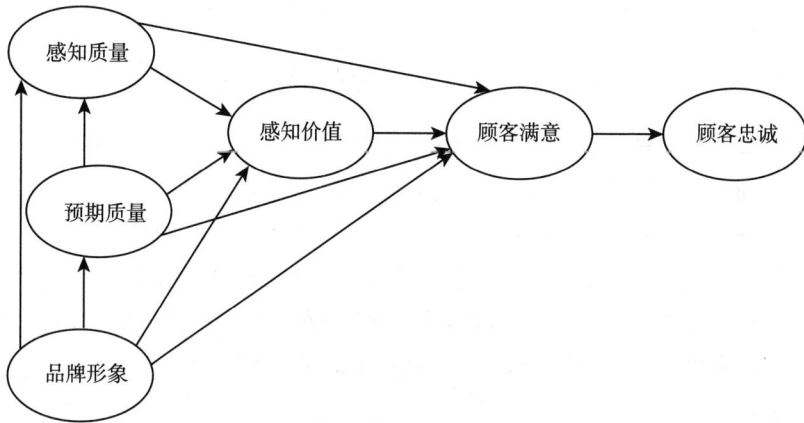

图4-3　中国顾客满意度指数模型（CCSI）

现实调查中，玉米收储过程中的品牌形象并不是主要因素，因此，去掉该模型中的品牌形象，同时，结合现实情况，将中国顾客满意度指数模型中的"感知价值"用"销售意愿"代替、"感知质量"用"服务环节"代替、"预期质量"用"服务质量"代替。

根据相关文献与预调研的情况，玉米种植户销售忠诚度（"忠诚度"）受种植户销售意愿（"销售意愿"）、玉米收储主体提供的服务（"服务环节"）、服务的质量（"服务质量"）、对收储主体的售粮满意度（"满意度"）影响。据此，构建了一个多维度的玉米种植户销售忠诚度模型，如图4-4所示，将玉米种植户的忠诚度作为因变量，其他四个维度作为自变量，旨在研究种植户玉米销售忠诚度的主要影响因素，以及探寻各影响因素之间的关系。

4.7.2.2　玉米种植户对产后收储主体售粮忠诚度的结构模型假设

玉米种植户的销售行为与其他主体的销售行为在本质上属于同一种销售活动，对于售粮忠诚度也受销售环节中主要环节与社会外部因素的影响。结合理

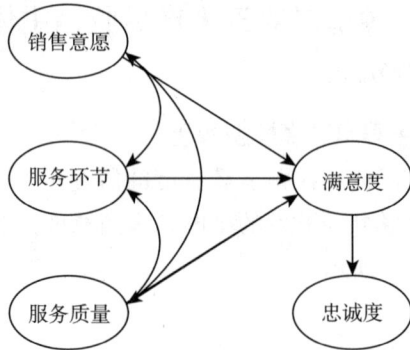

图 4-4 辽宁省种植户玉米售粮忠诚度假设模型

论依据中对玉米种植户售粮忠诚度的定义与现实情况，做出如下假设：

H1：种植户销售意愿对售粮满意度具有显著的正向相关影响。

Jaribi（2012）认为，满意度是人们提升基本需求的积极情绪，其影响目的的选择和重复购买的决定[238]。这里假定种植户的销售意愿主要由市场影响，可以作为外生潜变量。多年的市场跟踪表明，销售意愿主要和市场价格有关，无论是惜售还是急速脱手，种植户决策具有集体行为，而不是由一家收储企业决定的。

H2：玉米产后收储主体的服务环节对种植户售粮满意度具有显著的正向相关影响。

玉米收储主体的服务环节包括"五代"服务的过程，如果服务环节建设充分，能够提供多样化、一体化的服务，减少种植户销售成本，当然能提高售粮满意度，预调查结果也支持这点。玉米产后收储主体的服务环节是外生的潜变量。

H3：玉米产后收储主体的服务质量对种植户售粮满意度具有显著的正向相关影响。

服务质量对满意度具有正向影响是许多研究的结论[239]，但是收储制度改革初期，玉米产后收储主体的服务质量对满意度是否具有显著的正向相关影响还需要验证。玉米产后收储主体的服务质量是外生的潜变量。

H4：种植户对玉米产后收储主体的售粮满意度对其售粮忠诚度具有显著的正向相关影响。

满意度对忠诚度具有正向影响也是许多领域研究的成果[240]，但种植户对玉米产后收储主体的售粮满意度对其售粮忠诚度是否具有显著的正向相关影响仍需要验证。种植户对玉米产后收储主体的售粮满意度与售粮忠诚度均为内生潜变量。

4.7.2.3 指标选取

结构方程的变量选取如表 4-47 所示。变量选取的依据：一是借鉴相关文献中量表的设计，并根据自身应用范围和适应性对量表进行调整；二是结合实际调查填补。

表 4-47 玉米种植户对产后收储主体售粮忠诚度的结构方程的变量选取

潜在变量	观察变量	评价指标	参考依据
销售意愿	A1	收购价格	李思宇（2017）
	A2	收购方上门收购	《粮食产后服务中心建设技术指南（试行）》和《粮食产后服务中心服务要点（试行）》（2017）
	A3	种植户自己送粮	
	A4	收购方提供的运输能力	刘铮，周静（2018）
	A5	价格信息的获取途径	计春雷（2018）
	A6	销售成本	
服务环节	B1	脱粒服务	根据预调研整理
	B2	烘干服务	计春雷（2018）
	B3	收购人员的服务态度	徐海文，姜晓红（2018）
	B4	装卸搬运服务	刘铮，周静（2018）
	B5	机械化服务	
服务质量	C1	收储主体宣传力度	
	C2	服务便利性	
	C3	收购方付款时间	根据预调研整理
	C4	收购方承诺与实际一致性	李宝库，邹瑞雪（2015）
	C5	收购方服务流程衔接程度	根据预调研整理
	C6	收储主体收购效率	
售粮满意度	D1	整体销售过程	
	D2	收购方提供的服务	
	D3	结算方式	浦徐进，路璐（2013）
	D4	售后服务	张利国，刘芳（2015）
	D5	收购方信誉	

（续）

潜在变量	观察变量	评价指标	参考依据
售粮忠诚度	F1	对该收购方表示满意	李思宇（2017）
	F2	有人询问，会推荐该收购方	
	F3	主动向他人推荐	
	F4	该收购方是个不错的选择	
	F5	今后会再度与该收购方合作	
	F6	不会与其他收购方合作	
	F7	其他收购方提供的价格不会影响我的销售	根据预调研整理
	F8	其他收购方提供的服务不会影响我的销售	

注：收购方、收储主体均指玉米产后收储主体，也可以称为粮食产后服务主体，收购人员代表其进行收购。

4.7.2.4 问卷设计

（1）确定问卷变量。问卷变量也叫问卷指标，其设定必须遵循以下原则[245]：与测量目标相一致、直接可测量性、指标具有相对独立性、可接受性、多问项测度、大于200的结构方程样本量[246]。首先，根据文献综述中梳理出对销售意愿、满意度、忠诚度、收储满意度、收储行为影响因素，将玉米种植户的销售忠诚度影响因素与其他商品的销售忠诚度的影响因素进行对比，把具有相同机理可能的指标设计成测量指标；其次，根据预调研实地走访的现实情况，对设计的测量指标进行整理分析，并结合研究对象的特点形成各考察变量的初步测量问项，设计初步问卷。

（2）预调研修改问卷。为了使问卷更加完善，在完成初步的问卷设计后，首先在辽宁省选取了部分地区进行了小范围的预调研。通过对预调研问卷填写的实际反馈情况，将其中一些表述模糊，较难理解的题项进行了修改，提高了问卷的质量。

（3）确定问卷。经过预调研修改后，形成最终有效的粮食产后主体提升种植主体忠诚度和自身满意度的行为调查问卷。包括三个部分，一是引言。首先，用一段简短、亲切的文字向受访者说明了调查仅为学术研究所用，采用不记名制，打消受访者的顾虑，其次，告知受访者答题方法，并强调无对错之分，只需按照现实情况认真作答即可，最后，向填写问卷的人表达感谢。二是基本信息。该部分设立的目的是为了收集玉米种植户的基本信息，包括性别、收入、年龄、学历、玉米年产量、玉米年收入及玉米种植面积等，该部分的信息可以说明玉米种植户的基本情况，以及受访玉米种植户人群的概括程度。三是量表。分别从辽宁省玉米种植户种植意愿、对产后收储主体服务环节的评价、对收购主体服务质量评价、对收购主体整体的满意度与忠诚度五个方面收集影响因素；采用 Likert5 级量表，受访者根据不同的问题结合自身情况进行打分，分值设为 1～5 分，测量项不同每个选项的具体表述也不同。

4.7.2.5　问卷调查与结果

（1）调查目的。调研目的是为了了解辽宁省玉米种植户销售现状，明确辽宁省玉米种植户对玉米产后收储主体销售忠诚度的影响机理，为提升辽宁省玉米产后收储主体收储策略提供现实依据。

（2）调查对象。调查选取了辽宁省玉米主产区的玉米种植户作为调研对象。

（3）调查方法。根据种植户的居住住址、联系方式、生活习惯和网络使用等实际情况，调查以问卷的形式进行实地抽样调查。在保证了问卷质量的同时，可以更加深入地了解玉米种植户的实际生产与销售情况，使析出的种植户对玉米产后收储主体销售忠诚度的影响机理更加符合实际情况。并对选取的调查人员进行统一培训，由一名研究团队成员与一名校外人员相结合，组成小组实施具体调查，调查地点采用就近原则平均分配给各个小组，并统一确定调查步骤与调查时间要求，在保障调查顺利实施的基础上，严格把控调研质量。

（4）调查时间。调研从 2018 年 9 月 11 日开始至 2018 年 10 月 14 日截止，共 34 天。

（5）调查范围和过程。调研范围包括了辽宁省玉米主产区的主要村镇。根据《2016 年辽宁省统计年鉴》中各地区玉米种植面积选取调研地点，共选取了 139 个村镇开展实地调研。辽宁省玉米种植总面积为 225.89 万公顷，其中铁岭 39.01 万公顷，选取了 15 个村镇回收 42 份调查问卷；沈阳 35.20 万公顷，选取了 18 个村镇回收 31 份调查问卷；锦州 30.77 万公顷，选取了 19 个村镇回收 35 份调研问卷；朝阳 29.87 万公顷，选取了 25 个村镇回收 55 份调查问卷；阜新 26.52 万公顷，选取了 7 个村镇回收 10 份调查问卷；大连 18.07 万公顷，选取了 6 个村镇回收 28 份调查问卷；鞍山 16.15 万公顷，选取了 5 个村镇回收 16 份调查问卷；葫芦岛 14.49 万公顷，选取了 13 个村镇回收 30 份调查问卷；丹东 9.48 万公顷，选取了 6 个村镇回收 23 份调查问卷；辽阳 8.36 万公顷，选取了 6 个村镇回收 15 份调查问卷；抚顺 6.51 万公顷，选取了 4 个村镇回收 12 份调查问卷；营口 4.53 万公顷，选取了 4 个村镇回收 9 份调查问卷；本溪 3.5 万公顷，选取了 3 个村镇回收 21 份调查问卷；盘锦 1.49 万公顷，选取了 8 个村镇回收 19 份调查问卷。

(6) 调查结果。对辽宁省玉米主产区的玉米种植户进行调研，共发放问卷 376 份，回收有效问卷 346 份，有效率为 92%。

4.7.2.6 辽宁省玉米种植户属性分析

对参与调研的玉米种植户基本信息统计结果如下：

性别。在 346 份有效问卷中，参与调查的男性为 274 人，占比 79%，女性为 72 人，占比 21%，反映出样本数据中男性参与调查的程度高于女性，即农户户主以男性为主。

年龄。户主年龄在 30 岁以下的样本农户最少，仅为 13 个，占比 3.8%；户主年龄以 41~50 岁、50 岁以上这两个年龄段为主，分别有 135 个和 147 个样本农户，所占比重分别为 39% 和 42.5%，两个年龄段所占比重共计 81.5%。由此可见参与调查的农户以中老年为主。

家庭人口数。家庭人口数以 6 人以上为主，以祖孙三代一起居住为主要形式，一共有 266 户，占 76.9%，其次是 3~6 人，以一家四口为主要居住形式的有 43 户，占 12.4%，其余为 3 人及以下，一般为年轻夫妇，有 37 户，占 10.7%。形成这种家庭人口数分布的原因主要为青年人以外出打工为主务农为辅，外出期间家里学龄儿童由长辈照顾，或男性劳动力外出从事非农行业。

农户家庭成员上学情况。家庭成员以在大学及以上阶段在读为主要形式，有 110 户，占 31.8%，其次是在高中阶段在读，有 93 户，占 26.9%，有 60 户处于初中阶段，占比为 17.3%，有 35 户处于小学阶段，占比仅为 10.1%。因此更进一步说明，参与调查的农户中以年长者从事种植业居多，家中有在初中及以上阶段上学的成员。

农户受教育程度。拥有初中学历的有 153 户，占 44.2%，其次为小学学历，有 116 户，占 33.5%，大专及以上学历占比最少，仅有 2 户，占 0.6%。说明农户学历以中小学为主，且与农户年纪呈负相关，也与中国教育发展历史有关。表明农民的学历处于较低水平。

玉米年产量。以 7.5~12.5 吨居多，有 139 户，占 40.2%，其次为2.5~

7.5 吨，有 78 户，为 22.5%，12.5～17.5 吨占比 18.2%，22.5 吨以上占 8.4%，2.5 吨以下占比 8.1%，17.5～22.5 吨占比仅为 2.6%。此情况进一步反映了辽宁省总耕地面积小、实际人均耕地情况少的现象，所以玉米年产量较低。

玉米年收入。玉米年收入在 0.5 万～1 万元居多，有 91 户，占 26.3%，1 万～1.5 万元与 1.5 万～2 万元相差不大，分别占 20.5%、22.3%，0.5 万元以下占 10.4%，2 万～2.5 万元占 6.6%，2.5 万～3 万元占 4.6%，3 万元占 9.2%。这一情况说明辽宁省参与调查的农户在玉米种植方面的年收入较低。

玉米播种面积。调研发现播种面积以 15～25 亩为主，有 129 户，占 37.3%，5～15 亩占比 24.9%，5 亩以下占 8.4%，25～35 亩占比为 17.6%，35 亩及以上的占比 11.8%。种植面积与玉米年产量、年收入情况相符。

综上，参与调查的玉米种植户以男性居多，年龄在 50 岁以上，且以初中学历为主，受教育程度偏低，农户家庭人口数多为 6 人以上，家庭成员多处于高中或大学在读阶段，玉米种植面积、年产量均偏低，因此玉米年收入在总收入中也处于较低水平。

4.7.2.7 玉米种植户售粮忠诚度的结构模型检验

(1) 量表信度与效度分析

信度分析用以验证模型拟合度和检验假设的有效性，这里采用克朗巴哈 (Cronbach's Alpha) 信度系数来检查调查问卷的研究变量在各个测量题项上的一致性程度。Cronbach's Alpha 系数介于 0 到 1 之间，值越接近于 1，则表明测量结果一致性越高。根据 Guielford 的建议，信度系数若大于 0.7，表示信度高，结果可以接受；信度系数若大于 0.6，表示可信度尚佳，结果可以接受；当系数介于 0.6 至 0.5 之间时，表示信度不理想，但可以通过增列题项或修改语句重新测验；若小于 0.5，则信度低，应当舍弃不用[247]。

信度分析结果如表 4-48 所示。一是可知潜变量的 Cronbach's Alpha 系数，销售意愿、服务环节、服务质量、满意度、忠诚度的 Cronbach's Alpha 系数分别为 0.888、0.849、0.874、0.864、0.897，均大于 0.7 的标准，表明变量具有良好的内部一致性信度。二是所有单项与项目整体相关度 CITC 均大于 0.5 的标准，因此所有观察变量视为可信[248]，全部予以保留，表明测量题项符合研究要求。同时，删除任意一题均不会引起 Cronbach's Alpha 值增加，这也同样表明各个量表均具有良好的信度。

表 4 - 48 信度分析

变量	题项	CITC	删除项后的 Cronbach's Alpha 系数	潜变量的 Cronbach's Alpha 系数
销售意愿	A1	0.703	0.87	0.888
	A2	0.698	0.869	
	A3	0.709	0.868	
	A4	0.698	0.869	
	A5	0.733	0.864	
	A6	0.691	0.87	
服务环节	B1	0.626	0.828	0.849
	B2	0.697	0.807	
	B3	0.706	0.805	
	B4	0.636	0.824	
	B5	0.633	0.825	
服务质量	C1	0.62	0.864	0.874
	C2	0.692	0.85	
	C3	0.707	0.848	
	C4	0.639	0.86	
	C5	0.69	0.851	
	C6	0.725	0.845	
满意度	D1	0.689	0.835	0.864
	D2	0.675	0.838	
	D3	0.697	0.833	
	D4	0.732	0.824	
	D5	0.633	0.849	
忠诚度	F1	0.741	0.878	0.897
	F2	0.693	0.883	
	F3	0.667	0.885	
	F4	0.685	0.884	
	F5	0.677	0.884	
	F6	0.608	0.891	
	F7	0.639	0.888	
	F8	0.729	0.88	

　　效度分析的重点是结构效度，对样本数据进行检查，验证其是否适合作因子分析，需要满足三个条件[249]。一是检测的变量是连续变量，符合相关的线性假设。二是样本量大于300。三是待测变量之间要有一定关联性，但其关联度既不能太高也不能太低。

利用 SPSS23.0 软件运行样本数据，对种植户玉米销售过程进行探索性因子分析，对量表进行 KMO 和 Bartlett's 球形检验，结果如表 4-49。

由表 4-49 可知，KMO＝0.892，大于 0.8，属于良好等级，表明可以进行因子分析；Bartlett＝2 828.509，自由度 df＝136，sig.＝0.000 球形检验值显著（sig.＜0.05）表明本数据符合因子分析的前提要求。因子提取时采用主成分分析方法，并以特征根大于 1 为原则提取公因子，因子旋转时采用方差最大正交旋转进行因素分析。分析结果见表 4-50。

表 4-49　KMO and Bartlett's 检验

检验方法	指标	值
KMO 取样适切性量数	KMO	0.892
Bartlett's 球形检验	近似卡方	2 828.509
	自由度 df	136
	显著性 sig.	0.000

表 4-50　总方差解释

组件	初始特征值			提取载荷平方和			旋转载荷平方和		
	总计	方差百分比	累积（%）	总计	方差百分比	累积（%）	总计	方差百分比	累积（%）
1	5.620	33.058	33.058	5.620	33.058	33.058	3.878	22.809	22.809
2	3.173	18.663	51.721	3.173	18.663	51.721	3.746	22.037	44.847
3	1.957	11.510	63.231	1.957	11.510	63.231	3.125	18.384	63.231
4	0.758	4.461	67.692						
5	0.645	3.794	71.486						
6	0.584	3.438	74.924						
7	0.523	3.078	78.002						
8	0.463	2.726	80.728						
9	0.457	2.690	83.418						
10	0.434	2.552	85.970						
11	0.423	2.489	88.459						
12	0.382	2.249	90.708						
13	0.360	2.118	92.825						
14	0.346	2.033	94.859						
15	0.331	1.950	96.808						
16	0.285	1.679	98.487						
17	0.257	1.513	100.000						

表 4-50 因素分析结果总共得到 3 个因素，解释能力分别为 22.809%、22.037%、18.384%，累积解释能力达到了 63.231%，大于 50%，说明筛选的 3 个因素具有良好的代表性。因素负荷量系数见表 4-51。

表 4-51　旋转后的成分矩阵

变量	题项	组件		
		1	2	3
销售意愿	A1	0.794		
	A2	0.779		
	A3	0.793		
	A4	0.783		
	A5	0.820		
	A6	0.785		
服务环节	B1			0.702
	B2			0.802
	B3			0.817
	B4			0.746
	B5			0.741
服务质量	C1		0.707	
	C2		0.789	
	C3		0.788	
	C4		0.723	
	C5		0.780	
	C6		0.818	

由表 4-51 可知，各个测量题项的因素负荷量均大于 0.5，且交叉载荷均小于 0.4，每个题项均落到对应的因素中，因此表明量表具有良好的结构效度。

对满意度进行探索性因子分析，对量表进行 KMO 和 Bartlett's 球形检验，结果如表 4-52。

利用 SPSS23.0 软件运行样本数据，得知 KMO = 0.863，大于 0.8，Bartlett = 748.222，自由度 $df = 10$，sig. = 0.000 球形检验值显著（sig. < 0.05）表明本数据符合原则分析的前提要求。

因子提取采用主成分分析方法，并以特征根大于1为原则提取公因子，因子旋转时采用方差最大正交旋转进行因素分析。分析结果见表4-53。

表4-52 满意度 KMO and Bartlett's 检验

检验方法	指标	值
KMO 取样适切性量数	KMO	0.863
Bartlett's 球形检验	近似卡方	748.222
	自由度 df	10
	显著性 sig.	0.000

表4-53 满意度总方差解释

组件	初始特征值			提取载荷平方和		
	总计	方差百分比	累积（%）	总计	方差百分比	累积（%）
1	3.245	64.905	64.905	3.245	64.905	64.905
2	0.573	11.465	76.37			
3	0.429	8.571	84.941			
4	0.401	8.018	92.96			
5	0.352	7.04	100			

由表4-53可以看出因素分析结果总共得到1个因素，总解释能力为64.905%大于50%，表明筛选出来的这个因素具有良好的代表性。

因素负荷量系数见表4-54，各个测量题项的因素负荷量均大于0.5，且交叉载荷均小于0.4，每个题项均落到对应的因素中，因此表明量表具有良好的结构效度。

表4-54 满意度旋转后的成分矩阵

变量	题项	组件1
满意度	D1	0.808
	D2	0.799
	D3	0.815
	D4	0.84
	D5	0.764

运用 SPSS23.0 对忠诚度进行探索性因子分析，结果如表 4-55。

由表 4-55 可得到 KMO＝0.922，大于 0.7，Bartlett's 球形检验值显著（sig.＜0.05），表明问卷数据符合因子分析的前提要求。因此进一步进行分析，因子提取时采用主成分分析方法，并以特征根大于 1 为原则提取公因子，因子旋转时采用方差最大正交旋转进行因素分析，分析结果见表 4-56。

表 4-55　忠诚度 KMO and Bartlett's 检验

检验方法	指标	值
KMO 取样适切性量数	KMO	0.922
Bartlett's 球形检验	近似卡方	1 316.343
	自由度 df	28
	显著性 sig.	0.000

表 4-56　忠诚度总方差解释

组件	初始特征值			提取载荷平方和		
	总计	方差百分比	累积（%）	总计	方差百分比	累积（%）
1	4.663	58.287	58.287	4.663	58.287	58.287
2	0.63	7.881	66.168			
3	0.608	7.594	73.762			
4	0.529	6.61	80.372			
5	0.474	5.92	86.292			
6	0.409	5.115	91.407			
7	0.393	4.91	96.318			
8	0.295	3.682	100			

由表 4-56 可以看出因素分析结果总共得到 1 个因素，总解释能力为 58.287%，大于 50%，表明筛选出来的这个因素具有良好的代表性。

因素负荷量系数见表 4-57，可知各个测量题项的因素负荷量均大于 0.5，且交叉载荷均小于 0.4，每个题项均落到对应的因素中，因此表明量表具有良好的结构效度。

（2）量表验证性因素分析

为了检定实际的测量数据与理论框架的适配度，采用验证性因素分析进行各变量题项的收敛效度检验，本研究用 χ^2/DF[250]、比较拟合指数[251]（CFI）、非规范拟合指数（TLI）、拟合优度指标（GFI）、增量拟合指标[252]（IFI）和近似误差均方根[253]（RMSEA）6 个指标来衡量模型的拟合程度。模型拟合指标要求如表 4-58。

表 4-57　忠诚度旋转后的成分矩阵

变量	题项	组件 1
	F1	0.814
	F2	0.773
	F3	0.751
忠诚度	F4	0.769
	F5	0.762
	F6	0.7
	F7	0.726
	F8	0.806

表 4-58　模型拟合指标理想标准值

拟合指标	χ^2/DF	GFI	AGFI	NFI	TLI	IFI	CFI	RMSEA
接受范围	<3	>0.9	>0.9	>0.9	>0.9	>0.9	>0.9	<0.08

1）服务环节验证性因素分析及结果

运用 Amos23.0 软件进行验证性因子分析，如图 4-5 所示。

由表 4-59 的模型拟合度可知 CMIN/DF 为 1.940，小于 3 以下的标准，GFI、AGFI、NFI、TLI、IFI、CFI 均达到 0.9 以上的标准，RMSEA 为 0.052，小于 0.08，大多数拟合指标均符合一般 SEM 研究的标准，因此，可以认为这个模型有不错的配适度。

由表 4-60 的验证性因素分析结果可知，除了题项 B1、C1、C4 的标准化因素负荷量均小于 0.7 的标准，其余各题标准化因素负荷均大于 0.7 以上，残差均为正而且显著，显见无违犯估计。销售意愿、服务环节、服务质量的组合信度（CR）值分别为 0.889、0.850、0.876，均大于 0.7，平均变异萃取量（AVE）分别为 0.573、0.533、0.542，均大于 0.5，均达到收敛效度的标准，配适度在可接受范围，因此保留全部题项作后续分析。

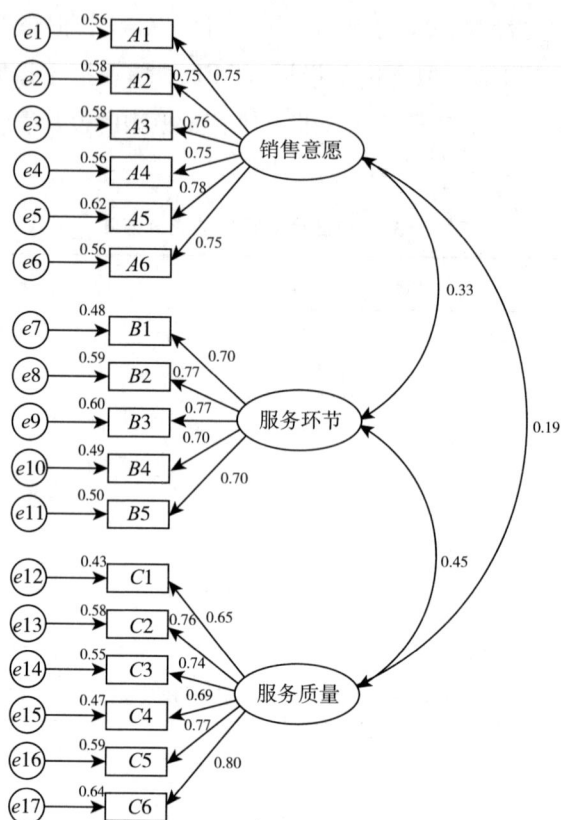

图 4-5　验证性因素分析

表 4-59　模型拟合度

拟合指标	可接受范围	测量值	拟合结果
CMIN		225.025	理想
DF		116	理想
CMIN/DF	<3	1.94	理想
GFI	>0.9	0.926	理想
AGFI	>0.9	0.902	理想
RMSEA	<0.08	0.052	理想
IFI	>0.9	0.961	理想
NFI	>0.9	0.922	理想
TLI（NNFI）	>0.9	0.953	理想
CFI	>0.9	0.96	理想

表 4 - 60 验证性因素分析结果

构面	题项	非标准化因素负荷	标准误 (S. E.)	C. R. (t-value)	P	标准化因素负荷	CR	AVE
销售意愿	A1	1				0.748	0.889	0.573
	A2	1.205	0.088	13.694	***	0.751		
	A3	1.248	0.09	13.874	***	0.76		
	A4	1.246	0.091	13.688	***	0.75		
	A5	1.21	0.084	14.346	***	0.785		
	A6	1.181	0.087	13.6	***	0.746		
服务环节	B1	1				0.695	0.85	0.533
	B2	1.339	0.107	12.465	***	0.769		
	B3	1.353	0.108	12.537	***	0.774		
	B4	1.193	0.103	11.536	***	0.702		
	B5	1.194	0.103	11.576	***	0.705		
服务质量	C1	1				0.654	0.876	0.542
	C2	1.07	0.09	11.885	***	0.758		
	C3	1.017	0.087	11.644	***	0.739		
	C4	1.009	0.092	10.948	***	0.685		
	C5	1.134	0.094	12.03	***	0.77		
	C6	1.089	0.088	12.39	***	0.801		

注: *** 代表小于 0.01。

2）满意度验证性因素分析及结果

运用 Amos23.0 软件进行验证性因子分析，如图 4-6 所示。

由表 4-61 的模型拟合度可知 CMIN/DF 为 2.989，小于 3 以下的标准，GFI、AGFI、NFI、TLI、IFI、CFI 均达到 0.9 以上的标准，RMSEA 为 0.076，小于 0.08，可以认为这个模型有不错的配适度。

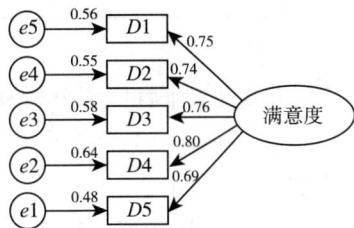

图 4-6 验证性因素分析

由表 4-62 的验证性因素分析结果可知，除了题项 D5 的标准化因素负荷量小于 0.7 的标准，其余各题标准化因素负荷均大于 0.7，残差均为正而且显著，显见无违犯估计。满意度的 CR 值为 0.865，均大于 0.7，AVE 为 0.562，均大于 0.5，达到收敛效度标准，配适度在可接受的范围，因此保留全部题项作为后续分析。

表 4 - 61　满意度模型拟合度

拟合指标	可接受范围	测量值	拟合结果
CMIN		14.943	理想
DF		5	理想
CMIN/DF	<3	2.989	理想
GFI	>0.9	0.982	理想
AGFI	>0.9	0.946	理想
RMSEA	<0.08	0.076	理想
IFI	>0.9	0.987	理想
NFI	>0.9	0.980	理想
TLI（NNFI）	>0.9	0.973	理想
CFI	>0.9	0.987	理想

表 4 - 62　满意度验证性因素分析结果

构面	题项	非标准化因素负荷	标准误（S.E.）	C.R.（t-value）	P	标准化因素负荷	CR	AVE
	D1	1				0.751		
	D2	1.05	0.08	13.141	***	0.738		
满意度	D3	1.12	0.082	13.58	***	0.763	0.865	0.562
	D4	1.123	0.079	14.188	***	0.799		
	D5	0.96	0.078	12.336	***	0.694		

注：*** 代表小于 0.01。

3）忠诚度验证性因素分析及结果

运用 Amos23.0 软件进行验证性因子分析，如图 4 - 7 所示。

由表 4 - 63 模型拟合度可知 CMIN/DF 为 2.642，小于 3 以下的标准，GFI、AGFI、NFI、TLI、IFI、CFI 均达到 0.9 以上的标准，RMSEA 为 0.069，小于 0.08，均符合标准，可以认为这个模型有不错的配适度。

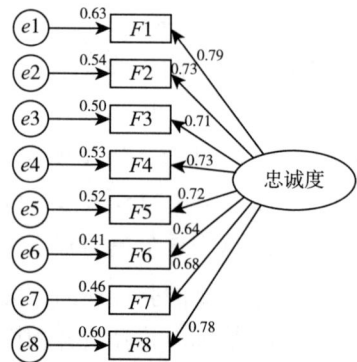

图 4 - 7　验证性因素分析

表 4 - 63　模型拟合度

拟合指标	可接受范围	测量值	拟合结果
CMIN		52.833	理想
DF		20	理想
CMIN/DF	<3	2.642	理想
GFI	>0.9	0.963	理想
AGFI	>0.9	0.934	理想
RMSEA	<0.08	0.069	理想
IFI	>0.9	0.975	理想
NFI	>0.9	0.960	理想
TLI（NNFI）	>0.9	0.965	理想
CFI	>0.9	0.975	理想

由表 4 - 64 的验证性因素分析结果可知，除了题目 $F6$、$F7$ 的标准化因素负荷量均小于 0.7 的要求标准，其余各题标准化因素负荷均大于 0.7 以上，残差均为正而且显著，且无违犯估计。忠诚度的 CR 值为 0.898，大于 0.7，AVE 为 0.524，大于 0.5，均达到收敛效度的标准，配适度在可接受的范围，因此保留全部题目作后续分析。

表 4 - 64　忠诚度验证性因素分析结果

构面	题项	非标准化因素负荷	标准误（S.E.）	C.R.（t-value）	P	标准化因素负荷	CR	AVE
忠诚度	$F1$	1				0.791	0.898	0.524
	$F2$	0.899	0.063	14.319	***	0.734		
	$F3$	0.864	0.063	13.69	***	0.707		
	$F4$	0.79	0.056	14.167	***	0.728		
	$F5$	0.815	0.058	14.067	***	0.723		
	$F6$	0.731	0.06	12.262	***	0.644		
	$F7$	0.77	0.059	13.047	***	0.679		
	$F8$	0.898	0.059	15.298	***	0.775		

注：*** 代表小于 0.001。

（3）相关分析及区别效度

通过信度及效度分析确定了维度的结构及对应的题项，将各个维度的题项得分平均值作为这个维度的得分，变量之间的相关关系系数的取值范围应介于−1~1之间，绝对值越大，则变量之间的相关度越高。区别效度分析是验证不同的两个构面相关在统计上是否有差异，在不同构面的题项应该不具有高度相关，数值应在 0.85 以下，详见表 4-65。

由表 4-65 可知，销售意愿、服务环节、服务质量与满意度之间的相关系数分别为 0.234、0.267、0.264，且 P 值均达到了 0.01 的显著水平，表明其与满意度之间均存在显著的正向相关关系；满意度与忠诚度之间的相关系数为 0.182，且 P 值达到了 0.01 的显著水平，表明二者之间存在显著的正向相关关系。

表 4-65　相关分析和区别效度

	销售意愿	服务环节	服务质量	满意度	忠诚度
销售意愿	0.757				
服务环节	0.291**	0.730			
服务质量	0.187**	0.402**	0.736		
满意度	0.234**	0.267**	0.264**	0.750	
忠诚度	0.109*	0.106*	0.124*	0.182**	0.724

注：** 代表在置信度（双尾）为 0.01 时，相关性是显著的；* 代表在置信度（双尾）为 0.05 时，相关性是显著的。

（4）结构方程模型假设检验

应用 SEM 作为理论模型进行验证时，不错的模型配适度是 SEM 分析的必要条件，配适度愈好即代表模型与样本愈接近。

本研究选择了几个指标进行整体模型的配适度的评估，包含 CMIN 检验、CMIN/DF 的比值、配适度指标（GFI）、调整后的配适度（AGFI）、平均近似误差均方根（RMSEA）、非基准配适指标（NNFI）、渐增式配适指标（IFI）、比较配适度指标（CFI），评价模型与数据拟合程度时要综合考虑各个指标，当绝大多数指标都满足要求时可以认为模型与数据拟合度较好。得到的结果如图 4-8 所示。

由表 4-66 模型拟合度可知 CMIN/DF 为 1.504，小于 3 以下的标准，GFI＝0.896，AGFI＝0.879，不到 0.9 以上的标准，但仍超过 0.8 以上的水平，GFI、TLI、IFI、CFI 均达到 0.9 以上的标准，RMSEA 为 0.038，达到了 0.08 以下的标准，大多的拟合指标均符合一般 SEM 研究的标准，因此可以认为这个模型有不错的配适度。

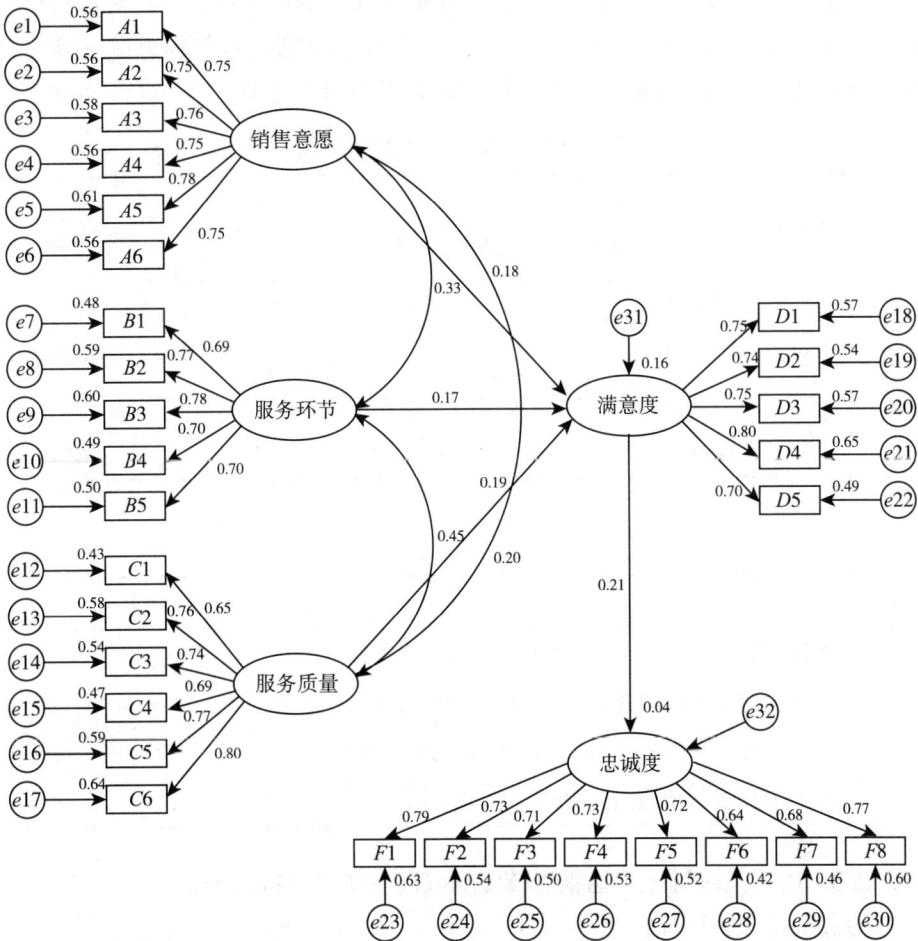

图 4-8 结构方程模型标准化路径系数

表 4-66 结构方程模型拟合指标

CMIN	CMIN/DF	GFI	AGFI	TLI	IFI	CFI	RMSEA
598.499	1.504	0.896	0.879	0.955	0.959	0.959	0.038

由表 4-67 可知，销售意愿对售粮满意度的标准化系数为 0.176，且 P<0.01，表明销售意愿对满意度具有显著的正向相关影响；服务环节对售粮满意度的标准化系数为 0.168，且 P<0.01，表明服务环节对售粮满意度具有显著正向相关影响；服务质量对售粮满意度的标准化系数为 0.198，且 P<0.01，

表明服务质量对售粮满意度具有显著的正向相关影响；售粮满意度对售粮忠诚度的标准化系数为 0.206，且 P＜0.01，表明售粮满意度对售粮忠诚度具有显著的正向相关影响。因此假设检验的结果如表 4 - 68 所示。

表 4 - 67 结构方程模型路径系数

路径关系			标准化系数	非标准化系数	标准误差	T 值	P	假设成立支持
满意度	<——	销售意愿	0.176	0.187	0.067	2.81	0.005	支持
满意度	<——	服务环节	0.168	0.196	0.084	2.33	0.002	支持
满意度	<——	服务质量	0.198	0.199	0.069	2.895	0.004	支持
忠诚度	<——	满意度	0.206	0.216	0.064	3.355	***	支持

注：*** 代表小于 0.01。

表 4 - 68 假设检验结果

标号	研究假设	预期符号	结果
H1	种植户销售意愿对售粮满意度具有显著的正向相关影响	＋	支持
H2	收储主体服务环节对售粮满意度具有显著的正向相关影响	＋	支持
H3	收储主体服务质量对售粮满意度具有显著的正向相关影响	＋	支持
H4	种植户售粮满意度对售粮忠诚度具有显著的正向相关影响	＋	支持

4.7.2.8 影响玉米种植户售粮忠诚度的收储主体行为机理分析

通过上述分析可知：

（1）潜变量之间的结构关系规律明显。一是外生潜在变量"收储主体服务环节"和"收储主体服务质量"对"种植户满意度"分别具有正向影响的直接效果，是单方向的路径关系；二是"收储主体服务环节""收储主体服务质量"以及内生变量"种植户销售意愿"三者之间任一个变量存在通过其他两个变量对种植户满意度产生影响的间接路径关系，这部分是未解析部分，说明这三个变量之间存在共变关系，互为因果关系，就是"收储主体服务环节"和"收储主体服务质量"需要同时加强，并且要实施促进"种植户销售意愿"的策略；三是内生变量"种植户销售意愿"对"种植户售粮满意度"具有正向影响的直接效果，是单方向路径关系；四是内生变量"种植户售粮满意度"正向影响"种植户的售粮忠诚度"，是单方向路径关系。总之，收储主体通过建设服务环节和提升服务质量，以及实施促进"种植户销售意愿"的行为，可以提高种植户的满意度，进而提高种植户的忠诚度，这是可行的路径。

（2）提升种植户的忠诚度是主产区收储主体长期经营的目标，是可以观测的。忠诚度的观测变量 $F6$（不会与其他收购方合作）、$F7$（其他收购方提供的价格不会影响我销售）的标准化因素负荷量均小于 0.71，说明两个观测变量的信度小于 0.5，不能有效反映忠诚度。而 $F1$（种植户对收购方表示满意）、$F2$（种植户对询问者推荐收储主体）、$F3$（主动向他人推荐）、$F4$（该收购主体是一个不错的选择）、$F5$（今后会再度与该收储主体合作）、$F8$（其他收购方提供的服务不会影响我销售）的标准化因素负荷量均大于 0.71，说明这些观测变量都有效地反映了忠诚度。玉米产后收储主体可从有效测量变量的观察，判别种植户对自己的忠诚度。

（3）种植户销售意愿是可以有效测量并通过玉米产后收储主体有效促进的。观测变量 $A1$（收购价格）、$A2$（收储主体上门收购）、$A3$（种植户自己送粮）、$A4$（收储主体提供运力）、$A5$（价格信息获取途径）、$A6$（销售成本）的标准化因素负荷量（即标准化系数值）均大于 0.71，说明这些观测变量都有效地反映了销售意愿。玉米产后收储主体可以从这些有效观测变量入手，构建提升种植户销售意愿的策略。

（4）收储主体服务环节是可以有效测量并通过玉米产后收储主体有效建设的。观测变量 $B1$（脱粒服务）、$B4$（装卸搬运服务）、$B5$（机械化服务）的标准化因素负荷量均小于 0.71，说明这三个观测变量不能有效反映收储主体服务环节建设程度；而观测变量 $B2$（烘干服务）、$B3$（收购人员的服务态度）的标准化因素负荷量均大于 0.71，说明这两个观测变量能有效反映收储主体服务环节建设程度，玉米产后收储主体可以从这两个观测变量入手，构建加强收储主体服务环节的建设策略。

（5）收储主体服务质量是可以有效测量并通过玉米产后收储主体有效提升的。外因观察变量 $C1$（收储主体宣传力度）、$C4$（收储主体承诺与实际的一致性）的标准化因素负荷量均小于 0.71，说明这两个观测变量不能有效反映收储主体服务质量水平；$C2$（收储主体服务便利性）、$C3$（收储主体付款时间）、$C5$（收储主体服务流程衔接程度）、$C6$（收储主体收购效率）的标准化因素负荷量均大于 0.71，说明这些观测变量都有较强的解释力，说明在这四项指标上构建提升服务质量的策略比较有效。

（6）种植户满意度是可以有效测量并通过玉米产后收储主体有效提升的。

观测变量 $D5$（收储主体信誉）的标准化因素负荷量小于 0.71，说明不能有效反映种植户的满意度；而 $D1$（种植户总体销售过程）、$D2$（收储主体提供的服务）、$D3$（结算方式）、$D4$（收储主体售后服务）的标准化因素负荷量均大于 0.71，说明这些观测变量都有较强的解释力，说明在这四项指标上构建玉米种植户对收储企业的满意度提升策略比较有效。

4.7.3　辽宁省玉米产后收储主体的收储满意度影响机理

4.7.3.1　玉米产后收储主体的收储满意度模型构建

将现实情况与理论相结合，构建辽宁省玉米产后收储主体满意度模型，如图 4-9 所示。这里"满意度"指收储满意度。

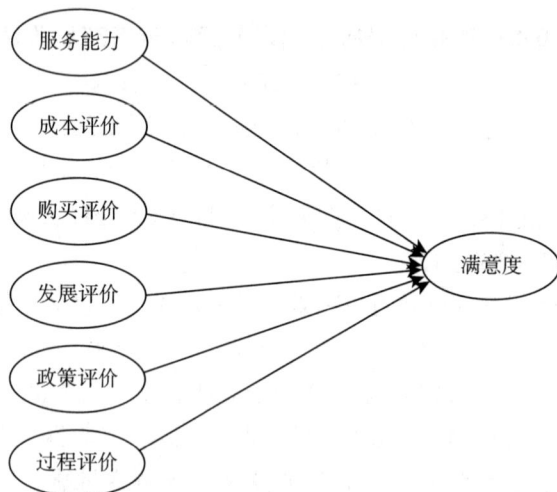

图 4-9　玉米产后收储主体收储满意度概念模型

4.7.3.2　玉米产后收储主体的收储满意度模型假设

结合已有的理论研究结果与预调研收储主体的现实情况，并根据重要指标、研究目的，提出以下假设。在图 4-9 概念模型中，检验玉米产后收储主体对其收储满意度的各因素之间的路径关系，并进行理论推导和实证分析因果关系。

H1：玉米产后收储主体服务能力对其收储满意度有显著正向影响作用。

在收储主体收储满意度模型中，将"服务质量"替换为"服务能力"。陈杰（2015）认为感知服务质量是对产品或服务的一个整体判断，更加类似于一种态度，即感知质量和顾客满意两者之间的关系[254]。在本研究中采用主流满意度模型的做法，即把感知服务质量看作顾客满意的一个前置因素。

H2：玉米产后收储主体成本评价对其收储满意度有显著负向影响作用。

在收入一定的条件下，成本越高，利润越低，对自身经营的满意度越低。

H3：玉米产后收储主体购买评价对其收储满意度有显著正向影响作用。

购买环节是收储主体运营的重要组成部分，对购买环节的满意度影响收储主体收储满意度，因此验证该部分主要影响因素是提升收储主体收储能力不可忽视的重要环节，购买评价越高，收储主体收储满意度则越高。

H4：玉米产后收储主体发展评价对其收储满意度有显著正向影响作用。

将满意度模型中"预期质量"替换为"发展评价"。即收储主体验证对自身以及所处行业未来发展前景的预期评价。对自身或行业的发展评价影响企业对自身满意度的评判，也直接影响作为收储主体的经营者是否继续从事该项生产经营活动的意愿。

H5：玉米产后收储主体政策评价对其收储满意度有显著正向影响作用。

玉米行业发展方向与发展前景与国家相关政策息息相关，受国家宏观政策影响。国家制定的相关政策影响玉米收储主体的利润、发展、经营方式、经营范围、对其自身以及该行业的满意度。

H6：玉米产后收储主体过程评价对其收储满意度有显著正向影响作用。

过程评价是针对收储主体自身整体运营状况的客观评价，包括收购、存储、销售、现有经营策略以及对行业未来发展状态的整体评价，收储主体对自身的整体运营状况越满意，其对收储行为的满意度则越高。

4.7.3.3 指标选取与问卷设计

裴飞（2006）等认为合理的测量指标可以更好地反映目标群体的观点、意见和需求等信息，是不断进步的重要依据[255]。赵宝山（2012）认为在指标选取时，应遵循以需求为标准制定测评指标的原则，指标满足可测量、可分析、可控制、可改进的要求，指标能被调查对象理解并能如实回答[256]。

收储主体满意度模型是由结构模型和测量模型组成。结构模型反映了潜变量及其关系，测量模型反映了潜变量与其显变量（观察变量）间的关系。并结合实际调查数据加以检验（本论文采用 $ABCDGFH$ 表示观察变量）。

玉米产后收储主体的可观测变量如表 4-69 所示。

表 4 - 69　玉米产后收储主体的可观测变量

潜在变量	观察变量	评价指标	依据
服务能力	A1	企业收储能力	计春雷（2018）
	A2	企业烘干能力	
	A3	企业工作人员工作能力	刘铮，周静，王波，等（2018）
	A4	企业的装卸能力	
	A5	企业提供的机械化服务	
	A6	企业现有的收购方式	
	A7	企业提供的售后服务	
	A8	企业所提供服务的便利性	
	A9	企业上下游信息共享情况	张利国，刘芳，王慧芳（2015）
成本评价	B1	对玉米供应方是否满意	彭建仿，孙在国，杨爽（2012）
	B2	对收购的玉米品质是否满意	预调研与行业实际情况整理
	B3	对收购玉米的水分含量是否满意	
	B4	对收购的玉米品种满意度	
	B5	对玉米收购数量满意度	
	B6	对收购玉米的杂质含量满意度	
购买评价	C1	对企业总成本	
	C2	对玉米市场收购价格	李思宇（2017）
	C3	收储产生的运费	预调研与行业实际情况整理
	C4	仓储费用	
	C5	收储产生的装卸费	
发展评价	D1	玉米销售价格	王珂，李震，周建（2014）
	D2	企业销售渠道	
	D3	粮食经纪人的评价	
	D4	与下游企业的合作评价	张利国，刘芳，王慧芳（2015）
	D5	对下游企业的结算方式评价	
政策评价	G1	对农机补贴是否满意	顾海，谭晶荣（2002）
	G2	对仓储补贴是否满意	
	G3	对玉米补贴政策是否满意	
	G4	对玉米销售政策是否满意	

潜在变量	观察变量	评价指标	依据
过程评价	F1	企业的收购状况	刘铮，周静，王波（2018）
	F2	企业的销售状况	
	F3	企业的整体经营状况	
	F4	企业现有的销售策略	
	F5	企业未来的发展前景	
满意度	H1	玉米市场的发展状况	王建华，刘苗，朱淀（2017）
	H2	玉米行业是否满意	
	H3	玉米市场未来的发展前景	
	H4	玉米行业的国家相关政策	

注：这里的"企业"指被调查的玉米产后收储主体。

4.7.3.4 调查与结果

（1）**调查目的。** 为了解辽宁省玉米产后收储主体经营与收储现状，根据其填写的真实情况，明确辽宁省玉米产后收储主体对现有经营状况的满意程度及影响因素，为提升辽宁省玉米产后收储主体收储能力提供现实依据。

（2）**调查对象。** 调查选取了辽宁省玉米主产区的玉米产后收储主体，包括玉米烘干塔、小商贩、农业合作社，以及玉米收储为主营业务的其他企业。玉米种植户是玉米收储服务的主要对象。

（3）**调查方法。** 结合玉米产后收储主体的经营地点、联系方式和上网习惯等实际情况，调研以问卷的形式进行实地调研。实地调研的优点在于保证了问卷质量的同时，可以更加深入了解辽宁省玉米产后收储主体的实际收储与销售情况。

（4）**调查时间和地点。** 对玉米产后收储主体与种植户同时进行调研，从2018年9月11日开始至2018年10月14日止，共调研34天，调研范围是辽宁省玉米主产区以玉米产后收储为主营业务的经营主体，不限定玉米收储主体的经营规模与经营形式，调研地点同玉米种植户一样。

（5）**调查内容。** 调研内容包括玉米产后收储主体的现有收储情况、销售情况、收储服务、对国家政策及自身收储策略方面的评价。具体包括七个方面，分别为收储主体服务能力评价、收储主体对玉米收购的评价、收购主体经营成本评价、收购主体对玉米销售过程评价、收购主体享有的政策评价、收购主体对自身发展的评价、收购主体对玉米市场满意度。

（6）**调查结果。** 以辽宁省玉米主产区为调研地点，以玉米产后收储主体为调研对象进行问卷的发放。发放问卷 376 份，回收有效问卷 346 份，有效率为 92%。

因为问卷设计与 4.7.2.4 步骤相同，指标不同，所有关于问卷设计的表述在此予以省略。

4.7.3.5 辽宁省玉米产后收储主体属性分析

收储主体类型。收储主体类型以个体小商贩居多，有 287 户，占 82.9%，其次为粮食大户，有 26 户，占 7.5%。以个体小商贩上门收购为主要收购方式，企业粮库占比最少，仅有 6 户，占 1.7%。仓储企业有 20 户，占 5.8%。说明收储主体多以从小商贩收购玉米为主要收储途径，仅有少数农户将玉米直接送往收储企业进行销售。

收储主体规模。规模以 5~10 人居多，有 177 家，占 51.2%，其次 5 人以下有 119 家，占 34.4%，其中 10~20 人的有 43 家，占 12.4%，规模在 30 人以上的收储主体在调研中并未遇到，表明参与调查的收储主体经营规模较小，秋季收粮时员工居多，且员工流动性强，甚至有个别收储主体解散，待秋季再成立。

员工学历。员工受教育水平以初中及以下为主，有 303 人，占 87.6%，其次为初中和高中，有 35 人，占 10.1%，大学仅有 4 人占比最少，仅为 1.2%。表明员工多数以当地农户为主，工资多为日结，因此员工学历与当地农户学历相关。

受访者职位。受访者职位以基层为主有 146 人，占 42.2%，中层有 131 人，占 37.9%，高层占比最少，仅有 69 人，占 19.9%，说明参与调查的收储主体工作人员以基层员工为主。

玉米存储能力。玉米存储量以 500~1 000 吨居多，有 149 户，占 43.1%，500 吨以下有 97 户，占 28%，1 000~1 500 吨占 16%，1 500~2 000 吨仅有 4 户，占比最少，为 1.2%。无仓储能力的收储主体有 42 户，占比 12.1%。小商贩基本为无仓储能力。总体上，500 吨以上占 60.3%，符合《粮食产后服务中心建设技术指南》中对烘干前、后仓储的要求，但是，也存在储藏能力不高和无仓储的情况。

烘干能力。参与调查的 346 户收储主体中，有 304 家不具备烘干能力，占比高达 87.9%，有烘干能力的收储主体共有 42 家，占 12.1%，其中，烘干能力处于 100 吨以下的收储主体有 32 家，占 9.2%，说明收储主体的烘干能力处于较低水平。

仓库建立方式。仓库建立方式，以自建居多有 87 家，占 25.1%，无仓库的收储主体有 104 家，占 30.1%，以购买、承包、租赁、合作形式建立仓库的共有 155 家，共占 44.8%，说明收储主体采用低成本建库方式的比较多，甚至不用仓库，同时，多数不具备长期应对市场价格波动的储存能力，只具备短期存储能力。

国家财政补贴力度。有 291 家收储主体没有享受国家财政补贴，占 84.1%，有 35 家享受中等级国家财政补贴，占 10.1%，享有高等级国家财政补贴的有 17 家，占 4.9%，享有低等级及无财政补贴的共有 294 家，共占 85%，从数据可知收储主体享受国家相关财政补贴的为少数。

国家财政补贴对玉米收购意愿的影响。参与调查的 346 户收储主体有 345 家认为国家财政补贴影响其收购意愿，希望政府或有关部门提高补贴力度及范围，影响程度接近 100%。

玉米存储的运营成本。有 233 家存储玉米的运营成本处于中等水平，占 67.3%，低成本的有 48 家，占 13.9%，高成本的为 65 家，占 18.8%，说明收储主体存储玉米的运营成本处于中等水平以上居多。

收储主体玉米销售途径。收储主体以将玉米销售给粮食深加工企业和大型粮食加工企业为主要销售形式，占比 23.4%，表明大型粮食加工企业的渠道受到重视。

影响收储主体收粮意愿的因素多集中在市场价格上。国家政策的变化对大型企业和合作社的影响较大，小粮贩不注重国家政策的变化。

综上，参与调查的玉米产后收储主体中企业类型以小商贩个体为主，占 82.9%，规模一般为 5～10 人为主，员工学历也多处于初中及以下水平，参与调查的员工在其所在的收储主体中职位多为基层员工，收储主体的存储能力 60% 以上符合粮食产后服务中心的要求，并且多数收储主体无烘干能力，占 87.9%，不用仓库占 30.1%，自建仓库占 25.1%，购买、承包、租赁、合作形式建库占 44%，参与调研的收储主体仅有一家享受国家财政补贴，收储主体均表示收购意愿受国家财政补贴的影响，玉米存储成本占总运营成本的比例较大，说明多数收储主体有待进一步发展。

4.7.3.6 玉米产后收储主体收储满意度的结构模型检验

（1）量表信度与效度分析

采用克朗巴哈信度系数来检查调查问卷研究变量在各个测量题项上的一致性程度。分析结果如表 4-70 信度分析所示。

由表 4-70 可知，研究的变量：服务能力、成本评价、购买评价、发展评价、过程评价、政策评价、满意度的 Cronbach's Alpha 系数分别为 0.899、0.881、0.866、0.838、0.840、0.876、0.877，均大于 0.7 的标准，表明变量具有良好的内部一致性信度。所有单项与项目整体相关度 CITC 均大于 0.5 的标准[249]，因此所有观察变量视为可信，全部予以保留，表明测量题项符合研究要求。从"删除该题项的 Cronbach's Alpha 值"看，删除任意一题均不会引起 Cronbach's Alpha 值增加，这也同样表明各个量表均具有良好的信度。

表 4-70 信度分析

变量	题项	修正后的项与总计相关性 CITC	删除项后的 Cronbach's Alpha 系数	潜变量的 Cronbach's Alpha 系数
服务能力	A1	0.702	0.885	
	A2	0.615	0.892	
	A3	0.664	0.888	
	A4	0.695	0.886	
	A5	0.695	0.886	0.899
	A6	0.608	0.893	
	A7	0.667	0.888	
	A8	0.675	0.887	
	A9	0.673	0.887	
成本评价	B1	0.671	0.863	
	B2	0.675	0.863	
	B3	0.695	0.859	
	B4	0.661	0.866	0.881
	B5	0.633	0.869	
	B6	0.809	0.840	
购买评价	C1	0.679	0.844	
	C2	0.727	0.829	
	C3	0.687	0.840	0.866
	C4	0.669	0.843	
	C5	0.704	0.835	

（续）

变量	题项	修正后的项与 总计相关性 CITC	删除项后的 Cronbach's Alpha 系数	潜变量的 Cronbach's Alpha 系数
发展评价	D1	0.645	0.804	
	D2	0.653	0.802	
	D3	0.639	0.806	0.838
	D4	0.664	0.799	
	D5	0.609	0.814	
过程评价	F1	0.618	0.822	
	F2	0.751	0.761	
	F3	0.707	0.782	0.840
	F4	0.626	0.818	
政策评价	G1	0.718	0.848	
	G2	0.603	0.873	
	G3	0.786	0.830	0.876
	G4	0.744	0.841	
	G5	0.693	0.855	
满意度	H1	0.665	0.870	
	H2	0.783	0.823	
	H3	0.762	0.832	0.877
	H4	0.749	0.840	

将回收的数据进行探索性因子分析法检验量表的结构有效性，运用因子分析方法进行数据的效度检验。根据主成分分析中特征根大于 1 的标准，利用最大方差旋转方法，且以 0.4 作为因子负荷的截取点，即删除任意一个因子负荷都低于 0.4，或者在多个因子上的因子负荷值都大于 0.4 的问卷题项，运行软件为 SPSS23.0。

1）对销售过程进行探索性因子分析

对量表进行 KMO 和 Bartlett's 球形检验，结果如表 4 - 71。由结果可知 KMO=0.892，大于 0.8，属于良好等级，表明可以进行因子分析；Bartlett's 球形检验显著（sig. < 0.05），表明本数据符合因子分析的前提要求。

由表 4 - 72 可以看出因素分析结果总共得到四个因素，解释能力分别为 20.091%、15.293%、13.243%、12.272%，总解释能力达到了 60.639%，大于 50%，表明筛选出来的四个因素具有良好的代表性。

表 4 - 71　KMO 和 Bartlett's 检验

检验方法	指标	值
KMO 取样适切量数	KMO	0.882
Bartlett's 球形检验	近似卡方	4 096.236
	df	300
	sig.	0.000

表 4 - 72　总方差解释

组件	初始特征值			提取载荷平方和			旋转载荷平方和		
	总计	方差百分比	累积（%）	总计	方差百分比	累积（%）	总计	方差百分比	累积（%）
1	6.407	25.627	25.627	6.407	25.627	25.627	5.023	20.091	20.091
2	3.673	14.692	40.319	3.673	14.692	40.319	3.823	15.293	35.384
3	2.894	11.575	51.895	2.894	11.575	51.895	3.311	13.243	48.627
4	2.251	9.004	60.899	2.251	9.004	60.899	3.068	12.272	60.899
5	0.774	3.095	63.994						
6	0.682	2.727	66.721						
7	0.666	2.664	69.385						
8	0.631	2.524	71.909						
9	0.585	2.339	74.248						
10	0.582	2.329	76.577						
11	0.554	2.218	78.794						
12	0.512	2.050	80.844						
13	0.496	1.983	82.827						
14	0.471	1.883	84.710						
15	0.457	1.826	86.536						
16	0.450	1.800	88.336						
17	0.439	1.755	90.091						
18	0.399	1.595	91.686						
19	0.371	1.486	93.171						
20	0.347	1.387	94.558						
21	0.321	1.282	95.841						
22	0.304	1.214	97.055						
23	0.266	1.065	98.120						
24	0.254	1.017	99.138						
25	0.216	0.862	100.000						

因素负荷量系数如表 4-73 所示，各个测量题项的因素负荷量均大于 0.5，且交叉载荷均小于 0.4，每个题项均落到对应的因素中，因此表明量表具有良好的结构效度。

2）对过程评价、政策评价进行探索性因子分析

对量表进行 KMO 和 Bartlett's 球形检验，结果如表 4-74。得出 KMO=0.896，大于 0.8，属于良好等级，表明可以进行因子分析；Bartlett's 球形检验显著（sig.＜0.05），表明本数据符合因子分析的前提要求。

由表 4-75 可以看出因素分析结果总共得到两个因素，解释能力分别为 36.685%、30.894%，总解释能力达到了 67.579%，大于 50%，表明筛选出来的两个因素具有良好的代表性。

因素负荷量系数如表 4-76 所示，各测量题项的因素负荷量均大于 0.5，且交叉载荷均小于 0.4，每个题项均落在对应的因素中，因此表明量表具有良好的结构效度。

3）对满意度进行探索性因子分析

由表 4-77 可得 KMO=0.829，大于 0.7，Bartlett's 球形检验值显著（sig.＜0.05），表明问卷数据符合因子分析的前提要求。因此进一步进行分析，因子提取时采用主成分分析方法，并以特征根大于 1 为原则提取公因子，分析结果见表 4-78。

由表 4-78 可以看出因素分析结果总共得到 1 个因素，总解释能力为 73.374%，大于 50%，表明筛选出来的这个因素具有良好的代表性。因素负荷量系数见表 4-79。

由表 4-79 可知各个测量题项的因素负荷量均大于 0.5，且交叉载荷均小于 0.4，每个题项均落到对应的因素中，因此表明量表具有良好的结构效度。

表 4-73 旋转后的成分矩阵

变量	题项	组件			
		1	2	3	4
服务能力	A1	0.768			
	A2	0.704			
	A3	0.731			
	A4	0.741			
	A5	0.766			
	A6	0.684			

（续）

变量	题项	组件			
		1	2	3	4
服务能力	A7	0.746			
	A8	0.747			
	A9	0.740			
成本评价	B1		0.751		
	B2		0.750		
	B3		0.794		
	B4		0.740		
	B5		0.729		
	B6		0.861		
购买评价	C1			0.794	
	C2			0.819	
	C3			0.788	
	C4			0.792	
	C5			0.820	
发展评价	D1				0.790
	D2				0.770
	D3				0.732
	D4				0.787
	D5				0.751

表 4 - 74   KMO and Bartlett's 检验

检验方法	指标	值
KMO 取样适切性量数	KMO	0.896
Bartlett's 球形检验	近似卡方	1 618.731
	df	36
	sig.	0.000

表 4 - 75 总方差解释

组件	初始特征值			提取载荷平方和			旋转载荷平方和		
	总计	方差百分比	累积(%)	总计	方差百分比	累积(%)	总计	方差百分比	累积(%)
1	4.914	54.597	54.597	4.914	54.597	54.597	3.302	36.685	36.685
2	1.168	12.982	67.579	1.168	12.982	67.579	2.780	30.894	67.579
3	0.680	7.557	75.136						
4	0.578	6.426	81.563						
5	0.383	4.251	85.814						
6	0.361	4.015	89.829						
7	0.348	3.865	93.694						
8	0.305	3.388	97.082						
9	0.263	2.918	100.000						

表 4 - 76 旋转后的成分矩阵

变量	题项	组件	
		1	2
过程评价	F1		0.774
	F2		0.820
	F3		0.785
	F4		0.727
政策评价	G1	0.758	
	G2	0.672	
	G3	0.826	
	G4	0.815	
	G5	0.796	

表 4 - 77 KMO and Bartlett's 检验

检验方法	指标	值
KMO 取样适切性量数	KMO	0.829
Bartlett's 球形检验	近似卡方	720.552
	自由度 df	6
	显著性 sig.	0.000

表 4 - 78　总方差解释

组件	初始特征值			提取载荷平方和		
	总计	方差百分比	累积（%）	总计	方差百分比	累积（%）
1	2.935	73.374	73.374	2.935	73.374	73.374
2	0.460	11.510	84.884			
3	0.333	8.319	93.204			
4	0.272	6.796	100.000			

表 4 - 79　旋转后的成分矩阵

变量	题项	组件 1
	$H1$	0.803
满意度	$H2$	0.886
	$H3$	0.871
	$H4$	0.864

（2）量表验证性因素分析

1）服务环节验证性因素分析及结果

运用 Amos23.0 软件进行验证性因子分析，如图 4 - 10 所示。

由表 4 - 80 的模型拟合度可知 CMIN/DF 为 1.512，小于 3 以下的标准，GFI、AGFI、NFI、TLI、IFI、CFI 均达到 0.9 以上的标准，RMSEA 为 0.039，小于 0.08，可以认为这个模型有不错的配适度。

表 4 - 80　模型拟合度

拟合指标	可接受范围	测量值	拟合指标	可接受范围	测量值
CMIN		406.622	RMSEA	<0.08	0.039
DF		269	IFI	>0.9	0.965
CMIN/DF	<3	1.512	NFI	>0.9	0.903
GFI	>0.9	0.917	TLI（NNFI）	>0.9	0.961
AGFI	>0.9	0.900	CFI	>0.9	0.965

由表 4 - 81 验证性因素分析结果可知，除了题项 $A2$、$A3$、$A6$、$B5$、$D5$ 的标准化因素负荷量均小于 0.7 的标准，其余各题标准化因素负荷均大于 0.7，残差均为正而且显著。服务能力、成本评价、购买评价、发展评价的

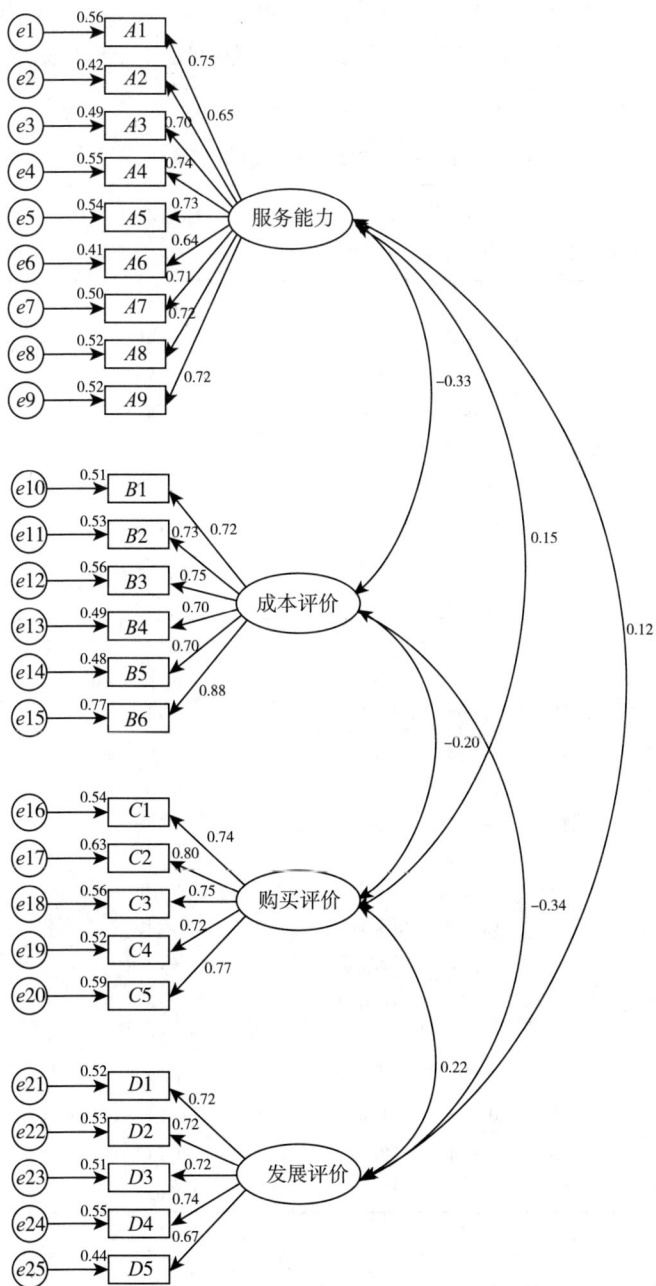

图 4 - 10 服务环节验证性因素分析

CR 值分别为 0.900、0.892、0.869、0.839，均大于 0.7，AVE 值分别为 0.501、0.580、0.571、0.511，均大于 0.5，达到收敛效度的标准，配适度在可接受的范围，因此可以保留全部题项作后续分析。

表 4-81　验证性因素分析结果

构面	题项	非标准化因素负荷	标准误差(S. E.)	C. R.(t-value)	P	标准化因素负荷	CR	AVE
服务能力	A1	1				0.745	0.9	0.501
	A2	0.925	0.079	11.768	***	0.646		
	A3	1.034	0.081	12.8	***	0.699		
	A4	1.144	0.084	13.681	***	0.744		
	A5	1.034	0.077	13.513	***	0.735		
	A6	0.982	0.084	11.633	***	0.639		
	A7	1.006	0.078	12.923	***	0.705		
	A8	1.07	0.081	13.263	***	0.723		
	A9	0.996	0.075	13.278	***	0.723		
成本评价	B1	1				0.717	0.892	0.580
	B2	1.06	0.083	12.829	***	0.729		
	B3	1.192	0.091	13.133	***	0.747		
	B4	1.146	0.093	12.365	***	0.703		
	B5	1.021	0.083	12.243	***	0.696		
	B6	1.34	0.088	15.238	***	0.878		
购买评价	C1	1				0.738	0.869	0.571
	C2	1.429	0.102	13.962	***	0.796		
	C3	1.363	0.103	13.177	***	0.749		
	C4	1.187	0.093	12.736	***	0.724		
	C5	1.256	0.093	13.522	***	0.769		
发展评价	D1	1				0.721	0.839	0.511
	D2	1.114	0.093	12.022	***	0.725		
	D3	1.106	0.093	11.899	***	0.717		
	D4	0.995	0.081	12.278	***	0.743		
	D5	0.878	0.079	11.134	***	0.666		

注：*** 代表小于 0.01。

2）评价环节验证性因素分析及结果

运用 Amos23.0 软件进行验证性因子分析，如图 4-11 所示。

由表 4-82 的模型拟合度可知 CMIN/DF 为 2.857，小于 3 以下的标准，

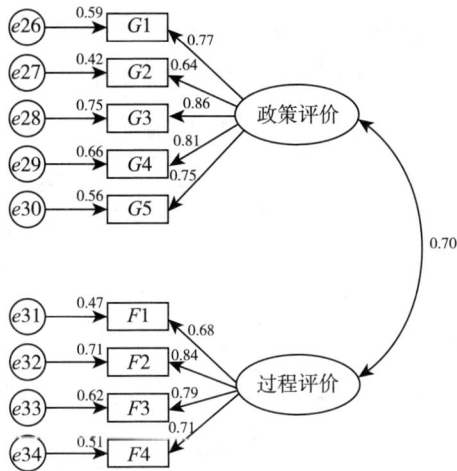

图 4-11 评价环节验证性因素分析

GFI、AGFI、NFI、TLI、IFI、CFI 均达到 0.9 以上的标准，RMSEA 为 0.073，小于 0.08，可以认为这个模型有不错的配适度。

由表 4-83 的验证性因素分析结果可知，除了题项 G2、F1 的标准化因素负荷量小于 0.7 的标准，其余各题标准化因素负荷均大于 0.7，残差均为正而且显著，政策评价、过程评价的 CR 值分别为 0.879、0.843，均大于 0.7，AVE 值分别为 0.594、0.575，均大于 0.5，均达到收敛效度的标准，配适度在可接受的范围，保留全部题项作后续分析。

3）满意度验证性因素分析及结果

运用 Amos23.0 软件进行验证性因子分析，如图 4-12 所示。

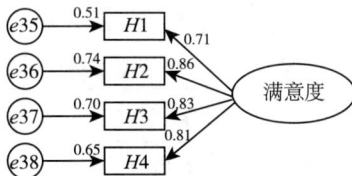

图 4-12 满意度验证性因素分析

由表 4-84 的模型拟合度可知 CMIN/DF 为 1.538，小于 3 以下的标准，GFI、AGFI、NFI、TLI、IFI、CFI 均达到 0.9 以上的标准，RMSEA 为 0.039，小于 0.08，可以认为这个模型有不错的配适度。

由表 4 - 85 的验证性因素分析结果可知，各题项标准化因素负荷均大于 0.7，残差均为正而且显著。满意度 CR 值为 0.88，均大于 0.7，AVE 值为 0.648，均大于 0.5，因此保留全部题项作为后续分析。

表 4 - 82　模型拟合度

拟合指标	可接受范围	测量值	拟合指标	可接受范围	测量值
CMIN		74.274	RMSEA	<0.08	0.073
DF		26	IFI	>0.9	0.970
CMIN/DF	<3	2.857	NFI	>0.9	0.955
GFI	>0.9	0.953	TLI（NNFI）	>0.9	0.958
AGFI	>0.9	0.918	CFI	>0.9	0.970

表 4 - 83　验证性因素分析

构面	题项	非标准化因素负荷	标准误差（S. E.）	C. R.（t-value）	P	标准化因素负荷	CR	AVE
政策评价	G1	1				0.766	0.879	0.594
	G2	0.85	0.071	11.959	***	0.644		
	G3	1.253	0.076	16.558	***	0.864		
	G4	1.216	0.078	15.498	***	0.812		
	G5	1.178	0.083	14.186	***	0.75		
过程评价	F1	1				0.682	0.843	0.575
	F2	1.264	0.096	13.206	***	0.841		
	F3	1.156	0.092	12.618	***	0.787		
	F4	0.895	0.077	11.618	***	0.713		

注：*** 代表小于 0.01。

表 4 - 84　模型拟合度

拟合指标	可接受范围	测量值	拟合指标	可接受范围	测量值
CMIN		3.076	RMSEA	<0.08	0.039
DF		2	IFI	>0.9	0.999
CMIN/DF	<3	1.538	NFI	>0.9	0.996
GFI	>0.9	0.996	TLI（NNFI）	>0.9	0.996
AGFI	>0.9	0.979	CFI	>0.9	0.999

表 4 - 85　验证性因素分析

构面	题项	非标准化因素负荷	标准误差（S. E.）	C. R.（t-value）	P	标准化因素负荷	CR	AVE
满意度	H1	1				0.711	0.88	0.648
	H2	1.439	0.099	14.54	***	0.858		
	H3	1.315	0.092	14.238	***	0.835		
	H4	1.465	0.106	13.844	***	0.808		

注：*** 代表小于 0.01。

（3）相关分析及区别效度

相关分析的相关系数及区别效度如表 4 - 86 所示。服务能力、成本评价、购买评价、发展评价、过程评价、政策评价与满意度之间的相关系数分别为：0.315、−0.394、0.428、0.493、0.480、0.499，且 P 值均达到了 0.01 的显著水平，表明服务能力、购买评价、发展评价、过程评价、政策评价与满意度之间均存在显著的正向相关关系，成本评价与满意度之间存在显著的负向相关关系。

表 4 - 86　相关分析和区别效度

	服务能力	成本评价	购买评价	发展评价	过程评价	政策评价	满意度
服务能力	0.707						
成本评价	−0.300**	0.717					
购买评价	0.132*	−0.174**	0.755				
发展评价	0.104	−0.302**	0.188**	0.714			
过程评价	0.208**	−0.250**	0.513**	0.213**	0.770		
政策评价	0.192**	−0.222**	0.515**	0.230**	0.609**	0.758	
满意度	0.315**	−0.394**	0.428**	0.493**	0.480**	0.499**	0.804

注：** 代表在置信度（双测）为 0.01 时，相关性是显著的。* 代表在置信度（双测）为 0.05 时，相关性是显著的。

（4）结构方程模型假设检验

通过对样本数据的信度和效度检验，发现各项拟合指标显示的量表和样本数据具有较高的信度和效度，可以进行结构方程模型分析。根据 Amos23.0 计算出每个变量间的路径系数，并将路径系数标准化，得到的结果如图 4 - 13 所示。

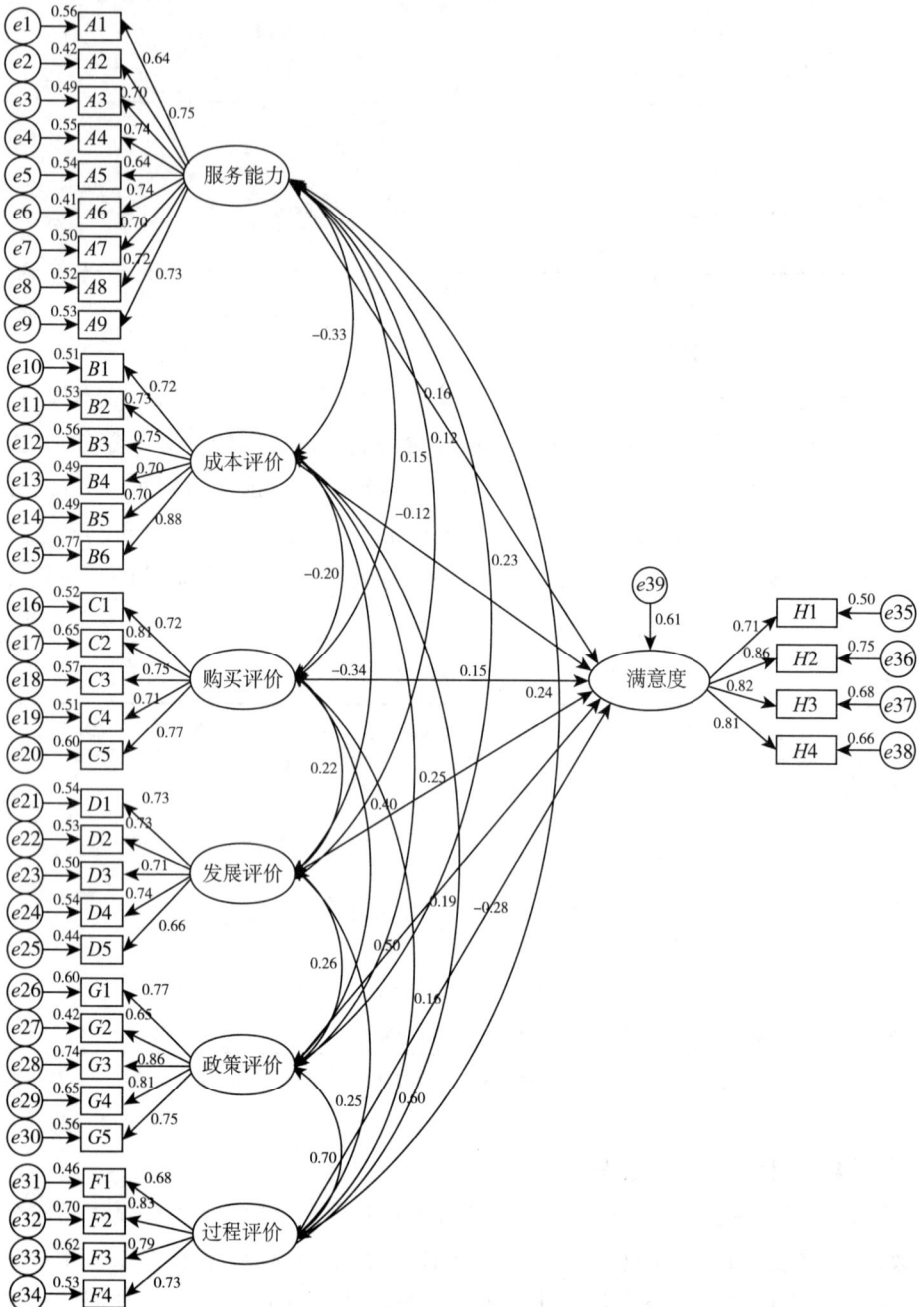

图 4-13 结构方程模型标准化路径系数

由表 4-87 模型拟合度可知 CMIN/DF 为 1.396，小于 3 以下的标准，GFI＝0.883，AGFI＝0.865，不到 0.9 以上的标准，但符合 0.8 以上的水平，TLI、IFI、CFI 均达到 0.9 以上的标准，RMSEA 为 0.034，达到了 0.08 以下的标准，大多数拟合指标均符合一般 SEM 研究的标准，因此可以认为这个模型有不错的配适度。

表 4-87　结构方程模型拟合指标

CMIN	CMIN/DF	GFI	AGFI	TLI	IFI	CFI	RMSEA
898.977	1.396	0.883	0.865	0.958	0.962	0.962	0.034

由表 4-88 可知，服务能力与满意度之间的标准化系数为 0.163，且 P＜0.05，表明服务能力与满意度存在显著的正向相关关系；成本评价与满意度之间的标准化系数为－0.119，且 P＜0.05，表明成本评价与满意度存在显著的负向相关关系；购买评价与满意度之间的标准化系数为 0.148，且 P＜0.05，表明购买评价与满意度存在显著的正向相关关系；发展评价与满意度之间的标准化系数为 0.402，且 P＜0.05，表明发展评价与满意度存在显著的正向相关关系；政策评价与满意度之间的标准化系数为 0.190，且 P＜0.05，表明政策评价与满意度存在显著的正向相关关系；过程评价与满意度之间的标准化系数为 0.159，且 P＜0.05，表明过程评价与满意度存在显著的正向相关关系。

得到的假设检验结果如表 4-89 所示。

表 4-88　结构方程模型路径系数

路径关系			标准化系数	非标准化系数	标准误差	T 值	P	假设成立支持
满意度	<---	服务能力	0.163	0.178	0.052	3.396	***	支持
满意度	<---	成本评价	−0.119	−0.12	0.051	−2.362	0.018	支持
满意度	<---	购买评价	0.148	0.159	0.066	2.407	0.016	支持
满意度	<---	发展评价	0.402	0.353	0.05	7.011	***	支持
满意度	<---	政策评价	0.19	0.183	0.069	2.634	0.008	支持
满意度	<---	过程评价	0.159	0.137	0.064	2.128	0.033	支持

注：*** 代表小于 0.01。

表 4 - 89　假设检验结果

标号	研究假设	预期符号	结果
$H1$	服务能力对收储满意度有显著正向影响作用	＋	支持
$H2$	成本评价对收储满意度有显著负向影响作用	－	支持
$H3$	购买评价对收储满意度有显著正向影响作用	＋	支持
$H4$	发展评价对收储满意度有显著正向影响作用	＋	支持
$H5$	政策评价对收储满意度有显著正向影响作用	＋	支持
$H6$	过程评价对收储满意度有显著正向影响作用	＋	支持

4.7.3.7　收储主体满意度的影响机理分析

根据以上分析，结合显著的结构方程模型的标准化路径系数，本研究的所有假设均成立，进一步明确了辽宁省玉米收储主体收储满意度的主要影响因素。

（1）**潜变量之间的结构关系规律明显。**一是外生潜变量"服务能力""成本评价""购买评价""发展评价""政策评价""过程评价"分别对内生潜变量"满意度"的标准化系数为 0.16、－0.12、0.15、0.40、0.19 和 0.16，说明玉米产后收储主体"成本评价"对其收储"满意度"有负向影响的直接效果，而其他 5 个观测变量对其收储满意度具有正向影响的直接效果，均是单方向的路径关系；二是外生潜变量"服务能力""成本评价""购买评价""发展评价""政策评价""过程评价"中任何两个之间具有共生关系，互为因果。换言之，每个外生潜变量不仅自己对"满意度"产生单方向作用，而且还能通过作用于其他外生潜变量间接作用于"满意度"，虽然这个作用的程度不确定，但是仍然说明这些外生潜变量需要共同发展。

（2）**收储"满意度"可以有效测量。**$H1$"玉米市场的发展状况"、$H2$"玉米行业是否满意"、$H3$"玉米市场未来的发展前景"、$H4$"玉米行业的国家相关政策"的标准化因素负荷量均大于 0.71，表明 $H1$、$H2$、$H3$、$H4$ 能有效反映收储主体的满意度。

（3）**"服务能力"可以有效测量并可以作为实施提升服务能力策略的变量。**$A2$"企业烘干能力"、$A3$"企业工作人员的工作能力"、$A6$"企业现有的收购方式"与 $A7$"企业提供的售后服务"的标准化因素负荷量均小于 0.71，不能有效反映收储主体的服务能力；$A1$"企业收储能力"、$A4$"企业的装卸能力"、$A5$"企业提供的机械化服务"、$A8$"企业所提供服务的便利性"和 $A9$"企业上下游信息共享情况"的标准化因素负荷量均大于 0.71,说明"企业收储能力""企业的装卸能力""企业提供的机械化服务""企业所提供服务的便利性""企业上下游信息共享情况"变量能够有效反映玉米收储主体的"服务能力"。可作为提升服务能力的策略变量。

(4)"成本评价"可以有效测量并可作为执行成本节约策略的变量。B4"对收购玉米品种的满意度"、B5"对玉米收购数量的满意度"的标准化因素负荷量均小于 0.71,表明这两个观测变量不能有效反映收储主体的"成本评价";B1"对玉米供应方是否满意"、B2"对收购玉米品质是否满意"、B3"收购玉米的水分含量"和 B6"收购玉米的杂质含量"的标准化因素负荷量均大于 0.71,说明"对玉米供应方是否满意""对收购玉米品质是否满意""收购玉米的水分含量""收购玉米的杂质含量"能够有效反映"成本评价"。可作为成本节约策略的变量。

(5)"购买评价"可以有效测量并可作为实施提升购买水平策略的变量。C1"对企业总成本"、C2"对玉米市场收购价格"、C3"收储产生的运费"、C4"仓储费用"和 C5"收储产生的装卸费"的标准化因素负荷量均大于 0.71,说明"对企业总成本""对玉米市场收购价格""收储产生的运费""仓储费用""收储产生的装卸费"能够有效反映"购买评价"。可作为提升购买水平的策略变量。

(6)"发展评价"可以有效测量并可作为实施发展策略的变量。D5"对下游企业结算方式评价"的标准化因素负荷量小于 0.71,表明这个观测变量不能有效反映收储主体的"发展评价";而 D1"玉米销售价格"、D2"企业销售渠道"、D3"粮食经纪人的评价"、D4"与下游企业的合作评价"的标准化因素负荷量均大于 0.71,表明"玉米销售价格""玉米销售渠道""粮食经纪人的评价""与下游企业的合作现状"能够有效反映"发展评价"。可作为自身发展的策略变量。

(7)"政策评价"可以有效测量并可作为实施促进政策的方向。G2"对仓储补贴"的标准化因素负荷量小于 0.71,表明这个观测变量不能有效反映收储主体的"政策评价",这是收储主体的现状决定的,调查结果也支持这点,这说明 2018 年 9 月该政策并没有惠及大多数的产后收储主体;而 G1"农机补贴"、G3"玉米补贴政策"、G4"玉米销售政策"、的标准化因素负荷量均大于 0.71,表明"农机补贴""玉米补贴政策""玉米销售政策"能够有效反映"政策评价"。可作为促进政策的三个主要方向。

（8）"过程评价"可以有效测量并可作为促进收储水平提升的促进因素。 $F1$ "企业的收购状况"的标准化因素负荷量小于 0.71，表明这个观测变量不能有效反映收储主体的"过程评价"；而 $F2$ "企业的销售状况"、$F3$ "企业的整体经营状况"和 $F4$ "企业现有的销售策略"的标准化因素负荷量均大于 0.71，表明"企业的销售状况""企业的整体经营状况""企业现有的销售策略"能够有效反映"过程评价"。可作为促进收储过程水平提升的三方面因素。

4.7.4 辽宁省玉米产后服务主体提升种植户售粮忠诚度和自身收储满意度的策略

（1）玉米产后服务主体提升种植户售粮忠诚度的路径

根据 4.7.2.8 影响玉米种植户售粮忠诚度的收储主体行为机理的研究结果，得出辽宁省玉米产后服务主体提升种植户售粮忠诚度的路径：玉米产后服务主体通过建设服务环节和提升服务质量，以及实施促进"种植户销售意愿"的行为，可以提高种植户的售粮满意度，进而提高种植户的售粮忠诚度。

加强玉米产后服务主体服务环节建设的策略主要包括提升烘干服务水平和改善收购人员服务态度的策略。提升服务质量的策略主要包括提升服务便利性、服务流程衔接程度、收购效率、缩短付款周期的相关策略。促进种植户提升销售意愿的策略主要包括收购价格、上门收购、种植户自己送粮、提供运力、价格信息获取途径、销售成本方面的综合改善策略。在提高种植户的售粮满意度方面，主要通过种植户整体销售过程、提供的服务、结算方式、售后服务、信誉是否有所提升来判断满意度是否得到提升，也可以从这些角度入手提升服务水平。

（2）提升玉米产后服务主体收储满意度的路径

根据 4.7.3.7 影响收储主体满意度的影响机理的研究结果，得出提升玉米产后服务主体满意度的路径。首先，评价玉米产后服务主体"满意度"，根据"玉米市场的发展状况""对玉米行业是否满意""玉米市场未来的发展前景""玉米行业的国家相关政策"进行对满意度的有效测量。其次，如果满意度低，需要采取提升玉米产后服务主体满意度的策略，需要构建降低成本、提升服务能力、购买评价高、发展评价好、政策评价高、过程评价好的综合策略。其中，玉米产后服务主体成本节约策略包括"对玉米供应方提升满意度""对收购玉米品质提升满意度""降低收购玉米的水分含量""降低收购玉米的杂质含量"的综合成本节约策略；玉米产后服务主体提升服务能力策略包括综合提升

"企业收储能力""企业的装卸能力""企业提供的机械化服务""企业所提供服务的便利性""企业上下游信息共享情况"的相关策略；玉米产后服务主体提升购买评价策略包括对"企业总成本""玉米市场收购价格""收储产生的运费""仓储费用""收储产生的装卸费"相关的规划策略；玉米产后服务主体提升发展评价策略包括对"玉米销售价格""玉米销售渠道""粮食经纪人的评价""与下游企业的合作现状"的相关调整策略；玉米产后服务主体"政策评价"策略主要包括争取"农机补贴""玉米补贴政策""玉米销售政策"的政策优惠策略；玉米产后服务主体"过程评价"策略包括明确"企业的销售状况""企业的整体经营状况""企业现有的销售策略"的相关策略。

4.8　粮食质量和产销市场整合对粮食产后服务主体的收储意愿影响

仍然选取玉米和水稻，检验假说Ⅰ：在粮食领域新形势下，取消临储政策后，粮食产后服务主体收储意愿受粮食质量、产销市场整合的正向影响。从而为在第 5 章研究粮食产后服务主体的收储供应链治理奠定市场走向和产后服务主体的收储意愿基础。

4.8.1　取消临储政策后粮食质量对粮食产后服务主体收储意愿的正向影响

(1) 玉米质量提升对粮食产后服务主体收储意愿具有正向影响的理论依据

首先，根据 4.7 可知，外生潜在变量"收储主体服务环节"和"收储主体服务质量"对"种植户售粮满意度"分别具有正向影响的直接效果，是单方向的路径关系。"收储主体服务环节""收储主体服务质量"与内生变量"种植户销售意愿"三者中任两者之间存在共变关系，互为因果。玉米产后服务主体也属于收储主体，因此，提高粮食质量的相关策略可以正向影响种植户的售粮满意度，进而提高种植户对玉米产后服务主体的忠诚度，这个忠诚度会正向激励粮食产后服务主体的收储意愿。

其次，根据 4.7 可知，外生潜变量收储主体"成本评价"对其"满意度"有负向影响的直接效果，是单方向的路径关系。"收购玉米的水分含量"和"收购玉米的杂质含量"能够有效反映"成本评价"。这两个指标主要代表了玉米收储时对玉米质量的判断标准，指标越低代表质量越好，"成本评价"就越低，收储主体"满意度"越高。

总之，玉米质量的提升正向影响粮食产后服务主体满意度，其满意度越高，对玉米收储意愿就越高。

（2）水稻质量提升对粮食产后服务主体收储意愿具有正向影响的调查依据

取消临储政策后，水稻国家托市收购成为主产区市场价格的定价参照，但是质量要求越来越受到收储主体的重视。2018 年 12 月在黑龙江省建三江进行的访谈调查表明，第一，收储主体的一等粮水稻更容易销售到国有粮库。国有粮库收购质量标准严格，一些国有粮库为了收到高质量水稻，完成收购任务，采用的方法是在普通圆粒国家水稻收购价 1.34 元/斤（国标一等）的基础上，给收储主体 0.05 元/斤的补贴，使到库价达到 1.39 元/斤。补贴资金来源于国家给国有粮库的三年库存补贴，相当于国有粮库拿第一年的补贴去参与市场竞争收高质量粮。第二，粮食收储主体经营优质水稻不受国家托市收储限制。研究团队调查了益华米业、中粮、象屿、鲶鱼沟集团、万顺米业等一些企业，还有一些收储企业，发现无论通过线上电商、线下零售、还是批发市场渠道，在优质米销售价格浮动空间有限的情况下，质量是影响销售量的根本因素。第三，受主销区各市场的品种偏好影响，产后收储主体根据下游需求商选定品种，但是品种不同的水稻一同加工很难保障品质一致。因此，品种统一、有规模的优质水稻尤其受到产后收储服务主体的欢迎。

总之，水稻质量和高质量水稻的种植规模提升对粮食产后服务主体收储意愿产生正向影响。

（3）在国储粮拍卖冲击下高质量玉米对粮食产后服务主体收储意愿有正向影响

2016 年之前国家实施临储政策，至 2015 年，玉米收购质量标准达到历年最严：色变粒按不完善粒归属，不完善粒中生霉粒含量超过 2% 的不能进入临储收购，并且提醒农民卖粮时要注意家中粮食的质量，以免因质量问题退车。

从 2016 年起，玉米市场化变化更大，尤其是市场供大于求的环境下，各市场主体入市收购，对玉米质量要求更高。2017 年开始市场交易，优质优价就更加明显。2018 年 4 月上旬，东北地区新玉米的收购行情稳定，没有受到当时国储拍卖冲击，其原因是国储的陈玉米质量无法满足用户需求[1]。但是，

---

① 《东北新玉米不降了，因为国储陈玉米的质量》，https://www.sohu.com/a/22790 7791_410622，访问日期：2020 年 2 月 18 日。

质量与陈玉米差异不大的新玉米受国储拍卖冲击较大，价格低迷，粮食产后服务主体收购意愿不高。总之，尽管在临储政策取消、国储拍卖去库存的环境下，高质量玉米对粮食产后服务主体收储意愿仍有正向影响。

4.8.2 收储制度改革后粮食产后服务主体收储意愿受产销市场整合的影响

(1) 粮食产后服务主体收储意愿受产销市场整合影响的理论依据

首先，粮食产后服务主体收储意愿受产销市场整合的"购买评价"正向影响。4.7 节对影响收储主体满意度的行为机理研究结果表明，"购买评价"对玉米产后服务主体满意度有正向作用，而满意度提升会激励收储意愿提升，并且"企业总成本""玉米市场收购价格""收储产生的运费""仓储费用""收储产生的装卸费"能有效反映"购买评价"指标，这里几个指标反映了产销地市场整合的关键因素——产地价格和销地价格（销地价格＝产地价格＋产销地之间的运输费用或成本＋单位毛利）[26]。

其次，粮食产后服务主体收储意愿受产销市场整合的"发展评价"影响。4.7 节对影响收储主体满意度的行为机理研究结果表明，"发展评价"对玉米产后服务主体满意度有正向作用，而满意度提升会激励收储意愿提升，并且"玉米销售价格""玉米销售渠道""粮食经纪人的评价""与下游企业的合作现状"能有效反映"发展评价"。而这几个指标也反映了产销地市场整合的关键因素——产地价格和销地价格[26]。

最后，粮食产后服务主体收储意愿受产销市场价格整合的正向影响。市场整合意味着空间分隔市场被市场套利活动连接在一起，因此套利活动的交易成本是影响整合程度的主要因素，套利活动对市场均衡偏离的调整速度则是整合程度的主要表现形式之一[222,259]。粮食产后服务主体整合程度越高，套利活动的调整速度就越快。因此，玉米产后服务主体收储意愿受产地到销地市场价格整合的正向影响。

根据第 3 章研究结果，2018 年玉米主产区到主销区价格整合程度较高，即主产区和主销区间玉米价格波动具有长期的稳定关系，同时市场效率较高；水稻产后服务主体收储意愿受产地水稻和大米市场价格整合的正向影响。表明，水稻主产区内部市场的粳稻和粳米价格之间存在着较高程度的整合关系，在东北主产区粳稻和主销区粳米之间的价格关系市场整合度一般，东北主产区粳米与主销区粳米市场的整合程度也不高。产地收储主体的水稻市场价格受到水稻托市收购价格的影响，以及去库存的影响，这与东北主产区"稻强米弱"的实际是一致的，同时反映了国家最低价格收购政策在其中起到了作用。2017年开始调低最低收购价格之后，主销区大米价格在市场上对东北主产区的粳稻价格起主导作用，说明收储制度改革起到了作用，且优质稻不受国家托市收储限制，2019年黑龙江省大约有60%的水稻进入市场渠道，这正向激励了粮食产后服务主体收储意愿的提升。

（2）玉米、水稻产后服务主体收储意愿受产销市场整合影响的调查依据

粮食产后服务主体的收储意愿主要受市场价格影响。东北三省主产区玉米收储也受到市场销售价格的影响，价格越高，收储意愿就越高。在辽宁参与调查的346户收储主体中，有345户认为种植相关的国家财政补贴影响其收购意愿，希望政府或有关部门提高对收储相关的补贴力度并扩大补贴范围，影响程度接近100%。田文勇等（2016）认为国家政策是最重要的影响因素[260]。2018年在对黑龙江、吉林和辽宁进行的访谈调查中，也发现主产区收储主体的水稻收储意愿受到销售价格的正向影响，尤其受到国家水稻托市收购价格的影响，该价格越高，收购意愿越强。

综合第3章的研究，得出收购意愿需要明确产销市场套利空间的结论，套利空间大，粮食产后服务主体收储意愿就强。更重要的是，市场整合使得产销套利空间可估计，整合程度越高，越能够减少风险。因此，玉米、水稻产后服务主体收储意愿受产销市场整合程度的正向影响。

4.8.3　检验假说Ⅰ

结合上述结果，有证据可以检验假说Ⅰ：在粮食领域新形势下，取消临储政策后，粮食产后服务主体收储意愿受粮食质量、产销市场整合的正向影响。

4.9　本章小结

在本章，研究得出了东北三省主产区粮食产后服务主体在收储供应链的功能及收储行为规律：

（1）在东北三省粮食主产区收储供应链中，粮食产后服务主体的收储功能供给与需求具有双重不确定性，存在收储供应链中断以及产后收储服务主体市场化程度不高的问题，且东北三省的情况存在差异。对此，产后服务主体，一是需要扩大收储规模，提高对于分散农户的服务效率和效益；二是要以质量、效率、合理成本为目标，选择加强收割、清理和烘干服务、储存、代销售服务，其中代销售的玉米收储供应链模式具有优势；三是持续提升具有信任和信誉的上门收储功能服务。（2）具有滞后结算的收储供应链模式具备节约成本等优势，通过分析和评价，分别得出值得推广的相对最优型玉米、水稻收储供应链模式。在东北三省主产区，相对最优型玉米收储供应链模式的优势在于产后服务主体结算方式以信誉收购和滞后结算为主，销售方式以全年销售为主，与下游需求商建立合作的途径均为两种以上，在总成本、提前期和服务水平绩效占优；但是该模式下产后服务主体的收购服务以及下游需求商履约情况有待改善。相对最优型水稻收储供应链优势在于收购来源于粮食经纪人，可以做到信誉收购和滞后结算，节省收购资金成本，更多采用自然晾晒，比烘干塔烘干能提高食味值，仓库使用比例大，能做到全年储存，可以抵御市场价格的波动，根据下游需求商名声与信誉确定销售，可以视为与下游需求商协调效果较好，交易成本较低。在质量、总成本、提前期绩效占优。（3）得出相对最优型玉米收储供应链模式选择的影响机理。相较于其他模式，产后服务主体越提高储存能力上限、延长销售周期和储存时间、拓宽收购资金渠道、减少建立仓储方式的企业资金占用，降低烘干能力上限，缩减员工规模，提高员工专业化程度，越可能选择相对最优型。（4）得出相对最优型水稻收储供应链模式选择的影响机理。相较于其他模式，产后服务主体越缩减员工规模和存储能力，且降低建立仓储的经营成本和收购资金渠道成本，加强下游需求商的履约能力，越可能选择相对最优型。产后服务主体符合设备、资金、人员等标准的情况下，东北三省中越向南的省域环境，且接受收储政策程度越高，越可能选择相对最优型，反之，东北三省中越向北的省域环境，水稻的物流成本相对较高，越需要收储政策的激励。（5）玉米产后服务主体提升种植户售粮忠诚度的路径。玉米产后服务主体通过建设服务环节和提升服务质量，以及促进"种植户销售意愿"的行为，可以提高种植户的售粮满意度，进而提高种植户的售粮忠诚度。（6）提升玉米产后服务主体满意度的路径。需要构建降低成本、提升服务能力、购买评价高、发展评价好、政策评价高、过程评价好的综合策略。（7）在粮食领域新形势下，取消临储政策后，粮食产后服务主体收储意愿受粮食质量、产销市场整合的正向影响。

上述结论为第 5 章提供了粮食产后服务主体收储供应链治理的关键约束。

5 高质量约束下粮食产后服务主体的收储供应链治理模式及能力提升策略

结合第 4 章粮食产后服务主体的不同典型收储供应链模式,本章进行如下研究:(1)针对收储制度改革后粮食产后服务主体的收储供应链断链问题,构建高质量玉米协调定价激励机制,研究得出粮食产后服务主体合作利润分配下的玉米收储供应链治理机制和模式;(2)以高质量、高效率(合理成本下的)为收储激励目标,将显示收储制度特征的水稻最低收购价和玉米目标价格,以影响因素的函数形式,代入该主体供应链定价策略,形成协调定价激励机制的约束,优化该机制,得出收储和销售的定价基础;(3)在已有研究"粮食处理中心"的原粮供应链治理模式[1]基础上,拓展研究不同收储功能的粮食产后服务主体类型,在上述定价基础上构建非完全信息下的动态博弈模型,研究均衡解的表达式及其影响因素,以此作为收储和销售契约中的均衡定价范围及相关说明,形成该主体供应链治理模式;(4)根据博弈研究结果检验假说Ⅱ:在粮食质量约束下,粮食产后服务主体使用粮农先出价的博弈激励,仍然能得到一个双赢的均衡契约;(5)在上述研究基础上,提出粮食产后服务主体的治理能力提升策略;(6)将理论进行实际应用。

5.1 东北三省主产区粮食产后服务主体的收储供应链治理研究框架

5.1.1 收储制度改革后粮食产后服务主体收储供应链治理的实践问题

第 4 章研究结果表明,在取消玉米托市收购、降低水稻收购价格等收储新政实施后,粮食产后服务主体要抑制由于有效供给和高质量需求双重不确定性导致收储环节断链的突出问题。对此，一是必须激励主产区粮食产后服务主体代替原来托市收购的国有企业实施收储功能，以有效衔接玉米供应链，可结合新型经济体国家的相关改革经验[15]，从玉米收储供应链视角研究玉米产后服务主体的供应链治理机制；二是收储制度改革后，粮食产后服务主体收储意愿受粮食质量、产销市场整合的正向影响，需要针对收储供应链典型模式，在考虑市场整合条件和粮食质量的约束条件下，研究粮食产后服务主体的收储供应链治理模式及能力提升策略。

综上，在东北三省主产区粮食市场上，聚焦三种重要的收储供应链，分析其主要问题：

(1) 玉米产后服务主体的高质量玉米批发收储供应链的合理利润分配问题

在种植主体手里有高质量级别（如符合一等玉米含水量标准）的玉米，满足市场对玉米质量的约束，那么产后服务主体在获得高质量玉米后，通过对其转手批发实现销售获利，这是主产区多数产后服务主体非常愿意采取的"见利就走"模式。使用粮农先出价的 Stackelberg 博弈定价激励策略，产后服务主体是否能得到一个多赢的均衡契约？同时获得一个利润分配合理的收储供应链治理机制和治理模式？

(2) 水稻产后服务主体获得批发价格补偿收储服务质量的单渠道收储供应链的合理利润分配问题

当种植主体的水稻规模量较大，愿意采用不同批发价格补偿产后服务主体提供的不同水平收储服务，那么选取事前协商的收储主体与种植主体建立 Rubinstein 讨价还价模型，能否得到一个多赢的均衡契约，并获得一个利润分配合理的收储供应链治理机制和治理模式？

(3) 水稻产后服务主体面对水稻种植主体搭便车的双渠道收储供应链的合理利润分配问题

当种植主体的种粮规模较大，愿意针对产后服务主体提供不同水平的收储服务，通过批发价格进行补偿。但是，当种植主体通过上述服务发现越过产后服务主体的获利机会，采用了直接渠道销售，就形成双渠道收储供应链，出现了种植主体搭便车现象，并形成种植主体间接渠道和直接渠道的定价冲突问题，那么，建立具有公平回报的产后服务主体的利润函数，依据质量提升的收储服务补偿批发价格 w，运用集中决策和分散决策（Bertrand 博弈、Stackelberg 博弈）模型，能否得到一个多赢的均衡契约，从而获得一个利润分配合理的收储供应链治理机制和治理模式？

5.1.2 东北玉米和水稻主产区收储供应链典型模式的结构

根据第4章，得到粮食收储供应链典型模式，其结构如图5-1所示。其中，收储环节包括主营烘干、去杂等业务的粮食收储主体，这些收储主体中也有粮食产后服务主体（不包括国储库）；上游粮食种植主体主要是种植户、合作社或农场主；下游需求商主要是产地批发商、粮食加工企业等相关制造商或国储粮库（主要是水稻，玉米较少）。实际调查，说明种植主体可能把玉米和水稻直接销售给粮食收储主体（部分是粮食产后服务主体），也可能直接销售给需求商，常常两种情况都有，因此要考虑种植主体的双渠道销售问题。提炼典型模式（如图5-1）进行研究：

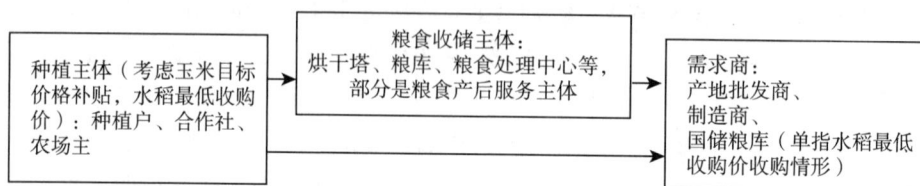

图5-1 东北三省主产区玉米和水稻主产区粮食收储供应链典型模式结构

第一种是以玉米主产区粮食产后服务主体作为核心企业，从种植主体收购高质量玉米，再转手批发给产地批发商的情形，这是最常见的一种收储供应链模式（详见5.2）；

第二种是以主产区规模水稻种植主体（如合作社和农场主）作为核心企业，进行双渠道销售的一种收储供应链模式，通过粮食产后服务主体进行销售对种植主体而言属于间接渠道，粮食产后服务主体提供质量提升的收储服务时要考虑种植主体"搭便车"的现象（详见5.3）。

5.1.3 主产区收储供应链典型模式的博弈问题和协调定价策略选择

依据图5-1收储供应链典型模式的基本架构，确定该收储供应链的三个主体：种植主体、粮食产后服务主体和需求商。该供应链各主体的博弈问题是指，粮食产后服务主体通过何种协调定价策略，激励收储供应链内各主体利润实现均衡分配，且保证粮食高质量，以及保证供应链高效率稳定运行。

根据第3章调查研究以及综述分析[261]，得出粮食产后服务主体在产销各环节的供应链协调定价策略，主要包括"博弈定价协调"和"契约定价协调"。

其中，博弈定价协调主要是 Bertrand 博弈和 Stackelberg 博弈定价；契约定价协调主要是集中式定价和数量折扣定价。以水稻收储供应链为例，前述定价策略的内涵如下：

（1）Bertrand 博弈定价策略

水稻收储供应链中，构建 Bertrand 博弈协调定价时，水稻种植主体或产后服务主体其一作为定价的主体，另一方为客体，采用 Bertrand 博弈的分散决策，双方以自身的利润最大化为定价目标，协调优化出水稻种植主体和产后服务主体在各销售渠道和各环节的水稻均衡价格。

（2）Stackelberg 博弈定价策略

水稻收储供应链中，构建 Stackelberg 博弈协调定价时，产后服务主体为定价主体，先主导以自身利润最大化为定价目标，优化出卖给需求商的水稻均衡价格，而后，水稻种植主体和需求商作为客体，相应地优化出利润最大时各销售渠道和各环节的水稻均衡价格。

（3）集中定价策略

水稻收储供应链中，水稻种植主体和产后服务主体作为一个整体进行集中定价决策，以水稻收储供应链总利润最大化为目标，分别优化出水稻种植主体和产后服务主体的水稻均衡价格。最后，供应链总利润中扣除水稻种植主体和产后服务主体利润外的余额，按照供应链一体化利润共享契约的原则，按比例分配。

（4）数量折扣定价策略

水稻收储供应链中，运用数量折扣定价策略协调水稻种植主体和产后服务主体之间的利益分配问题。在水稻收储供应链各主体分散决策获得各自利润最大化条件下，优化出签订的长期数量折扣契约，获得协调水稻种植主体和产后服务主体之间利益分配的参数范围，从而构建出水稻收储供应链数量折扣协调机制。

5.1.4　粮食产后服务主体的收储供应链治理机制和治理模式研究框架

依据第 2 章中的治理机制框架，这里主要采用李维安教授的观点，认为供应链治理机制包含供应链治理结构和治理机制。其中，治理结构选择运用适当的经济或社会机制来搭建，治理机制划分为利益分享机制和关系协调机制[123]。结合冷志杰等（2016）提出的原粮供应链治理框架[1]，确定主产区玉米、水稻收储供应链治理机制的研究框架：一是确定治理主体和治理客体，以及治理动因构成的结构，即关系框架；二是得出治理目标和治理策略构成的契约框架。

因此，所谓粮食产后服务主体的收储供应链治理模式是指粮食产后服务主体实施收储供应链治理机制的具体协调模式，在具体情境下应该有契约参数选择范围。

5.1.5　粮食产后服务主体收储供应链治理的核心问题

收储供应链的利润分配是粮食产后服务主体收储供应链治理的核心问题。

已有研究表明：粮食企业针对另一个企业的特定经营活动可以实现双赢的非零和博弈[169]，这种经营活动称作供应链合作关系构建。实质上，粮食供应链合作关系是指在供应链成员交易双方间一种信息共享、利益共享、风险共担的长期、稳定的协议关系[166]，这种协议，形成契约的核心内容。这种协议关系往往通过粮食供应链利润分配协调机制构建，利润的分配是供应链中各企业间合作与纷争的焦点问题，利润分配是否得当，关乎供应链合作的成败，妥善解决粮食供应链各环节主体利润分割不公平、不合理问题[174,175,176,262]，才能使其建立并保持良好的供应链合作关系。合作情况下供应链总收益明显高于非合作情况下的总收益[171]。

企业间的谈判地位、信息对称程度等因素对提高粮食供应链中各成员合作可能性具有重要影响[167]。非合作时各方的强弱和在渠道中各自的地位是分配渠道利润的重要依据[168]。粮食供应链利润分配机制还应考虑风险修正因子[170]。比如种植主体"搭便车"形成的风险，是指粮食产后服务主体向其提供质量提升的收储服务，共享了下游需求商信息等，而被种植主体取代或部分取代的风险。

粮食供应链各环节成员间利润分配主要通过各成员间利益补偿协调契约等契约合作的方式实现，利益补偿协调契约等契约主要通过最优定价，以及价格补偿机制和收益共享机制协调定价形成的，这种契约实质上是协调定价激励机制，有利于实现粮食供应链利益长期最大化[172,173]。因此，本章主要从探求收储供应链利润分配的核心理论问题解决方案入手，来构建前文两种典型模式的研究思路：

一是种植主体将符合高质量标准的玉米，批发销售给玉米收储主体，玉米收储主体对玉米实施收储服务后，加价批发给批发商，选择玉米主产区批发商占主导地位时的利润博弈模型，运用 Stackelberg 主从博弈求解，得出收储主体作为产后服务主体的定价规律，从而得到收储供应链治理机制和治理模式。

二是以高质量、高效率或者合理成本下的双渠道水稻供应链利润最优为收储激励目标，将影响水稻收储利润特征的收粮和卖粮价格，作为影响供应链利润的主要因素，并以函数形式代入该主体供应链定价策略，进入协调定价激励机制的约束，再优化该机制，从而得到收储供应链治理机制和治理模式。

综上，以三级玉米、水稻收储供应链协调定价为研究对象，利用合作博弈模型对主产区收储供应链的主体进行合作利润分配，研究粮食收储供应链治理的协调机制和模式。

5.2　高质量玉米的批发单渠道收储供应链治理机制和治理模式

5.2.1　主产区玉米的批发收储供应链合作利润博弈模型构建

5.2.1.1　问题描述与模型假设

合作博弈是指博弈双方的利益都有所增加，或者至少是一方的利益增加，而另一方的利益不受损害，因而整体的利益是有所增加的[263]。合作博弈研究的是人们达成合作时如何分配合作得到的收益，即收益分配问题。合作博弈的本质是一种合作的方式。因此，在市场信息、交易等信息不对称的情况下，构建由玉米种植主体、玉米收储主体与产地批发商组成的三级玉米收储供应链合作博弈定价模型是可行的。之所以选择这种收储供应链，是因为北粮南运的主产区玉米主要是被主销区批发商收购，多数用于主销区饲料或者工业生产用粮，对质量有高要求，也有高价格回报。因此，种植主体只有确保玉米质量，才有可能以高价卖给玉米收储主体，玉米收储主体对玉米实施收储服务后，再加价出售给批发商，具体假设如下：

假设 1　种植主体、玉米收储主体、批发商三者构成的主产区三级玉米收储供应链，它们所处市场为完全竞争市场，按批发商玉米等级定义质量标准，形成不同等级的收购价格，该价格是由市场决定的，可以假定价格对于各主体是已知的。在考虑了目标价格补贴的情况下，由种植主体确定玉米的出售价格。

假设 2　种植主体销售给玉米收储主体的是符合高质量标准的玉米。一是因为研究要求粮食满足质量约束；二是实际交易的调查表明，本质上清理与烘干的成本是由种植主体承担的，主要因为玉米收储主体是按质量收购，比如，质量主要表现在含水量上，种植主体如果卖湿粮，会被降价收购，相当于扣除去杂和烘干的成本。对批发商而言，高质量标准的玉米按实际情况可假定是二等及以上玉米，东北黑龙江多是二等，吉林和辽宁有一等玉米。

假设 3　种植主体、玉米收储主体、批发商三者皆是理性人，决策的目的都是在给定的约束条件下追求自身利润最大化。

假设 4　主产区玉米收储供应链运作时间在每年第 1 个季度之内，各参与主体销售的玉米都是高质量的，满足质量要求的玉米重量变化不大。根据假设 2，结合第 4 章，在东北玉米主产区，收储主体的收购常是转手经营行为，这种转手收储经营大多在一个季度之内完成，很少有长期储存的情况。因此，假定种植主体销售给收储主体的玉米符合高标准玉米的含水量，玉米收储主体再销售给批发商，由于时间短，玉米重量变化较小，可以忽略不计。

假设 5　玉米收储供应链中，玉米收储主体和批发商都可能成为供应链的核心主体，其合作关系和部分交易信息的共享对供应链的稳定性影响很大。

5.2.1.2　模型构建

假定种植主体销售高质量玉米，出售价为 P_1，玉米收储主体批发加价 P_2，批发商的加价 P_3，则批发商销售玉米的价格为 P，$P = P_1 + P_2 + P_3$，因此，玉米的产品需求函数表达式为：$Q = a - b(P_1 + P_2 + P_3)$。$C_1$ 为种植成本和烘干和处理成本，C_2 为玉米收储主体单位产品储存、运输等耗费的销售成本，C_3 为批发商单位产品耗费的销售成本，假定 C_1、C_2、C_3 为常数。

设 λ、μ 分别为合作关系系数和信息共享因子，当 $\lambda \in [0, 1]$，$\mu \in [0, 1]$ 时，表明核心企业提供合作和交易信息等共享便利，非核心企业除了市场加价之外，还要付出每单位利润的比率。$\lambda\mu$ 称为补偿系数，假定该系数不随核心企业的不同而变化，是由市场间整合程度决定的，$\lambda\mu$ 代表双方讨价还价的决策。当 $\lambda = 0$ 时，表明企业之间完全不合作，又称为分销合作方式，如果交易双方完全不信任，则 $\mu = 0$，说明信息完全不共享；当 $\lambda \in (0, 1)$，表示交易双方非完全合作，如果交易双方不完全信任，则 $\mu \in (0, 1)$，表示信息不完全共享；当 $\lambda = 1$ 时，表示交易双方完全合作，也称为直销模式，如果交易双方完全信任，则 $\mu = 1$，说明信息完全共享。π_1 为种植主体的利润函数，π_2 为玉米收储主体的利润函数，π_3 为批发商的利润函数，π 为三级玉米收储供应链的总利润函数。假设该玉米收储供应链的三个主体（种植主体、玉米收储主体、批发商）分别为 r，d，$m \in \{1, 2, 3\}$，构建下列利润模型：

(1) 玉米主产区批发商占主导地位时的利润博弈模型

种植主体付出每单位利润的 $\lambda_r\mu_r$ 比率的利润函数表达式：

$$\pi_r = (1 - \lambda_r\mu_r)(P_r - C_r)Q \qquad (5-1)$$

玉米收储主体付出每单位利润的 $\lambda_d\mu_d$ 比率的利润函数表达式：

$$\pi_d = (1 - \lambda_d\mu_d)(P_d - C_d)Q \qquad (5-2)$$

批发商提供合作和交易信息等共享便利的利润函数表达式：

$$\pi_m = \lambda_r\mu_r(P_r - C_r)Q + \lambda_d\mu_d(P_d - C_d)Q + (P_m - C_m)Q$$

$$(5-3)$$

三级玉米收储供应链的总利润函数表达式：

$$\pi = \pi_d + \pi_r + \pi_m = (P_d + P_r + P_m - C_d - C_r - C_m)Q \qquad (5-4)$$

(2) 玉米收储主体占主导地位时的利润博弈模型

种植主体的利润函数表达式：

$$\pi_r = (1 - \lambda_r\mu_r)(P_r - C_r)Q \qquad (5-5)$$

玉米收储主体的利润函数表达式：

$$\pi_d = \lambda_m\mu_m(P_m - C_m)Q + \lambda_r\mu_r(P_r - C_r)Q + (P_d - C_d)Q$$

$$(5-6)$$

批发商的利润函数表达式：

$$\pi_m = (1 - \lambda_m\mu_m)(P_m - C_m)Q \qquad (5-7)$$

三级玉米收储供应链的总利润函数表达式：

$$\pi = \pi_d + \pi_m + \pi_r = (P_d + P_m + P_r - C_d - C_m - C_r)Q \qquad (5-8)$$

根据公式（5-4）和（5-8），可以看出，如果核心企业提供合作和交易信息等共享便利，获得的补偿系数只是非核心企业每单位利润的比率，则核心主体无论选择供应链中的收储主体还是批发商，玉米收储供应链的需求量和总利润量保持不变。因此，可以将其归纳为一个通用的利润博弈模型，其中，以 s 表示种植主体，k、t 分别表示玉米收储供应链中的玉米收储主体和批发商，且都有可能是核心企业，都有可能占主导地位。共有以下 4 种情形，情形 1：k 占主导地位时，s 先于 t 作出反应；情形 2：k 占主导地位时，t 先于 s 作出反应；情形 3：t 占主导地位时，k 先于 s 作出反应；情形 4：t 占主导地位时，s 先于 k 作出反应。

为了简化研究步骤，只考虑 2 种情形，此时无论是收储企业还是批发企业做核心，都标记成 k。即，情形 1：假设 k 为三级玉米收储供应链的核心企业，占主导地位，t、s 为非核心成员，在市场中 s 先于 t 作出反应；情形 2：假设 k

为核心企业，占主导地位，t 先于 s 作出反应。因此，当 k 占主导地位时，k 会运用自己有形或无形的资源等有利条件与 t 和 s 持续地博弈，在使用主导权力的博弈进程中会分别获得 t 和 s 的两部分利润。

非核心成员 s 的利润函数表达式：

$$\pi_s = (1-\lambda_s\mu_s)(P_s - C_s)Q \qquad (5-9)$$

核心企业 k 的利润函数表达式：

$$\pi_k = \lambda_s\mu_s(P_s - C_s)Q + \lambda_t\mu_t(P_t - C_t)Q + (P_k - C_k)Q$$

$$(5-10)$$

非核心成员 t 的利润函数表达式：

$$\pi_t = (1-\lambda_t\mu_t)(P_t - C_t)Q \qquad (5-11)$$

三级玉米收储供应链的总利润函数表达式：

$$\pi = \pi_k + \pi_s + \pi_t = (P_k + P_s + P_t - C_k - C_s - C_t)Q \quad (5-12)$$

其中，式（5-9）表示在合作的前提下，s 不能独享供应链的利润，需要交出 $\lambda_s\mu_s$ 份额的利润分给处于主导地位的 k，而自己分得份额是 $1-\lambda_s\mu_s$。式（5-10）表示在合作时，k 的利润包括三部分：第一部分来自 s 所出的批发价格超过生产成本的利润分享；第二部分是 k 为 t 所出批发价格超过制造成本的加工利润；第三部分是 t 给出的销售利润分享。式（5-11）中同理，t 需要交出 $\lambda_t\mu_t$ 份额的利润分给 k，因而自己所获得的份额是 $1-\lambda_t\mu_t$。

5.2.1.3 模型求解

Stackelberg 主从博弈是指一方先行动，一方后行动的博弈[264]。在 Stackelberg 主从博弈中，领导者具有领导优势，能够在博弈中占据先机或者有利位置，跟随者须跟在领导者之后做出博弈[265]。在三级玉米收储供应链中，核心主体比合作主体更具决策和行动的优势。因此，根据 Stackelberg 主从博弈的原理将博弈过程分为两个阶段，采用逆推法对模型进行求解。玉米收储供应链主体 k、s 和 t 围绕价格变动实现均衡，其中核心主体 k 是价格的先驱者和引领者，非核心企业 t 和 s 则是价格的追随者。核心主体 k 在玉米收储供应链中依据自身实力居于先行动的一方，s 和 t 作为实力较弱的一方随后再做出决策，从而形成一个动态博弈的过程。

（1）当 k 占主导地位时，s 先于 t 作出市场反应

第一阶段：根据以上假设，s 先于 t 作出市场决策，追求自身利润最优，令 $\frac{\partial \pi_s}{\partial P_s}=0$，求解出 $P_s = \frac{a-b(P_t+P_k-C_s)}{2b}$；把 P_s 代入 π_t，令 $\frac{\partial \pi_t}{\partial P_t}=0$，求解出

$P_t = \dfrac{a-b\ (P_k+C_s-C_t)}{2b}$；再把 P_t 代入 P_s，得出 $P_s = \dfrac{a-b\ (P_k+C_t-3C_s)}{4b}$；将

P_s，P_t 代入 Q，求得 $Q = \dfrac{a-b\ (P_k+C_s+C_t)}{4}$；此时可得：

$$\pi_k = \lambda_s\mu_s\frac{[a-b(P_k+C_t+C_s)]^2}{16b} + \lambda_t\mu_t\frac{[a-b(P_k+C_t+C_s)]^2}{8b} +$$

$$(P_k-C_k)\frac{a-b(P_k+C_t+C_s)}{4} \qquad (5-13)$$

第二阶段：在市场信息对称时，k 对其上下游的 s 和 t 足够了解，因此会对价格作出调整，令 $\dfrac{\partial \pi_k}{\partial P_k}=0$，求解出：

$$P_k^* = \frac{(2-\lambda_s\mu_s-2\lambda_t\mu_t)a-b[(2-\lambda_s\mu_s-2\lambda_t\mu_t)C_s+(2-\lambda_s\mu_s-2\lambda_t\mu_t)C_t-2C_k]}{b(4-\lambda_s\mu_s-2\lambda_t\mu_t)}$$

$$(5-14)$$

将 P_k^* 再代入 P_s，P_t，Q 中，得出：

$$P_s^* = \frac{a-b[C_t-(7-2\lambda_s\mu_s-4\lambda_t\mu_t)C_s+C_k]}{2b(4-\lambda_s\mu_s-2\lambda_t\mu_t)} \qquad (5-15)$$

$$P_t^* = \frac{a-b[C_s-(3-\lambda_s\mu_s-2\lambda_t\mu_t)C_t+C_k]}{b(4-\lambda_s\mu_s-2\lambda_t\mu_t)} \qquad (5-16)$$

$$Q^* = \frac{a-b(C_s+C_t+C_k)}{8-2\lambda_s\mu_s-4\lambda_t\mu_t} \qquad (5-17)$$

从而，再将 P_k^*，P_s^*，P_t^*，Q^* 代入利润博弈模型中，求得非核心成员 s 的利润函数表达式为：

$$\pi_s^* = (1-\lambda_s\mu_s)\frac{[a-b(C_s+C_t+C_k)]^2}{4b(4-\lambda_s\mu_s-2\lambda_t\mu_t)^2} \qquad (5-18)$$

非核心成员 t 的利润函数表达式为：

$$\pi_t^* = (1-\lambda_t\mu_t)\frac{[a-b(C_s+C_t+C_k)]^2}{2b(4-\lambda_s\mu_s-2\lambda_t\mu_t)^2} \qquad (5-19)$$

核心企业 k 的利润函数表达式为：

$$\pi_k^* = \frac{[a-b(C_s+C_t+C_k)]^2}{4b(4-\lambda_s\mu_s-2\lambda_t\mu_t)} \qquad (5-20)$$

三级玉米收储供应链的总利润函数表达式为：

$$\pi^* = \frac{(7-2\lambda_s\mu_s-4\lambda_t\mu_t)[a-b(C_s+C_t+C_k)]^2}{4b(4-\lambda_s\mu_s-2\lambda_t\mu_t)^2} \qquad (5-21)$$

(2) 当 k 占主导地位时，t 先于 s 作出市场反应

同理，根据以上假设，令 t 先于 s 作出市场决策时，可以求出

$$P_k^{**} = \frac{(2-\lambda_s\mu_s-2\lambda_t\mu_t)a-b\big[(2-\lambda_s\mu_s-2\lambda_t\mu_t)C_t+(2-\lambda_s\mu_s-2\lambda_t\mu_t)C_s-2C_k\big]}{b(4-\lambda_s\mu_s-2\lambda_t\mu_t)}$$

$$(5-22)$$

$$P_s^{**} = \frac{a-b\big[C_t-(3-\lambda_s\mu_s-2\lambda_t\mu_t)C_s+C_k\big]}{b(4-\lambda_s\mu_s-2\lambda_t\mu_t)} \quad (5-23)$$

$$P_t^{**} = \frac{a-b\big[C_s-(7-2\lambda_s\mu_s-4\lambda_t\mu_t)C_t+C_k\big]}{2b(4-\lambda_s\mu_s-2\lambda_t\mu_t)} \quad (5-24)$$

$$Q^{**} = \frac{a-b(C_s+C_t+C_k)}{8-2\lambda_s\mu_s-4\lambda_t\mu_t} \quad (5-25)$$

从而，再将 P_k^{**}，P_s^{**}，P_t^{**}，Q^{**} 代入利润博弈模型中，求得非核心成员 s 的利润函数表达式为：

$$\pi_s^{**} = (1-\lambda_s\mu_s)\frac{\big[a-b(C_s+C_t+C_k)\big]^2}{2b(4-\lambda_s\mu_s-2\lambda_t\mu_t)^2} \quad (5-26)$$

非核心成员 t 的利润函数表达式为：

$$\pi_t^{**} = (1-\lambda_t\mu_t)\frac{\big[a-b(C_s+C_t+C_k)\big]^2}{4b(4-\lambda_s\mu_s-2\lambda_t\mu_t)^2} \quad (5-27)$$

核心企业 k 的利润函数表达式为：

$$\pi_k^{**} = \frac{\big[a-b(C_s+C_t+C_k)\big]^2}{4b(4-\lambda_s\mu_s-2\lambda_t\mu_t)} \quad (5-28)$$

三级玉米收储供应链的总利润函数表达式

$$\pi^{**} = \frac{(7-2\lambda_s\mu_s-4\lambda_t\mu_t)\big[a-b(C_s+C_t+C_k)\big]^2}{4b(4-\lambda_s\mu_s-2\lambda_t\mu_t)^2} \quad (5-29)$$

5.2.1.4 结果与讨论

（1）在主产区高质量玉米收购中，如果核心企业之间有合作关系或者交易信息实现共享，其代价是非核心企业进行返利销售，那么无论收储主体和批发商谁做核心企业，三级玉米收储供应链的需求量和总利润保持不变。据此可推出：第一，无论谁做核心企业，种植主体要想建立长期的销售渠道，除了提高玉米质量以外，牺牲一定的收益弥补销售断链的风险是必要的，毕竟是买方市场；第二，对于政策实施方而言，只要玉米收储供应链不断链，那么谁做核心主体并不是产业层面的重要问题。

（2）如果 k 是收储主体，作为产后服务主体，较批发商有成为核心企业的合理背景。如果收储主体是产后服务主体，收储服务意识强，在玉米主产区了解产销信息，并且能够解决来自批发商关于与种植主体交易成本高的问题，那么批发商愿意贡献自己少部分利润作为降低交易成本的补偿；同理，因为收储企业能够稳定解决销售问题，种植主体也愿意贡献部分利润作为劳务费、手续费，作为省心省力的一种代价。

（3）如果 k 是收储主体，在玉米收储供应链中做核心企业，具有一定程度的销售定价权，供应链中的博弈过程是种植主体先反应，批发商后反应。根据玉米价格是由主产区传导至主销区的规律来看，收储主体先从种植主体收购玉米，如果市场价格不合适，因为有仓储，可以等到市场价格上涨了再销售给批发商，因此可以推得种植主体先反应，批发商后反应。此时，根据当 k 占主导地位时，s（种植主体）先于 t（批发商）做出市场反应来分析定价过程中对 k 的补偿系数 $\lambda_s\mu_s$ 和 $\lambda_t\mu_t$ 的合理区间。

（4）如果 k 是批发商，在玉米收储供应链中做核心企业，具有采购的定价权，那么也是 s（种植主体）先于 t（收储主体）做出市场反应。在主产区，存在一些饲料用玉米批发商，愿意用高于市场的定价收购一些高质量的玉米，此时，由于收购价高，收储主体愿意组织货源，比照市场一般性的收购，相当于给了收储主体和种植主体返利，因此，主要讨论（3）的情况。

5.2.2　玉米批发收储供应链中收储主体主导的各主体利润分配规律

信息共享是不同企业在交易或合作过程中的信息交流与传递，是企业间建立稳固协作关系的有力保障[266]。信息共享是要求有成本的[267]，因而信息共享会使供应链各节点企业的合作利润分配不平衡[268]。供应链成员一般根据信息共享程度，划分为合作关系中完全信息共享，信息不共享，以及信息部分共享三种状态。在现实中，供应链成员的关系大多处于第三种状态[269]。由于合作关系系数 λ_s 与 λ_t 和信息共享因子 μ_s 与 μ_t 的不对等，因此，依据供应链实际运行情况，假设玉米收储供应链上游的合作关系系数与信息共享因子小于或等于供应链下游的合作关系系数与信息共享因子。为简化研究补偿系数 $\lambda_s\mu_s$ 与 $\lambda_t\mu_t$ 的变化规律，只对 λ_s 与 λ_t，μ_s 与 μ_t 相同情况下的合作利润分配进行研究，借助信息发达以及东北玉米主产区机械化程度比较高的优势，调查中，由于是完全竞争市场，收储主体在与上下游合作中了解上下游的利润，故提取合作和交易信息共享的相同趋势补偿系数是可行的，因此，假定 $\lambda_s=\lambda_t$，$\mu_s=\mu_t$，且 $\lambda\geqslant\mu$。

5.2.2.1　玉米收储供应链中各主体利润总额在不同补偿系数下的利润变化

根据 5.2.1.3 的博弈结果，计算各主体利润总额在不同补偿系数下的利润变化规律。

先来看非核心成员 s、t 的利润在区间 $\lambda \in [0, 1]$ 间的变化情况。令 $R = a - b(C_s + C_t + C_k)$，$\dfrac{\partial \pi_s^*}{\partial \lambda_s} = \dfrac{R^2(2-3\lambda_s)}{4b(4-3\lambda_s)^3}$，由于 $0 \leqslant \lambda_s \leqslant 1$，得出 $-1 \leqslant 2-3\lambda_s \leqslant 2$，$1 \leqslant 4-3\lambda_s \leqslant 4$。因此，当 $-1 \leqslant 2-3\lambda_s \leqslant 0$，即 $\dfrac{2}{3} \leqslant \lambda_s \leqslant 1$ 时，$\dfrac{\partial \pi_s^*}{\partial \lambda_s} \leqslant 0$，函数 π_s^* 在 $\lambda_s \in \left[\dfrac{2}{3}, 1\right]$ 上单调递减；当 $0 < 2-3\lambda_s \leqslant 2$，即 $0 \leqslant \lambda_s \leqslant \dfrac{2}{3}$ 时，$\dfrac{\partial \pi_s^*}{\partial \lambda_s} > 0$，函数 π_s^* 在 $\lambda_s \in \left[0, \dfrac{2}{3}\right]$ 上单调递增。再次求偏导，即 $\dfrac{\partial \pi_s^{*\prime}}{\partial \lambda_s} = \dfrac{R^2(3-9\lambda_s)}{2b(4-3\lambda_s)^4}$，由于 $0 \leqslant \lambda_s \leqslant 1$，得出 $-6 \leqslant 3-9\lambda_s \leqslant 3$。因此，当 $-6 \leqslant 3-9\lambda_s \leqslant 0$，即 $\dfrac{1}{3} \leqslant \lambda_s \leqslant 1$ 时，$\dfrac{\partial \pi_s^{*\prime}}{\partial \lambda_s} \leqslant 0$，函数 π_s^* 在 $\lambda_s \in \left[\dfrac{1}{3}, 1\right]$ 上斜率递减；当 $0 < 3-9\lambda_s \leqslant 3$，即 $0 \leqslant \lambda_s \leqslant \dfrac{1}{3}$ 时，函数 π_s^* 在 $\lambda_s \in \left[0, \dfrac{1}{3}\right]$ 上斜率递增。

同理，$\dfrac{\partial \pi_t^*}{\partial \lambda_t} = \dfrac{R^2(2-3\lambda_t)}{2b(4-3\lambda_t)^3}$，函数 π_t^* 在 $\lambda_t \in \left[0, \dfrac{2}{3}\right]$ 上单调递增，在 $\lambda_t \in \left[\dfrac{2}{3}, 1\right]$ 上单调递减；再次求偏导，$\dfrac{\partial \pi_t^{*\prime}}{\partial \lambda_t} = \dfrac{R^2(3-9\lambda_t)}{b(4-3\lambda_t)^4}$，函数 π_t^* 在 $\lambda_t \in \left[0, \dfrac{1}{3}\right]$ 上斜率递增，在 $\lambda_t \in \left[\dfrac{1}{3}, 1\right]$ 上斜率递减。

再看核心企业 k 的利润变化。$\dfrac{\partial \pi_k^*}{\partial \lambda_k} = \dfrac{3R^2}{4b(4-3\lambda_k)^2}$，函数 π_k^* 在 $\lambda_k \in [0, 1]$ 上单调递增；再次求偏导，$\dfrac{\partial \pi_k^{*\prime}}{\partial \lambda_k} = \dfrac{9R^2}{2b(4-3\lambda_k)^3}$，函数在 π_k^* 在 $\lambda_k \in [0, 1]$ 上斜率递增。

最后看三级玉米供应链总利润的变化。$\dfrac{\partial \pi^*}{\partial \lambda} = \dfrac{(9-9\lambda)R^2}{2b(4-3\lambda)^3}$，总利润在 $\lambda \in [0, 1]$ 是单调递增的；再次求偏导，$\dfrac{\partial \pi^{*\prime}}{\partial \lambda} = \dfrac{(45-54\lambda)R^2}{2b(4-3\lambda)^4}$，函数 π^* 在 $\lambda \in \left[0, \dfrac{5}{6}\right]$ 上斜率递增，反之，函数 π^* 在 $\lambda \in \left[\dfrac{5}{6}, 1\right]$ 上斜率递减。

同理可知，μ 的变化与 λ 的变化区间是一致的。因此，π_s^*、π_t^*、π_k^* 及 π^* 随 λ、μ 的变化曲线图分别如图 5-2 至图 5-5 所示。

从博弈结果上看，种植主体和批发商的总利润随着补偿系数中合作系数和信息共享系数均在 $(0, 2/3)$ 递增，在 $(2/3, 1)$ 迅速递减；而收储主体和供应链利

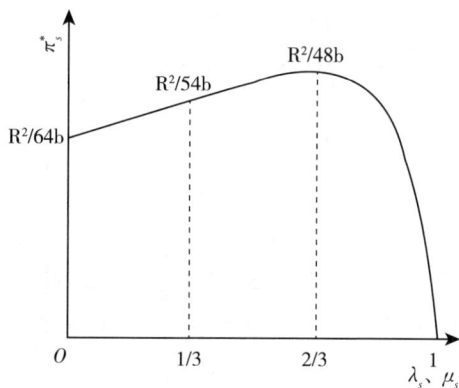

图 5-2 π_s^* 随 λ_s、μ_s 变化的曲线

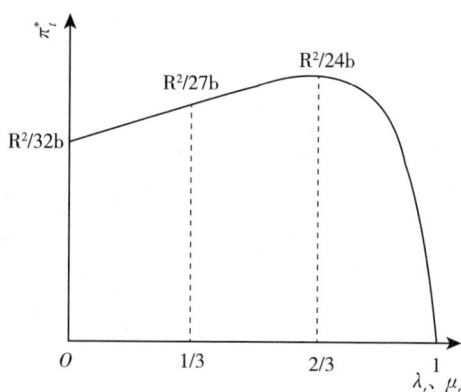

图 5-3 π_t^* 随 λ_t、μ_t 变化的曲线

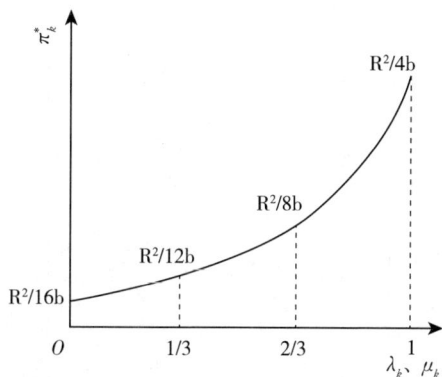

图 5-4 π_k^* 随 λ_k、μ_k 变化的曲线

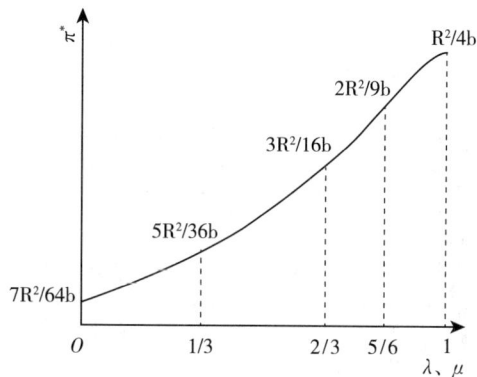

图 5-5 π^* 随 λ、μ 变化的曲线

润在（0，2/3）递增，尤其在（1/3，2/3）递增较快，在（2/3，1）迅速递增。

为了讨论各种补偿系数下的利润分配量，补偿系数中的合作系数和信息共享系数各自选择 5 个值，计算各种组合下各主体的利润，算例计算，如表 5-1 所示。

5.2.2.2 各主体利润总额在不同补偿系数下的利润变化的算例

基于合作利润分配模型，进行一次利润运行性分配。收储主体作为核心企业，k 占主导地位，先给出定价策略，非核心成员种植主体和批发商 s、t 在 k 给出策略后做出决策。其中，种植主体 s 先做出市场决策，批发商 t 后做出市场决策。一次利润运行性分配量为：

$$\Pi\pi_s^{*\lambda_n\mu_n\cdot\lambda_{n+1}\mu_{n+1}} = \pi_s^{*\lambda_n\mu_n} \cdot s_{n,n+1}, n = 0,1,2,3,4 \quad (5-30)$$

$$\Pi\pi_t^{*\lambda_n\mu_n\cdot\lambda_{n+1}\mu_{n+1}} = \pi_t^{*\lambda_n\mu_n} \cdot s_{n,n+1}, n = 0,1,2,3,4 \quad (5-31)$$

表 5-1 销售量、各成员间博弈利润随 λ、μ 变化而增减情况

$\lambda_t=\lambda_s$, $\mu_t=\mu_s$	$\lambda_0=0$		$\lambda_1=\frac{1}{3}$		$\lambda_1=\frac{2}{3}$ ($\lambda_1=\lambda_2$)				$\lambda_1=\frac{5}{6}$ ($\lambda_1=\lambda_2=\lambda_3$)						$\lambda_1=1$ ($\lambda_1=\lambda_2=\lambda_3=\lambda_4$)							
	$\mu_0=0$		$\mu_1=\frac{1}{3}$		$\mu_1=\frac{1}{3}$		$\mu_2=\frac{2}{3}$		$\mu_1=\frac{1}{3}$		$\mu_2=\frac{5}{6}$		$\mu_3=\frac{5}{6}$		$\mu_1=\frac{1}{3}$		$\mu_2=\frac{2}{3}$		$\mu_3=\frac{5}{6}$		$\mu_4=1$	
	数值	增减%	数值	增减%	数值	增减%	数值	增减%	数值	增减%	数值	增减%	数值	增减%	数值	增减%	数值	增减%	数值	增减%	数值	增减%
$Q^*=\dfrac{R}{2(4-3\mu^2)}$	$\dfrac{R}{8}$	基准值	$\dfrac{3R}{22}$	9.1	$\dfrac{3R}{20}$	20	$\dfrac{3R}{16}$	50	$\dfrac{3R}{19}$	26.3	$\dfrac{3R}{24}$	71.4	$\dfrac{6R}{23}$	108.7	$\dfrac{R}{6}$	33.3	$\dfrac{R}{4}$	100	$\dfrac{R}{3}$	166.7	$\dfrac{R}{2}$	300
$\pi_t^*=\dfrac{(1-\lambda\mu)R^2}{4b(4-3\mu^2)^2}$	$\dfrac{R^2}{64b}$	基准值	$\dfrac{2R^2}{121b}$	5.8	$\dfrac{7R^2}{400b}$	12	$\dfrac{5R^2}{256b}$	25	$\dfrac{13R^2}{722b}$	15.2	$\dfrac{R^2}{49b}$	30.6	$\dfrac{11R^2}{529b}$	33.1	$\dfrac{R^2}{54b}$	18.5	$\dfrac{R^2}{48b}$	33.3	$\dfrac{R^2}{54b}$	18.5	0	−100
$\pi_k^*=\dfrac{R^2}{4b(4-3\mu^2)^2}$	$\dfrac{R^2}{16b}$	基准值	$\dfrac{3R^2}{44b}$	9.1	$\dfrac{3R^2}{40b}$	20	$\dfrac{3R^2}{32b}$	50	$\dfrac{3R^2}{38b}$	26.3	$\dfrac{3R^2}{28b}$	71.4	$\dfrac{3R^2}{23b}$	108.7	$\dfrac{R^2}{12b}$	33.3	$\dfrac{R^2}{8b}$	100	$\dfrac{R^2}{6b}$	166.7	$\dfrac{R^2}{4b}$	300
$\pi_r^*=\dfrac{(1-\lambda\mu)R^2}{2b(4-3\mu^2)^2}$	$\dfrac{R^2}{32b}$	基准值	$\dfrac{4R^2}{121b}$	5.8	$\dfrac{7R^2}{200b}$	12	$\dfrac{5R^2}{128b}$	25	$\dfrac{13R^2}{361b}$	15.2	$\dfrac{2R^2}{49b}$	30.6	$\dfrac{22R^2}{529b}$	33.1	$\dfrac{R^2}{27b}$	18.5	$\dfrac{R^2}{24b}$	33.3	$\dfrac{R^2}{27b}$	18.5	0	−100
$\pi^*=\dfrac{(7-6\lambda\mu)R^2}{4b(4-3\mu^2)^2}$	$\dfrac{7R^2}{64b}$	基准值	$\dfrac{57R^2}{484b}$	7.7	$\dfrac{51R^2}{400b}$	16.6	$\dfrac{39R^2}{256b}$	39.3	$\dfrac{48R^2}{361b}$	21.6	$\dfrac{33R^2}{196b}$	53.9	$\dfrac{102R^2}{529b}$	76.3	$\dfrac{5R^2}{36b}$	26.9	$\dfrac{3R^2}{16b}$	71.4	$\dfrac{2R^2}{9b}$	103.2	$\dfrac{R^2}{4b}$	128.6

注：令 $R=a-b(C_s+C_t+C_k)$；表均选择以 $\lambda=0$，$\mu=0$ 作为基准值。

某区间核心企业收储主体的利润增量为：$V\pi_k^{*\lambda_n\mu_n \cdot \lambda_{n+1}\mu_{n+1}} = \pi^{*\lambda_{n+1}\mu_{n+1}} - \pi^{*\lambda_n\mu_n}$

某区间非核心成员的利润减少量为：

$$V\pi_{\underline{s}}^{\lambda_n\mu_n \cdot \lambda_{n+1}\mu_{n+1}} = V\pi_s^{*\lambda_n\mu_n \cdot \lambda_{n+1}\mu_{n+1}} + V\pi_t^{*\lambda_n\mu_n \cdot \lambda_{n+1}\mu_{n+1}}$$

$$= (\pi_s^{*\lambda_n\mu_n} - \pi_s^{*\lambda_{n+1}\mu_{n+1}}) + (\pi_t^{*\lambda_n\mu_n} - \pi_t^{*\lambda_{n+1}\mu_{n+1}})$$

某区间可分配利润总量为：$V\pi^{\lambda_n\mu_n \cdot \lambda_{n+1}\mu_{n+1}} = V\pi_k^{*\lambda_n\mu_n \cdot \lambda_{n+1}\mu_{n+1}} - V\pi_{\underline{s}}^{\lambda_n\mu_n \cdot \lambda_{n+1}\mu_{n+1}}$

某区间可分配利润比例为：$s_{n,n+1} = V\pi_+^{\lambda_n\mu_n \cdot \lambda_{n+1}\mu_{n+1}} / \pi^{*\lambda_n\mu_n}$

研究中选择固定合作关系系数，基于合作关系在不同阶段取值一定的情况下，比较信息共享系数的不同取值所反映的结果对玉米三级收储供应链各成员，以及整体利润的影响程度，结果如表 5-1 所示。表明：

（1）只有收储主体作为核心企业与上下游合作时获得的利润比不合作时高，才能确保合作运营收储供应链不发生断链。因此，针对上游种植主体和下游批发商，合作系数和信息共享系数大于 1/3，就好于不合作，这两种系数越大越好。批发商的采购量规律也是如此。

（2）供应链总体利润不下降，才能体现合作的价值。合作系数和信息共享系数大于 1/3，就好于不合作。上下游的合作系数区间是 [5/6，1），上下游共享系数区间是 [2/3，5/6] 时总利润较大。

（3）每个参与的主体利润不下降，才能获得可行的区间。对于种植主体和批发商，合作系数和信息共享系数大于 1/3，就好于不合作不共享；对于种植主体与下游的合作系数区间是 [2/3，5/6]，与下游共享系数区间也是 [2/3，5/6]；对于批发商，与上游的合作系数区间是 [2/3，1），与上游共享系数区间也是 [2/3，5/6]。

（4）上下游合作系数区间为 [2/3，5/6]，上下游共享系数区间也为 [2/3，5/6]时，可以满足供应链总体收益的最大化。

5.2.2.3 在粮食质量约束下粮食产后服务主体的均衡契约假设检验

在本章开始，提出根据博弈研究结果检验假说Ⅱ：在粮食质量约束下，粮食产后服务主体使用粮农先出价的博弈激励，仍然能得到一个双赢的均衡契约。根据 5.2.2.1 和 5.2.2.2，将收储主体作为粮食产后服务主体，可得如下结论：

（1）在玉米主产区，以粮食产后服务主体为核心的高质量约束下玉米收储供应链，各成员的利润随合作关系系数 λ 的增大而不断增加，在 λ 不变的情况下，利润随信息共享因子 μ 的增加而不断增加，且利润增加的幅度也逐渐变大。

（2）玉米收储供应链中的粮农与批发商会跟随作为核心企业的粮食产后服

务主体做出相应决策，决策的先后顺序影响两主体的利润获取，先做出决策的主体所获利润反而少，但在 λ、$\mu \in [0, 1]$ 时粮农与批发商获取利润的函数曲线变化是一致的。

（3）玉米收储供应链上各参与主体在合作关系系数和信息共享因子 λ、$\mu \in [5/6, 1]$ 时，产后服务主体作为核心企业利润增幅很大，而粮农和批发商出现利润增幅减少的情况。5.2.2.1 研究表明，粮农先于批发商反应，仍然可以得出有利于合作的区间上限为 λ、$\mu = 5/6$；对比各主体在 λ、$\mu = 1/3$、λ、$\mu = 2/3$ 时的获利比例，可知有利于合作的区间下限为 λ、$\mu = 2/3$；综上，在 λ、$\mu \in [2/3, 5/6]$ 时，有利于玉米收储供应链上各主体间建立合作关系，此时可以验证该假设。

（4）玉米收储供应链上各参与主体在合作关系系数 $\lambda \in [2/3, 1]$、信息共享因子 $\mu \in [2/3, 1]$ 时，主体间合作利润增长最快的是玉米产后服务主体，随着 λ、μ 增大，粮农会出现利润负增长，说明供应链的核心企业玉米产后服务主体在合作利润博弈性的利润分配中占据主导，要使玉米收储供应链正常运行，核心企业在粮农出现负增长时必须对其进行利润补偿，激励其继续保持合作，促使供应链持续稳定发展。

5.2.3 高质量约束下玉米产后服务主体的批发收储供应链治理机制

根据 5.2.1—5.2.2，将玉米收储主体作为玉米产后服务主体，构建非完全合作下的玉米收储供应链治理机制。

5.2.3.1 高质量约束下的主产区玉米产后服务主体的批发收储供应链治理结构

针对高质量约束下玉米批发收储供应链，成员间在现实中的通过合作、信息共享手段协调供应链的利益分配规律：在主产区高质量玉米收购中，如果收储主体作为产后服务主体，那么较批发商有担任核心企业的能力和背景，批发收储供应链中的博弈过程是种植主体 s 先反应，批发商 t 后反应，核心企业通过合作或者交易信息共享，系数 λ、$\mu \in [2/3, 5/6]$，驱动非核心企业进行补偿，补偿系数 $\lambda_s \mu_s$ 和 $\lambda_t \mu_t$ 中的 λ_s、μ_s、λ_t、μ_t 合理区间为 $[2/3, 5/6]$，从而有利于玉米收储供应链上各企业合作，这种协调使得批发收储供应链利益最大化。如果合作或者交易信息共享系数 λ、$\mu \in [2/3, 1]$，核心企业需对合作企业进行利润补偿。

在此基础上，构建高质量约束下的主产区玉米批发收储供应链治理结构模型，如图 5-6 所示，主要包括：

（1）治理主体和治理客体。治理主体确定为玉米产后服务主体，治理客体是种植主体和批发商；

（2）玉米收储供应链成员之间的关系。在玉米主产区，完全竞争的市场环境下，种植主体、玉米产后服务主体、批发商三者构成主产区三级玉米收储供应链，玉米产后服务主体承担收储批发高质量玉米的功能，搭建主产区玉米收储和批发的桥梁，该供应链运行时间聚焦在秋季，一般时间较短，属于转手经营，其中高质量清理和烘干可由种植主体自己完成，也可以由收储主体提供服务。

（3）玉米产后服务主体的治理动因。李维安等（2016）认为是为了解决分散决策带来的目标冲突，以及契约不完全带来的机会主义，针对前者，治理行为是协调，针对后者，治理行为是抑制[123]。玉米产后服务主体为种植主体提供了稳定的收储服务和销售渠道，为批发商节省分散采购的交易成本，因为合作和供应链交易等信息共享，分别获得了上游种植主体和下游批发商主体的利润补偿。

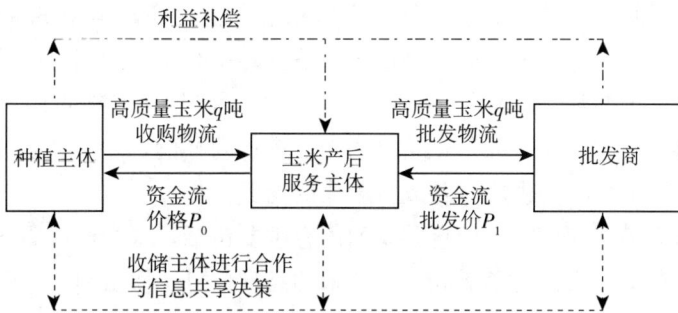

图 5-6　玉米主产区高质量玉米批发形成的收储供应链治理结构

5.2.3.2　高质量约束下的主产区玉米批发收储供应链治理机制的设计

李维安等（2016）的治理机制构成，主要包括治理目标，利益分享协调机制和关系协调机制[125]。综合这两种研究，结合 5.2.1—5.2.2 的研究结果，针对玉米产后服务主体，构建如下高质量约束下的主产区玉米批发收储供应链治理机制。

（1）治理目标设定

主产区玉米产后服务主体治理玉米批发收储供应链的目标，是制定高于市场交易利润的多赢策略。在种植主体先出价，以及在粮食质量约束下，玉米产后服务主体使用种植主体先出价的博弈激励，仍然能得到一个多赢的均衡契约，包括，供应链总体利润好于不合作的合理化盈利；每个成员的利润高于原来的利润。事实上，在玉米收购季节，在较短的时间内，玉米产后服务主体收购高质量玉米并转手销售，该玉米收储供应链的价差或者利润都不高，因此，只要能制定出高于市场交易利润的多赢策略就是治理目标。

(2) 解决分散决策带来的目标冲突问题的利益分享协调机制设计

利益分享协调机制主要包括玉米产后服务主体可以采用 Stackelberg 主从博弈策略，主要利益协调策略包括合作和利益分配，玉米产后服务主体无论针对上游种植主体还是下游批发商，均可以采用 Stackelberg 主从博弈策略定价，合作关系系数 λ 的区间均是 [2/3, 5/6]，也就是在主产区收储服务的薄利中，获得上下游对其所作的合作贡献进行的补偿，才能把供应链整体利益做大，才能出现玉米收储供应链各成员多赢的局面。

收储供应链合作的利益分享主要内容包括，玉米产后服务主体针对种植主体提供合作性收储功能服务，比如上门服务等，对批发商提供整合高质量玉米资源的采购成本节约服务。种植主体高质量的玉米产量愈高，这种机制越有效。

(3) 解决契约不完全带来的机会主义问题的关系协调机制设计

玉米产后服务主体针对上游种植主体和下游批发商，采用 Stackelberg 主从博弈策略定价，设定上下游交易信息等信息共享获得的利润分配给玉米产后服务主体的决策系数，μ 的区间是 [2/3, 5/6]，就是在产地收储服务的薄利中，获得上下游对其所作的信息共享的贡献进行的补偿，才能把供应链整体利益做大，出现玉米收储供应链各成员多赢的局面。

收储供应链交易信息等信息共享的内容主要包括，玉米产后服务主体针对种植主体，春季提供市场急需高质量玉米的品种信息、质量信息、收储服务信息、销售渠道信息；对批发商提供整合高质量玉米资源的服务信息等。种植主体产量愈高，这种机制越有效。

5.2.4 高质量约束下玉米产后服务主体的批发收储供应链治理模式

结合原粮供应链治理模式[1]的定义，根据 5.2.3，确定高质量约束下的主产区玉米产后服务主体的批发收储供应链治理模式：

(1) 应用环境

针对东北三省玉米主产区，在完全竞争的市场环境下，玉米产后服务主体为上游种植主体和下游批发商提供高质量玉米采购和批发业务，交易时间短，交易距离均局限在一个有限的半径区域。玉米产后服务主体拥有玉米产地收储市场的资源，且针对种植主体提供收储服务。

（2）玉米产后服务主体的治理关系结构

治理主体为粮食产后服务主体，治理客体为种植主体和批发商，玉米收储主体承担收储批发高质量玉米的服务功能，搭建了主产区玉米收储和批发的桥梁。

（3）玉米产后服务主体的治理契约组合

主产区玉米产后服务主体实施高质量约束下的玉米批发收储供应链治理机制，这里设计玉米产后服务主体的治理契约，主要包括两部分：

第一，与种植户的契约。在契约中，关键是要根据种植户的高质量玉米产量、服务内容，设定利于服务利润合理分配的合作和信息共享决策系数，比如，从 1/3 开始到 5/6 不等，需要进行双方收益的测算，确定在双赢的利益基础上，确定返利比例。

第二，与批发商的契约。在契约中，关键是要根据批发商对玉米的需求质量特征、时间、数量等确定服务任务，设定利于服务利润合理分配的合作和信息共享决策系数，比如，从 2/3 开始到 5/6 不等，需要进行双方收益的测算，确定在双赢的利益基础上，确定返利比例。

5.2.5 玉米产后服务主体的批发收储供应链治理机制和治理模式相关结论

（1）在东北主产区高质量玉米收储转售的批发市场，针对以收储主体为核心的高质量玉米收储供应链，立足各主体利润分配的角度，引进合作关系系数和信息共享因子构成的补偿系数 λ、μ，为了使高质量玉米收储供应链获得整体利益最大化，基于 Stackelberg 主从博弈原理得出，一是在高质量粮食约束下，收储主体使用种植户先出价的博弈激励，仍然能得到一个多赢的均衡契约；二是当高质量玉米量越大，收储主体与上下游合作越紧密，信息共享越多，所获利润就越大，且在 λ、$\mu \in [2/3, 5/6]$，能够得到均衡解；三是无论是收储主体还是批发商做核心企业，上述规律均是存在的。

（2）得出高质量约束下的主产区玉米批发收储供应链中玉米产后服务主体的治理机制。玉米产后服务主体的治理目标是供应链成员多赢，玉米产后服务主体针对上游种植主体和下游批发商，采用 Stackelberg 主从博弈定价策略，设定通过上下游合作和交易信息等信息共享所获得利润分配给玉米产后服务主体的可行决策系数是 1/3 以上，供应链中多主体多赢局面较好的系数区间均是 [2/3，5/6]，就是在产地收储服务的薄利中，获得上下游对其所作的合作和信息共享的贡献补偿，才能把供应链整体利益做大，才能出现玉米收储供应链各成员多赢的局面。合作内容主要包括，玉米产后服务主体针对种植主体提供收储服务，对批发商提供整合高质量玉米资源的服务。信息共享的内容主要包括，玉米产后服务主体针对种植主体，提供春季市场急需的高质量玉米品种信息、质量信息、收储服务信息、销售渠道信息；对批发商提供整合高质量玉米资源的服务信息等。种植主体产量愈高，该机制越有效。

（3）得出高质量约束下主产区玉米批发收储供应链中产后服务主体的治理模式。结合玉米的质量和数量，采用种植户先出价，然后和批发商谈判的策略，在交易时间短，交易距离均局限在一个有限半径区域的情况下，收储主体依据拥有玉米产地收储市场的资源，针对不同产量的种植户签订合作和信息共享决策系数分别从 1/3 开始到 5/6 不等的采购契约，针对批发商，根据其对玉米需求的质量等特征，从 2/3 开始到 5/6 的可行区间，设定有利于合理服务利润分配的合作和信息共享决策系数，从而构建批发契约。

5.3 高质量收储服务约束下的水稻双渠道收储供应链治理机制和模式

5.3.1 高质量收储服务约束下的粮食产后服务主体动态博弈问题的提出

在东北三省粮食主产区，针对收储功能较完备的粮食产后服务主体收储供应链模式进行调查，研究团队发现，粮食产后服务主体针对一个具有种植规模的种植主体收购粮食，通常都有两个动态工作过程，一是产后服务主体针对主产区种植主体进行收储前的沟通服务，目的是抢好粮，凭借收储服务，协商获得一个合理的采购价格和服务报酬，然后交易，这是一个讨价环节的事前协商过程，存在一个讨价还价的博弈问题，该问题的解决为以后的长期交易奠定基础；二是有了交易基础后，种植主体通过粮食产后服务主体的收储服务，不仅卖了粮食，还获得了信息服务，加之自己有一定种植规模，比较容易获得越过产后服务主体直销的获利机会，因此，往往会自己直接销售一部分，这样种植主体就产生一个直销的直接渠道和通过产后服务主体销售的间接渠道的价格竞争问题，这对种植主体而言是一个搭便车的，给产后服务主体带来风险的竞争行为，那么如何解决上述两个问题是粮食产后服务主体在收储制度改革遇到的难题，是必须解决的重要问题。下面选择水稻收储供应链进行问题的明确：

（1）明确具有双渠道销售的水稻收储供应链结构

具有双渠道销售的水稻收储供应链结构如图 5-7 所示。

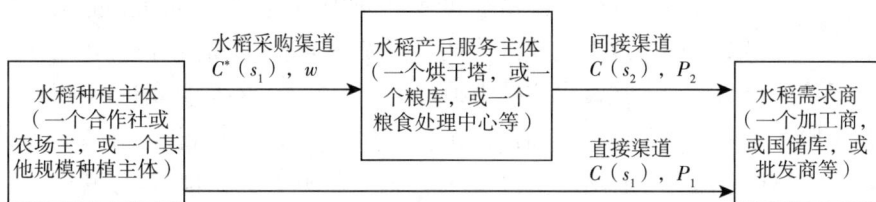

图 5-7 东北水稻主产区种植主体主导下水稻收储供应链的双渠道结构

（2）明确产后服务主体与种植主体动态博弈过程中长期协调问题

主产区水稻产后服务主体对种植主体提供水稻质量提升的收储服务，通过控制该服务的提供水平，进而解决产后服务主体与种植主体的长期协调问题，这个长期协调是一个动态的博弈过程：

在第一期，水稻产后服务主体为了满足需求商高质量的需求，针对上游种植主体，提供收储服务，种植主体单渠道销售给产后服务主体，然后产后服务主体顺价销售给需求商。对此，已有研究在 2016 年提出粮食处理中心是粮食"最初一公里问题"的关键环节，在推进其市场化服务转变中，保障粮食质量安全的原粮供应链治理模式亟待研究[1]，针对"粮食处理中心"的原粮供应链治理模式研究，"发现针对粮食处理后未来增值利润，事前确定粮农和粮食处理中心双方的利益均衡分配比率是核心问题，对此，构建 Rubinstein 讨价还价博弈模型，得到了一个非线性激励契约函数，由此说明达成的契约是均衡且有效的，根据均衡契约的影响因素分析，通过明示烘干、风险等成本信息协调方式，可减少均衡契约获得的谈判成本"[1]，因此，水稻产后服务主体面对的第一期问题是一个讨价还价博弈问题。产后服务主体运用 Rubinstein 讨价还价博弈模型有望得到的均衡契约，能够达到优先考虑种植主体的利益，兼顾了产后服务主体的基本利益和机会主义支付，凸出了双方共同利益的效果。那么，基于上述结果提出了水稻供应链治理模式，有助于产后服务主体的服务模式转型升级，从而，有助于水稻产后服务主体与种植主体形成长期的交易关系，形成合理的批发价。

在第二期，水稻种植主体往往通过间接或者直接渠道将水稻销售给需求商。比如，水稻种植主体间接渠道销售是指直接卖给水稻产后服务主体，产后服务主体实施清理和烘干等收储服务，使得水稻质量提升，达到更高质量等级，从而通过提供收储服务获得补偿性的批发价格，卖给国库，或者卖给企业（比如象屿集团）；水稻种植主体直接渠道是指种植主体付费购买产后服务主体的收储服务，或者自己部分实施清理和烘干等收储功能后达到高质量等级的水稻要求，直接卖给国库或者企业。因此，可以假定水稻种植主体种植量较大，具有讨价还价的能力，在该供应链中种植主体占主导。在间接渠道，种植主体和产后服务主体在水稻质量方面需要进行合作，实现目标价格；在直接渠道，种植户根据产后服务主体在合作中透露的质量提升方面的信息，进行水稻处理，在质量等级提升后直接卖给需求商，达成不低于批发价格的一种直接渠道价格。所以，可以假定产后服务主体的采购价格必然是一个低于间接渠道的批发折扣价格，也是低于直接渠道的批发折扣价格，采购价格体现了通过讨价还价获得收储服务的补偿。由于产后服务主体有收储功能优势，以及了解需求商质量要求的优势，可以假定水稻产后服务主体在采购中会向种植主体提供需求商需要的质量要求等信息，还提供收储功能的部分或者全部服务，即可以向种植主体提供不同水平的质量提升的收储服务，种植主体利用这种服务信息等便利条件进行直接渠道销售获利而不公平付费是一种搭便车行为，长期下去会抑制产后服务主体为种植主体提供服务的意愿，导致零和博弈的产生。因此，要考虑产后服务主体从采购水稻的种植主体获得折扣价格补偿问题，该补偿是因提供质量提升的收储服务使种植主体获得直接渠道销售获利机会的公平回报。质量提升的收储服务在公平回报约束下，为取得收储供应链利润最大化，解决直接渠道和间接渠道存在的价格冲突问题，需要进行供应链治理。

5.3.2 研究方法

由于收储政策调整时间不长，相关研究很少。根据实际可以分解为水稻采购中为种植主体提供质量提升的收储服务的批发折扣价格补偿，以及在直接渠道，提供质量提升的收储服务在公平回报约束下粮食产后服务主体解决双渠道定价冲突问题，分两阶段进行博弈研究。分别运用 Rubinstein 讨价还价博弈模型，以及集中决策和 Stackelberg 博弈与 Bertrand 博弈下的分散决策定价决策模型，从而揭示水稻收储供应链中的定价规律，最终获得数量折扣机制的协调参数，形成产后服务主体的治理机制、治理模式，从而为收储服务决策提供指导。

第一，当种植主体愿意针对产后服务主体提供的质量提升的收储服务给予折扣价格补偿时，为解决水稻收储供应链中水稻产后服务主体和种植主体之间批发价格的博弈问题，可构建 Rubinstein 讨价还价博弈模型制定水稻产后服务主体的水稻收储供应链的治理机制。根据冷志杰等（2016）研究了粮食处理中心的收储供应链，发现事前确定粮农和粮食处理中心双方均衡分配比率是核心问题[1]，对此，构建 Rubinstein 讨价还价博弈模型，得到一个均衡契约，说明通过明示烘干、风险等成本信息的协调方式，可减少均衡契约获得的谈判成本。该契约中治理机制的特点是，优先考虑了粮农利益，兼顾了处理中心基本利益和机会主义支付，凸出了双方共同利益。基于上述结果提出处理中心的原粮供应链治理模式，有助于粮食物流企业服务模式的转型。

第二，基于直接渠道上提供质量提升的收储服务的公平回报约束下的水稻产后服务主体双渠道定价冲突问题，一是将质量提升的收储服务相关因素和公平回报约束引入到需求函数中，建立产后服务主体、种植主体和收储供应链的总利润函数。利用集中决策，构建 Stackelberg 博弈和 Bertrand 博弈模型，分别在分散决策下分析水稻信息服务对价格的影响，得出产后服务主体、种植主体和收储供应链的最优定价决策。二是以收储供应链利润最大化为目标，建立收储供应链数量折扣协调机制。三是运用 Matlab 软件进行数值仿真，从 2018 年黑龙江省的一个收储供应链案例选取实际参数，验证和优化涉及的变量间关系，能更准确地反映出收储供应链各主体之间在制订定价决策时的博弈关系。在此基础上提出基于收储供应链数量折扣协调机制的供应链治理机制和治理模式。

5.3.3 质量提升的收储服务依水稻批发价补偿的单渠道收储供应链治理机制构建

5.3.3.1 研究思路

根据冷志杰等（2016），选取如下研究方法：对水稻实施最低收购价制度属于不完全竞争市场的行为，由于东北三省水稻主产区的粮食产后服务主体具有局部区域的垄断性，因此，选用 Rubinstein 讨价还价模型[270]更适于处理水稻产后服务主体所处的非完全竞争市场。依据产后服务主体基于种植主体质量提升的收储服务进行折扣价格补偿的思路，为了激励种植主体，建立由种植主体先出价的无限期不完全信息的讨价还价模型，并在模型中引入种植主体和粮食产后服务主体对讨价还价过程的耐受程度度量，在不同的耐受程度下，研究种植主体和粮食产后服务主体之间的博弈均衡解，最后根据唯一的子博弈精炼纳什均衡和破裂点，为种植主体和产后服务主体提供了一份非线性均衡契约，从而优化产后服务主体的原粮供应链治理模式，该思路是可行的。"粮食处理中心"的原粮供应链治理模式相关的模型结论[1]可用于本研究。由此，在上述定价基础上构建非完全信息下的动态博弈模型，研究均衡解的表达式及其影响因素，以此作为收储和销售契约中的均衡定价范围及相关说明，形成产后服务主体的供应链治理模式。

5.3.3.2 收储供应链中水稻产后服务主体的讨价还价博弈模型假设

（1）假设博弈一方是水稻种植主体，另一方是水稻产后服务主体，对经后者处理后的高品质水稻需求大于供给。

（2）假设种植主体和产后服务主体双方均是理性经纪人，即追求自身利益的最大化。假设种植主体投入直至规定的水稻返款时间；产后服务主体可为种植主体提供不同水平的质量提升的收储服务，投入不同的成本，并采购水稻；种植主体通过提供折扣的采购批发价格进行补偿，即，双方合作共同创造的未来售粮增值利润为 π，这里 π 与产后服务主体的努力水平正相关，π 是双方的共同认知，是去掉所有成本之外的增值利润。

（3）假设在无限期讨价还价过程中，种植主体在奇数期出价，产后服务主体在偶数期还价；

（4）假设存在谈判成本，引入贴现因子 δ_i（$0<\delta_i<1$，$i=p$，h），记为 δ_p，δ_h，分别代表种植主体和产后服务主体的耐心程度或谈判能力，值越大代表程度越高或能力越好；

（5）假设 E_p 为种植主体预期 π 中的净收益比例，是种植主体的私人信息，产后服务主体只知道 E_p 服从$[a，b]$上的均匀分布（$0\leqslant a\leqslant 1$，$0\leqslant b\leqslant 1$，且$a\leqslant b$），但是产后服务主体可以根据种植主体的行为对该信息不断地修正。同样，E_h 为产后服务主体对种植主体净收益比例最高值的预期，是产后服务主体的私人信息，种植主体只知道 E_h 服从$[c，d]$上的均匀分布（$0\leqslant c\leqslant 1$，$0\leqslant d\leqslant 1$，且$c\leqslant d$），不知道 E_h 的具体值。根据产后服务主体收粮的实际情况，双方都希望达成交易，因此，假设双方讨价还价区间存在交集：$a<c\leqslant b<d$。

5.3.3.3 收储供应链中水稻产后服务主体的讨价还价博弈模型求解结果

结合上述假设，构建讨价还价博弈模型，该模型及求解过程与文献［1］相同，这里省略，求解得出：如果水稻种植主体先出价的，具有不完全信息的讨价还价博弈的均衡为：水稻种植主体在第一阶段提出自己要享有未来售粮增值利润 π 的 $\dfrac{b+E_p(1-\delta_p)+\delta_p E_{h1}}{2}$ 部分，将 π 的 $\left(1-\dfrac{b+E_p(1-\delta_p)+\delta_p E_{h1}}{2}\right)$ 部分留给水稻产后服务主体，且水稻产后服务主体接受这个分配方案。

值得注意的是，谈判破裂的风险是时刻存在的，并会影响谈判双方的出价和各自的最终支付。

用 b_p、b_h 代表在谈判破裂时水稻种植主体和水稻产后服务主体的临界点预期，其受内部选择和外部选择共同影响。低于 b_p（b_h），水稻种植主体（粮食产后服务主体）是不会接受的。比如，b_p 代表水稻种植主体的成本上限，b_h 代表着顺价销售给需求商的盈利底线，由此可表达粮食产后服务主体的机会主义支付约束。令 $E_{p1} \geqslant E_h - b_h$，可以得到水稻种植主体提供给水稻产后服务主体的均衡契约：$\mathrm{Max}\{b_h\pi,(1-E_{p1})\pi\}$（$E_{p1} \geqslant b_p$）。

5.3.3.4　种植主体先出价的水稻产后服务主体动态博弈均衡解的影响分析

（1）水稻种植主体预期的讨价还价区间对谈判均衡解的影响

水稻市场价格是透明的，不低于政府确定的水稻最低收购价格时，假定水稻产后服务主体针对上游种植主体实施的收储功能成本有差异，由于与下游需求商成交地的距离不同，针对不同位置的种植主体物流成本不同，因此，对不同种植主体定价是不相同的。根据种植主体对水稻产后服务主体提供的不同水平质量提升的收储服务成本的了解程度，可将水稻种植主体预期讨价还价的区间分为三种情况讨论：

1）水稻种植主体已知市场价格，但是对水稻产后服务主体提供的不同水平质量提升的收储服务成本不了解。此时，$a<c \leqslant b<d$，则均衡结果 E_{p1} 在 c 和 b 之间，即 $c \leqslant E_{p1} \leqslant b$，由于对水稻产后服务主体的不同水平质量提升的收储服务成本不了解，b 和 c 的距离会相对较大，通过多次谈判才能达成交易。需要产后服务主体做好解释工作。

2）水稻种植主体已知市场价格，对水稻产后服务主体提供的不同水平质量提升的收储服务成本完全了解。此时，$c<a \leqslant b<d$，则均衡结果 E_{p1} 在 a 和 c 之间。一般是产后服务主体已经做好种植主体的沟通工作，谈判进行顺利。

3）水稻种植主体不知市场价格，对水稻产后服务主体提供的不同水平质量提升的收储服务成本不了解。会出现 $a \leqslant b<c \leqslant d$，不存在讨价还价的空间，种植主体的出价超出产后服务主体的底线，谈判失败。

（2）水稻种植主体和水稻产后服务主体的讨价还价能力对均衡解的影响

根据文献[1]相关推导过程，可知 E_p、δ_p 对 E_{p1} 有正向作用，E_h、δ_h 对 E_{h1} 有正向作用。说明均衡结果 E_{p1} 与双方的预期 E_p、E_h，以及贴现因子 δ_p、δ_h 密切相关，而双方的预期、贴现因子也代表了谈判双方的讨价还价能力。

所以，水稻种植主体和水稻产后服务主体中相对越有耐心的一方，讨价还价的能力也越强。

5.3.3.5 基于讨价还价均衡契约的水稻产后服务主体单渠道收储供应链治理机制

为了合理分配水稻产后服务主体与种植主体合作的售粮增值利润，得出水稻产后服务主体的单渠道收储供应链治理机制：一是在已经知道需求商的水稻需求信息情况下，明确需求商的采购价格范围，从而明确产后服务主体为种植主体提供何种水平的质量提升的收储服务，以及水稻采购数量。二是要明确产后服务主体获得种植主体提供的折扣采购批发价格，以补偿其质量提升的收储服务，采用事前协商的讨价还价模式商讨水稻采购的增值利润分配：在水稻种植主体先出价情况下，可以得到与种植主体双赢的均衡解，需要了解种植主体第一次谈判时预期增值利润中的净收益比例，以及种植主体的成本上限或者最低盈利点，以及自身顺价销售给需求商的盈利底线。三是水稻种植主体和产后服务主体中相对越有耐心的一方，讨价还价的能力也越强。四是事前协商的能力越强越有利于均衡契约达成，对于种植主体提供何种水平的质量提升的收储服务成本来说，沟通工作很重要。需要产后服务主体做好解释工作，水稻产后服务主体向水稻种植主体明确市场价格、收储功能和销售渠道等成本，以及相关质量问题，从而更快速达成均衡契约。

5.3.4 质量提升的收储服务公平补偿的双渠道收储供应链治理机制

5.3.4.1 主产区水稻双渠道收储供应链利润模型建立

假设 1 种植主体的水稻批发价格 w 由主产区市场价格决定。由第 3 章可知，2016—2018 年，国家水稻最低收购价格调低后，主产区内部的粳稻和粳米价格之间大部分存在着整合关系，市场效率较高，粳稻市场影响粳米市场。主产区粳稻市场到主销区粳米市场之间存在部分长期整合关系，整合的市场效率较高，主销区粳米批发价格影响了主产区粳稻收购价，因此，可以设定种植主体的批发价格由当地主产区的水稻市场价格决定。

假设 2 水稻产后服务主体质量提升的收储服务水平一定时，水稻产后服务主体质量提升的收储服务成本低于水稻种植主体的质量提升的收储服务成本，即 $\eta_2 < \eta_1$。这是由水稻产后服务主体比种植主体具有更高专业水平和规模效益决定的，第 4 章的调研结果说明急需收储服务的种植主体如果不重视仓储相关的培训，甚至不具备仓储能力，较产后服务主体，抵御市场波动影响的能

力会更差。

参考 Yao 等（2018）构建的需求函数[271]，建立水稻种植主体的直销渠道和通过粮食产后服务主体建立间接渠道的需求函数分别为：

$$D_1 = a_1 - \alpha_1 p_1 + \alpha_2 s_1 + \beta_1(p_2 - p_1) + \beta_2(s_1 - s_2) \quad (5-32)$$

$$D_2 = a_2 - \alpha_1 p_2 + \alpha_2 s_2 + \beta_1(p_1 - p_2) + \beta_2(s_2 - s_1) \quad (5-33)$$

其中，模型符号 a_1（$a_1 > 0$）代表直接渠道的市场规模，a_2（$a_2 > 0$）代表间接渠道的市场规模；c 代表水稻种植的单位成本；w 代表产后服务主体采购时从种植主体获得的批发价格；D_1 代表直接渠道的需求量，D_2 代表间接渠道的需求量；p_1 代表直接渠道水稻的销售价格，p_2 代表间接渠道水稻的销售价格；s_1（$s_1 > 0$）代表水稻种植主体的水稻质量提升的收储服务水平，s_2（$s_2 > 0$）代表水稻产后服务主体的水稻质量提升的收储服务水平，$0 < s_i \leq 5$ 代表较低的水稻质量提升的收储服务水平，$6 < s_i < 15$ 代表中等的水稻质量提升的收储服务水平，$s_i \geq 15$ 代表较高的水稻质量提升的收储服务水平，其中 $i = 1$，2 时 $s_1 + s_2 = m$，$s_1 < s_2$，$0 < s_1 \leq \dfrac{m}{2}$，代表水稻种植主体质量提升的收储服务水平范围，$\dfrac{m}{2} < s_2 \leq m$ 代表水稻产后服务主体对种植主体提供收储质量提升的收储服务水平范围，m 为常数可由式（5-32）和（5-33）确定，$0 < s_1 \leq m/4$ 代表水稻种植主体为自身提供水平较低的质量提升的收储服务水平范围，$m/4 < s_1 \leq m/2$ 代表水稻种植主体为自身提供水平较高的质量提升的收储服务水平范围，$\dfrac{m}{2} < s_2 \leq \dfrac{3m}{4}$ 代表水稻产后服务主体对种植主体提供水平较低的质量提升的收储服务水平范围，$\dfrac{3m}{4} < s_2 \leq m$ 代表水稻产后服务主体对种植主体提供水平较高的质量提升的收储服务水平范围；α_1 代表市场需求对价格的弹性系数，α_2 代表市场需求对直接渠道与间接渠道水稻质量提升的收储服务水平的弹性系数；β_1 代表市场需求对间接渠道与直接渠道价格差的转移系数，β_2 代表市场需求对直接渠道与间接渠道水稻收储质量服务水平差的转移系数；η_1 代表直接渠道的水稻质量提升的收储服务成本系数，η_2 代表间接渠道的水稻质量提升的收储服务成本系数。

参考 Yao 等[150]，水稻质量提升的收储服务成本的表达式为 $c(s) = \dfrac{\eta s^2}{2}$，则建立水稻种植主体、水稻产后服务主体和水稻收储供应链的总利润函数分别为式（5-34）—（5-36）：

$$\Pi_1 = [p_1 - c - c(s_1)]D_1 + (w-c)D_2 \qquad (5-34)$$

$$\Pi_2 = [p_2 - w - c(s_2)]D_2 + [c(s_1) - c^*(s_1)]D_1 \qquad (5-35)$$

$$\Pi = \Pi_1 + \Pi_2 \qquad (5-36)$$

其中，种植主体在直接渠道、产后服务主体在间接渠道需要支付的水稻质量提升的收储服务成本分别是 $c(s_1) = \dfrac{\eta_1 s_1^2}{2}$，$c(s_2) = \dfrac{\eta_2 s_2^2}{2}$，按间接渠道产后服务主体提供的水稻质量提升的收储服务水平确定的，需要水稻种植主体支付的直接渠道水稻收储质量提升的收储服务成本是 $c^*(s_1) = \dfrac{\eta_2 s_1^2}{2}$。$[c(s_1) - c^*(s_1)]$ D_1 表示种植主体搭便车行为对水稻产后服务主体的补偿，体现了服务价值。

水稻种植主体、水稻产后服务主体和水稻收储供应链的总利润分别为 Π_1、Π_2、Π，假定 Bertrand 博弈下水稻种植主体、水稻产后服务主体和水稻收储供应链的总利润分别为 Π_1^B、Π_2^B、Π^B，Stackelberg 博弈下水稻种植主体、水稻产后服务主体和水稻收储供应链的总利润分别为 Π_1^S、Π_2^S、Π^S，集中决策下水稻种植主体、水稻产后服务主体和水稻收储供应链的总利润分别为 Π_1^C、Π_2^C、Π^C，分别分析三种博弈定价策略。

5.3.4.2 水稻收储供应链中 Bertrand 博弈定价策略

如图 5-7 所示，双渠道下的水稻收储供应链中，水稻种植主体和产后服务主体实力相当，对进行过收储服务的水稻存在一次性的直接渠道和间接渠道的定价竞争，假定没有其他收储企业进入，采用 Bertrand 博弈的顺序为：第一步，种植主体从自身利润 Π_1 最大化出发，制定直接渠道价格；第二步，产后服务主体在种植主体提供的批发价格基础上，制定间接渠道的销售价格，以实现自己利润 Π_2 最大化。

那么采用 Bertrand 博弈的分散决策，各方以自己的利润最大化为目标，建立目标函数式（5-37）—（5-38）：

$$\max\Pi_1(p_1, p_2) = [p_1 - c - c(s_1)]D_1 + (w-c)D_2 \quad (5-37)$$

$$\max\Pi_2(p_1, p_2) = [p_2 - w - c(s_2)]D_2 + [c(s_1) - c^*(s_1)]D_2$$

$$(5-38)$$

命题 1 在水稻收储供应链分散式定价决策中，根据 Bertrand 博弈方法求解直接和间接渠道的最优粮食销售价格（p_1^B，p_2^B）分别为式（5-39）—（5-40）：

$$p_1^B = \frac{C_1 s_1^2 + C_2 s_1 + C_3 s_2^2 + C_4 s_2 + C_5}{2(4\alpha_1^2 + 3\beta_1^2 + 8\alpha_1\beta_1)} \qquad (5-39)$$

$$p_2^B = \frac{D_1 s_1^2 + D_2 s_1 + D_3 s_2^2 + D_4 s_2 + D_5}{2(4\alpha_1^2 + 3\beta_1^2 + 8\alpha_1\beta_1)} \qquad (5-40)$$

其中，

$C_1 = 2\alpha_1^2 \eta_1 + 3\beta_1^2 \eta_1 + 4\alpha_1\beta_1 \eta_1 - \beta_1^2 \eta_2$

$C_2 = 4\alpha_1\alpha_2 + 4\beta_2\alpha_1 + 4\beta_1\alpha_2 + 2\beta_1\beta_2$

$C_3 = \alpha_1\beta_1 \eta_2 + \beta_1^2 \eta_2$

$C_4 = 2\alpha_2\beta_1 - 4\alpha_1\beta_2 - 2\beta_1\beta_2$

$C_5 = 2\beta_1 a_2 + 4\beta_1 a_1 + 4\alpha_1 a_2 + 4\alpha_1^2 c + 4\alpha_1\beta_1 c + 6\alpha_1\beta_1 w + 6\beta_1^2 w$

$D_1 = 3\alpha_1\beta_1 \eta_1 - 2\alpha_1\beta_1 \eta_2 + 3\beta_1^2 \eta_1 - 2\beta_1^2 \eta_2$

$D_2 = -4\alpha_1\beta_1^2 + 2\alpha_2\beta_1 - 2\beta_1\beta_2$

$D_3 = 2\alpha_1^2 \eta_2 + 4\alpha_1\beta_1 \eta_2 + 2\beta_1^2 \eta_2$

$D_4 = 4\alpha_1\beta_2 + 4\alpha_1\alpha_2 + 4\beta_1\alpha_2 + 2\beta_1\beta_2$

$D_5 = 2\beta_1 a_1 + 4\alpha_1 a_2 + 4\beta_1 a_2 + 4w\alpha_1^2 + 2c\alpha_1\beta_1 + 6w\beta_1^2 + 8w\alpha_1\beta_1$

证明 令 $\dfrac{\partial \Pi_1}{\partial p_1} = a_1 + \alpha_2 s_1 - (c - w - p_2)\beta_1 + (s_1 - s_2)\beta_2 + (\alpha_1 +$

$\beta_1)\left(\dfrac{\eta_1 s_1^2}{2} + c - 2p_1\right) = 0$

令 $\dfrac{\partial \Pi_2}{\partial p_2} = a_2 + \alpha_2 s_2 + \beta_1\left(p_1 + \dfrac{\eta_1 s_1^2}{2} - \dfrac{\eta_2 s_1^2}{2}\right) - \beta_2(s_1 - s_2) + (\alpha_1 + \beta_1)\left(\dfrac{\eta_2 s_2^2}{2} - \right.$

$2p_2 + w) = 0$

联立可求出 (P_1^S, P_2^S)，命题 1 得证。可以求出需求量 (D_1^B, D_2^B)，进一步求得在 Bertrand 博弈下，水稻种植主体、粮食产后服务主体和水稻收储供应链的总利润为式（5-41）—（5-43）：

$$\Pi_1^B = (p_1^B - c - \frac{\eta_1 s_1^2}{2})D_1^B + (w - c)D_2^B \qquad (5-41)$$

$$\Pi_2^B = (p_2^B - w - \frac{\eta_2 s_2^2}{2})D_2^B + \left(\frac{\eta_1 s_1^2}{2} - \frac{\eta_2 s_1^2}{2}\right)D_1^B \qquad (5-42)$$

$$\Pi^B = \left[p_1^B - c - c^*(s_1)\right]D_1^B + \left[p_2^B - c - c(s_2)\right]D_2^B \qquad (5-43)$$

推论 1 根据命题 1 的条件推出，在双渠道下的水稻收储供应链中，渠道价格和各渠道水稻质量提升的收储服务水平呈正相关。

$$\frac{\partial P_1^B}{\partial s_1} = \frac{(8\alpha_1\beta_1 + 4\alpha_1^2 + 6\beta_1^2)s_1\eta_1 + 2\beta_1\beta_2 - 2\beta_1^2 s_1\eta_2 + 4\alpha_1\alpha_2 + 4\alpha_1\beta_2 + 4\alpha_2\beta_1}{6\beta_1^2 + 8\alpha_1^2 + 16\alpha_1\beta_1} > 0$$

$$\frac{\partial P_2^B}{\partial s_2} = \frac{(4\alpha_1^2 + 4\beta_1^2)s_1\eta_1 + 2\beta_1\beta_2 + 8\alpha_1\beta_1\eta_1 s_2 + 4\alpha_1\alpha_2 + 4\alpha_1\beta_2 + 4\alpha_2\beta_1}{6\beta_1^2 + 8\alpha_1^2 + 16\alpha_1\beta_1} > 0$$

推论 2 根据命题1的条件推出，在双渠道水稻收储供应链中，某一渠道的水稻质量提升的收储服务水平对本渠道价格的影响程度大于其对另一渠道价格的影响。

$$\frac{\partial P_1^B}{\partial s_1} - \frac{\partial P_2^B}{\partial s_1} = \frac{(\beta_1\eta_2 + \alpha_1\eta_1)s_1 + \alpha_2 + 2\beta_2}{2\alpha_1 + 3\beta_1} > 0,$$

$$\frac{\partial P_1^B}{\partial s_2} - \frac{\partial P_2^B}{\partial s_2} = \frac{-(\beta_1\eta_2 + \alpha_1\eta_1)s_1 - \alpha_2 - 2\beta_2}{2\alpha_1 + 3\beta_1} < 0$$

推导得出，当水稻产后服务主体提供的水稻质量提升的收储服务水平一定时，水稻种植主体提高水稻质量提升的收储服务会使得直接渠道的价格高于间接渠道；当水稻种植主体提供的水稻质量提升的收储服务水平一定时，粮食产后服务主体提高质量提升的收储服务水平使得间接渠道的价格高于直接渠道的价格，具体结论将通过后续数值仿真进一步验证。

因此，水稻种植主体和产后服务主体实力相当的时候，要想提高利润，应该不断提高水稻质量提升的收储服务水平。具体表现在对水稻质量提升的收储服务进行一体化监管：一方面，水稻产后服务主体应该基于质量要求提高水稻种植者筛选水平，包括水稻品种质量、水稻生产管理质量等，通过质量提升的收储服务契约约束，提升水稻质量提升的收储服务水平；另一方面，水稻种植主体应加强对信息的及时性管理，基于信息实时采集、传输技术，提高网络平台发布水稻质量信息的时效性，同时，通过对契约关系监管，提高契约的公平性和有效性。

5.3.4.3　水稻收储供应链中 Stackelberg 博弈定价策略

Stackelberg 博弈模型适用于一个领导者和一个跟随者之间。针对双渠道的收储供应链，居于一定规模的种植主体具有处置水稻的权利，具有主导地位，双方采取 Stackelberg 博弈的分散决策，以自身利润的最大化为目标。Stackelberg 博弈的顺序为：第一步，先由种植主体确定批发价，使自身利润最大化；第二步，产后服务主体根据需求商所确定的批发价，确定间接渠道销售价格，以实现自身利润的最大化。对此采用倒序法求解。

在双渠道下的水稻收储供应链中，采用以水稻种植主体为主导的 Stackelberg 博弈，水稻种植主体和产后服务主体各方进行决策，以各自的利润最大化为目标。建立目标函数式（5－44）—（5－45）：

$$\max \Pi_2(p_1, p_2) = [p_2 - w - c(s_2)]D_2 + [c(s_1) - c^*(s_1)]D_2$$

$$(5-44)$$

$$\max\Pi_1(p_1,p_2)=[p_1-c-c(s_1)]D_1+(w-c)D_2 \quad (5-45)$$

命题 2 在双渠道下的收储供应链中，根据 Stackelberg 博弈方法求解直接和间接渠道的最优粮食销售价格（p_1^S，p_2^S）分别为式（5-46）—（5-47）：

$$p_1^S=\frac{E_1s_1^2+E_2s_1+E_3s_2^2+E_4s_2+E_5}{4(2\alpha_1^2+4\alpha_1\beta_1+\beta_1^2)} \quad (5-46)$$

$$p_2^S=\frac{F_1s_1^2+F_2s_1+F_3s_2^2+F_4s_2+F_5+F_6}{8(2\alpha_1^2+4\alpha_1\beta_1+\beta_1^2)(\alpha_1+\beta_1)} \quad (5-47)$$

其中，

$$E_1=2\alpha_1^2\eta_1+2\beta_1^2\eta_1+4\alpha_1\beta_1\eta_1-\beta_1^2\eta_2$$

$$E_2=4\alpha_1\alpha_2+4\beta_2\alpha_1+4\beta_1\alpha_2+2\beta_1\beta_2$$

$$E_3=\alpha_1\beta_1\eta_2+\beta_1^2\eta_2$$

$$E_4=2\alpha_2\beta_1-4\alpha_1\beta_2-2\beta_1\beta_2$$

$$E_5=4\alpha_1a_1+4\beta_1a_1+4\alpha_1^2c+6c\alpha_1\beta_1+2\beta_1a_2+4w\alpha_1\beta_1+4\beta_1^2w$$

$$F_1=2\beta_1^2\alpha_1\eta_1-8\beta_1^2\alpha_1\eta_2+6\alpha_1^2\beta_1\eta_1-4\alpha_1^2\beta_1\eta_2+4\beta_1^3\eta_1-3\beta_1^3\eta_2$$

$$F_2=4\alpha_2\beta_1^2-12\alpha_1\beta_1\beta_2-2\beta_1^2\beta_2-8\alpha_1^2\beta_2+4\beta_1\alpha_1\alpha_2$$

$$F_3=12\alpha_1^2\beta_1\eta_2+3\beta_1^3\eta_2+4\alpha_1^3\eta_2+11\alpha_1\beta_1^2\eta_2$$

$$F_4=2\beta_1^2\beta_2+8\alpha_1^2\alpha_2+16\alpha_1\alpha_2\beta_1+6\beta_1^2\alpha_2+12\alpha_1\beta_1\beta_2+8\alpha_1^2\beta_2$$

$$F_5=24\alpha_1^2\beta_1w+6c\alpha_1\beta_1^2+16\alpha_1\beta_1a_2+24w\alpha_1\beta_1^2+8w\beta_1^3$$

$$F_6=4c\alpha_1^2\beta_1+8w\alpha_1^3+8a_2\alpha_1^2+4\alpha_1\beta_1a_1+8\beta_1^2a_1+6\beta_1^2a_2$$

证明 采用逆向归纳法求解：

令 $\dfrac{\partial\Pi_2}{\partial p_2}=a_2+\alpha_2s_2+\beta_1(p_1+\dfrac{\eta_1s_1^2}{2}-\dfrac{\eta_2s_1^2}{2})-\beta_2(s_1-s_2)+(\alpha_1+\beta_1)(\dfrac{\eta_2s_2^2}{2}-2p_2+w)=0$

$$p_2^S=\frac{a_2+\beta_1P_1+\alpha_2s_2-\beta_2(s_1-s_2)+\beta_1(\dfrac{\eta_1s_1^2}{2}-\dfrac{\eta_2s_1^2}{2})+(\alpha_1+\beta_1)(\dfrac{\eta_2s_2^2}{2}+w)}{2\alpha_1+2\beta_1}$$

$$(5-48)$$

将式（5-48）代入到式（5-34），并对其求关于 p_1 的导数。

令 $\dfrac{\partial\Pi_1}{\partial p_1}=a_1+\dfrac{3\alpha_1-\beta_1}{2}p_1+\alpha_2s_1+\dfrac{\beta_2(2\alpha_1+\beta_1)}{2(\alpha_1+\beta_1)}(s_1-s_2)+\dfrac{\alpha_1(\alpha_1+2\beta_1)}{2(\alpha_1+\beta_1)}(\dfrac{\eta_1s_1^2}{2}+c)$

$$+\frac{\beta_1s_2^2\eta_2}{4}+\frac{\beta_1a_2+\beta_1\alpha_2s_2+\beta_1^2(\dfrac{\eta_1s_1^2}{2}-\dfrac{\eta_2s_1^2}{2})}{2(\alpha_1+\beta_1)}+\beta_1w-\frac{\beta_1c}{2}=0$$

根据上式可以求出 p_1^S 代入到式（5-48）中，得到 p_2^S，命题2得证。

根据 Stackelberg 博弈方法求解直接和间接渠道的最优水稻销售价格 (p_1^S, p_2^S)，根据需求函数，可以求出需求量 (D_1^S, D_2^S)，进一步可以求出此时的批发价格为式（5-49）：

$$w^S = \frac{J_1 s_1^2 + J_2 s_1 + J_3 s_2^2 + J_4 s_2 + J_5}{4\alpha_1^3 + 12\alpha_1^2\beta_1 + 8\alpha_1\beta_1^2)} \qquad (5-49)$$

$$J_1 = 2\alpha_1\beta_1^2\eta_2 - 2\alpha_1\beta_1^2\eta_1 - 2\alpha_1^2\beta_1\eta_1 + \alpha_1^2\beta_1\eta_2$$

$$J_2 = 2\alpha_1\alpha_2\beta_1 + 2\alpha_2\beta_1^2 - 2\alpha_1\beta_1\beta_2 - 2\alpha_1^2\beta_2$$

$$J_3 = -\alpha_1^3\eta_2 - 2\alpha_1\beta_1^2\eta_2 - 3\alpha_1^2\beta_1\eta_2$$

$$J_4 = 2\beta_1^2\beta_2 + 2\alpha_2\beta_1^2 + 2\beta_1^2\beta_2 + 4\alpha_1\alpha_2\beta_1 + 2\alpha_1\beta_1\beta_2$$

$$J_5 = 2\alpha_1^2 a_1 + 2\alpha_1^3 c + 2\beta_1^2 a_1 + 2\beta_1^2 a_2 + 4\alpha_1\beta_1^2 c + 6\alpha_1^2\beta_1 c + 2\alpha_1\beta_1 a + 4\alpha_1\beta_1 a_2$$

根据需求函数，可以求出需求量 (D_1^S, D_2^S)，进一步求得在 Stackelberg 博弈下，水稻种植主体、水稻产后服务主体以及水稻收储供应链的总利润为式（5-50）—（5-52）：

$$\Pi_1^S = (p_1^S - c - \frac{\eta_1 s_1^2}{2})D_1^S + (w_1^S - c)D_2^S \qquad (5-50)$$

$$\Pi_2^S = (p_2^S - w_2^S - \frac{\eta_2 s_2^2}{2})D_2^S + \left(\frac{\eta_1 s_1^2}{2} - \frac{\eta_2 s_1^2}{2}\right)D_1^S \qquad (5-51)$$

$$\Pi^S = \left[p_1^S - c - c^*(s_1)\right]D_1^S + \left[p_2^S - c - c(s_2)\right]D_2^S \qquad (5-52)$$

推论3 根据命题2推出，在双渠道下的水稻收储供应链中，渠道价格和各渠道的水稻质量提升的收储服务水平正向相关。

$$\frac{\partial P_1^S}{\partial s_1} = \frac{(8\alpha_1\beta_1\eta_1 + 4\beta_1^2\eta_1 + 4\alpha_1^2\eta_1 - 2\beta_1^2\eta_2)s_1 + 4\alpha_1\alpha_2 + 4\alpha_2\beta_1 + 4\alpha_1\beta_2 + 2\beta_1\beta_2}{2(\alpha_1^2 + 4\alpha_1\beta_1 + \beta_1^2)} > 0$$

$$\frac{\partial P_2^S}{\partial s_2} = \frac{(24\alpha_1^2\beta_1 + 22\alpha_1\beta_1^2 + 6\beta_1^3 + 8\alpha_1^3)\eta_2 s_2 + 8\alpha_1^2\alpha_2 + 8\alpha_1^2\beta_2 + 16\beta_1\alpha_1\alpha_2 + 12\alpha_1\beta_1\beta_2 + 6\alpha_2\beta_1^2 + 2\beta_1^2\beta_2}{2(\alpha_1^2 + 4\alpha_1\beta_1 + \beta_1^2)} > 0$$

推论4 根据命题2推出，在双渠道下的水稻收储供应链中，某一渠道的质量提升的收储服务水平对本渠道价格的影响程度大于其对另一渠道价格的影响。

$$\frac{\partial P_1^S}{\partial s_1} - \frac{\partial P_2^S}{\partial s_1} = \frac{(6\alpha_1\beta_1^2\eta_2 + 6\alpha_1^2\beta_1\eta_1 + 4\alpha_1^2\beta_1\eta_2 + \eta_2\beta_1^3 + 4\alpha_1^3\eta_1)s_1 + (8\beta_2 + 4\alpha_2)\alpha_1^2 + (12\beta_2 + 6\alpha_2)\beta_1\alpha_1 + 3\beta_2\beta_1^2 + 2\beta_1^2 a_2}{2\alpha_1 + 3\beta_1} > 0$$

$$\frac{\partial P_1^S}{\partial s_2} - \frac{\partial P_2^S}{\partial s_2} = \frac{(-10\alpha_1^2\beta_1 + 7\alpha_1\beta_1^2 + \beta_1^3 + 4\alpha_1^3)\eta_2 s_1 - (4\alpha_2 + 8\beta_2)\alpha_1^2 - (6\alpha_1 + 12\beta_2)\beta_1\alpha_1 - 3\beta_2\beta_1^2 - \beta_1^2 a_2}{2\alpha_1 + 3\beta_1} < 0$$

推导得出，当产后服务主体提供的质量提升的收储服务水平一定时，此时水稻种植主体提高质量提升的收储服务水平时，直接渠道的价格高于间接渠道的价格；当水稻种植主体提供的质量提升的收储服务水平一定时，此时产后服务主体提高质量提升的收储服务水平时，间接渠道的价格高于直接渠道的价格，具体结论将通过后续数值仿真进一步验证。

间接渠道既是双渠道下水稻种植主体销售的间接环节，又是其直接销售的终端环节。间接渠道的布局优化对实现水稻需求商间接收购、增加直接渠道需求商信心、提升物流配送系统效率具有重要意义。

因此，水稻种植主体和产后服务主体应该合理优化间接渠道网络布局，不断提高水稻质量提升的收储服务水平。具体表现在对不同类型间接渠道进行优化，合理控制水稻质量提升的收储服务水平。

5.3.4.4 水稻收储供应链集中式定价策略

水稻收储供应链一体化决策，即水稻种植主体和产后服务主体作为一个整体共同进行决策，以水稻收储供应链总利润最大为目标。

命题 3 在双渠道下的水稻收储供应链集中化决策下，求解直接和间接渠道最优的水稻销售价格（p_1^C，p_2^C）。

$$\max_{P_1}\Pi = [p_1 - c - c^*(s_1)]D_1 + [p_2 - c - c(s_2)]D_2$$

$$\max_{P_2}\Pi = [p_1 - c - c^*(s_1)]D_1 + [p_2 - c - c(s_2)]D_2$$

令

$$\frac{\partial \Pi}{\partial p_1} = a_1 - \beta_1(\frac{\eta_2 s_2^2}{2} - 2p_2) + \alpha_2 s_1 + \beta_2(s_1 - s_2) + \alpha_1 c + (\alpha_1 + \beta_1)(\frac{\eta_2 s_1^2}{2} - 2p_1) = 0$$

$$\frac{\partial \Pi}{\partial p_2} = a_2 - \beta_1(\frac{\eta_2 s_2^2}{2} - 2p_1) + \alpha_2 s_1 - \beta_2(s_1 - s_2) + \alpha_1' c + (\alpha_1 + \beta_1)(\frac{\eta_2 s_2^2}{2} - 2p_2) = 0$$

$$H = \begin{bmatrix} -2b_1 - 2\beta_1 & 2\beta_1 \\ 2\beta_1 & -2b_1 - 2\beta_1 \end{bmatrix}$$，因为 $|H| = 4\alpha_1^2 + 8\alpha_1\beta_1 > 0$，一阶主子式 $-2b_1 - 2\beta_1 < 0$，所以水稻收储供应链的总利润函数为关于 p_1，p_2 的二次函数，存在最优的价格。联立方程组，$\frac{\partial \Pi}{\partial p_1} = 0$，$\frac{\partial \Pi}{\partial p_2} = 0$，可以求出（$p_1^C$，$p_2^C$），如式（5-53）—（5-54）所示。

$$p_1^C = \frac{(\alpha_1 + 2\beta_1)\alpha_1\beta_2 s_1^2 + 2(\alpha_1\alpha_2 + \alpha_1\beta_2 + \alpha_2\beta_1)s_1 + 2(\alpha_2\beta_1 - \alpha_1\beta_2)s_2 + G_1}{4\alpha_1^2 + 8\alpha_1\beta_1}$$

$$(5-53)$$

$$p_2^C = \frac{(\alpha_1 + 2\beta_1)\alpha_1\beta_2 s_2^2 + 2(\alpha_1\alpha_2 + \alpha_1\beta_2 + \alpha_2\beta_1)s_2 + 2(\alpha_2\beta_1 - \alpha_1\beta_2)s_1 + G_2}{4\alpha_1^2 + 8\alpha_1\beta_1}$$

$$(5-54)$$

其中,

$$G_1 = 2(\alpha_1 + \beta_1)a_1 + 2\beta_1 a_2 + 2(\alpha_1 + 2\beta_1)\alpha_1 c$$

$$G_2 = 2(\alpha_1 + \beta_1)a_2 + 2\beta_1 a_1 + 2(\alpha_1 + 2\beta_1)\alpha_1 c$$

进一步可以求出需求量(D_1^c, D_2^c),最后求得在集中决策下,水稻种植主体和产后服务主体以及水稻收储供应链的总利润为式(5-55)—(5-57):

$$\Pi_1^C = (p_1^c - c - \frac{\eta_1 s_1^2}{2})D_1^c + (w - c)D_2^c \qquad (5-55)$$

$$\Pi_2^C = (p_2^c - w - \frac{\eta_2 s_2^2}{2})D_2^c + \left(\frac{\eta_1 s_1^2}{2} - \frac{\eta_2 s_1^2}{2}\right)D_1^c \qquad (5-56)$$

$$\Pi^S = \left[p_1^c - c - c^*(s_1)\right]D_1^c + \left[p_2^c - c - c(s_2)\right]D_2^c \qquad (5-57)$$

推论 5　根据命题 3 推出,在双渠道下的水稻收储供应链中,渠道价格和本渠道的质量提升的收储服务水平正向相关。

$$\frac{\partial P_1^c}{\partial s_1} = \frac{(\alpha_1 + 2\beta_1)\alpha_1 \eta_2 + \alpha_1 \alpha_2 + \alpha_1 \beta_2 + \alpha_2 \beta_1}{2\alpha_1(\alpha_1 + 2\beta_1)} > 0$$

$$\frac{\partial P_2^c}{\partial s_2} = \frac{(\alpha_1 + 2\beta_1)\alpha_1 \eta_2 + \alpha_1 \alpha_2 + \alpha_1 \beta_2 + \alpha_2 \beta_1}{2\alpha_1(\alpha_1 + 2\beta_1)} > 0$$

推论 6　根据命题 3 推出,在双渠道下的水稻收储供应链中,某一渠道的质量提升的收储服务水平对本渠道价格的影响程度大于其对另一渠道价格的影响。

$$\frac{\partial P_1^C}{\partial s_1} - \frac{\partial P_2^C}{\partial s_1} = \frac{(\beta_1 \eta_2 + \alpha_1 \eta_1)s_1 + \alpha_2 + 2\beta_2}{2\alpha_1 + 3\beta_1} > 0$$

$$\frac{\partial P_1^C}{\partial s_2} - \frac{\partial P_2^C}{\partial s_2} = \frac{-(\beta_1 \eta_2 + \alpha_1 \eta_1)s_1 - \alpha_2 - 2\beta_2}{2\alpha_1 + 3\beta_1} < 0$$

推导得出,在集中式决策下,当水稻产后服务主体提供的水稻质量提升的收储服务水平一定时,水稻种植主体提高水稻质量提升的收储服务水平时,直接渠道的价格高于间接渠道的价格;当水稻种植主体提供的水稻质量提升的收储服务水平一定时,产后服务主体提高水稻质量提升的收储服务水平时,间接渠道的价格高于直接渠道的价格,具体结论将通过后续数值仿真进一步验证。

综上得出以下结论,水稻收储供应链在集中决策和分散决策下,水稻种植主体的直接渠道价格与本渠道的质量提升的收储服务水平正相关,产后服务主体同样如此。该结论说明,水稻种植主体提高质量提升的收储服务水平的同时,其质量提升的收储服务成本也会随之增加,因此,为了弥补质量提升的收储服务所带来的成本,此时水稻种植主体和产后服务主体则要提高水稻销售价格。水稻种植主体的质量提升的收储服务水平对本渠道价格的影响大于对产后服务主体间接渠道价格的影响，产后服务主体同样如此。说明当水稻种植主体的质量提升的收储服务水平 s_1 降低时，直接渠道的价格也随之降低，此时产后服务主体将采用降价策略。当水稻产后服务主体改善质量提升的收储服务水平 s_2 时，间接渠道的价格会提高，此时水稻种植主体采取提高价格的策略，但是提价幅度要比粮食产后服务主体小。

5.3.4.5 水稻收储供应链中集中和分散定价策略讨论

当水稻产后服务主体与种植主体建立了稳定的服务关系后，出现了搭便车行为下的种植主体直销渠道和产后服务主体的间接渠道定价冲突问题。对此，根据产后服务主体的收储服务水平，进行不同定价策略的讨论：

首先，对于有待实施收储服务的水稻，水稻种植主体和产后服务主体实力相当，对这些水稻存在一次性的直接渠道和间接渠道的定价竞争。假定没有其他收储企业进入，采用 Bertrand 博弈，让种植主体从自身利润最大化出发，制定直接渠道价格，然后产后服务主体在种植主体给定的批发价格基础上，制定间接渠道的销售价格，以实现自身利润最大化。结果表明，仍然存在均衡价格，当水稻种植主体提供的水稻质量提升的收储服务水平一定时，由产后服务主体提高质量提升的收储服务使得间接渠道的价格高于直接渠道价格。水稻产后服务主体应该基于质量标准提高水稻种植主体筛选水平，包括水稻品种质量、水稻生产管理质量等，通过质量提升的收储服务契约约束，提升水稻收储质量服务水平。

其次，选择 Stackelberg 博弈模型适用于一个领导者和一个跟随者之间。针对双渠道的水稻收储供应链，具一定规模的种植主体具有处置水稻的权利，居主导地位，双方采取 Stackelberg 博弈的分散决策，各自以自身利润的最大化为目标。Stackelberg 博弈的顺序为：第一步，先由种植主体确定批发价，使自身利润最大化；第二步，产后服务主体根据需求商所确定的批发价，确定间接渠道销售价格，以实现自身利润的最大化。对此采用倒序法求解。推导得出，当水稻种植主体提供的质量提升的收储服务水平一定时，此时由产后服务主体提高质量提升的收储服务水平时，间接渠道的价格高于直接渠道的价格。因此，水稻种植主体和产后服务主体应该合理优化间接渠道网络布局，不断提高水稻质量提升的收储服务水平。具体表现在对不同类型间接渠道进行优化，合理控制水稻质量提升的收储服务水平。

最后，如果水稻产后服务主体针对种植主体具有质量提升的收储服务瓶颈，或者合作关联，那么可能产生集中决策的情形，即水稻收储供应链一体化决策，以水稻收储供应链总利润最大为目标。当水稻种植主体提供的质量提升的收储服务水平一定时，水稻产后服务主体提高质量提升的收储服务水平时，间接渠道的价格高于直接渠道的价格。

综上得出以下结论：水稻收储供应链在集中决策和分散决策下，水稻产后服务主体的间接渠道价格与本渠道的质量提升的收储服务水平正相关，该结论说明，水稻产后服务主体提高质量提升的收储服务水平的同时，其质量提升的收储服务成本也会随之增加，因此，水稻产后服务主体和种植主体要提高水稻销售价格。水稻产后服务主体的质量提升的收储服务水平对本渠道价格的影响大于对种植主体直接渠道的价格影响。说明当种植主体的质量提升的收储服务水平 s_1 降低时，直接渠道的价格也随之降低，此时产后服务主体将采用降价策略。当水稻产后服务主体提高质量提升的收储服务水平 s_2 时，间接渠道的价格会提高，此时水稻种植主体采取提高价格的策略，但是提价幅度要比产后服务主体小。

结合单渠道事前协商的讨价还价博弈结论，为了使所研究的水稻收储供应链有效持续运行，成为高效率（合理成本下的）、高信用、高质量的供应链，运用数量折扣机制，采用种植主体先出价的 Stackelberg 博弈求解方法，以期获得产后服务主体的治理机制。

5.3.4.6 水稻收储供应链数量折扣协调机制

数量折扣协调机制是指使得渠道总利润达到最大化时渠道成员采取的一种合作机制。渠道成员对增加的利润采取合理的协调机制进行分配，使得自身利润都比原来的利润要高，这种协调机制就是成功的。这种共赢的状态需要渠道成员通过努力与合作完成。究其本质，若种植主体不采取折扣定价，则其出售一单位水稻，只获得固定的利润，但为了获得更多的利润，需要产后服务主体降低零售价格，导致产后服务主体边际收益降低。如果这些成本完全由产后服务主体来承担，则产后服务主体的市场份额会降低的同时，供应链的整体利润也无法实现最优。

在本节，结合水稻收储供应链的实际情况，运用数量折扣协调机制，协调水稻种植主体和产后服务主体之间的利益分配问题，水稻种植主体依据产后服务主体批发水稻的数量而制定批发价格。

为了使所研究的水稻收储供应链有效持续运行，成为高效率（合理成本下的）、高信用、高质量的供应链，依据上述结论——水稻收储供应链核心主体定价影响因素，基于文献[272]研究方法，研究水稻种植主体依据水稻销售数量给粮食产后服务主体制定批发价格，从水稻收储供应链各主体随机分散决策获得各自利润最大化条件下，优化出签订长期数量折扣的契约，确定水稻种植主体和产后服务主体之间利润分配的参数范围，从而构建出水稻收储供应链数量折扣协调机制。

首先，建立水稻收储供应链中种植主体的数量折扣模型：

$$w(k) = w - kD \qquad (5-58)$$

其中 w 表示水稻批发价格的最优值，D 为需求量，k 为数量折扣系数。与前面 Stackelberg 博弈决策顺序相同。建立水稻产后服务主体的利润目标函数：

$$\Pi_2 = \left(p_2 - w(D_2) - \frac{\eta_2 s_2^2}{2}\right)D_2 + \left(\frac{\eta_1 s_1^2}{2} - \frac{\eta_2 s_1^2}{2}\right)D_1 \quad (5-59)$$

将 (5-58) 的 w (k) 带入 (5-59) 式，整理得

$$\Pi_2 = \left(p_2 - w + kD_2 - \frac{\eta_2 s_2^2}{2}\right)D_2 + \left(\frac{\eta_1 s_1^2}{2} - \frac{\eta_2 s_1^2}{2}\right)D_1$$

$$\Pi_2 = \left(p_2 - w - \frac{\eta_2 s_2^2}{2}\right)\left[a_2 - \alpha_1 p_2 + \alpha_2 s_2 + \beta_1(p_1 - p_2) + \beta_2(s_2 - s_1)\right]$$
$$+ k\left[a_2 - \alpha_1 p_2 + \alpha_2 s_2 + \beta_1(p_1 - p_2) + \beta_2(s_2 - s_1)\right]^2$$
$$+ \left(\frac{\eta_1 s_1^2}{2} - \frac{\eta_2 s_1^2}{2}\right)\left[a_1 - \alpha_1 p_1 + \alpha_2 s_1 + \beta_1(p_2 - p_1) + \beta_2(s_1 - s_2)\right]$$

令 $\quad \dfrac{\partial \Pi_2}{\partial p_2} = \left(p_2 - w - \dfrac{\eta_2 s_2^2}{2}\right)(-\alpha_1 - \beta_1) + \left[2k(-\alpha_1 - \beta_1) + 1\right]$
$$\times \left[a_2 - \alpha_1 p_2 + \alpha_2 s_2 + \beta_1(p_1 - p_2) + \beta_2(s_2 - s_1)\right]$$
$$+ \beta_1\left(\frac{\eta_1 s_1^2}{2} - \frac{\eta_2 s_1^2}{2}\right) = 0$$

求出水稻产后服务主体的反应函数

$$p_2(p_1) = \frac{\left[a_2 + (\alpha_1 + \beta_1)\frac{\eta_2 s_2^2}{2} + w\right] + \beta_1 P_1 + \alpha_2 s_2 + \alpha_1\left(\frac{\eta_1 s_1^2}{2} - \frac{\eta_2 s_1^2}{2}\right) - \beta_2(s_1 - s_2) - 2k(\alpha_1 + \beta_1)\left[a_2 + \beta_1 P_1 + \alpha_2 s_2 + \beta_2(s_2 - s_1)\right]}{2\alpha_1 + 2\beta_1 - 2k(\alpha_1 + \beta_1)^2}$$

然后将 p_2 (p_1) 代入式 (5-32) 和 (5-33)，得出两种渠道的需求量 D_1^{QD}，D_2^{QD}。水稻产后服务主体会依据水稻种植主体做出反应，使水稻供应链的利润实现最优。

$$\Pi^{QD} = \left(p_1^{QD} - c - \frac{\eta_2 s_1^2}{2}\right)D_1^{QD} + \left(p_2^{QD} - c - \frac{\eta_2 s_2^2}{2}\right)D_2^{QD}$$

将 p_2^{QD}，D_1^{QD}，D_2^{QD} 代入 Π^{QD}，令 $\dfrac{\Pi^{QD}}{w} = 0, \dfrac{\Pi^{QD}}{k} = 0, \dfrac{\Pi^{QD}}{P_1} = 0$

$$p_1^{QD} = \left[(\alpha_1 + 2\beta_1)\alpha_1\eta_2 s_1^2 + w + 2(\alpha_1\alpha_2 + \alpha_1\beta_2 + \alpha_2\beta_1)s_1 + 2(\alpha_2\beta_1 - \alpha_1\beta_2)s_2 + 2(\alpha_1 + \beta_1)\alpha_1 + 2\beta_1\alpha_2 + 2(\alpha_1 + 2\beta_1)\alpha_1 c \right]/4\alpha_1(\alpha_1 + 2\beta_1)$$

最优批发价格为:

$$w^{QD} = \frac{I_1 s_1^2 + I_2 s_1 + I_3 s_2 + I_4}{4(\alpha_1^3 + 3\alpha_1^2\beta_1^2 + 2\alpha_1\beta_1^2)} + k \frac{I_5 s_1^2 + I_6 s_1 + I_7 s_2^2 + I_8 s_2 + I_9}{4\alpha_1(\alpha_1^2 + 3\alpha_1\beta_1 + 2\beta_1^2)}$$

$$I_1 = 2\alpha_1\beta_1^2\eta_2 - 2\alpha_1\beta_1^2\eta_1 - 4\alpha_1\beta_1^2\eta_1 + \alpha_1^2\beta_1^2\eta_2$$

$$I_2 = 2\alpha_1\alpha_2\beta_1 + 2\alpha_2\beta_1^2 + 2\alpha_1\beta_1\beta_2$$

$$I_3 = -2\alpha_1\beta_1\beta_2 + 2\alpha_2\beta_1^2$$

$$I_4 = 4\alpha_1\beta_1^2 c + 2\alpha_1\beta_1\alpha_1 + 2\beta_1^2\alpha_1 + 2\beta_1^2\alpha_2 + 10\alpha_1^2\beta_1 c + 4c\alpha_1^3$$

$$I_5 = -4\alpha_1\beta_1^3\eta_2 - 6\alpha_1^2\beta_1^2\eta_2 - 2\alpha_1^3\beta_1\eta_2$$

$$I_6 = 8\alpha_1\beta_1^2\beta_2 + 12\alpha_1^2\beta_1\beta_2 + 4\alpha_1^3\beta_2$$

$$I_7 = 4\alpha_1\beta_1^3\eta_2 + 10\alpha_1^2\beta_1^2\eta_2 + 8\alpha_1^3\beta_1\eta_2 + 2\alpha_1^4\eta_2$$

$$I_8 = -8\alpha_1\beta_1^2\beta_2 + 12\alpha_1^2\beta_1\beta_2 - 8\alpha_1\alpha_2\beta_1^2 - 12\alpha_1^2\alpha_2\beta_1 - 4\alpha_1^3\alpha_2 - 4\alpha_1^3\beta_2$$

$$I_9 = -8\alpha_1\beta_1^2\alpha_2 + 8\alpha_1^2\beta_1^2 c + 12\alpha_1^3\beta_1 c + 12\alpha_1^2\beta_1\alpha_2 + 4\alpha_1^4 c - 4\alpha_1^3\alpha_2$$

将 p_1^{QD} 和 w 代到 p_2,得到

$$p_2^{QD} = \frac{(\alpha_1 + 2\beta_1)\alpha_1\eta_2 s_2^2 + 2(\alpha_1\alpha_2 + \alpha_1\beta_2 + \alpha_2\beta_1)s_2 + 2(\alpha_2\beta_1 - \alpha_1\beta_2)s_1 + 2(\alpha_1 + \beta_1)\alpha_2 + 2\beta_1\alpha_1 + 2(\alpha_1 + 2\beta_1)\alpha_1 c}{4\alpha_1(\alpha_1 + 2\beta_1)}$$

此时,$p_2^{QD} = p_2^C$。即 Stackelberg 博弈下水稻产后服务主体的最优定价与集中决策下的最优定价相等,即数量折扣机制使粮食供应链实现了协调。

Stackelberg 下水稻种植主体、水稻产后服务主体、水稻收储供应链的总利润分别为:

$$\Pi_1^S = (p_1^S - c - \frac{\eta_1 s_1^2}{2})D_1^S + (w_1^S - c)D_2^S$$

$$\Pi_2^S = (p_2^S - w_2^S - \frac{\eta_2 s_2^2}{2})D_2^S + \left(\frac{\eta_1 s_1^2}{2} - \frac{\eta_2 s_1^2}{2}\right)D_1^S$$

$$\Pi = (p_1^S - c - \frac{\eta_2 s_1^2}{2})D_1^S + (p_2^S - c - \frac{\eta_2 s_2^2}{2})D_2^S$$

协调后水稻种植主体、水稻产后服务主体的利润分别为:

$$\Pi_1^{QD} = (p_1^{QD} - c - \frac{\eta_1 s_1^2}{2})D_1^{QD} + \left[(w_1^{QD} - kD_2^{QD}) - c\right]D_2^{QD}$$

$$\Pi_2^{QD} = \left[p_2^{QD} - (w_2^{QD} - kD_2^{QD}) - \frac{\eta_2 s_2^2}{2}\right]D_2^{QD} + \left(\frac{\eta_1 s_1^2}{2} - \frac{\eta_2 s_1^2}{2}\right)D_1^{QD}$$

$$\Pi^{QD} = (p_1^{QD} - c - \frac{\eta_2 s_1^2}{2})D_1^{QD} + (p_2^{QD} - c - \frac{\eta_2 s_2^2}{2})D_2^{QD}$$

5.3.4.7 结果与讨论

本节将结合水稻收储供应链的实际情况进行分析，在水稻收储供应链中，取参数 $D_1 = 190$ 吨，$D_2 = 220$ 吨，$a_1 = 210$，$a_2 = 240$，$\alpha_1 = 0.3$，$\alpha_2 = 0.2$，$P_1 = 2\,600$ 元，$P_2 = 2\,680$ 元，$c = 2\,000$ 元，$w = 2\,400$ 元，由（5-32）和（5-33）式计算得出 $s_1 + s_2 = 7\,720$，$s_1 < s_2$，其中，$s_1 \in (0, 3\,860]$，$s_2 \in (3\,860, 7\,720]$，$\beta_1 = 53$，$\beta_2 = 1$，再由 $c(s) = \frac{\eta s^2}{2}$ 计算得出 $\eta_1 = 0.000\,45$，$\eta_2 = 0.000\,72$，则质量提升的收储服务水平对水稻收储供应链定价的不同影响发生于在对 s_1，s_2 取值不同时，下面观察并分析质量提升的收储服务水平对水稻种植主体和水稻产后服务主体定价策略的影响。

（1）水稻种植主体水稻质量提升的收储服务水平对价格的影响

根据式（5-39）—（5-40），式（5-46）—（5-47）以及式（5-53）—（5-54），取 $s_2 = 5\,790$，令 $s_1 \in [0, 3\,860]$ 利用 Matlab 软件作图，见图5-8。

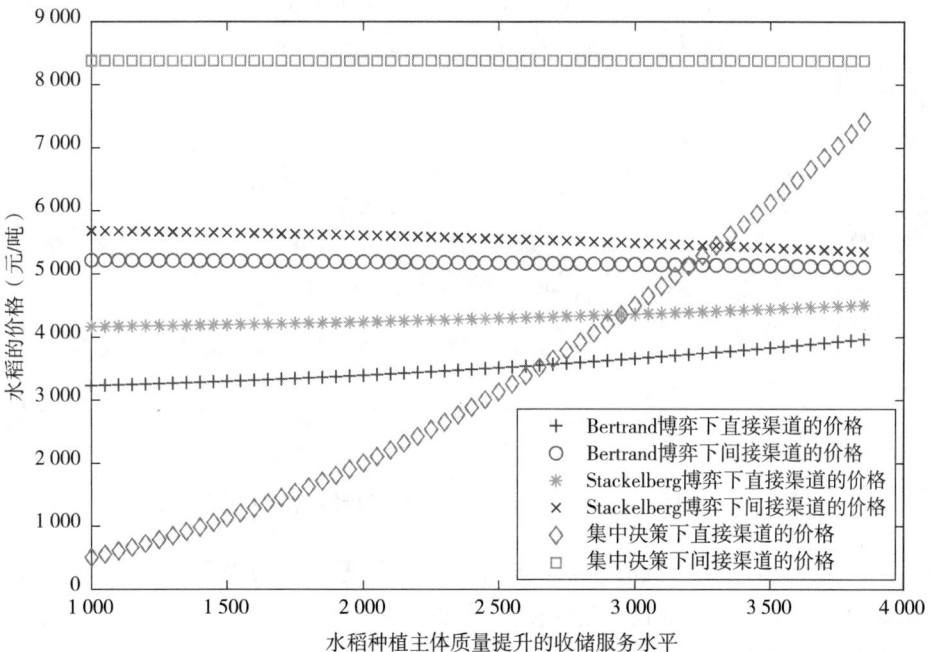

图5-8 水稻种植主体质量提升的收储服务水平对价格的影响

分析水稻种植主体的质量提升的收储服务水平对采取不同决策时水稻价格的影响。由图 5-8 可知，随着水稻种植主体质量提升的收储服务水平的提高，在 Stackelberg、Bertrand 博弈下和集中决策下水稻种植主体直接和间接渠道的价格都在增加，而产后服务主体的价格都在缓慢下降。产后服务主体间接渠道的价格大于水稻种植主体直接渠道的销售价格，水稻间接渠道的价格变化速度远小于水稻直接渠道的销售价格变化速度。说明直接渠道水稻种植主体的质量提升的收储服务水平提高对间接渠道的水稻价格有竞争关系，于是间接渠道的水稻价格有小幅的下降。

(2) 水稻产后服务主体水稻质量提升的收储服务水平对价格的影响

根据式 (5-39)—(5-40)，式 (5-46)—(5-47) 以及式 (5-53)—(5-54)，取 $s_1 = 1\,930$，令 $s_2 \in (3\,860, 7\,720]$ 利用 Matlab 软件作图，见图 5-9，分析水稻产后服务主体质量提升的收储服务水平对采取不同决策时价格的影响。

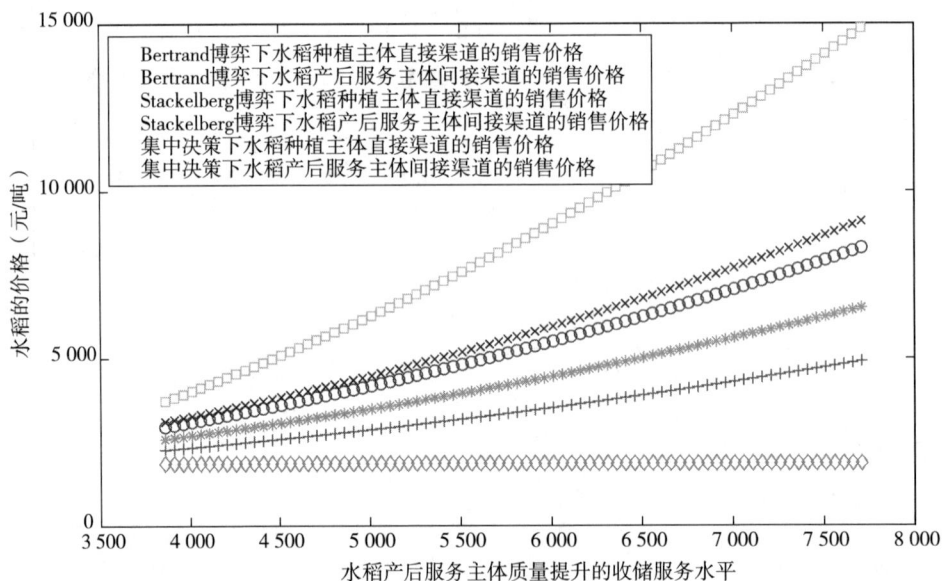

图 5-9 水稻产后服务主体质量提升的收储服务水平对价格的影响

由图 5-9 可知，随着水稻产后服务主体服务水平的提高，水稻种植主体和水稻产后服务主体的销售价格随之增加，并且在两种博弈和集中决策下水稻产后服务主体销售价格的变化幅度大于水稻种植主体，且两种渠道的价格差异较大。在集中决策下，水稻产后服务主体间接渠道的价格远高于水稻种植主体直接渠道的价格，且两种渠道的价格差异较大。说明水稻经产后服务主体的筛选和烘干到销售，有了增值的过程，水稻需求商的水稻购买价格就要高些。

(3) 水稻种植主体质量提升的收储服务水平对利润的影响

根据式（5-41），式（5-50）以及式（5-55），取 $s_2 = 5\,790$，令 $s_1 \in (0, 3\,860]$，为了使结果更加清晰，选取 $s_1 \in [2\,000, 3\,860]$，再利用 Matlab 软件作图，见图 5-10，分析水稻种植主体质量提升的收储服务水平对水稻种植主体采取不同决策时利润的影响。

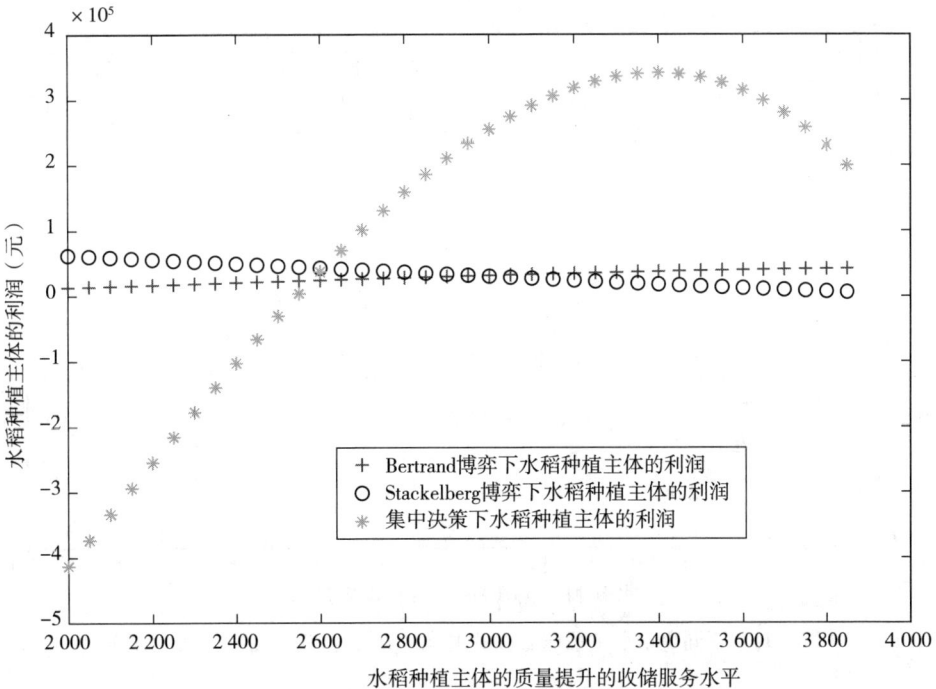

图 5-10　不同决策下水稻种植主体（ Π_1^B、Π_1^S、Π_1^C ）的利润变化趋势

由图 5-10 可以看出，当水稻种植主体质量提升的收储服务水平不断增加时，在 Stacklberg 博弈下，水稻种植主体的利润是逐渐降低的，Bertrand 博弈下水稻种植主体的利润是逐渐增加的，在水稻种植主体质量提升的收储服务水平大于 3 000 时，Bertrand 博弈下水稻种植主体的利润大于 Stacklberg 博弈下水稻种植主体的利润；而在集中决策下，当水稻种植主体质量提升的收储服务水平低于 3 350 这个临界值时，水稻种植主体的利润是逐渐增加的；当水稻种植主体质量提升的收储服务水平大于 3 350 这个临界值时，水稻种植主体的利

润是逐渐降低的。说明水稻种植主体的服务在中等水平以上时成本增加不同，不同决策下水稻种植主体的利润出现变化。

通过对比三种决策方式，可以得出水稻种植主体在集中决策下利润是最优的。因此在集中决策下水稻种植主体与水稻产后服务主体进行竞争是明智的。

根据式（5-42）、式（5-51）以及式（5-56），取 $s_2=5\,790$，令 $s_1\in(0,\,3\,860]$，利用 Matlab 软件作图，见图 5-11，分析水稻种植主体质量提升的收储服务水平对水稻产后服务主体利润的影响。

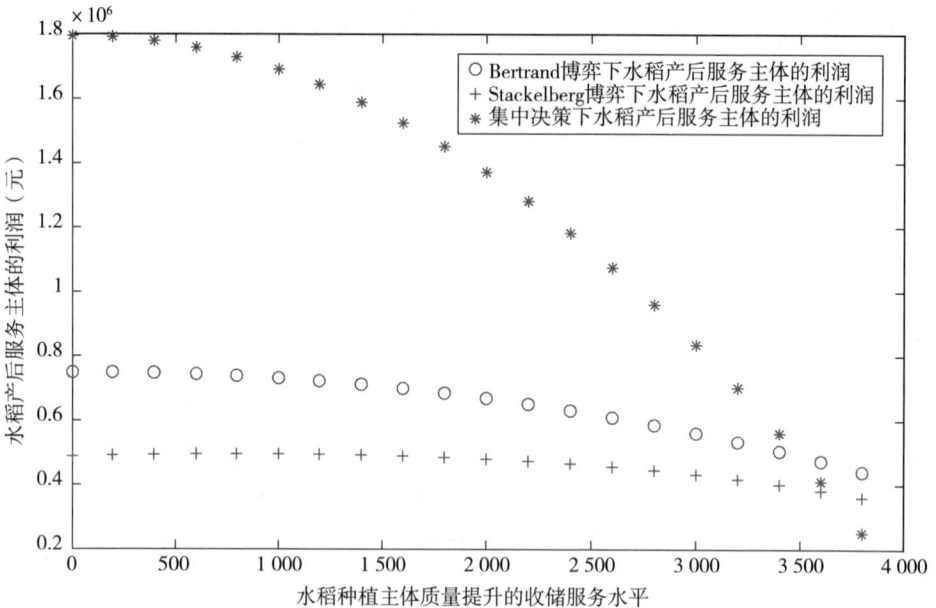

图 5-11　不同决策下水稻产后服务主体（$\varPi_2^B$、$\varPi_2^S$、$\varPi_2^C$）的利润变化趋势

由图 5-11 可知，在三种决策下，随着水稻种植主体质量提升的收储服务水平提高，水稻产后服务主体的利润都在逐渐减少。当水稻种植主体的服务水平不变时，水稻产后服务主体的利润在集中决策时最大。在 Stackelberg 博弈下，水稻产后服务主体的利润减少变化小于 Bertrand 博弈和集中决策情况下的变化。说明水稻种植主体质量提升的收储服务水平的提高给水稻产后服务主体带来了竞争，使水稻产后服务主体的利润空间不断缩小，最后趋于合理。通过以上分析，可以得出水稻产后服务主体选择集中决策制定价格是较好的策略。

根据式（5-43）、式（5-52）以及式（5-57），取 $s_2=5\,790$，令 $s_1\in(0,\,3\,860]$，利用 Matlab 软件作图，见图 5-12，分析水稻种植主体质量提升的收

储服务水平对水稻收储供应链总利润的影响。

从图5-12可知，在分散决策下，随着水稻种植主体质量提升的收储服务的提高，水稻收储供应链的总利润呈下降趋势。然而，在集中决策下水稻收储供应链的总利润呈先上升后下降趋势。由此可知，三种决策中水稻种植主体提供的服务在中下水平时，集中决策下水稻收储供应链存在最优利润值。

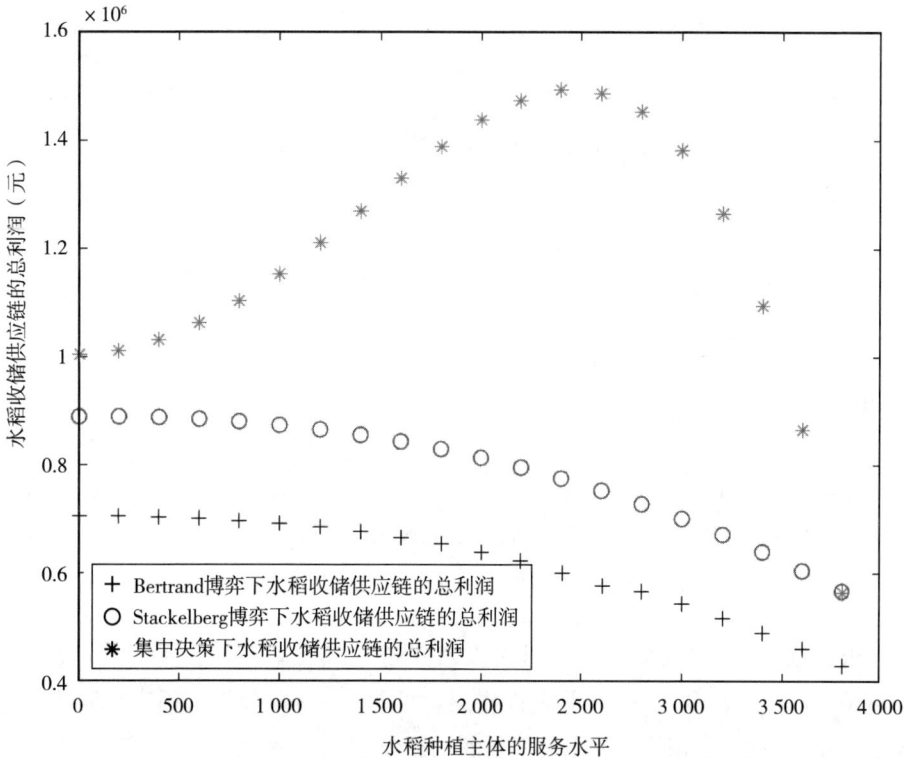

图5-12　水稻收储供应链总体利润（Π^B、Π^S、Π^C）的变化趋势

（4）水稻产后服务主体质量提升的收储服务水平对利润的影响

根据式（5-41）、式（5-50）以及式（5-55），取 $s_1 = 1\ 930$，令 $s_2 \in$（3 860，7 720］，利用Matlab软件作图，见图5-13，分析水稻产后服务主体质量提升的收储服务水平对水稻种植主体利润的影响。

由图5-13可知，当水稻种植主体的服务水平一定时，当水稻产后服务主体服务水平逐渐提升时，分散式决策下水稻种植主体的利润呈上升趋势，集中式决策下的水稻种植主体利润呈下降趋势。当水稻产后服务主体服务水平高于5 300时，水稻种植主体应该考虑Stackelberg博弈，制定定价策略。

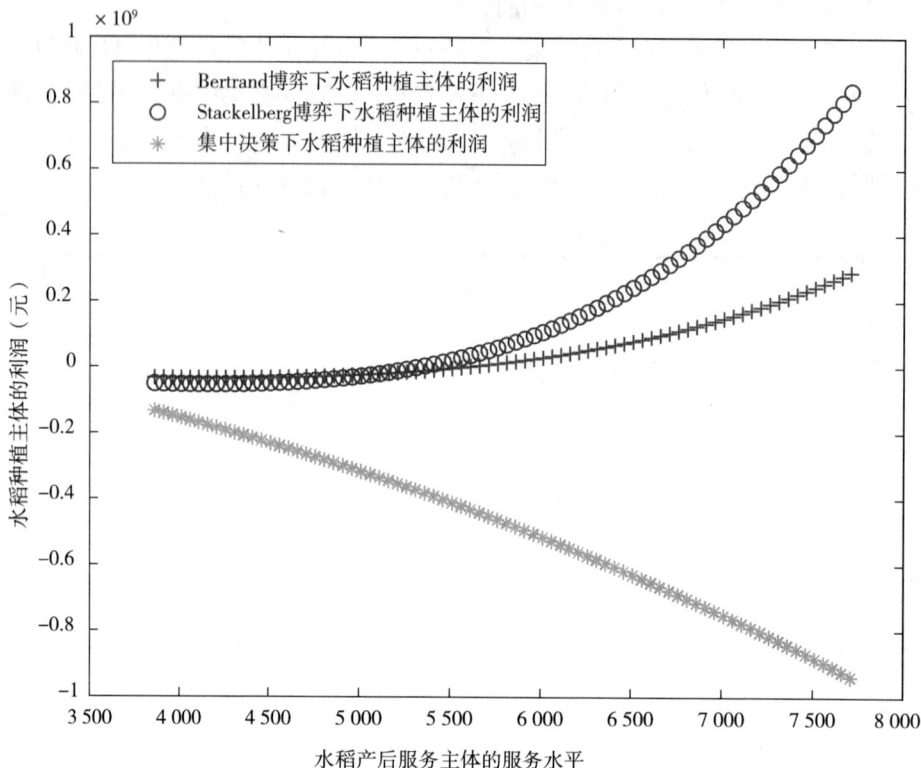

图 5 - 13　不同决策下水稻种植主体（Π_1^B、Π_1^S、Π_1^C）的利润变化趋势

根据式（5 - 42）、式（5 - 51）以及式（5 - 56），取 $s_1 = 1\,930$，令 $s_2 \in$ [3 860，7 720]，利用 Matlab 软件作图，见图 5 - 14，分析水稻产后服务主体水稻质量提升的收储服务水平对其利润的影响。

由图 5 - 14 可以看出，当水稻种植主体质量提升的收储服务水平一定时，随着水稻产后服务主体的质量提升的收储服务水平逐渐增加，水稻产后服务主体的利润主要呈上升趋势。集中决策下，在水稻产后服务主体的服务水平高于 5 500 后利润呈下降趋势，且水稻产后服务主体的利润在集中决策下远高于 Bertrand 博弈和 Stackelberg 博弈。水稻产后服务主体倾向于选择集中式决策制定的价格。

根据式（5 - 43）、式（5 - 52）以及式（5 - 57），取 $s_1 = 1\,930$，令 $s_2 \in$ (3 860，7 720]，利用 Matlab 软件作图，见图 5 - 15，分析水稻产后服务主体质量提升的收储服务水平对水稻收储供应链总利润的影响。

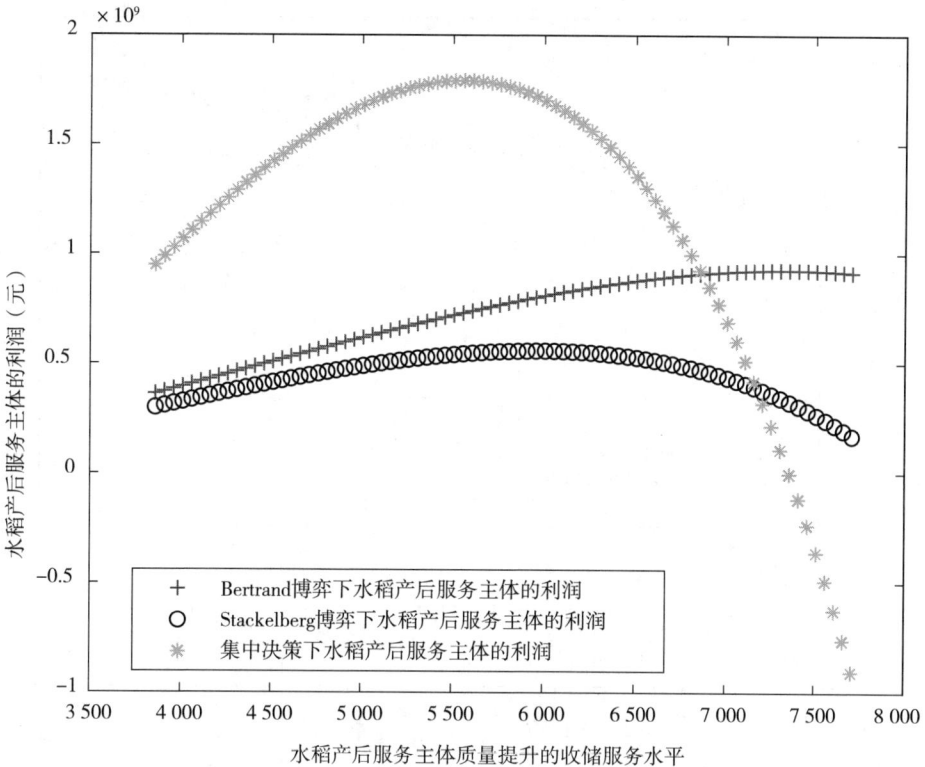

图 5-14 不同决策下水稻产后服务主体（Π_2^B、Π_2^S、Π_2^C）的利润变化情况

由图 5-15 可知，在集中式决策下水稻收储供应链存在最优利润值。两种渠道的主体为获得最大利润，应在集中式决策下制定定价策略。

（5）数量折扣机制协调前后对水稻产后服务主体和水稻种植主体的影响

在水稻收储供应链中，令 $a_1 = 210$ 吨，$a_2 = 240$ 吨，$c = 2\,000$ 元，$\beta_1 = 53$，$\beta_2 = 1$，$\alpha_1 = 0.3$，$\alpha_2 = 0.2$，$\eta_1 = 0.000\,45$，$\eta_2 = 0.000\,72$，$s_1 = 1\,930$，$s_2 = 5\,790$，对比分析在协调前后水稻种植主体和水稻产后服务主体的利润变化情况。见图 5-16。

Stackelberg 博弈下水稻种植主体协调前的利润：

$$\Pi_1^S = (p_1^S - c - \frac{\eta_1 s_1^2}{2})D_1^S + (w_1^S - c)D_2^S$$

水稻种植主体协调后的利润：

$$\Pi_1^{QD} = (p_1^{QD} - c - \frac{\eta_1 s_1^2}{2})D_1^{QD} + [(w_1^{QD} - kD_2^{QD}) - c]D_2^{QD}$$

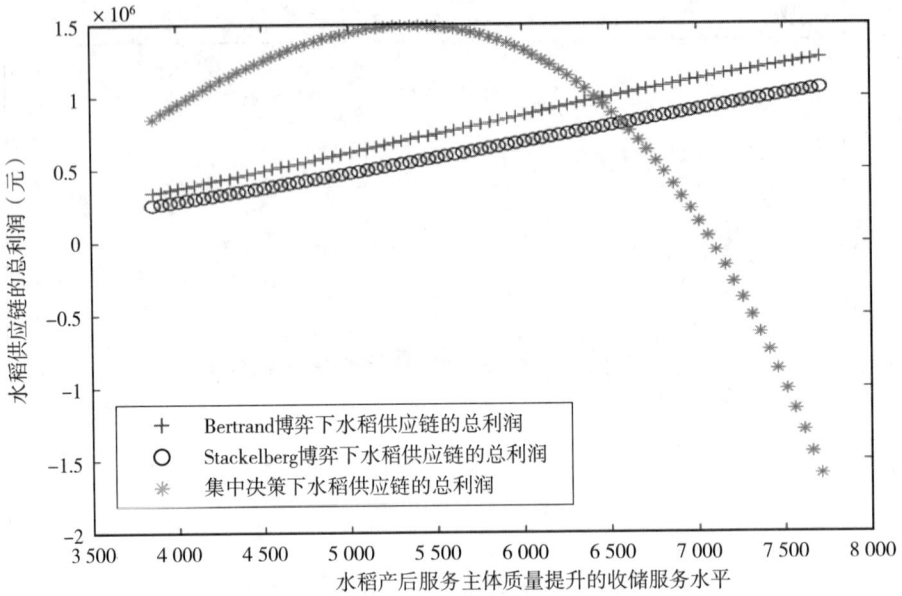

图 5-15　水稻收储供应链总利润（Π^B，Π^S，Π^C）变化情况

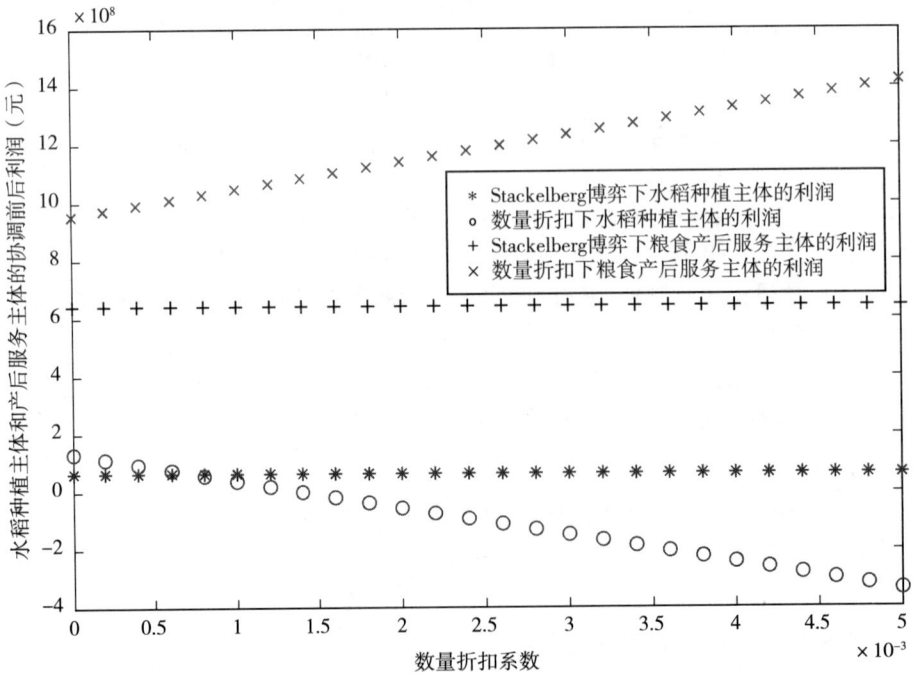

图 5-16　水稻种植主体和水稻产后服务主体协调前后的利润变化情况

Stackelberg 博弈下水稻产后服务主体协调前的利润：

$$\Pi_2^S = (p_2^S - w_2^S - \frac{\eta_2 s_2^2}{2})D_2^S + \left(\frac{\eta_1 s_1^2}{2} - \frac{\eta_2 s_1^2}{2}\right)D_1^S$$

水稻产后服务主体协调后的利润：

$$\Pi_2^{QD} = \left[p_2^{QD} - (w_2^{QD} - kD_2^{QD}) - \frac{\eta_2 s_2^2}{2}\right]D_2^{QD} + \left(\frac{\eta_1 s_1^2}{2} - \frac{\eta_2 s_1^2}{2}\right)D_1^{QD}$$

图 5-16 反映出水稻种植主体和水稻产后服务主体质量提升的收储服务水平一定时，数量折扣系数取不同值时，水稻种植主体和产后服务主体的利润变化情况。随着折扣系数的增加，协调后水稻种植主体的利润降低、水稻产后服务主体的利润增加。当 k 取值大于一个定值后，协调后水稻种植主体的利润将比协调前低，而水稻产后服务主体的利润一直增加。说明采取数量折扣协调策略时，一定要在折扣系数 k 小于一个定值时才对水稻种植主体利润增加有利，否则会对水稻产后服务主体的利润增加一直有利。

5.3.4.8　主产区水稻产后服务主体主导的双渠道收储供应链治理机制

图 5-7 给出了双渠道水稻收储供应链的治理结构，在该结构中，确定水稻产后服务主体为治理主体，水稻种植主体作为治理客体，在考虑水稻种植主体先确定批发价的条件下，聚焦水稻产后服务主体的治理手段为质量提升的收储服务水平和间接渠道销售价，为了解决图 5-7 中收储供应链直接渠道和间接渠道的定价冲突，设定水稻产后服务主体的治理目标是供应链成员多赢，构建收储供应链治理机制：

首先，在水稻产后服务主体采购阶段，采用事前协商的讨价还价机制。为了解决如何与水稻种植主体商讨水稻采购用于间接渠道销售时的增值利润分配问题，实施水稻产后服务主体的单渠道收储供应链治理机制：一是在已经知道需求商的水稻需求信息的情况下，明确需求商采购的价格范围，从而明确产后服务主体为种植主体提供何种水平的质量提升的收储服务，以及水稻采购数量。二是要明确产后服务主体获得种植主体提供的折扣采购批发价格，以补偿其质量提升的收储服务，采用事前协商的讨价还价模式商讨水稻采购的增值利润分配：在水稻种植主体先出价情况下，可以得到与种植主体双赢的均衡解，需要了解种植主体第一次谈判时预期增值利润中的净收益比例，以及种植主体的成本上限或者最低盈利点，以及自身顺价销售给需求商的盈利底线。三是通过耐心事前协商，提升讨价还价的能力，有利于均衡契约达成。

其次，当水稻产后服务主体与种植主体建立了稳定的服务关系后，出现了搭便车行为下的种植主体直销渠道和产后服务主体的间接渠道定价冲突问题，对此，水稻产后服务主体选取质量提升的收储服务水平和间接渠道售价为治理手段，构建水稻主产区水稻双渠道收储供应链治理机制：一是产后服务主体提高质量提升的收储服务水平，在引导需求商提高价格的同时，提高间接渠道的销售价格。二是产后服务主体依据质量提升的收储服务水平，促进收储专业分工的进程，促使水稻种植主体适当降低质量提升的收储服务成本，并与服务成本低的粮食产后服务主体合作，实施数量折扣协调机制，形成种植主体先定对产后服务主体的批发价，产后服务主体再定间接渠道价格，种植主体后定直接渠道价格的 Stackelberg 博弈决策，进而获得双渠道的供应链协调定价。

5.3.5 质量提升的收储服务公平补偿的产后服务主体主导的双渠道收储供应链治理模式

5.3.5.1 水稻产后服务主体在单渠道阶段的事前协商讨价还价收储供应链治理模式

第一阶段为单渠道批发收储供应链阶段。当水稻产后服务主体开始针对种植主体开展不同水平的质量提升的收储服务时候，存在一个讨价还价的博弈问题，水稻产后服务主体作为治理主体，种植主体是治理客体，设定的治理目标是合理分配水稻产后服务主体与种植主体合作的售粮增值利润，为了使水稻种植主体获得固定部分的售粮增值利润，实施事前协商的基于 Rubinstein 讨价还价治理机制，并形成非线性的均衡契约作为治理模式。该模式突出共同获利的优点：一是促成水稻产后服务主体基于自身利益制定出最有利于水稻收购状况改善的契约。该契约使水稻产后服务主体的努力水平和售粮增值利润完全正相关，保证了水稻产后服务主体至少可以获得 b_h 的报酬，水稻产后服务主体越努力进行收储服务，π 越大，其获得的剩余售粮增值利润越大。二是考虑了水稻种植主体的利润最大化问题。由水稻种植主体先出价，不仅实现了水稻种植主体和水稻产后服务主体之间的激励相容，更做到了在考虑水稻产后服务主体利益的前提下实现水稻种植主体的利润最大化。三是考虑了谈判破裂的风险。利用破裂点考虑了水稻产后服务主体的机会主义支付。

5.3.5.2 水稻产后服务主体在双渠道阶段的数量折扣协调下的收储供应链治理模式

第二阶段为双渠道收储供应链阶段。当水稻产后服务主体与种植主体建立了稳定的服务关系后，出现了搭便车行为下的种植主体直销渠道和产后服务主体的间接渠道定价冲突问题。对此，水稻产后服务主体作为治理主体，水稻种植主体作为治理客体，设定水稻产后收储服务主体的治理目标是供应链成员多赢。水稻产后收储服务主体针对上游种植主体和下游需求商实施水稻双渠道收储供应链治理机制，此时上下游契约的组合形成治理模式。该治理模式创新的核心观点包括：一是产后服务主体具备提高质量提升的收储服务水平能力，那么销售的水稻具有质量等级的优势，针对需求商具有销售优势。二是产后服务主体提高质量提升的收储服务水平，促使水稻种植主体适当降低质量提升的收储服务成本，并与服务成本低的产后服务主体合作，实施数量折扣协调机制，形成种植主体先定对产后服务主体的批发价，产后服务主体再定间接渠道价格，种植主体后定直接渠道价格的 Stackelberg 博弈决策，进而获得双渠道的供应链协调定价。三是两种渠道下的定价、需求、服务等方面是相互作用和影响的，只有提高质量提升的收储服务水平才能赢得需求商，赢得市场。

5.3.6　水稻产后服务主体的治理机制和治理模式相关创新点

由于收储政策调整时间不长，关于水稻产后服务主体通过对种植主体进行质量提升的收储服务，从而获得折扣价格补偿，以及为直接渠道提供质量提升的收储服务的公平回报约束下，水稻产后服务主体动态博弈问题的相关研究很少。对此，根据实际可以分解为种植主体对质量提升的收储服务提供批发折扣价格补偿问题，以及直接渠道提供质量提升的收储服务的公平回报约束下的粮食产后服务主体双渠道定价冲突问题，进行两阶段的博弈研究，得出如下创新结论：

一是运用 Rubinstein 讨价还价博弈模型，采用事前协商的讨价还价模式商讨水稻采购的增值利润分配，得出优先考虑粮农利益，兼顾了水稻产后服务主体质量提升的收储服务的基本利益和机会主义支付，凸出了以双方共同利益确定水稻采购的折扣价格为核心的均衡契约，前提是需要了解水稻种植主体第一次谈判时预期增值利润中的净收益比例、种植主体的成本上限或者最低盈利点，以及自身顺价销售给需求商的盈利底线；水稻产后服务主体要有耐心地做好收储服务事前解释工作的能力。

二是运用 Stackelberg 博弈与 Bertrand 博弈的分散决策定价模型，得出水稻收储供应链中的定价规律：水稻产后服务主体的间接渠道价格与本渠道的质量提升的收储服务水平正相关，产后服务主体的质量提升的收储服务水平对本渠道价格的影响大于对水稻种植主体直接渠道价格的影响，说明当种植主体的质量提升的收储服务水平降低时直接渠道的价格也随之降低，此时产后服务主体将采用降价策略；产后服务主体依据质量提升的收储服务水平，促成水稻种植主体应适当降低质量提升的收储服务成本并与服务成本低的产后服务主体合作，实施数量折扣协调机制，形成种植主体先定对产后服务主体的批发价，产后服务主体再定间接渠道价格，种植主体后定直接渠道价格的 Stackelberg 博弈决策，可以获得双渠道的供应链协调定价。

5.4 东北三省粮食主产区粮食产后服务主体的收储供应链均衡契约检验

在本章开始，提出假说Ⅱ：在粮食质量约束下，粮食产后服务主体使用粮农先出价的博弈激励，仍然能得到一个双赢的均衡契约。对此，针对常见的粮食产后服务主体类别，依据从粮农的收购市场为起点，选择产业链关联的市场，形成多市场环节构成的三种常见供应链模式，均假设了质量约束，均应用了粮农先出价的博弈，发现均能获得两个或多个双赢的均衡，这里的粮农仅是种植主体中的部分群体。具体论证如下：

一是玉米主产区粮农所在的高质量玉米批发收储供应链。针对产地市场常见的粮农、粮食产后服务主体、批发商构成的单渠道模式，假定粮农销售高质量玉米，设定粮食产后服务主体的治理目标是供应链成员多赢，粮食产后服务针对上游粮农和下游批发商，采用 Stackelberg 主从博弈策略定价可以得到一个多赢的均衡契约。该契约的合作内容主要包括，产后服务主体针对粮农提供收储服务，对批发商提供整合高质量玉米资源的服务。信息共享的内容主要包括，针对粮农，春季提供市场急需高质量玉米的品种信息、质量信息、收储服务信息和销售的渠道信息，对批发商提供整合高质量玉米资源的服务信息等。粮农产量越高，该机制越有效。

二是水稻主产区粮农对产后服务主体通过批发价格补偿其获得质量提升的收储服务的单渠道收储供应链。当粮农的粮食规模量较大，针对产后服务主体提供不同水平的质量提升的收储服务，要通过批发价格进行补偿。在实行水稻国家最低收购价的情况下利用 Rubinstein 讨价还价博弈模型，在粮农先出价情况下，在已知需求商水稻需求信息的情况下，采用讨价还价模式商讨水稻采购的增值利润分配，得到与粮农双赢的均衡解，这需要粮食产后服务主体向粮农明确水稻市场价格，收储服务和销售渠道的成本，以及相关质量问题，信息越详细，契约达成越快。

三是水稻主产区粮农通过批发价格补偿粮食产后服务主体对其进行质量提升的收储服务的搭便车的水稻双渠道收储供应链。针对主产区市场常见的粮农、水稻产后服务主体、需求商建立的双渠道模式，要考虑粮农通过批发价格对产后服务主体提供的质量提升的收储服务进行补偿，建立搭便车的公平回报下的博弈函数，研究表明无论是粮农采用 Stackelberg 博弈还是 Bertrand 博弈模型求解，分散决策下都能够得到均衡解，同时产后服务主体和粮农应该考虑数量折扣批发价和采用 Stackelberg 博弈制定直接渠道和间接渠道价格，进而得到一个多赢的、利润分配合理的均衡契约。

总之，这几种情况均存在粮食产后服务主体在质量约束下粮农先出价的博弈均衡解。因此，粮食产后服务主体可以根据决策背景，构建利润分配合理的收储供应链治理机制和治理实施模式。

综上，验证了假说Ⅱ：在粮食质量约束下，粮食产后服务主体使用粮农先出价的博弈激励，仍然能得到一个双赢的均衡契约。理论上说明，不仅针对粮农，针对范围更大的粮食种植主体而言粮食产后服务主体在兼顾质量的约束下，对种植主体提供质量提升的收储服务，粮食产后服务主体使用种植主体先出价的博弈激励，仍然能够得到兼顾收储供应链总利润增加和收储供应链各成员利润增加的双赢或多赢的均衡。关键是找出治理实施模式，促进粮食产后服务主体的收储能力提升。

5.5 东北三省粮食主产区粮食产后服务主体的收储能力提升策略

根据第 3 章，可知收储政策改革之后，临储政策的变化引起粮食产后服务主体的政策套利空间缩小，政策性收储意愿降低，粮食产后服务主体需要根据不同市场价格均衡状况实施市场套利策略；第 4 章的研究得出提升种植主体忠诚度的粮食产后主体行为机理，以及提升自身满意度的策略；第 5 章的研究表明在粮食质量约束下，考虑了粮食产后服务主体在东北三省主产区的三种常见情形的收储供应链收储环节双赢的利润分配问题，均能获得粮食产后服务主体在不同情境下利润分配合理的定价协调机制构成的治理机制和治理实施模式。综合以上研究成果得出粮食产后服务主体的收储能力提升策略。

5.5.1 以保障粮源为目标的提升种植主体售粮忠诚度的收储服务能力策略

根据第 4 章提升种植主体忠诚度的粮食产后主体行为机理，详见 4.7.2，得出如下策略：

（1）面向小农户采购为主的玉米产后服务主体急需集聚规模发展

从玉米种植主体对收储功能的需求上看：小农户由于粮食不多，自己晾晒比较有条件，种植情况总体说明不可能花费交易成本做更多的营销探索，需要玉米产后服务主体提供更多的代仓储、代销售等"五代"相关的收储功能服务。

从玉米产后服务主体的收储功能提供规模上看，主要根据玉米产后收储主体的属性调查，结合《粮食产后服务中心建设技术指南（试行）》和《粮食产后服务中心服务要点（试行）》（国粮办储〔2017〕266 号），得出：第一，玉米收储主体的收储规模需要提高，因为收储企业中小商贩占 82.9%。第二，存储功能不能满足种植主体需求，从 4.7.3.5 中的数据可知，存储能力处于 500 吨以下占 28%，500～1 000 吨占 43.1%，但是无仓储占 12.1%，有仓储条件的收储企业中，租赁占 44.8%，自建 25.1%，说明有多数收储主体是靠租赁和不储存转手运营的，因此，玉米存储成本占运营成本的比例处于中等之上，占 86.1%。第三，烘干能力不足，不具备烘干能力的占 87.9%，这与种植户粮食少，处理和晾晒多数为小农户自行完成有关，对于大多数收储主体是一件有雨季风险，或者雇工成本风险的问题。现有收储服务主体的情况和粮食产后服务中心连续式烘干系统主要建设内容相比，烘干能力、烘前、烘后仓等仍然不满足需求。第四，需要提供一揽子收储的"五代"相关的收储功能服务。

综上，收储主体中的玉米产后服务主体急需集聚规模发展。

（2）玉米产后服务主体根据种植户售粮忠诚度的分类管理策略

可观察是否存在如下指标："种植户对自己收粮表示满意""种植户对询问者推荐自己""主动向他人推荐自己""说自己是售粮的一个不错的选择""今后会再度与自己合作""种植户表示其他收购方提供的服务不会影响向自己销售"，而忽略种植户表达"不会与其他收购方合作""其他收购方提供的价格不会影响我销售给你"的指标。根据这些指标判断种植户的忠诚度，从而进行分类管理。

(3) 玉米产后服务主体提升种植户售粮忠诚度的路径建设策略

玉米产后服务主体通过建设服务环节和提升服务质量，以及实施促进"种植户销售意愿"的行为，可以提高种植户的售粮满意度，进而提高种植户的售粮忠诚度，这是可行的路径。主要包括：一是玉米产后服务主体提升种植户销售意愿的策略。是指玉米产后服务主体运用"收购价格""上门收购""种植户自己送粮""提供运力""提高价格信息获取途径""降低销售成本"指标构建的合理化策略。二是玉米产后服务主体加强服务环节的建设策略。是指玉米产后服务主体运用"烘干服务""提升收购人员的服务态度"指标构建的策略。三是玉米产后服务主体提升服务质量的策略。是指玉米产后服务主体运用"服务便利性""付款时间""服务流程衔接程度""收购效率"指标构建的合理化策略。四是玉米产后服务主体提升玉米种植户售粮满意度的策略。是指玉米产后服务主体综合"种植户总体销售过程""提供的服务""结算方式""售后服务""自己的信誉"指标构建的合理化策略。

5.5.2　拓展下游高质量客户的发展策略

(1) 中小规模粮食产后服务主体加快销售给客户的周转率策略

市场上中小型收储企业居多，要想实现向规模化粮食产后服务主体的转变发展，首先要抵御住市场风险，积累实力，尽可能增加销售规模。在调研过程中，收储绩效较好的企业表示遵循的是"见利就走"原则，比如，收储和销售玉米时大约达到每吨 30 元左右的利润就可以启动收储和销售，这样能够尽快回笼资金，解决银行贷款难题。同时，也能够接触更多的需求商，了解客户的需求。

(2) 粮食产后服务主体拓宽销售渠道以便锁定高质量客户的走市场沟通策略

根据 4.7 发现"与下游企业的合作评价""上下游信息共享""企业销售渠道"指标对收储主体的销售满意度影响较大。因此，应保障粮食产后服务主体可以获得实时的玉米市场价格信息，进行市场需求商的调研，完善现有的粮食销售渠道。尽可能多的与大型粮食加工企业、深加工企业、饲料加工企业与养殖企业建立直接合作，减少中间批发商套利。

粮食产后服务主体对玉米收购价格、收购条件和提供的收购服务等信息应加大宣传力度，可将收购信息发布在玉米种植主体经常使用的资讯平台上，例如电视、收音机、报纸、村支部的宣传广播和手机短信等，也可以与村镇内有一定影响力的农民进行合作，雇佣其为自己宣传，提升自身在玉米种植主体之间的知名度并促使双方进行合作，粮食产后服务主体支付相应报酬。

(3) 粮食产后服务主体具有履行高质量客户需要的粮食质量标准的能力

粮食产后服务主体履行国家粮食收储质量标准的同时，更要明确不同的高质量客户需求的差异。比如，用作饲料的玉米要符合饲料玉米标准，尤其对于曲霉毒素 B1、玉米赤霉烯酮、赭曲霉毒素 A、脱氧雪腐镰刀菌烯醇的检测结果要符合标准。普通水稻要符合国家收储质量标准三等以上，而一些大型销售企业需要满足高端客户，需要的是满足中国好粮油标准的优质水稻，所以，水稻收储的质量标准也要对应提升。

(4) 粮食产后服务主体具有应对大型需求商账期的能力

因为收储主体"与下游需求商的结算方式"影响其收储满意度，所以，粮食产后服务主体要通过完善现有销售渠道，选择更适合的结算方式，使其更适应市场的发展需求，来提升收储满意度。

5.5.3 粮食产后服务主体针对收储供应链协调治理能力的提升策略

(1) 根据政策、产销地市场价格发现收储价格并提升市场套利能力的策略

根据第 3 章的研究结论，收储政策改革之后，临储政策的变化引起粮食产后服务主体的政策套利空间缩小，政策性收储意愿降低，粮食产后服务主体需要根据不同市场价格均衡状况实施市场套利策略。粮食产后服务主体要根据产地市场、产销两地的粮食价差情况，寻找市场套利机会，并根据实际套利情况来决定和调整其收储数量。针对市场整合程度比较高的产销市场，粮食价格向无套利均衡价格调整快，容易判断价格走向，因此，可以通过调节粮食的收储行为跟上销地价格的涨跌。

粮食产后服务主体需要了解粮食主产区收储价格的形成机制。从区域间的价格传导关系方面，玉米市场和水稻市场整体上都体现了主销区决定主产区价格的趋势。在稻米市场的价格传导关系上则体现销区粳米价格决定产区粳稻价格，部分产区粳米价格决定销区粳米价格的趋势。水稻最低收购价格不断调低之后，稻米市场整合程度仍然偏低，水稻供应链套利经营空间小，主产区和主销区间"稻强米弱"的情形没有发生实质性的改变。总之，无论玉米还是水稻，政策性套利机会减少，但是，对于粮食产后服务主体而言根据产销地市场价格的整合情况寻找套利机会，按需采购逐渐成为常态。综上，对于粮食产后服务主体而言不仅要了解粮食相关的政策、主产区和主销区的价格变化，还要确定主产区收储价格及变化的能力，从而找到可能的收储价格和种植主体，并确定针对不同地区需求商的价格，实施可行的收储和销售决策。

玉米产后服务主体提升收储价格发现能力的策略，在第 4 章也是有研究依据的。通过第 4 章研究可知，"玉米销售价格""玉米销售渠道""粮食经纪人的评价""与下游企业的合作现状"是反映产后服务主体发展情况的评价指标，该指标提升对产后服务主体满意度提升具有正向作用。通过对产后服务主体关于"政策的评价"可知，国家政策对收储满意度有完全正向的影响，所以进一步证明了国家政策对产后服务主体的重要性，这就要求玉米产后服务主体要实时关注国家对玉米制定的相关政策，应根据国家政策并结合自身的实际情况，不断完善收储价格策略，以顺应市场的发展。玉米产后服务主体实施线上发现收储价格能力提升的策略是有依据的。调研发现，收储主体线上的收储业务并不多，多以线下业务为主。如果玉米产后服务主体开展线上销售业务，可以实时获得市场最新的收储信息，进而为满足市场需求扩大业务覆盖范围，有助于玉米产后服务主体的长远发展。

（2）提升向相对最优型收储供应链模式的改进能力

根据第 4 章研究结论得出，粮食产后服务主体在了解主产区收储主体现状的前提下，快速发现相对最优型收储供应链模式，并结合自身收储供应链特点，提升向相对最优型收储供应链模式的改进能力很重要。

1）提升以相对最优型玉米收储供应链模式为目标的能力改进策略

首先，玉米产后服务主体还未适应市场化进程，供应链管理水平有待提高。问题包括，规模以中小型居多、收购资金获得渠道以银行贷款为主，且多数无法获得政府补贴、市场信息关注度低且缺乏沟通交流平台、储存时间较短导致抵御市场波动的能力弱。同时，供应链中的信息流、物流、资金流管理有待发挥作用；关系协调、利益激励等协调方式作用不显著；政府现有补贴对模式选择影响有限。

其次，产后服务主体需要结合自身收储供应链的现状，确定属于主产区玉米收储供应链现有六种典型模式中的哪一种。按供应链绩效增加对现有玉米收储供应链模式进行排序，分别为国家级补贴型、关系型、带设备上门收购型、长期储存型、质量优型、相对最优型。国家级补贴型、关系型、带设备上门收购型、长期储存型和质量优型模式有存在的必然性。一是有关于收储的政府专项基金只对符合标准的收储供应链各参与主体进行补贴；二是各收储主体不适应收储市场化的变化，收购玉米急于脱手，所以通过建立关系、提高上门服务的比例来促进交易成功率；三是对于储存和质量型供应链模式的产后服务主体，高质量储存是政府和行业导向，是主流存在。

再次，相对最优型玉米收储供应链模式是可推广的。其优势在于产后服务主体结算方式以信誉收购，滞后结算为主，销售方式以全年销售为主，与下游建立合作途径均为两种以上，其问题在于该模式下产后服务主体收购的服务水平以及下游需求商履约情况有待提高。相对最优型玉米收储供应链模式在总成本、提前期和服务水平绩效占优，值得推广，其主要特点如下：玉米产后服务主体收购来源是粮农、合作社或者经纪人，采用滞后结算的代销售收储供应链模式，烘干方式有"自然晾晒＋烘干塔"以及独立用烘干塔形式，储存方式是"玉米篓子/玉米栈子＋仓库/地坪"或者"玉米篓子"。与下游企业具有合作关系，储存时间6个月之内。

最后，产后服务主体向相对最优型玉米收储供应链模式转变的策略如下：产后服务主体要提高储存能力上限、延长销售周期和储存时间、拓宽收购资金获取渠道、减少建立仓储方式的企业资金占用，降低烘干能力上限，缩减员工规模，提高员工专业化程度。

2）提升以相对最优型水稻收储供应链模式为目标的改进能力的策略

首先，水稻产后服务主体还未适应市场化，供应链管理水平有待提高。存在问题包括，水稻产后服务主体以中小型规模居多，收购资金多来源于银行贷款，没有获得政府补贴的居多，缺少沟通交流的媒介，储存时间较短。而且水稻产后服务主体的烘干能力、收购服务差异、销售时间差异对收储供应链模式选择影响不显著，服务能力有待通过市场化过程加强，需要加强供应链管理能力。

其次，产后服务主体要结合自身收储供应链的现状，确定属于主产区水稻收储供应链现有4种典型模式中的哪一种。东北三省水稻收储供应链模式按供应链绩效增加排序，分别为粮农收购型、上游集成型、下游集成型和相对最优型。粮农收购型、上游集成型、下游集成型、相对最优型模式反映了主食水稻供应链受国家相关政策和市场化双重作用的不同收储供应链集成程度。粮农收购型是粮农对产后服务主体直销，交易成本较高。上游集成型是产后服务主体对主要来源于粮食经纪人和合作社的水稻进行的收购，交易成本相对较低。这两种模式受收储政策影响显著，且受所在由北向南的省域环境影响显著。下游集成型是产后服务主体注重有效满足需求商需求的集成管理模式。

再次，相对最优型水稻收储供应链模式是可推广的。其优势在于收购来源于粮食经纪人，可以做到信誉收购、滞后结算，节省收购资金成本；更多采用自然晾晒，比烘干塔烘干能提高食味值；用仓库储存比例大，能做到全年储存，可以抵御市场价格的波动；根据下游需求商名声与信誉确定销售，可以视为与下游需求商协调效果较好，交易成本较低。具有代销售功能并采用滞后结算的水稻收储供应链模式值得推广。相对最优型在质量、总成本、提前期绩效占优，值得推广。

最后，产后服务主体向相对最优型水稻收储供应链模式转变的策略如下：产后服务主体减少员工规模、降低存储能力、减少建立仓储的经营成本、降低收购资金渠道成本、加强下游企业的履约能力。水稻产后服务主体在符合设备、资金、人员等标准的情况下，在东北三省中越向南的省域环境，且接受收储政策程度越高，就越可能实施相对最优型，反之，在东北三省中越向北的省域环境，水稻的物流成本相对较高，就越需要收储政策的激励。

(3) 提升在质量约束下形成收储供应链治理模式的能力

由于收储政策调整时间不长，涉及产后服务主体通过水稻采购过程中向种植主体进行质量提升的收储服务，获得折扣批发价格补偿，以及为直接渠道提供质量提升的收储服务的公平回报约束下，水稻产后服务主体动态博弈问题的相关研究很少。对此，根据实际，可以分解为问题1，解决水稻采购的种植主体质量提升的收储服务的批发折扣价格补偿问题，问题2，直接渠道提供质量提升的收储服务的公平回报约束下的粮食产后服务主体双渠道定价冲突问题。

在粮食质量约束下，获得粮食产后服务主体不同情境下利润分配合理的治理模式的实施机制。一是针对高质量玉米批发的单渠道收储供应链，研究得出产后服务主体治理模式：治理目标是供应链成员多赢，决策系数是产后服务主体提供给种植主体和需求商合作和信息共享回报的合作系数和信息共享系数，构建基于 Stackelberg 主从博弈原理得出种植主体先出价、需求商后出价的合作和共享返利协调机制。二是考虑产后服务主体通过水稻采购过程中向种植主体提供质量提升的收储服务而获得折扣批发价格补偿，以及为直接渠道提供质量提升的收储服务的公平回报约束下构建的水稻收储供应链。阶段1是采用事前协商的讨价还价模式商讨水稻采购的增值利润分配的治理模式，阶段2是粮食产后服务主体通过质量提升的收储服务协调水稻种植主体数量折扣批发价的协调模式，以及采用种植主体在直接渠道搭便车公平补偿回报下的

Stackelberg 博弈制定直接渠道和间接渠道价格，形成兼顾收储服务质量公平并协调收储供应链双渠道定价冲突的供应链治理模式。

5.5.4 策略小结

综上，得出粮食产后服务主体提升收储能力的策略：第一，粮食产后服务主体要采取以保障粮源为目标，提升种植主体售粮忠诚度的收储服务能力策略。比如，面向小农户采购为主的玉米产后服务主体实施集聚规模发展策略；玉米产后服务主体根据种植户售粮忠诚度的判别指标实施分类管理策略；玉米产后服务主体实施提升种植户售粮忠诚度的路径建设策略，包括提升种植户销售意愿的策略、加强服务环节的建设策略、提升服务质量的策略、提升玉米种植户售粮满意度的策略。第二，粮食产后服务主体实施拓展下游高质量客户的发展策略。包括，中小规模产后服务主体提升对客户的销售周转率策略，粮食产后服务主体拓宽销售渠道以便锁定高质量客户的市场沟通策略，粮食产后服务主体提升履行高质量客户需要的粮食质量标准的能力，提升应对大型需求商账期的能力。第三，粮食产后服务主体实施针对收储供应链协调治理能力的提升策略。包括，根据政策、产销地市场价格发现收储价格并提升市场套利能力策略，向相对最优型收储供应链模式改进的能力提升策略，提升质量约束下形成收储供应链治理模式能力的策略。

5.6 七星农场水稻供应链中收储供应链治理的示范案例

5.6.1 示范由来

2017 年，冷志杰教授接受了七星农场的委托，带领研究团队为其制定了《基于物联网的水稻供应链管理规划》，2018 年，团队受其委托制定《基于物联网的水稻供应链运作解决方案》。团队完成了物联网环境下水稻供应链的构建和运行手册编写，配合软件公司制作应用软件，其中加入了水稻原粮仓储联盟，并且完成了上下游协调的治理模式，实现了本章的一个新应用。

5.6.2 七星农场要解决的难题

（1）企业简介

七星农场位于黑龙江省主产区，隶属黑龙江省农垦总局建三江管理局，是规模较大的现代化国有农场之一，水稻生产是农场经济发展的支柱产业。2016年水稻面积101.6万亩，单产每亩620.3千克，总产量63万吨，水田面积占农场总耕地面积的83.94%，产量占粮豆总产量的84.24%，粮食商品率达98%以上。农场连续七年蝉联"全国粮食生产先进单位"，先后获得"全国现代农业示范区""全国测土配方先进单位""黑龙江省粮食生产先进单位""垦区农业生产标准化标兵场"等荣誉称号，是中国具有最先进设备的现代化农业综合技术的农场之一。

该农场所在地区远离都市，2009年入选黑龙江省首批"旅游名镇"，2010年被评为"黑龙江省100个值得去的地方"之一，2011年被评为国家3A级旅游景区。

（2）七星农场的水稻种植和信息优势

七星农场具有现代农业的种植优势。从水稻育秧到收割都实现了机械化，是国内现代化农业机械化水平最高的农场，水稻生产是农场经济发展的支柱产业。2016年水稻面积占黑龙江农垦总局水稻总面积的10.3%，总产量占黑龙江农垦总局水稻总产量的10.5%，是水稻播种面积最大、产量最高的农场。由于远离都市，具有相对独立的小气候，空气清洁，土质优良，品种适宜环境。

水稻产品优势主要指生产的全部粳米都是标准化、规模供给的绿色食品。

信息优势主要指信息化发展也走在国内前沿。不仅"3S"技术使用早，而且2017年七星农场就建设完成了国内唯一的水稻《国家大田农业物联网应用示范项目》，能够全面积、全方位提取水稻生长的要素信息，制定规范的种植模式，实现农业生产、管理的信息化。

（3）七星农场面临的难题

2016年遭遇主产区到主销区流通不畅的粮食领域新形势的困扰，随着水稻的国家保底收购价格逐年走低，七星农场需要应对主产区高质量稻米在市场中不能实现高价值的压力。如何利用物联网项目为农场的客户提供甄别农产品质量的手段，如何支撑一季收获、全年销售绿色大米，而不是一次销售完水稻，实现更多的利润增加成为农场必须要解决的问题。

七星农场首先面临原粮仓储不足的问题，现有仓储和全年库存难以支撑全年销售成为难题。收储制度改革之前，七星农场的种植主体卖粮都是卖到国储粮库，但是收储制度改革后，种植主体面对不断调低的水稻最低收购价，需要开展全年销售，期望在市场上因优质获得优价的最重要的条件是要有仓储库支持全年储备，而且能够标准化储备水稻，满足现卖现加工的需求。

七星农场面临的具体运作难题包括：一是要解决消费者核心冲突。即吃好米的需求与从田间到餐桌质量追溯不足的问题。二是要解决竞争对手尚未解决的技术与管理难题。竞争对手没有解决大田质量追溯难题，其中供应链全程质量追溯难，数据如何应用到管理更难。三是要解决融资断链问题。农场需要成为核心企业，运用其信用，支撑种植户、仓储企业获得贷款，但是供应链金融推进也是有风险的。

5.6.3 水稻收储供应链治理策略

5.6.3.1 将收储企业以收储联盟形式集成融入七星水稻供应链的战略

《基于物联网的水稻供应链管理规划》的核心是依据粮食供应链创新模式形成水稻供应链创新理念：针对水稻产业痛点，探索水稻供应链组织机构的创新模式，实现水稻供应链信息技术的创新、水稻供应链商业模式创新，形成水稻供应链的竞争优势，从而在水稻供应链上培育新的增长点，进而形成水稻产业发展的新动能。

从战略角度设计七星农场水稻供应链，如图5-17所示。水稻供应链组织机构依托农业物联网综合服务管理平台和精准质量追溯系统，构建水稻全程供应链管理服务平台。通过该平台管理水稻供应链联盟，以满足消费者可甄别的好米需求为导向，以提高水稻质量和效益为目标，以整合供应链内外资源的五大服务体系（农资服务体系、生产服务体系、财务与金融服务体系、农业物联网综合服务管理平台技术服务体系，以及质量可追溯全程监管服务体系）为支持手段，构建绿色水稻产品设计、种植、水稻收储、加工、大米销售、服务等全过程高效、协调的供应链联盟组织形态，实现对绿色水稻供应链精准的全程可追溯管理。

主要收储服务创新体现在：

第一，七星农场模式推动水稻供应链组织机构创新，增设水稻原粮仓储联盟。从行业上构建并协调管理种植主体联盟、仓储联盟、加工联盟、销售联盟，以及大米物流联盟，水稻供应链组织机构通过五大联盟协商形成。从原来市场自发交易形成的种植、加工和销售的无序供应链，转化成水稻供应链组织机构管理下由种植、仓储、加工、销售和大米物流联盟构成的供应链联盟，可保障客户需求，提供规范标准、全年供应的规模绿色大米。使得水稻由一季度销售，转变成全年销售，各主体有能力分享水稻供应链中更多的增值利润。

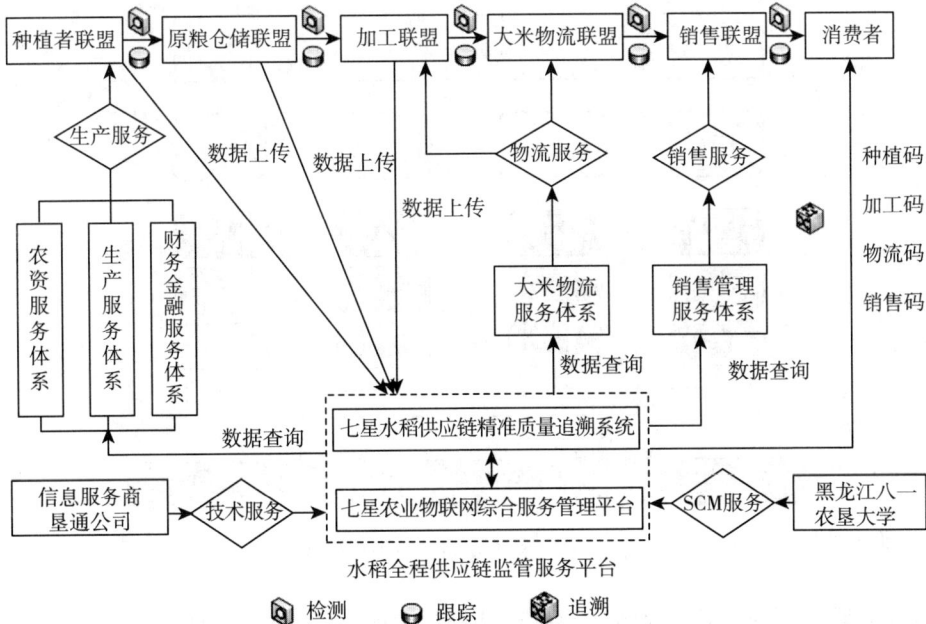

图 5 - 17 七星农场水稻供应链设计

第二，七星农场模式在信息技术应用方面实现创新。综合应用"大田物联网＋3S＋移动互联网"技术，完成精准质量追溯，支撑"一袋一码"追溯管理的实施，使得水稻仓储的集成管理成为现实。

第三，在水稻供应链商业模式上实现创新。针对五大联盟，水稻供应链组织机构搭建供应链联盟平台，构建五大服务体系，实施利益共享、风险共担的协调激励机制，形成水稻供应链联盟驱动下的协同商业模式，提高了供应链竞争力。其中原粮仓储联盟的构建解决了一季销售的局限，为全年销售做好了支撑。

5.6.3.2 原粮仓储联盟的操作规范

2018 年冷志杰团队为七星农场制定了《基于物联网的水稻供应链运作解决方案》。其中，应用本研究第 4 章、第 5 章的结论，建立《基于物联网的水稻供应链运作解决方案》中的"原粮仓储联盟的操作规范"，主要包括：

第一，原粮仓储联盟管理模块的设计。水稻仓储服务部协调原粮仓储联盟成员进行原粮仓储行业规范的制定，监管成员遵守行业规范。原粮仓储联盟管理模块架构如图 5 - 18 所示。

第二，原粮仓储联盟成员的加盟管理。包括，加盟条件、加盟流程、原粮

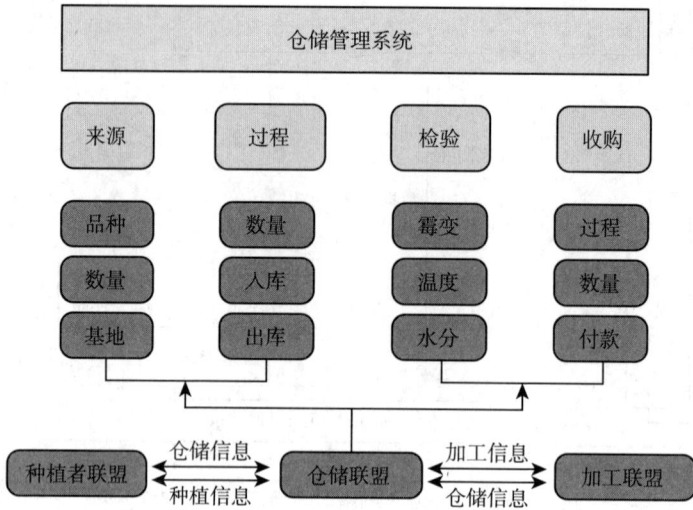

图 5-18 原粮仓储联盟管理模块

仓储联盟成员的权利和义务、对原粮仓储联盟成员的质量管理规范。

第三，原粮仓储联盟成员的评价管理。包括，评价标准、惩罚措施、奖励措施、退出机制。

第四，种植主体联盟成员与仓储企业的交易管理。包括，可能发生的冲突、冲突解决措施。

第五，原粮仓储联盟成员与加工企业的交易管理。包括，可能发生的冲突、冲突解决措施。

第六，治理主体针对治理客体实施指定的契约，形成了收储供应链治理模式，提供了指定契约（也叫合同）样例。包括，《种植主体（加工或者销售）联盟成员委托仓储合同》样例（其特色是包含质量激励机制）、《原粮仓储联盟成员加入原粮仓储联盟合同》样例（其特色是包含利益协调机制）、《仓储联盟的成员（或加工联盟成员）与种植主体联盟成员的采购合同》样例（其特色是包含定金结算或返利结算激励机制）、《原粮仓储（销售）联盟成员的大米委托加工合同》样例（其特色是包含质量和信誉激励机制）。

5.6.4 示范绩效

黑龙江七星农场委托为其制定的《基于物联网的水稻供应链管理规划》《基于物联网的水稻供应链运作解决方案》分别在 2017 年 11 月、2018 年 12

月通过验收，并在企业中执行。七星农场商务科 2019 年的数据表明原粮仓储模式的实施已有效提升供应链各主体绩效：

（1）种植主体绩效。种植主体按照合同要求进行种植，选择绥粳 18、三江 6 号等优质品种的种植户数量从 30% 提高到 50%；通过生产、生资服务体系建设，种植户的生产管理水平提高 10%，成本节约至 70 元/亩；种植户在自主市场销售意愿提高 30%，水稻收购价格平均提高 0.1 元/斤；需求商与种植主体订单签约量提高 20%，履约率提高了 30%。

（2）加工企业绩效。加工企业的加工管理标准提高 10%，并通过使用七星农场二维码链接可追溯系统，加工企业在 5kg 以下的包装订单量提高了 10%。

（3）物流企业绩效。仓储企业获得水稻存储业务，当地对接大米销售的业务量也得到提升，物流企业接单量提高了 10%。

（4）销售企业绩效。消费者对销售企业认可度提高了 30%。

综上，原粮仓储模式的建立和运行，打通了收储制度改革后的水稻供应链，使得供应链其他成员利润增加，也提升了仓储企业利润。

5.6.5　用于示范推广的省域标准制定

黑龙江七星农场委托为其制定的《基于物联网的水稻供应链管理规划》及《基于物联网的水稻供应链运作解决方案》实施成功后，七星供应链模式于 2019 年开始在黑龙江北大荒农垦集团中示范。并且以七星模式为基础制定了黑龙江省地方标准《物联网环境下高品质水稻供应链管理规范》（DB23T 2455—2019），在实践中予以应用。

5.6.6　示范案例总结

包含原粮仓储联盟建设的七星农场水稻供应链管理的创新应用，构造了粮食经济的新增长点，得以将农业供给侧优势不断向消费终端延伸，凸显和发挥了供给方的作用。不仅保证了稻米质量在供应链及物流各环节的一致性和均衡性，提高了数据可获得性，形成了居于竞争优势的商业模式，而且得到以水稻种植、收储、加工、物流、销售为一体的北粮南运供应链管理经验。更重要的是，习近平总书记于 2018 年 9 月考察了七星农场，评价机械化、信息化、智能化的发展很了不起。2019 年，七星模式已经开始在黑龙江北大荒农垦集团中示范，并以其为基础形成黑龙江省地方标准予以推广。

5.7　本章小结

在粮食质量约束下，考虑了粮食产后服务主体在东北主产区的三种常见情形下收储供应链收储环节双赢的利润分配问题，一是直接批发收购高质量粮食的单渠道收储供应链，二是考虑质量提升的收储服务补偿的单渠道收储供应链，三是考虑质量提升的收储服务公平回报的双渠道收储供应链。采取不同博弈激励，均能得到一个双赢的均衡契约，说明均能获得粮食产后服务主体不同情境下利润分配合理的定价协调机制构成的治理机制和治理模式。在此基础上，结合第 4 章和第 5 章研究结果，得出粮食产后服务主体的收储能力提升策略。最后针对部分研究结果进行应用，应用的效果印证了研究结果。

6 引入信任关系的粮食产后服务主体收储供应链治理模式实施机制

主产区粮食产后服务主体的供应链治理模式实施前提是必须弥补博弈模型应用中"理性人"假设的局限，因此需要考虑信任这一影响因素。研究方法是在粮食供应链治理模式的基础上，在种植主体质量投入基础上，加入粮食产后服务主体的信任关系专用性投资，研究新场景下收储供应链治理机理，分析信任认知对供应链成员的合作行为演化的影响，试图找到合作现象在供应链系统中涌现并维持的临界值，明确对合作行为产生影响的因素。为了促进合作行为的形成和演化，主产区粮食产后服务主体与供应链其他行为主体之间的信任度需要提升，以此来诱导行为主体选择合作集成策略。因此，通过研究行为主体之间信任度的提升机制，针对不同主体的特点，从竞争、利益分配的激励机制、约束、信任、合作等方面，粮食产后服务主体的供应链治理模式实施机制得以构建，期望据此提升主产区粮食收储供应链竞争力。

在实践方面，2017 年 12 月至 2018 年 1 月期间，研究团队对黑龙江省建三江管理局、红兴隆管理局、北安管理局和大庆肇州等地进行玉米收储主体的访谈调研。一方面，团队发现玉米收储主体规模收购的资金风险是供应链收储环节中断的主要原因。在 2016 年取消玉米托市收购政策后，玉米收储主体主要根据市场需求和规模收储获取收益，需要大量资金作为规模收购成本。但是，不同于国有收储企业有国家资金支持，更多的提供收储服务的玉米收储主体，其资金主要来自银行贷款和民间借贷，两者的资金成本居高不下，不仅影响其收益，更存在市场波动下的资金风险，这是导致 2016 年许多黑龙江玉米收储主体破产的主要原因。资金风险使得玉米供应链在收储环节中断，粮农寻找收储企业的成本加大[273,274,275,276]。另一方面，团队发现信任关系下玉米收储企业的集成供应链能够抵御市场风险，尤其降低了规模收购资金风险。调查中发现，一些经营多年的本地玉米收储主体，比如烘干塔、玉米处理中心，或者是农机合作社，他们与周边粮农建立了良好的信任关系，多年接收粮农的玉米。按双方约定，卖掉干粮后如期支付粮款，多数玉米收储主体凭借信用抵押收粮，即通过不付定金或支付部分定金的方式收粮，这种信用关系下的玉米收储供应链比照需要贷款的玉米收储供应链，除了节省资金成本，也因粮源稳定、质量的可识别而提高了收储供应链效率和效益，更重要的是减少了规模资金借贷带来的风险。据此，在玉米收储主体因地域相近而获得下游玉米需求商每年固定采购量的假设下，团队对于上游农场主质量投入和玉米收储主体针对农场主信任关系专用性投资下的收储供应链治理机理进行研究，期望以此巩固玉米收储主体与农场主的信任关系，提高抵御市场风险的能力，增加玉米需求商的采购量。2018 年，正处于玉米收储制度改革的关键时段，该研究可为政府针对东北三省玉米主产区遴选出来的玉米产后服务主体制定支持政策奠定基础。

在理论方面，玉米供应链治理理论研究成果较少。运用供应链利益分享机制，玉米供应链治理机制研究基础体现在第 4 章：①东北三省粮食主产区收储供应链的产后服务主体收储功能供给与需求具有双重不确定性，存在收储供应链中断以及产后收储服务主体市场化不成熟问题，且东北三省存在差异。对此，产后服务主体一是需要扩大收储规模，提高对分散粮农的服务效率和效益；二是要以质量、效率、合理成本为目标，选择加强收割、清理和烘干、储存、代销售服务，其中代销售的玉米收储供应链模式具有优势；三是持续提升具有信任和信誉的上门收储功能服务。②针对玉米收储供应链模式分类、评价和选择的相关研究也表明，相对最优型玉米收储供应链模式是可推广的。其优势在于产后服务主体结算方式以信誉收购、滞后结算为主，销售方式以全年销售为主，与下游建立的合作途径均为两种以上，其问题在于该模式下产后服务主体收购方式较单一，以及下游需求商履约情况尚不理想。

综上，针对第 4 章研究得出的东北三省相对最优型玉米收储供应链模式，结合 5.2 对"东北三省主产区高质量玉米批发单渠道收储供应链治理机制和治理模式"的研究，引入信任关系专用性投资和质量投入，构建玉米收储供应链治理模式，以提高该供应链整体利润为目标，基于 Stackelberg 博弈分散决策和集中决策理论，研究玉米收储供应链的治理模式实施机制，具有重要的理论价值。

6.1 引入信任关系的高质量约束下玉米产后服务主体的供应链治理模式构建

6.1.1 玉米产后服务主体的收储供应链治理结构构建

玉米收储供应链治理结构是指收储供应链成员之间的关系框架，包括收储供应链参与成员的数量和质量，以及参与成员之间的关系选择。针对第4章研究得出的东北三省相对最优型玉米收储供应链模式，结合5.2对"东北三省主产区高质量玉米批发单渠道收储供应链治理模式"的研究，结合实际调查，引入信任关系，构建玉米产后服务主体的供应链治理结构模型，如图6-1所示。本研究考虑的玉米产后服务主体不包括国储库，因此，收储期间需要大量收购资金，但是抵押物有限，故银行贷款有限。所以，针对存在的资金紧张问题，民间借贷成为主要解决途径。

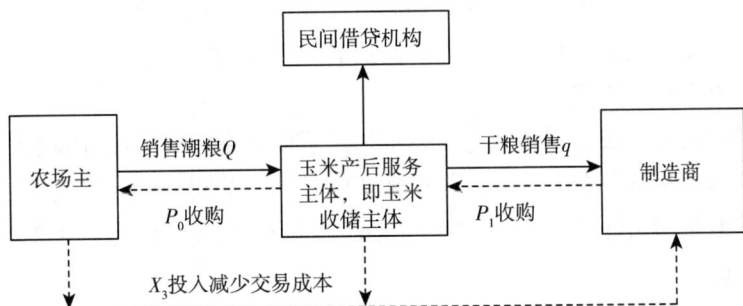

图 6-1 玉米收储供应链治理结构

6.1.2 收储供应链治理模式假设

针对图6-1，结合4.2—4.6的实际调查，以及5.3的研究结果，做如下假设：

（1）环境假设

针对东北玉米主产区，在完全竞争的市场环境下，玉米收储供应链参与成员的数量如图6-1所示，各成员具有玉米规模运作能力，其中玉米制造商是指在本地完成收储的饲料、味精、酒精等制造企业。

（2）质量假设

农场主所在的区域有一家玉米产后服务主体，该产后服务主体具有一定的采购和销售半径；农场主的玉米质量能被下游主体识别而获得返利价值；玉米产后服务主体因抵押物不足难以获得银行贷款时，可选择民间借贷机构进行贷款，因空间距离近且粮源规模化，对下游制造商每年能保持基础销售量；农场主、玉米产后服务主体与下游制造商是风险中性和有限理性的，即可以承担相应的风险，不是风险完全规避型主体。

（3）治理关系结构假设

结合实际，在组织形式上，选择具有代表性的"农场主＋玉米产后服务主体＋制造商"的三边、偏市场化结构，即混合结构供应链。供应链运作中玉米产后服务主体为治理主体，玉米产后服务主体从农场主处规模采购玉米潮粮，处理后将玉米干粮卖给下游制造商，成员之间关系亲密程度介于市场型和科层型之间，在该结构中，各主体在寻求利益契合度高的战略性合作关系过程中获得长期的共同价值。

（4）信任关系假设

玉米产后服务主体可以选择以提高信任关系的专用性投资方式，减少与上游农场主的交易成本，从而增加下游制造商的订购量。

（5）治理契约假设

针对规模型的农场主和制造商，玉米产后服务主体的治理目的是供应链各主体通过寻求利益契合的战略性合作来产生长期的共同价值，治理契约采用在利益分享策略和信任关系协调策略下形成的契约，该契约成为玉米产后服务主体的治理模式。

下面研究该治理模式的实施机制。

6.2 基于信任关系和质量投入的收储供应链治理的机理模型构建

6.2.1 模型变量假设

针对图 6-1 做如下模型变量假设：

p_0 表示玉米产后服务主体从农场主收购每单位玉米潮粮的价格；p_1 表示玉米产后服务主体卖给下游制造商每单位玉米干粮的价格（单位：元/吨）。

x_1 表示农场主提升玉米质量方面额外的投入，即种植时制造商指定的，或者市场认可的种植高品质玉米相较种植普通玉米产生的额外费用；x_2 表示玉米产后服务主体在民间贷款上的投入；x_3 表示玉米产后服务主体对农场主的信任关系专用性投资（单位：元/吨）。

α_1 表示销售市场的代表制造商关于农场主玉米生产质量投入的反应系数；α_2 表示销售市场对玉米产后服务主体因贷款而触发规范性运作的反应系数。

e 表示玉米产后服务主体针对农场主信任关系专用性投资得到市场认可，在玉米干粮销售量上的反应系数。假定 $e=0$ 表示信任关系未形成，$e>0$ 表示信任关系形成。

γ_1 表示农场主在完成对玉米潮粮质量投入后，在产后服务主体成本上的反应系数；γ_2 表示玉米产后服务主体对贷款投入的反应系数；γ_3 表示玉米产后服务主体对农场主的信任关系专用性投资对单位成本的反应系数。

β 表示玉米干粮销售市场中价格的需求弹性系数。

A 表示每年产后服务主体销售给邻近制造商玉米干粮的固有销售量，假定仅销售给一家制造商（单位：吨）。

m 表示农场主质量投入引发固定成本增加的系数。

s 表示每单位玉米国家给农场主的补贴（单位：元/吨）。

v 表示农场主生产一单位玉米需要付出的固定生产成本（单位：元/吨）。

π 表示各主体实现的利润（单位：元）。

I 表示信任关系形成时的情况，即 $e>0$。

N 表示信任关系未形成时的情况，即 $e=0$。

D 表示玉米产后服务主体。

F 表示农场主。

6.2.2 玉米产后服务主体销售量和成本模型的建立

在图 6-1 基础上，根据市场需求与供给分析，农场主决定种植质量水平，玉米产后服务主体决定处理后干粮的质量水平。2016 年以来的玉米收储实践和供应链质量协调研究综合表明，玉米质量是价格的决定因素。因此，针对产后服务主体信任关系专用性投资和农场主质量投入对玉米收储供应链利润的影响问题，首先要考虑玉米产后服务主体进行关系专用性投资与农场主质量投入时的销售量和成本模型。

当 $e>0$ 时，玉米产后服务主体信任关系专用性投资与其销售量正相关，说明玉米产后服务主体通过信任关系专用性投资获得农场主的信任，使得信任关系形成，从而形成稳定的粮源。

构建玉米产后服务主体的销售量 q^I 模型和玉米产后服务主体每单位收购成本 c^I 模型：

$$q^I = A + \alpha_1 x_1 + e x_3 - \beta p_1 \qquad (6-1)$$

$$c^I = p_0 + \gamma_1 x_1 + \gamma_3 x_3^2 \qquad (6-2)$$

针对式（6-1），在信任关系形成的条件下，因为假定玉米产后服务主体每年对制造商有 A 规模的固定销售量，玉米产后服务主体的销售量的增量由销售干粮的价格 p_1、玉米产后服务主体信任关系专用性投资 x_3 和农场主对提升玉米质量上额外的投入 x_1 共同决定。由于玉米质量越好销量越高，所以质量和销量为正相关，$\alpha_1 > 0$，α_1 代表市场对高质量玉米的认可程度，也称市场对质量的反应系数。玉米干粮价格越高，下游购买量会减少，因此玉米产后服务主体销售量与玉米干粮销售价格为负相关。

针对式（6-2），由于农场主质量投入和玉米产后服务主体信任关系专用性投资均与玉米产后服务主体收购成本相关，γ_1 代表农场主质量投入后得到玉米产后服务主体的利益分享，γ_1 越大代表玉米产后服务主体针对农场主的质量协调越有效；γ_3 代表玉米产后服务主体针对农场主的信任关系专用性投资的有效比率，γ_3 越大代表玉米产后服务主体针对农场主的信任协调策略越有效。此时，$e > 0$，$\gamma_2 = 0$。

当 $e = 0$ 时，玉米产后服务主体未投入信任关系专用性投资，使得与农场主和制造商信任关系未形成，此时，构建玉米产后服务主体的销售量 q^N 模型和玉米产后服务主体每单位收购成本 c^N 模型：

$$q^N = A + \alpha_1 x_1 + \alpha_2 x_2 - \beta p_1 \qquad (6-3)$$

$$c^N = p_0 + \gamma_1 x_1 + \gamma_2 x_2 \qquad (6-4)$$

针对式（6-3），玉米产后服务主体为解决收购资金问题，需要通过贷款周转资金，贷款投入后玉米产后服务主体会有充分的资金进行销售活动，给销售量带来增量，因此，$\alpha_2 > 0$。农场主质量投入会使得玉米质量优势提高，从而带动销量增加，所以 $\alpha_1 > 0$。

针对式（6-4），农场主的质量投入、自身的贷款投入分别与玉米产后服务主体收购成本相关。

6.2.3 考虑信任关系时收储供应链利润的影响机理

6.2.3.1 信任关系未形成时的玉米收储供应链利润影响机理分析

当 $e = 0$ 时，玉米产后服务主体的利润函数：

$$\pi_D^N = (p_1 - c^N)q^N$$
$$= (p_1 - p_0 - \gamma_1 x_1 - \gamma_2 x_2)(A + \alpha_1 x_1 + \alpha_2 x_2 - \beta p_1) \quad (6-5)$$

农场主的利润函数：

$$\pi_F^N = (p_0 - v + s)q^N - m x_1^2$$
$$= (p_0 - v + s)(A + \alpha_1 x_1 + \alpha_2 x_2 - \beta p_1) - m x_1^2 \quad (6-6)$$

(1) 分散决策下玉米收储供应链利润优化

基于实践，玉米收储供应链中的 Stackelberg 博弈过程如下：①玉米产后服务主体以最大利润原则制定合适的价格 p_1，安排贷款投入 x_2。②农场主依据玉米产后服务主体制定的价格 p_1 和现金支付，制定最优的质量投入 x_1 和潮粮价格 p_0。

针对（6-5）式，产后服务主体利润分别对 p_1、x_2 求一阶偏导，根据最优解的一阶必要条件，得到：

$$p_1 = \frac{A + \beta p_0 + \beta \gamma_1 x_1 + \beta \gamma_2 x_2 + \alpha_1 x_1 + \alpha_2 x_2}{2\beta} \quad (6-7)$$

$$x_2 = -\frac{\alpha_2 p_0 - \alpha_2 p_1 + \alpha_2 \gamma_1 x_1 + \gamma_2 A - \gamma_2 \beta p_1 + \gamma_2 \alpha_1 x_1}{2\beta} \quad (6-8)$$

将（6-7）、（6-8）式联立求解得：

$$p_1 = -\frac{A\gamma_2 - \alpha_2 p_0 + \alpha_1 \gamma_2 x_1 - \alpha_2 \gamma_1 x_1}{\alpha_2 - \beta \gamma_2} \quad (6-9)$$

$$x_2 = -\frac{A - \beta p_0 + \alpha_1 x_1 - \beta \gamma_1 x_1}{\alpha_2 - \beta \gamma_2} \quad (6-10)$$

将（6-9）、（6-10）式代入（6-6）式，针对（6-6）式分别对 p_0、x_1 求一阶偏导，计算证明 p_0 无最优解。

(2) 集成决策下玉米收储供应链利润优化

玉米产后服务主体通过增加贷款 x_2 的投入，保证上游现金支付的及时性。通过与农场主签订收益共享契约，激励农场主增加 x_1 的投入，从而为与下游制造商合作时提供质量保障。此时，供应链的收益为：

$$\pi^N = (p_1 - c^N)q^N + (p_0 - v + s)q^N - m x_1^2$$
$$= (p_1 - \gamma_1 x_1 - \gamma_2 x_2 - v + s)(A + \alpha_1 x_1 + \alpha_2 x_2 - \beta p_1) - m x_1^2$$
$$(6-11)$$

根据最优解的一阶必要条件，得到：

$$p_1 = \frac{A + \alpha_1 x_1 + \alpha_2 x_2 + \beta(-s + v + \gamma_1 x_1 + \gamma_2 x_2)}{2\beta} \quad (6-12)$$

$$x_1 = \frac{\alpha_1(p_1 + s - v - \gamma_2 x_2) - \gamma_1(A - \beta p_1 + \alpha_2 x_2)}{2\gamma_1\alpha_1 + 2m} \quad (6\text{-}13)$$

$$x_2 = \frac{\alpha_2(p_1 + s - v - \gamma_1 x_1) - \gamma_2(A - \beta p_1 + \alpha_1 x_1)}{2\gamma_2\alpha_2} \quad (6\text{-}14)$$

联立求解得：

$$p_1 = -\frac{A\gamma_2 - \alpha_2 s + \alpha_2 v}{\alpha_2 - \beta\gamma_2} \quad (6\text{-}15)$$

$$x_1 = 0 \quad (6\text{-}16)$$

$$x_2 = -\frac{A - \beta s + \beta v}{\alpha_2 - \beta\gamma_2} \quad (6\text{-}17)$$

（3）结果与讨论

下面讨论玉米产后服务主体和农场主信任关系未形成时，产后服务主体贷款投入策略和对质量的影响机理。

定理1 在分散决策下的玉米收储供应链中，玉米产后服务主体和农场主信任关系未形成时，农场主无法得到合理的潮粮卖出价格，说明在现实中 Stackelberg 分散决策不可取。

定理2 集成决策下的玉米收储供应链中，农场主和玉米产后服务主体信任关系未形成时，农场主质量投入得不到回报而不再投入。此时，玉米产后服务主体集成的最优决策取决于玉米制造商的干粮采购价格，以及产后服务主体的贷款投入，因此，信任关系不成立时不利于实施通过玉米质量投入而提升市场认可程度的决策。

6.2.3.2 信任关系形成时的玉米收储供应链利润影响机理分析

当 $e > 0$ 时，玉米产后服务主体的利润函数：

$$\begin{aligned}
\pi_D^I &= (p_1 - c^I)q^I \\
&= (p_1 - p_0 - \gamma_1 x_1 + \gamma_3 x_3^2)(A + \alpha_1 x_1 + e x_3 - \beta p_1) \quad (6\text{-}18)
\end{aligned}$$

农场主的利润函数：

$$\begin{aligned}
\pi_F^I &= (p_0 - v + s)q^I - mx_1^2 \\
&= (p_0 - v + s)(A + \alpha_1 x_1 + e x_3 - \beta p_1) - mx_1^2 \quad (6\text{-}19)
\end{aligned}$$

（1）分散决策下玉米收储供应链利润优化

玉米收储供应链中 Stackelberg 博弈过程如下：①玉米产后服务主体以利润最大化为原则，制定合适的价格 p_1，确定最优的信任关系专用性投资 x_3；②农场主依据玉米产后服务主体制定的价格 p_1 和信任关系专用性投资 x_3 进行

最优的质量投入 x_1 和潮粮价格 p_0 的制定。

针对式（6-18），根据最优解的一阶必要条件，得到：

$$p_1 = \frac{A + \alpha_1 x_1 + e x_3 + \beta(\gamma_3 x_3^2 + p_0 + \gamma_1 x_1)}{2\beta} \quad (6-20)$$

$$\begin{aligned}
x_3 = &-[A\gamma_3 \pm (\gamma_3^2 A^2 + 2\gamma_3^2 A\alpha_1 x_1 - 2\gamma_3^2 A\beta p_1 + \gamma_3^2 \alpha_1^2 x_1^2 \\
&- 2\gamma_3^2 \alpha_1 \beta p_1 x_1 + \gamma_3^2 \beta^2 p_1^2 + 3\gamma_3 e^2 p_1 - 3\gamma_1 \gamma_3 e^2 x_1 \\
&- 3\gamma_3 p_0 e^2)^{\frac{1}{2}} + \beta p_1 \gamma_3 - \alpha_1 \gamma_3 x_1]/3e\gamma_3 \quad (6-21)
\end{aligned}$$

将式（6-20）与（6-21）联立求解，剔除无效解，得到最优解：

$$p_1 = \frac{3e^2 + 4\beta^2 p_0 \gamma_3 + 4A\beta\gamma_3 + 4\alpha_1 \beta\gamma_3 x_1 + 4\beta^2 \gamma_1 \gamma_3 x_1}{8\beta^2 \gamma_3} \quad (6-22)$$

$$x_3 = \frac{e}{2\beta\gamma_3} \quad (6-23)$$

将式（6-22）与（6-23）代入式（6-19），然后对 p_0、x_1 求 1 阶偏导，联立求解，得到：

$$x_1 = \frac{(\alpha_1 - \beta\gamma_1)(e^2 + 4\beta^2 \gamma_3 s - 4\beta^2 \gamma_3 v + 4A\beta\gamma_3)}{4\beta\gamma_3(-\alpha_1^2 + 2\alpha_1 \beta\gamma_1 - \beta^2 \gamma_1^2 + 8m\beta)} \quad (6-24)$$

$$\begin{aligned}
p_0 = &(e^2 m + \alpha_1^2 \beta\gamma_3 s - \alpha_1^2 \beta\gamma_3 v - 4\beta^2 \gamma_3 ms + 4\beta^2 \gamma_3 mv + \beta^3 \gamma_1^2 \gamma_3 s \\
&- \beta^3 \gamma_1^2 \gamma_3 v + 4A\beta m\gamma_3 - 2\alpha_1 \beta^2 \gamma_1 \gamma_3 s + 2\alpha_1 \beta^2 \gamma_1 \gamma_3 v)/ \\
&\beta\gamma_3(-\alpha_1^2 + 2\alpha_1 \beta\gamma_1 - \beta^2 \gamma_1^2 + 8m\beta) \quad (6-25)
\end{aligned}$$

(2) 集成决策下玉米收储供应链利润优化

玉米产后服务主体通过增加 x_3（处理设备、人际关系投资等）的投入，与农场主建立稳定的信任关系，获得稳定的粮源。通过与农场主签订返利契约，激励农场主增加 x_1 的投入，从而为与下游制造商合作时提供质量保障。此时，供应链的收益：

$$\begin{aligned}
\pi^I &= (p_1 - c^I)q^I + (p_0 - v + s)q^I - mx_1^2 \\
&= (p_1 - \gamma_1 x_1 + \gamma_3 x_3^2 - v + s)(A + \alpha_1 x_1 + e x_3 - \beta p_1) - mx_1^2 \\
&\quad (6-26)
\end{aligned}$$

针对（6-26）式，根据最优解的一阶必要条件，得到：

$$p_1 = \frac{A + \alpha_1 x_1 + e x_3 + \beta(\gamma_3 x_3^2 - s + v + \gamma_1 x_1)}{2\beta} \quad (6-27)$$

$$x_1 = \frac{\alpha_1(-\gamma_3 x_3^2 + p_1 + s - v) - \gamma_1(A - \beta p_1 + e x_3)}{2\gamma_1 \alpha_1 + 2m} \quad (6-28)$$

$$x_3 = -A\gamma_3 \pm [\gamma_3(A^2 \gamma_3 + 3e^2 p_1 + 3e^2 s - 3e^2 v - 3e^2 \gamma_1 x_1 + \beta^2 p_1^2 \gamma_3 + \alpha_1^2 \gamma_3 x_1^2$$

$$-2A\beta p_1\gamma_3 + 2A\alpha_1\gamma_3 x_1 - 2\alpha_1\beta p_1\gamma_3 x_1)]^{\frac{1}{2}} + \beta p_1\gamma_3 - \alpha_1\gamma_3 x_1/3e\gamma_3$$

$$(6-29)$$

联立求解式（6-27）、（6-28）、（6-29）的三元一次方程组，得到：

$$\begin{aligned} p_1 = (6\beta e^2 m - 2\beta^2 e^2\gamma_1^2 - \alpha_1^2 e^2 + 8A\beta^2 m\gamma_3 + 3\alpha_1\beta e^2\gamma_1 - 8\beta^3 m\gamma_3 s \\ + 8\beta^3 m\gamma_3 v - 4A\beta^3\gamma_1^2\gamma_3 + 4\alpha_1^2\beta^2\gamma_3 s - 4\alpha_1^2\beta^2\gamma_3 v + 4A\alpha_1\beta^2\gamma_1\gamma_3 \\ - 4\alpha_1\beta^3\gamma_1\gamma_3 s + 4\alpha_1\beta^3\gamma_1\gamma_3 v)/4\beta^2\gamma_3(-\alpha_1^2 + 2\alpha_1\beta\gamma_1 - \beta^2\gamma_1^2 + 4m\beta) \end{aligned}$$

$$(6-30)$$

$$x_1 = \frac{\alpha_1 e^2 - \beta^2 e^2\gamma_1 - 4A\beta^2\gamma_1\gamma_3 + 4\alpha_1\beta^2\gamma_3 s - 4\alpha_1\beta^2\gamma_3 v - 4\beta^3\gamma_1\gamma_3 s + 4\beta^3\gamma_1\gamma_3 v + 4A\alpha_1\beta\gamma_3}{4\beta\gamma_3(-\alpha_1^2 + 2\alpha_1\beta\gamma_1 - \beta^2\gamma_1^2 + 4m\beta)}$$

$$(6-31)$$

$$x_3 = \frac{e}{2\beta\gamma_3} \qquad (6-32)$$

（3）结果与讨论

首先，讨论玉米产后服务主体和农场主信任关系形成时，产后服务主体信任关系专用性投资策略对提升供应链利润的影响机理。

定理3 玉米产后服务主体无论采取分散还是集成决策，针对农场主进行信任关系专用性投资都是提升供应链利润的有效策略。当信任关系专用性投资越大，满足制造商对质量需求的销量增量越大；当信任关系专用性投资的有效比率越大，即信任协调越有效，信任关系专用性投资就越节省；当市场干粮价格波动越大的时候，信任关系专用性投资的策略协调越有效，越能节省信任关系专用性投资。

证明 根据式（6-23）和（6-32）是等同的，且分散和集成决策下，当x_3越大，则e越大，说明玉米产后服务主体针对农场主的信任关系专用性投资与制造商的采购增量正相关，即x_3越大，产后服务主体就拥有更稳定的农场主粮源，能够满足制造商对质量和规模的需求，促进了销量；当x_3与β负相关，说明玉米产后服务主体针对农场主的信任关系专用性投资可以克服市场干粮价格波动；当x_3与γ_3负相关，说明玉米产后服务主体针对农场主的信任关系专用性投资与信任关系专用性投资的有效比率负相关，说明信任关系专用性投资策略针对农场主协调有效且可以节约投资。

定理4 玉米产后服务主体针对农场主，采用信任关系专用性投资策略时，当$\dfrac{\partial^2 x_1}{\partial^2 x_3}>0$时，玉米产后服务主体针对农场主的信任关系专用性投资可以激励农场主的质量投入，说明产后服务主体针对农场主的信任关系专用性投资与农场主的质量投入正相关是有条件的，如果再采用集成决策，农场主质量而进行资金投入会更多，使得供应链利润最大化。

证明　以集成决策为例，由式（6-32）得到 $e = 2\beta\gamma_3 x_3$，将其代入式（6-31）求 x_1 对 x_3 的二阶偏导，得到

$$\frac{\partial^2 x_1}{\partial^2 x_3} = \frac{4\alpha_1\beta\gamma_3 - 4\beta^2\gamma_3 - 4A\beta^2\gamma_1\gamma_3 + 4\alpha_1\beta^2\gamma_3 s - 4\alpha_1\beta^2\gamma_3 v - 4\beta^3\gamma_1\gamma_3 s + 4\beta^3\gamma_1\gamma_3 v + 4A\alpha_1\beta\gamma_3}{4\beta\gamma_3(-\alpha_1^2 + 2\alpha_1\beta\gamma_1 - \beta^2\gamma_1^2 + 4m\beta)}$$

当 $\frac{\partial^2 x_1}{\partial^2 x_3} > 0$ 时，玉米产后服务主体针对农场主，实施信任关系专用性投资策略，无论采取分散还是集成决策，都可以激励农场主的质量投入，对供应链利润有正向作用。

式（6-24）和（6-31）相比较，分子相同故比较分母大小，显然

$$4\beta\gamma_3(-\alpha_1^2 + 2\alpha_1\beta\gamma_1 - \beta^2\gamma_1^2 + 8m\beta) > 4\beta\gamma_3(-\alpha_1^2 + 2\alpha_1\beta\gamma_1 - \beta^2\gamma_1^2 + 4m\beta),$$

所以分散决策下农场主质量投入低于集成决策下农场主的质量投入。表明产后服务主体采用集成决策并进行关系专用性投资时，使得农场主更注重质量投入，且有利于供应链整体利润的提高。

例如，以双鸭山调查数据代入，得到 $\frac{\partial^2 x_1}{\partial^2 x_3} > 0$，则产后服务主体关系专用性投资与农场主质量投入正相关是有实践基础的。该结论表明，产后服务主体关系专用性投资使得农场主质量投入更为有效，即玉米质量能被玉米产后服务主体和下游制造商识别，而获得质量利益回报。

其次，讨论玉米产后服务主体对农场主信任关系专用性投资与贷款投入之间替代效应机理。

定理 5　集成决策下，当两种供应链利润之差 $T > 0$ 时，说明信任关系专用性投资优于贷款投入策略，反之，说明信任关系专用性投资不能代替贷款投入。表明集成决策下，玉米产后服务主体对农场主信任关系专用性投资替代贷款投入是有条件的。

证明将式（6-30）、（6-31）、（6-32）代入式（6-26），式（6-15）、（6-16）、（6-17）代入式（6-11）后，求得集成决策下信任形成状态与信任未形成状态下利润差：

$$\pi^I - \pi^N = \frac{m(e^2 + 4\beta^2\gamma_3 s - 4\beta^2\gamma_3 v + 4A\beta\gamma_3)^2}{16\beta^2\gamma_3^2(-\alpha_1^2 + 2\alpha_1\beta\gamma_1 - \beta^2\gamma_1^2 + 4m\beta)}$$

所以令 $T = -\alpha_1^2 + 2\alpha_1\beta\gamma_1 - \beta^2\gamma_1^2 + 4m\beta$，

当 $T > 0$ 时，说明集成决策下，信任关系形成时的信任关系专用性投资优

于信任关系未形成时的贷款投入效能，当 $T<0$ 时，则反之。

例如，以双鸭山数据为例，得到 $T<0$，说明在双鸭山地区，信任关系未形成时的贷款投入优于信任关系形成时的信任关系专用性投资效能。说明在现阶段，玉米收储供应链各主体在信誉供应链建设上仍存在较大问题。

6.2.3.3 案例分析

在本目，通过案例分析验证上述结论。以双鸭山市玉米收储企业 2017 年运营结果为例。运营结果数据共计五组，将五组数据分别代入式（6-1）至（6-4），联立解方程，得出信任关系形成时 $\alpha_1=220.19$，$e=1\,930.39$，$\beta=-11.74$，$\gamma_1=8.94$，$\gamma_3=-138.73$，$p_0=1\,040$ 元/吨，$x_1=22$ 吨，$m=5\,915.73$，$s=312$ 元/吨，$v=1\,258$ 元/吨，$A=5\,000$ 吨；信任关系未形成时 $\alpha_1=220.19$，$\alpha_2=1\,930.39$，$\beta=-11.74$，$A=4\,942$ 吨，$\gamma_1=-0.09$，$\gamma_2=18.38$，$p_0=1\,040$ 元/吨，$x_1=22$ 吨。接下来通过数值仿真进一步研究玉米收储供应链的相关规律。

如图 6-2 所示，在信任关系未形成时，产后服务主体和农场主无论采用分散决策还是集成决策，玉米干粮市场价格波动情况对玉米产后服务主体贷款投入影响不大。集成决策下的玉米产后服务主体贷款投入明显低于分散决策下玉米产后服务主体的贷款投入。调查显示，玉米产后服务主体每年贷款两个月，贷款数额每年相对稳定，起伏不大。如图 6-3 所示，针对信任关系形成

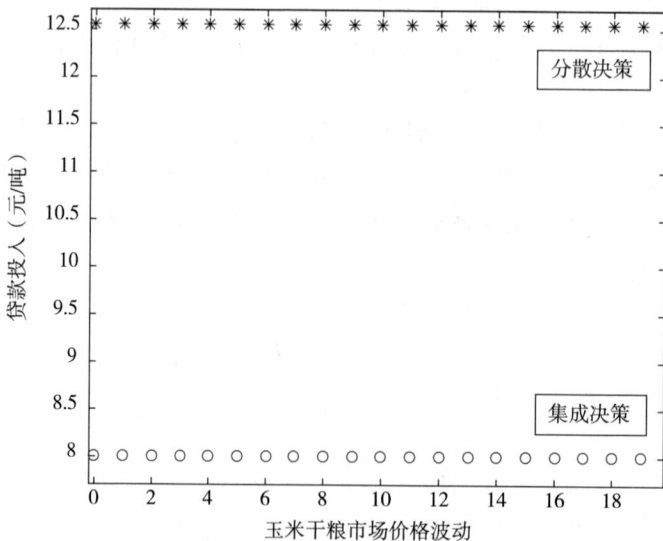

图 6-2　玉米干粮市场价格波动对玉米产后服务主体贷款投入的影响

且产后服务主体与农场主分散决策时，玉米产后服务主体收购的玉米潮粮价格越高，会导致其在有限的资金内，信任关系专用性投资减少，从而使玉米产后服务主体信任关系专用性投资对销售量的反应系数降低。且当 e 接近 0.5 时，由图可见玉米潮粮价格增速放缓。鉴于此，说明在关系协调时，农场主允许玉米产后服务主体以信用抵押的方式取粮，销售后根据销量，在市场价基础上进行额外返利是可行的。

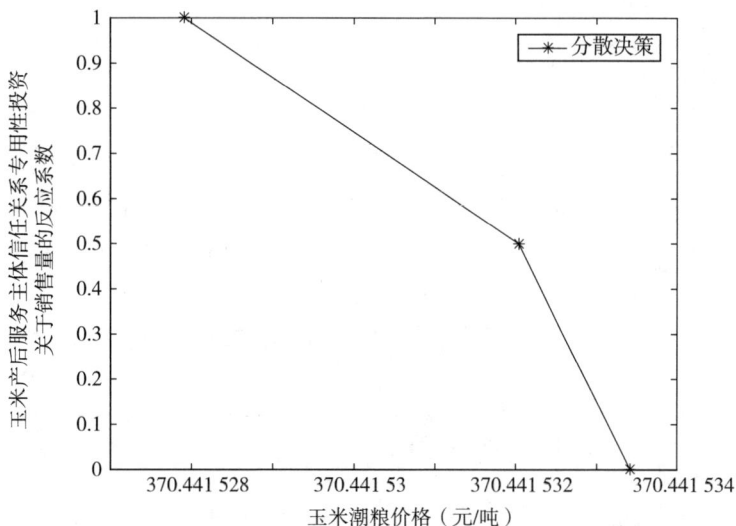

图 6-3 玉米潮粮价格对玉米产后服务主体信任关系专用性投资
关于销售量的反应系数的影响

由图 6-4 和图 6-5 可知，针对信任关系形成情况，玉米产后服务主体针对农场主的信任关系专用性投资关于销售量的反应系数对农场主的质量投入有正向影响。且在玉米产后服务主体针对农场主的信任关系专用性投资关于销售量的反应系数相同的情况下，集成决策下农场主质量投入低于分散决策下农场主质量投入，说明集成决策下的农场主质量投入相较分散决策更为有效。同时，两种决策当 e 接近 0.5 时，农场主质量投入会加快增长幅度。

玉米产后服务主体和农场主信任关系形成时，玉米产后服务主体针对农场主的信任关系专用性投资越多，农场主质量投入也会随之增加。由图 6-6 可知，同等水平信任关系专用性投资下，玉米产后服务主体和农场主集成决策质量投入较分散决策质量投入更多，更容易被下游制造商所信任，从而增加玉米产后服务主体的销售量。

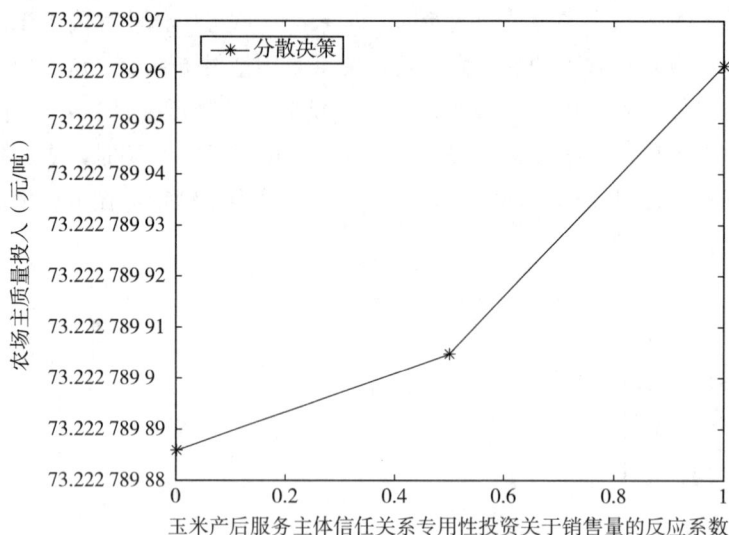

图 6-4　分散决策下玉米产后服务主体信任关系专用性投资
关于销售量的反应系数对农场主质量投入的影响

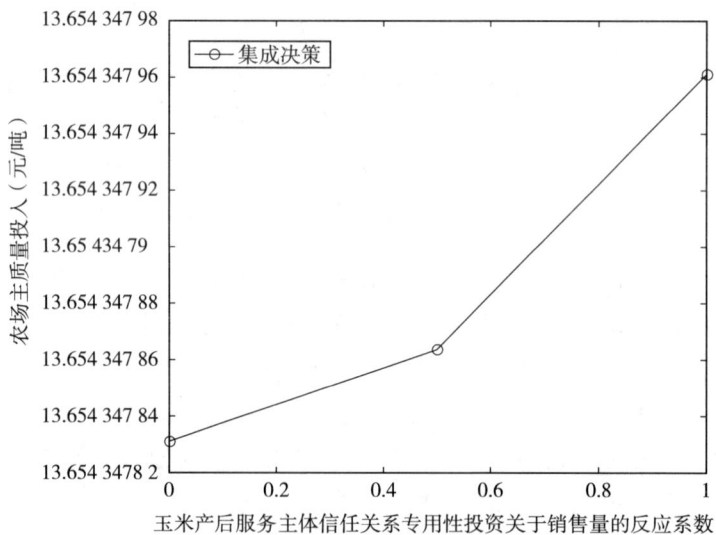

图 6-5　集成决策下玉米产后服务主体信任关系专用性投资
关于销售量的反应系数对农场主质量投入的影响

如图 6-7 和图 6-8 所示，针对玉米产后服务主体与农场主信任关系形成的情况，玉米产后服务主体针对农场主的信任关系专用性投资对销售量的

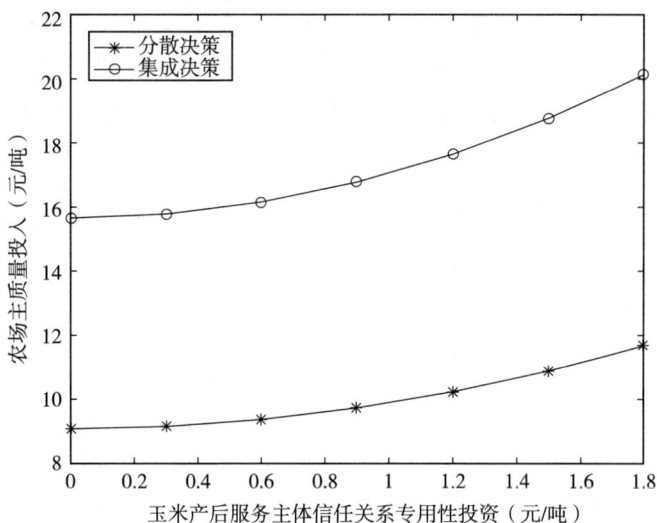

图 6-6 玉米产后服务主体针对农场主的信任关系专用性投资对
农场主质量投入的影响

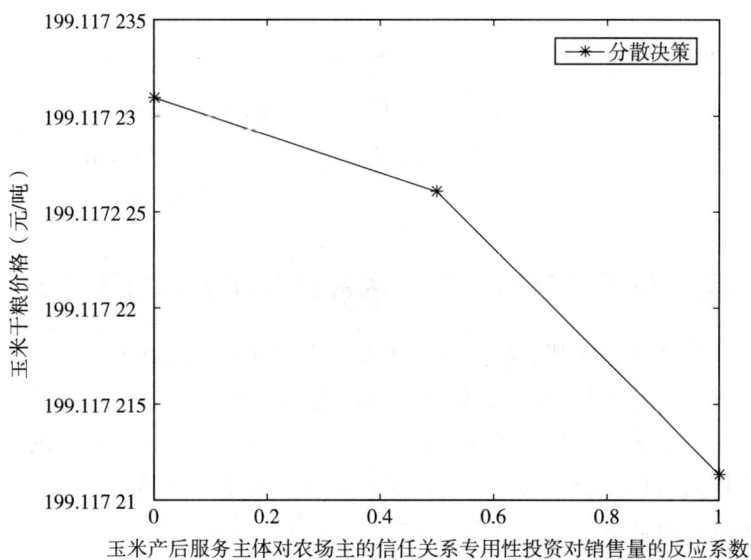

图 6-7 分散决策下产后服务主体对农场主的信任关系专用性
投资对销售量的反应系数对玉米干粮价格的影响

反应系数越高（有稳定的货源和信任关系将省去很多成本），玉米干粮价格
将会越低，且在两种决策下，当 e 接近 0.5 时，玉米干粮价格下降速度会加

快。通过将玉米产后服务主体与农场主分散决策和集成决策进行对比，得出玉米产后服务主体针对农场主的信任关系专用性投资对销售量的反应系数相同时，集成决策相较分散决策价格优势更为明显。对于在信任关系形成的玉米收储供应链建议采用集成决策。

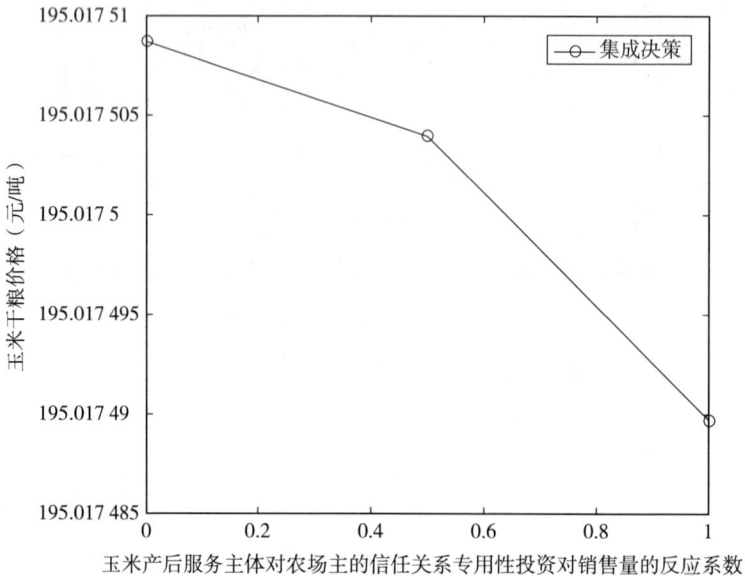

图 6-8　集成决策下产后服务主体对农场主的信任关系专用性
投资对销售量的反应系数对玉米干粮价格的影响

6.2.4　考虑信任关系时的收储供应链利润影响机理结论

玉米产后服务主体和农场主信任关系未形成时：一是玉米产后服务主体无论采取基于 Stackelberg 理论的分散决策还是集成决策，信任关系不成立不利于提高对玉米质量提升的市场认可程度；玉米干粮市场价格波动情况对玉米产后服务主体贷款投入影响不大。二是集成决策下的玉米产后服务主体贷款投入明显低于分散决策下玉米产后服务主体的贷款投入。

玉米产后服务主体和农场主信任关系形成时：一是信任关系专用性投资方面，当信任关系专用性投资越大，则满足制造商对质量需求的销量的增量越大；当信任关系专用性投资的有效比率越大或干粮市场价格波动越大时，信任关系专用性投资的策略协调越有效，越能节省信任关系专用性投资。二是信任关系专用性投资与质量投入的关系方面，玉米产后服务主体针对农场主的信任关系专用性投资策略，可以激励农场主的质量投入，且采用集成决策时，农场主的质量投入会更高，使得供应链利润最大化；产后服务主体信任关系专用性投资与农场主质量投入正相关是有条件的，同等水平信任关系专用性投资下，集成决策质量投入较分散决策质量投入更高，且集成决策下的农场主质量投入相较分散决策更为有效。三是信任关系专用性投资与贷款投入替代关系方面，分散决策下，信任关系专用性投资在供应链中优于贷款投入，集成决策下，信任关系专用性投资是否优于贷款投入是有条件的。四是分散决策时，玉米产后服务主体收购的玉米潮粮的价格越高，会导致信任关系专用性投资对销售量的反应系数越低。五是 e 相同时，集成决策相较分散决策价格优势更为明显。当 e 接近 0.5 时，分散决策下，玉米潮粮价格增速放缓，两种决策下玉米干粮价格下降速度幅度会加快、农场主质量投入增长幅度也会加快。

6.3 玉米产后服务主体与农场主之间信任度的提升机制

为了促进合作行为的形成和演化，可以通过提升主产区粮食产后服务主体与供应链其他行为主体之间的信任度，来诱导行为主体选择合作集成策略。因此，需要研究行为主体之间信任度的提升机制。

6.3.1 信任关系研究现状

在信任关系研究方面：①供应链上的信任关系是指合作中一方关心另一方的利益，任何一方在采取行动之前都会优先考虑自己的行动对另一方产生的影响[189]。在供应链中，直接信任关系较推荐信任关系更为可信[190]。②信任关系具有中介作用，即使在无法监督和控制被信任方时，仍愿意相信对方可以达成合作[191,277]，这种中介作用体现为日常交易中的信用担保，信用担保是借贷市场运行的基础，其最常见的表现形式是信用抵押[192]，信用抵押是担保人依据信用担保制度向合作方递交合作申请，从而获得的信任抵押权利。通过信用抵押，实现资金流和货物流的匹配[193]。Tsanos et al（2016）提出并确认行为前因的影响顺序，整合维度及其对供应链绩效的影响，为协调供应链关系并提升供应链绩效奠定了基础[278]。③在信任关系的强化机制的研究表明，在信用背书、信息加密、智能合约等多个领域，区块链技术逐渐被业界所关注和应用，区块链作为"一种把区块以链的方式组合在一起的数据结构，具有去中心化、按时序记录数据、集体维护、可编程和安全可信等特点"[194]，对信任关系的建立提供了技术支持。

在关系专用性投资研究方面：①供应链关系专用性投资是指合作成员为使双方合作关系强化而进行的相关投资[279]。②这种投资对信任关系形成有很大强化作用，能够产生其他交易所得不到的额外剩余，通过对具有合作关系的企业进行关系专用性投资，可以将合作关系转变为信任关系[279]。良好的信任关系机制在降低企业经营风险、促进资源要素流动、加强集群内外资金合作等方面具有重要作用[280]。③对供应链关系专用性投资作用层面的研究表明，关系专用性投资作为一种信任行为，是关系型信任的作用结果，通过该行为可以达成合作双方对合作的主观感知——合作满意[279]。该满意度可由一方投资或多方投资获得，一方投资是一方向另一方投资，使另一方利润获得增长，供应链里面多方投资是指多方投资者通过长期合同、战略合作等方式节省成本的同时，进行资源互补、风险共担[281]。已有研究表明，具有合作关系的企业进行关系专用性投资，将合作关系转变为信任关系，可以促进交易的达成[282]。

关系协调机制在粮食收储供应链的研究应用较少。Pezeshki Yahya et al (2013) 实验表明，包括了信任作为决策因素的机制在所有情况下表现都比"不信任"机制好[283]。李维安等（2016）在供应链治理中，给出了包括声誉机制、信任机制、关系机制、信息共享机制来抑制机会主义的关系协调机制研究框架[123]。那么在粮食供应链关系协调机制研究中，可以通过关系专用性投资建立信任关系机制，从而形成可行的信任机制研究方法。这是因为在单期的博弈中，供应链成员无论是供应商还是制造商，均有违反企业签订的社会责任契约的可能，但在重复博弈情况下，关系契约可以在不完全契约的条件下帮助供应链成员形成长期稳定的合作关系，在合作过程中，制造商应允许实力欠佳但有合作诚意的供应商在履行企业社会责任方面，努力水平暂时低于标准水平，并通过采取提高采购价格，帮助供应商降低成本等方法提升其努力水平[284]。市场中大型粮食制造商和经销商均有优质或者信用供应商资质档案，也印证了这个结论。基于质量的信任关系是粮食供应链市场化主流发展方向。

6.3.2 信任度提升影响玉米收储供应链合作利润提升的机理

根据实际调查做如下假定：玉米产后服务主体对农场主的信任关系专用性投资越大，二者的信任度越高，信任关系专用性投资等同于信任度策略实施。得出农场主的信任度提升对形成玉米收储供应链合作和利润提升的影响机理。

（1）农场主对玉米产后服务主体信任度越大，则满足制造商对质量需求的销量的增量越大；当信任度的有效比率越大或市场干粮价格波动越大时，玉米产后服务主体实施的信任度协调策略越有效，越能节省信任关系专用性投资。

（2）农场主对玉米产后服务主体信任度越大，越会促进农场主质量投入。玉米产后服务主体针对农场主实施的信任度策略，可以激励农场主的质量投入，且采用集成决策下，农场主的质量投入会更高，使得供应链利润最大化；产后服务主体信任度投资与农场主质量投入正相关是有条件的，同等水平信任度下，集成决策质量投入较分散决策质量投入更高，且集成决策下的农场主质量投入相较分散决策更为有效。

（3）分散决策下，信任度策略在供应链中优于贷款投入，集成决策下，信任度策略是否优于贷款投入是有条件的。

6.3.3　玉米产后服务主体对农场主实施信任度提升策略

根据 6.3.2 可知玉米产后服务主体对农场主实施信任度提升策略，可以提升玉米收储供应链合作利润，具体包括：

（1）实施协调供应链关系的专用性投资策略。 根据调研结果，产后服务主体常常派出专门采购经理带领采购部门的人员维护与农场主的关系，以便稳定地采购到好粮，但在重复博弈情况下，关系契约可以在不完全契约的条件下帮助供应链成员形成长期稳定的合作关系。

（2）实施提升收储服务质量策略。 收储服务质量高，利于农场主在长期经营中形成信任的心理定式，代销售优势很重要，尤其在稳定大制造商资源方面。例如，鲶鱼沟的订单农业能做到高于市场价每斤 0.2 元收购水稻，在于主要面向大客户销售。长期下去，农场主愿意把玉米送到产后服务主体进行处理，以便获得安全、公平的利润回报。

（3）实施提升信任环境下的技术应用策略。 区块链作为"一种把区块以链的方式组合在一起的数据结构，具有去中心化、按时序记录数据、集体维护、可编程和安全可信等特点"，可以对信任关系的建立提供技术支持，如果有公链或者联盟链，可以与农场主进入同一区块链平台。

（4）玉米产后服务主体与农场主构建关系协调机制。 关系协调机制的构建意义是提高农场主对玉米产后服务主体长期交易的未来价值预期,以此增加价值创造效应、抑制农场主在质量上的短期机会主义行为。该机制下玉米产后服务主体激励手段有两种,一是玉米产后服务主体可通过在自身处理设备等方面进行的信任关系专用性投资,确保农场主的潮粮能够得到最优的处理,从而提高 p_1,给予农场主 α_1 比例的质量投入回报,激励其扩大质量投入 x_1。二是可以向农场主争取通过信用抵押的方式收粮,减少前期贷款成本,根据销售量 q^N,在固定收购价格 p_0 基础上给予农场主一定的信任回报,比例可参照 α_1。双方合作前期,除信用抵押外也可进行部分固定资产抵押,有助于形成双方稳定的信任关系。该机制下供应链治理目标是实现玉米产后服务主体与农场主的信任关系从无到有的转变。

6.4 基于质量和信任的收储供应链治理模式的实施机制设计

根据 6.3 节玉米产后服务主体的信任关系专用性投资和农场主质量投入对于玉米收储供应链利润的影响机理,设计玉米产后服务主体主导的收储供应链治理实施机制。

6.4.1 玉米产后服务主体的治理实施路径

根据在黑龙江省的调查结果,当前玉米收储供应链中玉米产后服务主体与农场主分散决策且双方信任关系未形成的情况居多,因此假定要治理的收储供应链具有分散、无信任且具有中断风险的特点。对此,制定两种治理路径,一是先实施"利益分享机制"治理,使供应链达到"农场主与玉米产后服务主体信任关系未形成基础上达成集成决策"的治理效果;再实施"关系协调机制"治理,达到"农场主与玉米产后服务主体集成决策下,并形成信任关系"的效果。二是一的反序实施,原理一样,不再赘述。通过两个路径后的治理效果是玉米收储供应链既包含信任关系协调机制,又包含利益共享机制,进而协调成员目标冲突并抑制机会主义产生的收储中断行为。下面针对第一种治理路径,构建玉米产后服务主体的供应链治理机制。

6.4.2 构建玉米收储供应链利益分享机制的集成治理策略

针对分散、无信任且具有中断风险的收储供应链,构建玉米收储供应链利益分享机制，以玉米收储供应链集成决策为目标实施治理。玉米产后服务主体主导构建与农场主和制造商的利益分享机制。

（1）玉米产后服务主体与农场主的利益分享机制

当玉米产后服务主体与农场主信任关系未形成，且在分散决策的条件下，玉米产后服务主体可与上游农场主构建利益分享机制，该机制的激励动因是使农场主供应的农产品质量得到保障，即满足国家或者制造企业收储标准，为下游销售环节提高质量优势。该机制的激励手段是玉米产后服务主体将收益的 $(1-\theta)$ 份额分享给实施质量投入的农场主。具体而言，激励手段为玉米产后服务主体凭借邻近制造商的固定销售量 A 优势，按照制造商的质量条件给予农场主一定比例的返点 φ。当农场主质量稳定在两年以上，可根据近两年销售水平给予农场主质量返点 $\varphi+\omega$（相当于 γ_1）。但是返利幅度不能过大，否则不能实现供应链协调。该机制下供应链治理目标是可以实现玉米产后服务主体与农场主由分散决策向集成决策的转变。

（2）玉米产后服务主体与下游制造商的利益分享机制

玉米产后服务主体与下游制造商构建如下利益分享机制。利益分享机制的激励动因是提高制造商采购增量，玉米产后服务主体从中获得更多的收益。该机制下玉米产后服务主体激励手段有三种：一是质量激励，可以使得制造商回馈 $\alpha_1 x_1$ 的采购增量；二是贷款激励，使得资金充足而玉米收储和销售规范，制造商回馈 $\alpha_2 x_2$ 的采购增量；三是价格激励，由于针对农场主的成功利益分享，使得农场主提供规模、稳定的粮源，拥有相对较小的价格优势，采用降价激励的治理结果是制造商回馈 $-\beta p_1$ 的采购增量。

6.4.3 以信任关系为目标构建收储供应链关系协调机制的治理策略

针对集成、无信任且具有中断风险的收储供应链，构建玉米收储供应链关系协调机制，以玉米收储供应链集成决策和信任关系形成为目标实施治理。玉米产后服务主体主导构建与农场主和下游制造商的关系协调机制。

（1）玉米产后服务主体与农场主的关系协调机制

根据案例数据可得，现阶段双鸭山市场处于 $\dfrac{\partial^2 x_1}{\partial^2 x_3}>0$，即，如图 6-6，现阶段双鸭山农场的信任关系专用性投资对农场主质量投入有正向影响。集成决策下，信任关系形成时信任关系专用性投资与信任关系未形成时的贷款投入，两种供应链利润之差 $T<0$。说明虽然玉米产后服务主体可以通过扩大关系专用性投资激励农场主质量投入，玉米收储供应链各主体对信用供应链建设仍存在较大顾虑。鉴于此，进一步研究如何打破该局面成为治理的目的所在。

当玉米产后服务主体与农场主未向信任关系形成转变时，玉米产后服务主体与农场主构建如下关系协调机制：关系协调机制的激励动因是提高农场主对玉米产后服务主体长期交易的未来价值预期，以此增加价值创造效应、抑制农场主在质量上的短期机会主义行为。该机制下玉米产后服务主体激励手段有两种，一是玉米产后服务主体可通过在处理设备等方面进行信任关系专用性投资，确保农场主的潮粮能够得到最优的处理，从而提高 p_1，给予农场主 α_1 比例的质量投入回报，激励其扩大质量投入 x_1，二是可以向农场主争取通过信用抵押的方式收粮，减少前期贷款成本，根据销售量 q^N，在固定收购价格 p_0 基础上给予农场主一定的信任回报，比例可参照 α_1。双方合作前期，除信用抵押外也可进行部分固定资产抵押，有助于形成双方稳定信任关系。该机制下供应链治理目标是可以实现玉米产后服务主体与农场主信任关系从无到有的转变。

（2）玉米产后服务主体与下游制造商的关系协调机制

玉米产后服务主体与下游制造商构建如下关系协调机制：关系协调机制的激励动因是增加制造商对玉米产后服务主体重复交易的未来价值预期，提高下游制造商采购增量。该机制下玉米产后服务主体激励手段有两种，一是玉米产后服务主体可依据国家玉米卫生标准、国家玉米收购标准进行规范处理销售，凭借长期质量优势得到下游制造商信任，二是通过协调农场主，得到稳定高质量粮源，缩短对下游制造商供货时间。该机制的供应链治理目标是可以实现玉米产后服务主体与下游制造商由信任未形成向信任关系形成转变。

6.4.4　运用区块链技术支撑收储供应链治理机制的实施

区块链作为一种新型的信任重构体系，能够将信息按时间顺序以链条的形式有效整合，具有去中心化、不可篡改、可追溯等特点[194]。该技术对玉米收储供应链利益分享机制、关系协调机制的有效实施提供重要技术保障。产后服务主体可以运用或者搭建公有链平台，与区块链服务公司和其他区块链技术研究机构合作[193]，从而建立稳定的供应链信任关系技术基础。

玉米产后服务主体主导玉米收储供应链，确保其他主体将交易记录实时上传至数据库，使得产品质量等交易信息以及各主体信用记录可追溯。此外，通过加密技术保障交易信息的完整性、真实性。如果农场主出现质量问题、下游制造商不能按规定偿还欠款，该主体将以信用记录不良主体的身份呈现在区块链上，并且该主体无法更改该记录。供应链其他合作主体对信用不良主体持谨慎态度，一方面督促各主体行为守信，另一方面保障玉米收储供应链治理机制的有效实施。

6.4.5　玉米产后服务主体主导的收储供应链治理模式实施机制

根据玉米产后服务主体的信任关系专用性投资和农场主质量投入对于玉米收储供应链利润的影响机理，确定了由"利益分享机制"和"关系协调机制"构成的治理模式。在此基础上设计玉米产后服务主体主导的收储供应链治理模式实施机制。假定要治理的收储供应链具有分散、无信任且具有中断风险的特点。对此，制定两种治理实施路径，一是先实施"利益分享机制"，使供应链达到"农场主与玉米产后服务主体信任关系未形成基础上达成集成决策"的治理效果；再实施"关系协调机制"，达到"农场主与玉米产后服务主体集成决策下，并形成信任关系"的效果。二是一的反序实施，原理一样。

针对分散、无信任且具有中断风险的收储供应链，玉米产后服务主体先实施利益分享机制再实施关系协调机制，其过程是：玉米产后服务主体将收储玉米的收益分享给质量投入的农场主，达成集成决策；然后利用利益分享机制提高制造商采购增量，通过激励手段进行质量激励、贷款激励和价格激励；最后，利用信任关系专用性投资、信用抵押的方式达成与农场主的信任关系，利用符合标准的、规模稳定的粮源，减少向下游制造商供货时间达成与制造商的信任关系，该治理实施机制能够达成收储供应链节省内容成本、利润合理化的目标。

6.5　基于质量和信任的鲶鱼沟碱地大米收储供应链治理的示范案例

6.5.1　示范由来

2019 年受北京京东乾石科技有限公司委托，冷志杰带领团队制定了京东农场的产品标准《寒地盐碱地大米智慧化全供应链标准》（Q/ JDNC 002—2019），并且牵线落地鲶鱼沟万基谷物加工有限责任公司。

6.5.2 鲶鱼沟万基谷物加工有限责任公司要解决的关键难题

(1) 企业简介

鲶鱼沟万基谷物加工有限责任公司，注册成立于 2014 年 9 月 9 日，位于黑龙江省肇源县大广工业园区，总投资 7 亿元，前身是肇源县鲶鱼沟养鱼场，历经二十年的发展，公司现主要经营碱地大米、各品类杂粮、有机河蟹、大雁有机驯养等相关产业，是一家集养殖、种植、仓储、加工、物流、销售为一体的集约化、产业化农业公司（属于民营企业）。公司占地总面积 40 余万亩，下设生产基地 12 个，现有普通员工 750 余人，管理技术人员 50 多名。是黑龙江省重点农业产业化龙头企业、黑龙江十大农业品牌之一、被农业部认定为国家级健康养殖、种植示范场，同时相关产品取得了国家级绿色产品标识并通过有机产品认证。

(2) 企业的种植优势和碱地水稻产品优势

土壤资源方面。鲶鱼沟万基谷物加工有限责任公司位于黑土带盐碱地，公司自 2007 年在盐碱地上试种水稻，历经五年时间，在 2012 年种植成功并喜获丰收，这一成果突破了种植碱地水稻的难关。因为鲶鱼沟的原生态盐碱地湿地从未被开发，耕种时间短，营养充足。相对于营养被吸取殆尽的普通耕地，它包含的微量元素和天然营养更加丰富，钙、铁、锌、硒各种微量元素均超出了普通大米的几倍到十几倍。食味品质分达 89 分（日本越光大米食味品质分最高，为 90 分），也是全国大米行业中是最高的。

水资源方面。鲶鱼沟的碱地香大米经嫩江之水灌溉。嫩江水发源于大兴安岭的伊勒呼里山，山泉之水，水质清纯，是国家一级水，好水出好粮。

地理位置。鲶鱼沟水稻生长在北纬 45 度黄金农作物产区，地处黑龙江第一积温带，光照长达 1 295.6 小时，形成 3 030℃的高积温，无霜期可达 165 天，全年空气质量指数 AQI 低于 32，昼夜温差大，具有得天独厚的自然资源优势。

环境对碱地水稻的作用是：促进干物质的积累，干物质有一定糖度，所以鲶鱼沟碱地香大米吃着有点甜。另外，普通大米 pH 为 6，而这种碱地大米pH 值为 6.5～6.9，是弱碱性米。

基于以上优势，碱地大米销售效果好。

(3) 碱地水稻收储供应链中企业的关键难题

面对大客户需求的标准化供应链管理实施中，鲶鱼沟万基谷物加工有限责任公司面临四方面难题：一是在全年销售中，为了保障每次加工后的大米食味值不变，如何进行低温仓储。二是大客户要求新米下线后 40 小时送达目的地，如何解决县区大米上行的"最初一公里"的断链问题。三是在物联网和区块链应用环境下，如何解决碱地大米的线上消费者可追溯问题。四是在线下大客户质量约束下，如何通过农户订单实施碱地水稻收储供应链治理。

6.5.3 鲶鱼沟碱地水稻收储供应链的治理策略

鲶鱼沟万基谷物加工有限责任公司的收储供应链治理策略，主要分成两类：一是通过与农户建立利益分享、信任关系协调等机制，扩大生产规模，满足线下大客户对高质量约束的碱地大米需求；二是通过流转盐碱地自己种植，实施高质量碱地大米供应链全程监控，从而与京东农场合作，加入京东京品源平台，在京东京品源旗舰店进行碱地大米销售。下面，针对水稻收储供应链中的该企业关键难题，梳理上述两类收储供应链治理策略。

6.5.3.1 保障大米食味值的水稻原粮仓储标准化治理策略

2019 年 10 月完成制定的京东农场《寒地盐碱地大米智慧化全供应链标准》（Q/ JDNC 002—2019）中，重点设置了"盐碱地水稻原粮仓储管理环节标准"，主要包括如下两方面：

（1）低温关键技术设计与应用策略

根据实际观察和测试，低温储存仓主要为水稻全年口感无变化提供了硬件基础。可以实现全年－10℃低温储藏稻谷，保障全年生产的大米食味值不变化。主要原因是该企业发现低温影响水稻的含水量指标：入库水稻的水分是14.5％至 15％，而在－10℃的储存环境当中，1 000 斤水稻只挥发 3 斤水分，保留了原有的水稻原浆水分就保证了食味值水平，即达到全年销售的大米口感无变化。低温仓储技术能够支撑客户需求，按时现磨、现发，保证客户在全年都能吃到高食味值的大米。

（2）盐碱地水稻原粮仓储管理环节标准化策略

盐碱地水稻原粮仓储管理环节标准包括五个方面：

原粮仓储管理者提供基本信息。依据 GB/T 29890—2013 规定，检测盐碱地水稻仓储条件，并通过物联网设备，将采集的原粮仓储管理数据上传至盐碱地水稻供应链精准质量追溯系统。主要指标包括（但不限于）：烘干温度；水稻入库时的产地、品质、温度、水分、等级指标；在库时的堆放形成时间、堆高和位置标注；以及水稻质量标签（产地、品质、温度、水分、等级指标、入库时间出库时间等）。

烘干标准。包括烘干方式、烘干实施温度，设置的预警值不高于 40℃，从而保证盐碱地水稻适口性。采用保质干燥技术，即根据不同粮食品种的加工用途要求，采用相应的干燥工艺技术及装备，最大限度降低烘干对水稻加工用途的影响，满足水稻加工生产需求。干燥机依照 NY/T 463 的规定选用。配套设备依照 LS/T 3501.1 等的相关规定选用，其中，提升机、输送机、烘前仓、缓苏仓、烘后仓等经调试运行，应能正常投入使用。

入库标准。符合 NY/T 2978—2016 中对绿色食品稻谷中粳稻谷的品质要求。进出仓的安全操作与管理按 LS 1206 的规定执行。装粮用包装符合 GB/T 29890—2013 粮油储藏技术规范。入仓粮食的杂质含量不宜大于 1.0%，杂质含量较高时应进行清理。储粮做到"五分开"储藏，即遵循"不同水分、不同品种、有虫无虫、不同杂质、新陈粮"分开储放的原则。

在库管理标准。大宗水稻宜采用散装储藏，粮堆高度不应超过仓房设计的装粮线，对长期储藏的水稻，应平整粮面。长期储存的水稻质量应符合国家质量标准规定，水分含量不宜超过当地安全水分。粮食进仓后，采用自然通风、机械通风等方式将粮温逐步降低至 0℃以下，并在全年储存期内，采取粮堆表面覆盖隔热等措施或者谷物冷却机等制冷设备，将粮温保持在 0℃以下（设置为 -10℃最为理想）。定期检测粮情，控制粮食储藏的条件。对于不符合库存管理标准的情况，进行预警管理。

出库标准。应用低温储藏或准低温储藏技术的较大容量粮仓，在高温季节出仓时，应使用塑料薄膜或糠包等将未出仓的粮堆进行隔离、封闭，防止结露。

6.5.3.2 质量约束下防范"最初一公里"断链问题的自建物流和仓储配送中心策略

由于地处黑龙江省大庆市肇源县，存在"最初一公里"物流贵、物流不畅的问题，供应链协调成本高，因此，为了减少上行物流成本，满足客户对新米到达的时间和质量要求，该企业建立了万基物流公司及仓储配送中心，日运输能力达 500 吨，在配送运输方式方面做到线上和线下结合，大米通过仓储配送中心上行，线上采用"三通一达"，线下安排旗下的万基物流公司直接对接铁路或者直运到客户指定的交货地点。

6.5.3.3 物联网环境下优质碱地大米的京东供应链可追溯标准治理与品控

京东京品源平台包括四部分：一是京东农场生产管理标准，包括品种优选、种植标准；二是京东农场"谷-语"智能化管控系统，利用物联网、AI、遥感技术进行专业化服务；三是千里眼系统和智能仓系统，主要进行采收、分级、仓储服务；四是京东物流。这四个部分实现了平台优种、优管、优收/储、优运功能，结合区块链技术、人工智能和大数据技术，从而实现优质碱地稻米的全供应链溯源，并通过品控管理达到品质要求。

根据《寒地盐碱地大米智慧化全供应链标准》（Q/ JDNC 002—2019），结合京东京品源平台，在碱地水稻田周围设置物联网、AI 设备等，在农资投入品库、原粮仓储、成品粮大米仓库，以及京东仓库和运输过程等各个环节按照标准进行监测，完成全供应链溯源，同时进行品控，保障大米食味值不变。

6.5.3.4 线下大客户质量约束下的碱地水稻收储供应链治理模式实施机制

鲶鱼沟万基谷物加工有限责任公司的下游大客户有中石油"昆仑好客"、中石化"易捷店"、农夫山泉和海军专供等，关于品种、大米质量、物流都有着严格的约定，这都需要在收储环节确保水稻的品种符合要求、质量符合标准。企业也不可能在所有水稻地块都确保按京东农场标准建设物联网监控，那么，要让订单农户按标准选定种植品种以及实施种植过程，必须签订满足第 5 章、第 6 章的利益分享契约和关系协调契约，将契约落实到订单上。那么针对订单农户的碱地水稻收储供应链治理模式实施机制构建如下：

（1）针对订单农户的碱地水稻收储供应链治理模式实施机制构成

碱地水稻的收储供应链治理模式是由与订单农户的"利益分享机制"，以及与下游大客户和上游订单农户分别建立的"关系协调机制"构成的，其实施策略包括：一是先实施"利益分享机制"，使收储供应链达到"农户与该企业信任关系未形成基础上集成决策"的治理效果；再实施"关系协调机制"，达到"农户与该企业集成决策下形成信任关系"的效果。

（2）与订单农户利益分享的水稻收储治理策略

企业在年初与农户签订订单，按照企业要求的品种和种植标准进行种植管理，种子、农药和化肥等投入品都由企业集中采购，种植投入成本由农户负责。企业收购水稻时，以每吨高于市场价格 300～400 元收购，保障农户获得高于市场的利润，并与农户分享收益。

（3）与订单农户关系协调的水稻收储关系治理策略

在碱地大米市场价格波动越大的时期，信任关系专用性投资的策略协调会越有效，越能节省信任关系专用性投资。该企业信任关系专用性投资的主要目的是增加高质量约束的大米销量，聚焦大客户质量需求进行关系治理是主要手段。

为保障订单农业稳定的利润来源，对大客户实施关系治理策略。其手段主要是种植、加工、仓储等现场展示，尤其是特有的低温仓储技术展示；另外就是质量宣传，同时，欢迎大客户派人驻种植农场监督，以及入驻加工厂进行质量检测；最重要的是不断和客户进行良好信息沟通，共享大米行业前沿敏感信息。

针对订单农户实施收储关系治理策略。一是该企业通过上门收购和对水稻处理设备等方面进行投资，达成信任关系专用性投资，从而因高质量实现高价格收购；二是通过兑现高于市场的价格，形成信用，从而提高信任度，维护与农户的关系；三是对订单农户提供一些维护信任关系的支持，比如在雪天送芦苇等；四是为订单农户家庭成员提供工作机会。

6.5.4 示范效果

（1）碱地高品质水稻的供应链仓储和配送优势推升了销售优势

水稻低温储藏，自建仓储配送中心的供应链协调优势，减少了物流成本，促进了单位收益的不断增长。一是保障了大客户直销的实现，大客户主要包括中石油"昆仑好客"、中石化"易捷店"、农夫山泉、海军粮食直接供应基地。直销渠道减少大米销售的中间环节，产销直接对接，解决农业的小生产和大市场之间的矛盾。大米直销模式下流通的中间环节减少，使得时间成本和大米的流通成本降低，同时大米在流通过程中因损耗和变质产生的损失也大为减少。不仅稳定了大米的市场价格，也提升了运销利润空间。二是减少了线下和线上销售的渠道成本，主要通过与多平台合作实现，平台包括京东商城、天猫、苏宁易购、拼多多、北京"优购物"、微商城等。三是实施 C2F 的新型土地订单模式。

受新冠肺炎的疫情影响，该企业的一些销售渠道发生物流不畅的问题，使得销量下滑，但是下滑规模比较小，盈利的主要趋势不会改变。

（2）2020 年建成京东碱地高品质水稻物联网供应链溯源体系

该企业拥有 1.2 万亩水稻田，在 2020 年初搭建完成了京东碱地高品质水稻物联网溯源体系，于秋季开始在京东的京品源平台销售。该溯源体系可实现对水源、土壤、气象、病虫害等自然环境的监管，以及对种子、化肥、农药等投入品，对除草、施肥、打药等农事行为的监管控制，通过技术和设备应用，实现精准施肥施药以及科学种植管理，加强对农业数据追溯采集、水稻收储、生产加工、运输销售等方面的质量监管，实现作物的科学种植与管理，最终达到节能降耗、绿色环保、增产增收的目标。实现对大米来源可追溯、生产可记录、去向可查证、责任可追究的全过程管理，形成一产保障、二产提升、三产融合、协同共进的发展新格局。

（3）京东农场寒地盐碱地大米智慧化全供应链标准推动行业发展

京东农场寒地盐碱地大米智慧化全供应链标准（Q/JDNC 002—2019），对推动水稻行业发展，尤其是海水稻、碱地稻、沙漠稻的发展有积极意义。京东的供应链标准，具有行业引领性。2019 年 12 月鲶鱼沟万基谷物加工有限责任公司成为农业产业化国家重点龙头企业。作为示范企业，其对上述标准的成功应用，有助于推动粮食产后服务主体管理能力的提升。为粮食产后服务主体进行市场运作，提高粮食质量，实施信任与协调定价机制激活各相关供应链主体，实现产业链衔接，增加农民收入、保障有效供给提供指导。最终达成生产、供销、信用"三位一体"的综合合作途径。但是，该企业存在线上销售规模扩大缓慢的问题，有待于通过水稻供应链利益分配创新解决。

（4）基于农户利益分享与信任关系治理的订单推动企业上市

该企业农户利益分享与信任关系的治理实施经验，不仅仅能够撬动其与线上线下有高质量、大规模需求的大客户合作，而且让更多的农户愿意和该企业签订订单，以至于公司准备带动全县的农户参与订单农业，让农户携地入股，准备上市，2020 年公司的上市规划已在有序推进之中，该企业名副其实起到了作为国家龙头企业的带头作用。

6.5.5 总结

鲶鱼沟万基谷物加工有限责任公司是运用低温原粮仓储技术及管理优势，获得供应链治理效益提升的具有代表性的企业。该企业应用收储供应链利益分享和关系协调治理模式，其实施策略的成果示范包括：一是完成保障高食味值的水稻低温技术原粮仓储管理标准化治理策略；二是质量约束下防范"最初一公里"断链问题的自建物流和仓储配送中心实施策略；三是物联网环境下优质碱地大米的京东供应链可追溯标准治理与品控应用，实施了《寒地盐碱地大米智慧化全供应链标准》（Q/ JDNC 002—2019），该标准支持了区块链在线上销售的应用；四是完成线下大客户质量约束下的碱地水稻收储供应链治理模式实施机制。无论线下还是线上，该企业都与大客户合作，并带动订单农户共享利益增长，该企业在 2020 年获得农业产业化国家重点龙头企业称号。

6.6 本章小结

根据第 4 章相对最优型玉米收储供应链模式，以及 5.2 东北三省主产区高质量玉米批发单渠道收储供应链治理机制和治理模式，结合实际调查，引入信任关系，构建供应链治理结构模型，建立了基于信任关系和质量投入的收储供应链治理的机理模型，得出玉米产后服务主体提升农场主信任度的实施策略，包括供应链关系专用性投资，提升收储服务质量、信任度的环境技术应用策略，并构建关系协调机制；在此基础上，设计了基于质量和信任的收储供应链治理模式的实施机制，即针对收储供应链具有分散、无信任且具有中断风险的特点，制定两种治理实施路径，一是先实施"利益分享机制"，使供应链达到"农场主与玉米产后服务主体信任关系未形成基础上集成决策"的治理效果，再实施"关系协调机制"，达到"农场主与玉米产后服务主体集成决策下，并形成信任关系"的效果；最后侧重结合第一种治理实施路径进行研究结果的示范应用，应用效果有助于推动鲶鱼沟万基谷物加工有限责任公司成为农业产业化国家重点龙头企业。

7 东北三省主产区粮食产后服务主体的政策体系建议

根据 2.5 节的相关理论分析与借鉴，结合第 3 章至第 6 章的研究结果，为提升粮食产后服务主体收储意愿，促进供应链治理模式的实施，本章对相应政策体系进行研究。

7.1 2017—2020 年收储政策体系的政策周期分析

基于 2017 年收储政策体系，选取 2017—2020 年进行关键阶段的政策周期分析，关键阶段的政策周期分析包括政策议程设置、政策设计、政策工具组合、政策实施和政策评估[196]，从而为"十四五"收储政策改革提供方向。

7.1.1 收储政策体系的政策议程设置

议程设置是指政策议题进入决策者的正式议事日程[203]。可视为媒体与大众通过各自主导议程的讨论以引发政府政策关切的过程[285]。政策议程设置的实质是利益处理机制，因为公共政策模式的形成取决于哪些问题和建议首先出现，而其他则不被重视这一事实。政策议程设置主要通过公众表达感知其利益诉求，进而在政策共同体博弈中实现利益综合，确认并形成最终的内容与模式[286]。

2017 年收储政策改革的成功实施，主要在于有效缓解了"高产量、高仓储、高价格"和主销区呈现"高进口"的粮食领域突出问题。在优化中央储备粮品种结构和区域布局，改革中央储备粮管理体制，充分发挥政策性职能作用，加强政策性粮食监督管理，严防跑冒滴漏，确保储存安全方面取得重要进步。

伴随物联网和互联网大数据的发展，媒体与大众的监督更加透明化，使得对政府政策的关切愈加提高，但议程设置流程变化较小。2017 年 9 月 8 日，国务院办公厅印发《关于加快推进农业供给侧结构性改革大力发展粮食产业经济的意见》，明确要求建立覆盖从产地到餐桌全过程的粮食质量安全追溯体系和平台，进一步健全质量安全监管衔接协作机制，加强对粮食种植、收购、储存、销售及食品生产经营监管。

自 2016 年以来，粮食收储政策体系一直在改进，相关利益主体一直在驱动决策设计者进行议程设置。2020 年出台的《商务部等 8 部门关于进一步做好供应链创新与应用试点工作的通知》（商建函〔2020〕111 号），该通知的关注点主要侧重于稳定以及加快推进供应链试点。结合本研究，粮食收储政策体系的议程设置就是要坚持由国家粮食和物资储备局统一规划，由示范企业带领引导的政策体系实施路径不动摇，重点关注非国有收储企业，规范遴选示范企业，建成布局合理、能力充分、设施先进、功能完善、满足粮食产后处理需要的新型社会化粮食产后服务体系。（详见 7.1.2 收储政策体系中政策设计的侧重点分析）

简言之，粮食收储议程设置主要关注如何推广示范企业的相对最优型粮食收储供应链模式，以及如何促进粮食产后服务体系的关键阶段建设（详见7.5）。

7.1.2　收储政策体系的政策设计侧重点分析

截至 2020 年，收储政策体系建设侧重点主要分两个部分，一是收储政策体系始终由国家粮食和物资储备局统一规划，以加快各省落实进度，实施路径坚持由示范企业带领引导；二是在推进粮食收储市场化进程始中始终坚持部分调整的做法，收储政策设计的出发点趋于全面化、有序化，发挥各省的作用，以提高整体效率，在实现粮食优质优价的同时，使得供应链整体利润最大化。

（1）收储政策体系的实施主体不改变

国家收储政策体系的实施主体主要是原来的国家粮食局，现在国家发改委的国家粮食和物资储备局。各省级层面，国家收储政策体系落地政策的实施主体是省发改委粮食和物资储备局或者省粮局。这部分在 2020 年政策设计中无改变。收储政策体系的实施主体的选取以逐步完善东三省主产区新型社会化粮食产后服务体系布局为原则。

（2）政策实施对象有变化

为了逐步扩展符合市场化需求的粮食产后服务中心，政策实施对象主要是具有独立法人资格，产权明晰，三年内无搬迁计划的地方国有或国有控股粮食企业，获政策支持建设的一类、二类及三类粮食产后服务中心的总仓容分别不低于5万吨、3万吨和0.5万吨，政策实施范围主要侧重产粮大县，在产粮大县获政策支持建设的一类、二类及三类粮食产后服务中心的占地面积不低于40亩、30亩、无要求。在2020年设计应有改变，应加强对非国有收储企业进行新型粮食产后服务主体的分阶段筛选，进行政策激励并推广相关的收储模式。

（3）政策设计目的有变化

粮食产后服务中心专业化服务水平程度应有提升。2017年《关于加快推进农业供给侧结构性改革大力发展粮食产业经济的实施意见》（国办发〔2017〕78号）中提到要注重标准引领、质量测评、品牌培育、健康消费宣传、营销渠道和平台建设及试点示范。取得一定成效后，2019年6月4日，财政部、国家粮食和物资储备局发布《关于深入实施"优质粮食工程"的意见》（财建〔2019〕287号）则注重符合中国国情和粮情的粮食质量安全检验监测体系和新型社会化产后服务体系的建立，更加注重粮油优质品率的提高。可见，2020年收储政策的设计出发点趋于系统化，设计目的是使得省、市、县、企业等参与主体在收储政策体系中均发挥各自的作用，提高新型社会化产后服务体系整体的运作效率。

（4）政策实施路径无变化

坚持从粮食产后服务主体中选择对象用以建设粮食产后服务中心，并对其进行政府引导。政策实施的路径，主要包括粮食收储相关的基础设施建设、粮食产后服务主体的社会化服务体系建设、政策执行的层级政府、粮食产后服务主体的相关从业者培训、资金来源的完善。2020年政策调整时这部分总体路径不能改变。

（5）政策体系环节设计有变化

在收储政策体系环节建设上，重视供应链管理创新程度提升包括增加推进政策体系设计依据的合理化环节、推进政策体系对象的精准化环节、推进政策体系设计标准的科学化环节[206]，要按照收储供应链利益最大化进行政策体系相关环节设计。

（6）政策体系内容有变化

内容设计上注重分类推动粮食产后服务中心供应链治理能力，以便增强农民的市场议价能力，满足需求企业对粮食质量的要求，实现优质优价。政策体系内容从功能上主要包括支持政策、调控政策、促进政策和保护政策[213]，具体包括政府支持新型粮食收储供应链模式的实施体系、政府针对多元化金融体系的调控体系、政府促进供应链完善的管理培训体系。供应链视角下建立粮食产后服务主体的政策支持体系设计基本目标为，为构建布局合理、能力充分、设施先进、功能完善、满足粮食产后处理需要的新型社会化粮食产后服务体系提供政策支持。

7.1.3 收储政策体系的政策工具组合分析

政策工具是决策者或者实践者实际采用或在潜在意义上可能采用，来实现一个以上目标的任何手段。这意味着，政策工具不一定是客观的可以触摸到的东西，很多情况下，它是人们为指向一个预定目标的实践活动的规则或指引[287]。政策工具主要分为三个方面，一是管制工具[288,289]，主要包括技术标准和执行标准。二是市场化工具[290,291]，主要包括税费及补贴等。三是公民参与工具[292,293]，主要包括产权、法律工具等政策。四是国家政策和规划[294]。本研究不涉及公民参与工具，仅从其他三方面分析现有的政策工具是否需要补充，或者重新组合。

7.1.3.1 2020年现有收储政策体系中的政策工具

在2020年现有收储政策体系中，政策工具主要包括财政、税收、金融、土地、服务、人才、科技和监管等工具，存在实施效果不理想的问题，需要在支持政策、促进政策、调控政策中增加管制工具和差异化市场化工具。

（1）2020年现有收储政策体系中支持政策所用的政策工具

2020年现有收储政策体系中支持政策主要含有市场化工具，体现在财政、税收、金融和土地四方面。

财政政策方面，2020年3月2日，中央应对新冠肺炎疫情工作领导小组印发的《当前春耕生产工作指南》指出，政府可通过贴息贷款以及创新项目支持，鼓励新型粮食产后服务中心应用区块链技术。2020年7月29日，《国家粮食和物资储备局 中国农业发展银行关于开展优质粮食工程重点示范企业信贷支持行动的通知》（国粮财〔2020〕190号）指出，国家粮食和物资储备局将继续深入实施优质粮食工程，进一步加大中央财政补助资金支持力度，及时安排补助资金。

税收政策方面，2020年财政部税务总局印发了《关于继续实施物流企业大宗商品仓储设施用地城镇土地使用税优惠政策的公告》，提出对物流企业自有的（包括自用和出租）大宗商品仓储设施用地，按所属土地等级适用税率标准的 50％计征城镇土地使用税。2020 年《中央 1 号文件》指出要落实农户小额贷款税收优惠政策，符合条件的家庭农场等新型农业经营主体可按规定享受现行小微企业相关贷款税收减免政策。

金融政策方面，2020 年《中央 1 号文件》指出，要强化对"三农"信贷的货币、财税、监管政策正向激励，给予低成本资金支持，提高风险容忍度，优化精准奖补措施。鼓励商业银行发行"三农"、小微企业等专项金融债券。合理设置农业贷款期限，使其与农业生产周期相匹配。发挥全国农业信贷担保体系作用，做大面向新型农业经营主体的担保业务，推出更多免抵押、免担保、低利率、可持续的普惠金融产品。

土地政策方面，2020 年 6 月 15 日，河南省人民政府印发的《关于坚持三链同构加快推进粮食产业高质量发展的意见》（豫政〔2020〕18 号）指出，加大粮食主产区建设用地保障力度，对产粮产油大县、新编县的乡级国土空间规划应安排不少于 5％的建设用地指标，重点保障粮食产业用地。在安排土地利用年度计划时，对粮食产业发展重点项目用地予以倾斜支持。支持国有粮食企业依法依规将划拨用地转为出让用地，依法处置土地资产，土地出让净收益（扣除上缴或上级政府应计提的费用）原则上通过支出预算安排用于企业发展。对接县域产业集聚区用地规划，推动粮油加工企业向园区集中。

(2) 2020 年现有收储政策体系中促进政策所用的政策工具

2020 年现有收储政策体系中促进政策主要包括国家政策、规划工具、管制工具。国家政策、规划工具主要体现为服务、人才和科技方面的政策，管制工具主要体现为科技方面的技术标准和执行标准要求。

服务政策方面，各地成立了由省粮食和物资储备局（或粮食局）、财政厅牵头，各级相关部门参与的粮食产后服务体系建设工作领导小组，同时大多数地区研究制定了粮食产后服务体系建设《实施方案》《项目管理办法》《资金管理办法》和《运营管理办法》等一系列规范性文件，并在国家粮食局印发的《粮食产后服务中心建设技术指南（试行）》和《粮食产后服务中心服务要点（试行）》基础上，因地制宜编制了本省（区、市）项目实施《技术指南》和《服务要点》。

人才政策方面，2020 年 9 月 15 日，《国家粮食和物资储备局关于创新举措加大力度进一步做好节粮减损工作的通知》（国粮仓〔2020〕244 号）指出，要加强粮机使用、农户储粮和加工新技术培训，培养专业化的粮食减损技术创新研发队伍，加强高技能人才培养工作。

科技政策方面，一是国家规划层面，2020 年 9 月 12 日，《关于切实做好

2020 年秋粮收购工作的通知》（国粮粮〔2020〕243 号）指出，要创新运用新兴技术手段，推广用好粮食购销手机客户端、微信小程序等，不断提高购销自助化、便捷化水平，积极入户帮助和指导粮农做好庭院储粮，有条件的地区要加大为农户配备科学储粮装具的支持力度。2020 年 1 月 15 日，《国家粮食和物资储备局关于统筹推进粮食和物资储备信息化建设的指导意见》（国粮发〔2020〕6 号）指出，要统一服务入口，实现线上和线下、手机和桌面、国家和地方、前台和后台的融合联动，为种粮农民、涉粮企业和消费者提供集政策咨询、售粮助手、产品质量与企业信用信息查询、"好粮油"网上销售等于一体的在线服务。依托库点信息化系统，统筹各类移动应用，提高服务效率，方便农民售粮。二是管制层面，2020 年粮食收储供应链相关质量的技术标准和执行标准仍然沿用《LS/T 1218—2017 中国好粮油生产质量控制规范》，粮食销售包装标准沿用《GB/T 17109 粮食销售包装》，粮食加工环境标准沿用《GB/T 26433—2010 粮油加工环境要求》，粮油储藏标准沿用《GB/T 29890—2013 粮油储藏技术规范》。

（3）2020 年现有收储政策体系中调控政策所用的政策工具

2020 年现有收储政策体系中调控政策主要包括国家政策和规划工具，国家政策和规划工具调控主要体现为监管方面。

监管政策方面，2020 年 9 月 22 日，《国家发展和改革委员会 国家粮食和物资储备局关于做好 2020 年中秋国庆"两节"期间粮油市场保供稳价等有关工作的通知》（国粮电〔2020〕13 号）指出，各地要按照《粮食流通管理条例》等有关法律法规和政策规定，加大节日期间监督检查力度，维护粮食市场正常秩序。要协同有关部门敦促企业守法诚信经营，严厉查处以次充好、掺杂使假和囤积居奇、操纵价格、欺行霸市等违规违法行为。督促企业严格执行粮食销售出库质量检验制度，坚决防止不符合国家食品安全标准的粮食流入口粮市场。2020 年 5 月 29 日《国家粮食和物资储备局关于切实加强 2020 年夏季粮油收购监管工作的通知》（国粮执法〔2020〕122 号）指出，各地各单位要根据 2020 年夏季粮油收购市场新形势、新要求，调整监管工作重心，紧紧坚守不出现区域性、阶段性"卖粮难"及"打白条"等问题的底线，针对辖区存在的突出问题制定收购监管方案，进一步强化对收储库点定点、收购、质量验收等各环节监管，做好对市场化粮食收购、政策性粮食收购、租赁社会仓容收储政策性粮食活动、简易设施储粮安全和安全生产、政策性粮食质量安全活动的监管。

7.1.3.2　收储政策体系需要的政策工具组合调整

政策工具组合针对性有限，不能完全解决粮食产后服务主体和粮农相关的加工、生产问题。2017—2020 年政策工具组合的目标主要包括两方面，一是要有利于粮食产后服务主体提高绿色优质粮油产品供给，将提升收获粮食的优质品率、优质优价收购量和粮油加工产品的优质品率等作为重要考核指标；二是要有利于提高种粮农民利益，将带动农民增收作为重要考核指标。2017—2020 年缺少粮食产后服务主体和粮农应用环节的政策工具组合，很多政策由于指标不明确不容易具体实施。

现有政策工具组合主要侧重于服务政策的多元组合。然而政策工具组合应是供给面、需求面和环境面三类政策工具的组合，通过发挥"引领—推动—拉动—影响—监督反馈"的作用，共同促进政策目标的完成[214]。具体如下：

服务政策和人才政策的组合。以参股或协议等方式绑定服务内容，鼓励粮食产后服务中心与优质粮食种植重点区域有关机构、粮食种植大户等签订协议，以一般农户作为服务对象。鼓励科研院所、院校、质检机构、加工企业、收储企业、粮机企业等与服务中心开展共建，组建优质小麦、稻谷等产业联盟和专业合作社或联合社，实现合作共赢。

服务政策和金融政策的组合。开展上门预约"一条龙"服务，对于有资金需求的服务主体，探索与相关单位合作，协助对其开展助农贷款服务，有条件的基层粮食企业（中心）可以发展粮机租赁服务，满足农户对粮机的需求。

服务政策和技术政策的组合。开展产后技术服务，面向粮食产后服务中心选派一批粮食行业科技特派员，为产后服务中心与农户提供相关技术服务，专项开展粮食产后烘干、储藏、加工减损、农户储粮等技术服务，帮助农户提高粮食收储技术水平。

现有的政策组合比较单一，下一阶段还可以在调控政策与科技政策、人才政策与财政政策等方面进行组合。基于此，本章提出对于完善产后服务主体的资金来源以及管理工作经费标准化的建议，以此作为政策工具组合的保障（详见 7.4）。

7.1.4　收储政策体系的政策实施要点分析

政策实施是指政策实施主体通过建立组织机构，运用各种政策资源，采取解释、宣传、实验、协调与监控等行为，将政策观念形态的内容转化为实际效果，从而实现既定政策目标的活动过程[295]。2017 年收储政策体系的政策实施目的在于形成粮食产后服务主体主导的社会化服务体系，截至 2020 年该体系已初步形成，但在针对性上仍存在问题，实施效果不佳。

(1) 2017—2020 年收储政策宣传工作的实施

国家层面，收储政策体系的宣传主要侧重于技术推广、信息发布和资源共享。2017 年 8 月 28 日，国家粮食局和财政部发布《关于印发"优质粮食工程"实施方案的通知》（国粮财〔2017〕180 号），其中，《粮食产后服务体系建设实施方案》提出向农民宣传国家粮食收储和优质优价等政策，推广适用技术，指导农民科学储粮以及对粮食分档升值。2017 年《粮食产后服务中心建设技术指南（试行）》和《粮食产后服务中心服务要点（试行）的通知》（国粮办储〔2017〕266 号），提出配置农户储粮专家系统等软硬件，宣传国家粮食生产、收购政策，提供市场粮油价格信息，定期发布粮油质量信息，利用农村夜校、农村远程教育视频系统等资源，宣传家庭储粮使用技术和常规粮食保管常识，开展粮油健康消费知识普及，加强健康膳食宣传引导。2019 年《关于深入实施"优质粮食工程"的意见》（财建〔2019〕287 号），指出要发挥"中国好粮油网"作用，突出公益服务功能，实现"中国好粮油"政策宣传、标准发布、产品推介、科普宣传等功能。

地方层面，各省收储政策体系的宣传主要侧重于遴选示范、职责分工、建设管理等方面，与国家层面存在差异。这体现出围绕示范企业的政策体系设计趋于全面化、有序化，使得省、市、县、企业在收储政策体系中均发挥各自的作用，整体的运作效率提高。省级粮食和储备部门、示范县（市）和示范企业多渠道广泛宣传"好粮油"产品，运用粮食科技周、世界粮食日、展销会、推介会等宣传平台和微博、微信等新闻媒体加强宣传。结合在"放心粮油店"、大型超市等设置专卖柜台或建设专卖店，年销售"好粮油"300 吨以上，信用良好、消费者认同度高，在宣传优质粮油品牌、提升品牌影响力、扩大"好粮油"产品销售、规范服务等方面示范作用明显。一是吉林省，2018 年发布《全省粮食产后服务中心建设管理办法》（吉粮仓联〔2018〕20 号），提出要充分调动各类粮食经营主体的积极性，发挥财政资金的引导作用。二是山东省，2018 年该省粮食局、财政厅发布《山东省粮食产后服务体系建设管理办法》（鲁粮发〔2018〕2 号），提出坚持为种植户提供收储服务，建立健全"产权明晰、权责明确、管理科学、诚信高效"的运行机制，构建统一规范、统一标识、统一服务内容的区域性粮食产后服务网络，为农户提供全方位、全链条的服务，打造区域公共服务品牌。三是黑龙江省，2018 年《黑龙江省粮食产后服务体系建设项目管理办法及相关建设技术指南的通知》（黑粮规〔2018〕4号）提出了对粮食产后服务中心建设和农户科学储粮装具建设的具体要求。四是辽宁省，2020年该省粮食和物资储备局在《"辽宁好粮油"产品管理办法（试行）》中提出，打造一批具有辽宁省地域特色、健康营养的"辽宁好粮油"产品，提高绿色优质粮油产品供给水平，在省内遴选一批产品质量达到或优于"辽宁好粮油"标准的粮油加工企业。可见，2020年优质粮食建设工程已初步落实，优质优价标准已深入人心。

（2）2017—2020年基础设施建设的实施

国家层面，基础设施建设政策主要侧重于服务模式、农田建设和设施配备。2017年《关于加快构建政策体系、培育新型农业经营主体的意见》提出鼓励推广政府和社会资本合作模式，支持新型农业经营主体和工商资本投资土地整治和高标准农田建设。鼓励新型农业经营主体合建或与农村集体经济组织共建仓储烘干、晾晒场、保鲜库、农机库棚等农业设施。支持龙头企业建立与加工能力相配套的原料基地。2020年《中共中央、国务院关于抓好"三农"领域重点工作确保如期实现全面小康的意见》提出推广统防统治、代耕代种、土地托管等服务模式。

地方层面，基础设施建设政策同样侧重于农田建设和设施设备。除了东北主产区，还有其他主产区所在省也重视相关建设。主要代表：一是江苏省，2020年《关于切实加强高标准农田等农业基础设施建设巩固提升粮食安全保障能力的实施意见》提出高标准农田要坚持"五个突出"，对高标准农田建设项目管理实行"五个统一"，同时提升粮食生产全程机械化作业水平，完善粮食仓储物流体系建设，提升粮食产业化经营水平。二是广东省，2019年《关于支持省级现代农业产业园建设的政策措施》中，提出根据产业园规划，在公路、用电、供水、通信等方面加强建设。三是河南省，2019年制定《河南省省级现代农业产业园建设工作方案（2019—2022年）》，为贯彻落实《关于加快构建政策体系培育新型农业经营主体的实施意见》，提出要建设乡村产业兴旺引领区、现代技术与装备集成区、一二三产融合发展区、新型经营主体创业创新孵化区、高质量发展示范区以及乡村振兴的样板区。四是安徽省，2020年《中共安徽省委 安徽省人民政府关于抓好"三农"领域重点工作确保如期实现全面小康的实施意见》（皖发〔2020〕1号）中提出以"两区"为重点加快推进高标准农田建设，新建380万亩，确保建成4 670万亩，年内完成农田水利"最后一公里"治理370万亩的目标。

可见，自 2016 年至 2020 年，高标准农田建设一直是关注重点，用地方面，由新型农业经营主体和工商资本投资土地整治转变为优先安排农产品加工用地，优质粮食工程体系已得到深入实施。

（3）2017—2020 年粮食物流技术的实施

国家层面，粮食物流技术政策实施主要依托于电商平台、侧重于冷链物流设施和信息技术建设。通过技术研发与推广，推进收储政策体系的合理化、精准化和科学化。2017 年《关于加快构建政策体系、培育新型农业经营主体的意见》提出要统筹规划建设农村物流设施，重点支持一村一品示范村镇和农民合作社示范社建设电商平台基础设施，逐步带动形成以县、乡、村、社为支撑的农村物流网络体系。2020 年《中共中央、国务院关于抓好"三农"领域重点工作确保如期实现全面小康的意见》中，指出加快开展南水北调后续工程前期工作，启动农产品仓储保鲜冷链物流设施建设工程。加强农产品冷链物流统筹规划、分级布局和标准制定。安排中央预算内投资，支持建设一批骨干冷链物流基地。国家支持家庭农场、农民合作社、供销合作社、邮政快递企业、产业化龙头企业建设产地分拣包装、冷藏保鲜、仓储运输、初加工等设施，对其在农村建设的保鲜仓储设施用电实行农业生产用电价格。依托现有资源建设农业农村大数据中心，加快物联网、大数据、区块链、人工智能、第五代移动通信网络、智慧气象等现代信息技术在农业领域的应用，开展国家数字乡村试点。

地方层面，粮食物流技术政策实施主要侧重于冷链物流设施建设。主要代表：一是安徽省，2020 年《中共安徽省委 安徽省人民政府关于抓好"三农"领域重点工作确保如期实现全面小康的实施意见》（皖发〔2020〕1 号）中提出启动农产品仓储保鲜冷链物流设施建设工程，支持建设一批骨干冷链物流基地，健全完善冷链物流标准和服务规范体系。二是河南省，2020 年《中共河南省委、河南省人民政府关于抓好"三农"领域重点工作确保如期实现全面小康的实施意见》（豫发〔2020〕1 号）中提出加强乡村物流建设，统筹推进供销系统、邮政快递、交通运输、商贸物流、社会物流企业融合发展，加快构建县、乡、村三级农村物流配送及综合服务网络。三是辽宁省，2020 年《中共辽宁省委、辽宁省人民政府关于贯彻〈中共中央、国务院关于抓好"三农"领域重点工作确保如期实现全面小康的意见〉的实施意见》（辽委发〔2020〕1 号）中提出推进农村基础物流网点和配送中心建设，优化农产品批发市场建设布局。加大农产品仓储保鲜冷链物流设施建设力度，建设一批骨干冷链物流基地。四是海南省，2020 年《中共海南省委海南省人民政府关于抓好"三农"领域重点工作确保如期实现全面小康的实施意见》中，提出加强与物流龙头企业合作，建设以冷藏运输车为主、以网点冷藏为辅的瓜果冷链物流体系，对原有土库、简易冷库改造提升，推动全省冷库库容达到 40 万吨以上。

可见，中国粮食物流已从以电商平台为核心，以县、乡、村、社为支撑的农村物流网络体系，转变为依托物联网、大数据、区块链、人工智能、第五代移动通信网络、智慧气象等现代信息技术的新型基础建设体系。与此同时，更加注重利用冷链物流设施进行优质保鲜。

（4）2017—2020 年专业培训的实施

国家层面，对粮食收储供应链相关从业者的培训方法主要有轮训、半农半读、线上线下和产学研结合等多种形式。依据政策体系的实施路径，政府通过多种方式开展相关从业者的培训。2017 年《关于加快构建政策体系、培育新型农业经营主体的意见》提出实施现代青年农场主培养计划、农村实用人才带头人培训计划以及新型农业经营主体带头人轮训计划，鼓励新型农业经营主体带头人通过"半农半读"、线上线下等多种形式就地就近接受职业教育，积极参加职业技能培训和技能鉴定。2020 年《中共中央、国务院关于抓好"三农"领域重点工作确保如期实现全面小康的意见》指出要整合利用农业广播学校、农业科研院所、涉农院校、农业龙头企业等各类资源，加快构建高素质农民教育培训体系。

地方层面，对粮食收储供应链相关从业者的培训方法主要是产学研结合。主要代表：一是海南省，2020 年《中共海南省委海南省人民政府关于抓好"三农"领域重点工作确保如期实现全面小康的实施意见》中，提出落实高等院校、科研院所等事业单位专业技术人员到乡村创新创业政策，引导南繁科研机构及团队与农村"结对子"帮扶，并建立涉农"候鸟"人才专家库和工作基地，加快建立并完善农民教育培训体系。二是辽宁省，2020 年《中共辽宁省委、辽宁省人民政府关于贯彻〈中共中央、国务院关于抓好"三农"领域重点工作确保如期实现全面小康的意见〉的实施意见》（辽委发〔2020〕1 号）中提出整合农业推广服务机构和涉农科研院校等各类资源，加快构建高素质农民教育培训体系，实施"百万高素质农民"学历提升计划，指导高校加强涉农学科专业建设，推动涉农人才培养与农业产业需求紧密衔接。三是山东省，2020 年《中共山东省委山东省人民政府贯彻落实〈中共中央、国务院关于抓好"三农"领域重点工作确保如期实现全面小康的意见〉的实施意见》中，指出要落实县域专业人才统筹使用制度和农村人才定向委托培养制度，扩大定向培养公费农科生规模，选派专业技术人才到农村开展技术指导、项目帮扶。

可见，中国农业相关从业者的培训已从相应的职业教育、职业技能培训和技能鉴定转变为整合利用高等院校和科研院所的各种资源，加强产学研结合，从而积极推进人才培养与农业需求的有限衔接。

（5）2017—2020 年资金管理的实施

国家层面，资金获得渠道主要是国家补贴、信贷服务和保险支持。为促进建成布局合理、能力充分、设施先进、功能完善、满足粮食产后处理需要的新型社会化粮食产后服务体系，政府针对多元化金融体系进行调控。2017 年《关于加快构建政策体系、培育新型农业经营主体的意见》中，提出国家首先针对不同主体，综合采用直接补贴、政府购买服务、定向委托、以奖代补等方式。其次综合运用税收、奖补等政策，鼓励金融机构创新产品和服务，加大对新型农业经营主体、农村产业融合发展的信贷支持。最后稳步开展农民互助合作保险试点，鼓励有条件的地方积极探索符合实际的互助合作保险模式。完善农业再保险体系和大灾风险分散机制，为农业保险提供持续稳定的再保险保障。2020 年《中共中央 国务院关于抓好"三农"领域重点工作确保如期实现全面小康的意见》中，呼吁地方政府要在一般债券支出中安排一定规模支持符合条件的易地扶贫搬迁和乡村振兴项目建设，同时强化对"三农"信贷的货币、财税、监管政策正向激励，给予低成本资金支持，最后要优化"保险＋期货"试点模式，继续推进农产品期货期权品种上市。

地方层面，资金获得渠道同样是国家补贴、信贷服务和保险支持三种。主要代表：一是河南省，2020 年《中共河南省委河南省人民政府关于抓好"三农"领域重点工作确保如期实现全面小康的实施意见》（豫发〔2020〕1 号）中，提出各地要依法合规利用专项债券支持有收益的公益性乡村振兴项目，合理安排一般债券用于支持农村人居环境整治、村庄基础设施建设等重点领域，鼓励商业银行发行"三农"、小微企业等专项金融债券，完善农业保险政策，优化农业保险运行机制，推动农业保险高质量发展。二是安徽省，2020 年《中共安徽省委 安徽省人民政府关于抓好"三农"领域重点工作确保如期实现全面小康的实施意见》（皖发〔2020〕1 号）中，提出坚持把农业农村作为财政支出的优先保障领域，对机构法人在县域、业务在县域的金融机构，适度扩大支农支小再贷款额度，推进农业保险扩面增品提标，扩大育肥猪保险和大灾保险实施范围，实施大豆、玉米目标价格保险，实施优势特色农产品保险奖补政策。三是辽宁省，2020 年《中共辽宁省委辽宁省人民政府关于贯彻〈中共中央 国务院关于抓好"三农"领域重点工作确保如期实现全面小康的意见〉的实施意见》（辽委发〔2020〕1 号）中，提出加快构建多层次、广覆盖、可持续的农村金融服务体系，积极发展农村普惠金融。积极运用再贷款、再贴现、存款准备金等货币政策工具，为金融机构扩大"三农"信贷投放给予低成本资金支持，并且完善生猪保险运行机制，推进养殖业保险健康发展。四是海南省，2020 年《中共海南省委海南省人民政府关于抓好"三农"领域重点工作确保如期实现全面小康的实施意见》中，提出稳妥扩大农村普惠金融改革试点，培育与乡村振兴相关的村镇银行、小额贷款公司等金融服务主体，加快构建线上线下结合、"银保担"风险共担的普惠金融服务体系，推出更多免抵押、免担保、低利率、可持续的普惠金融产品。积极探索开展"农业保险＋"模式，发挥农业保险的增信作用，提高农户信用等级，缓解农户"贷款难、贷款贵"问题。

可见，资金获得渠道由补贴、信贷和保险的单一模式转变为"保险＋"的新的试点模式，目的是积极推进农业农村发展，保障其资金充足。基于此分析，提出 7.3.4 收储政策体系中的主要支持政策建议和 7.3.5 收储政策体系中的主要促进政策建议，其中涉及依托信息平台创新粮食产后服务主体融资渠道、支持粮食产后服务体系建设的人才发展和规范粮食产后服务中心示范技术项目等内容。

7.1.5 收储政策体系的政策评估

政策评估是依据一定的标准和程序，对政策的效益、效率及价值进行判断的一种政治行为，目的在于取得有关这些方面的信息，以此作为决定政策变化、政策改进和制定新政策的依据[296]。从国外学者的研究结果来看，大致将其分为四类：信息分析工具、政策方案评估、政策过程评估、政策效果评估[297]。

基于此，粮食收储政策评估主要分为三方面，包括政策方案评估、政策过程评估和实施效果评价。

（1）东北粮食主产区粮食收储政策的政策方案评估

2015 年 12 月，中央农村工作会议上提出了着力加强农业供给侧结构性改革的要求，高度重视去库存、降成本、补短板，提出保障国家粮食安全是农业结构性改革的基本底线，确定了"确保谷物基本自给、口粮绝对安全"的新粮食观。

政策方案方面，中央下达的指导性文件中，尚存在未突出科技支粮、易产生横向不公和效率损失、监督机制不完善等不足之处。各地方省市乡需结合自身情况，制定执行方案，同时进行效果跟踪评价。

（2）东北粮食主产区粮食收储政策的政策过程评估

政策过程是指政策制定、实施和评价等政策步骤[298]。

政策制定方面，已有政策主要侧重于通过建立粮食产后服务中心增强农民市场议价能力、推动节粮减损、提高专业化服务水平和促进粮食提质进档，但是尚未形成完整产后服务体系，在粮食产后服务中心具体运营方面仍存在问题。

政策实施方面，在执行过程中，主要关注点由2016年主产区的"高产量、高仓储、高价格"和主销区呈现"高进口"的粮食领域突出问题，转变为2020年有效供给和高质量需求双重不确定性导致的收储供应链断链问题和收储服务主体市场运营不成熟问题。优质优价提档升级取得一定成效，但大型粮食产业化龙头企业和粮食产业集群辐射带动能力有限，主营业务收入过百亿的粮食企业较少。粮食安全追溯体系初步完成，但适合中国国情和粮情的粮食质量安全检验监测体系有待进一步完善。

政策评价方面，一是粮食主产区的"高产量、高仓储、高价格"和主销区呈现"高进口"的粮食领域突出问题得以改善。二是市场化改革开始初见成效，以玉米为例，2019—2020年东北主产区玉米价格连年上升。三是产后服务主体建设标准有待完善。

（3）东北粮食主产区粮食收储政策的实施效果

自2016年国家取消玉米临时收储政策，调低稻谷托市收购价以来，以往由国家政策性收购主导市场的局面得以改变，高效、畅通、安全、有序的粮食收储供应链初步建成。在东北主产区，中小型粮食产后服务主体居多，其收储社会化服务水平不高，为此，如何提高其收储规模和服务水平成为亟须解决的问题。

基于此分析，提出7.4.2和7.5.2收储政策体系中的主要调控政策建议，其中涉及严格监管示范企业流程以及支持粮食产后服务中心扩展服务对象的内容。

7.2 在多层视角分析框架下的2020年收储政策改进要点

恰逢"十四五规划"制定之年，本章在2017—2020年递进改进政策的基础上，提出未来五年粮食收储供应链系统政策的改进方向。改进的关键是建立和完善市场导向的主产区粮食收储服务体系，下面基于多层视角分析框架[199]，分析 2020 年收储政策改进的要点。

7.2.1 推动收储供应链治理实施的利基市场支持政策

粮食产后服务主体的政策性套利空间虽然缩小甚至消失，但是偏离无套利均衡价格的市场套利空间仍然存在，粮食产后服务主体运用信息、收储综合功能的优势获得市场套利机会已经形成。那么，粮食产后服务中心从粮食的单一处理功能管理，向综合功能的收储供应链管理转型的利基市场条件已经形成。

东三省主产区玉米和水稻去库存基本完成，具备市场套利基础。由于中国玉米和水稻收储价格较高，导致玉米产量较高，行业供给过剩，库存积压严重。随着农业供给侧结构性改革的持续推进，中国粮食作物的库存分化还在持续。在玉米方面，自 2016 年，全国开始积极调整玉米种植结构，调减"镰刀弯"地区玉米种植面积，同时多次进行临储拍卖，以满足市场需求。2019 年年末，全国玉米库存量约为 1.23 亿吨，相对于 2016 年超过 2.5 亿吨的储量，已经下降一半。实际上，随着东北地区玉米深加工产能陆续投产，2018—2019年度中国玉米需求继续增加，产需存在一定的缺口，国家粮油信息中心的数据显示，全年全国玉米生产 2.61 亿吨，消费 2.78 亿吨，其中工业消费超过8 300万吨，深加工需求持续增加。在水稻方面，2019 年末，全国稻谷库存量达到 1.75 亿吨，比前一年减少了约 60 万吨。同时，中国稻谷进口量也有下滑，菲律宾取代中国成为世界第一大稻谷进口国。

经过市场化的筛选，主产区的粮食产后服务主体存在市场套利空间，需要加强收储供应链管理培训。从调研结果看，玉米方面，未掌握储存技术的种植户居多。水稻方面，参加种植技术培训居多、意识到食味值的重要性、已掌握储存技术居多、皆有人推荐价格高信誉好的买家。在"代清理、代干燥"方面，黑龙江省的粮食产后服务主体的烘干能力较强，吉林省与辽宁省的烘干能力偏弱，那么，在烘干粮食时应注意烘干的标准以及操作是否规范，需要粮食质量安全技术与收储供应链管理培训。

7.2.2 东北三省急需适合其外部环境的收储供应链示范模式

地景分析表明外部环境促使粮食产后服务主体提升"五代服务"。根据东三省种植主体聚类，得出急需对接五代服务的玉米种植户占比 52.45％，水稻种植户占比 47.17%，可见，在主产区的收储供应链建设中，整合水稻和玉米流通领域的现有资源，建立进行"代清理、代干燥、代储存、代加工、代销售"等"五代"有偿服务的专业化粮食产后服务主体，搭建种植主体和需求商的桥梁是极其必要的。

相较 2017 年，2020 年粮食产后服务中心在产粮大县基本建成，"十四五"期间的重要任务是提升粮食产后服务主体的运营水平，此时急需相对最优型收储供应链模式的示范。实施"优质粮食工程"是落实乡村振兴战略和国家粮食安全战略，深化农业供给侧结构性改革的有力举措。"优质粮食工程"启动以来，在增加绿色优质粮油产品供给，促进农民增收、企业增效、消费者得实惠等方面取得了积极成效。

7.2.3 加速收储相关的社会—技术范式更迭的质量政策

（1）高质量粮食标准分类基本到位

粮食上门收购和低温储藏技术在应用过程中，已经积累了技术规范。2020年的技术制度主要以 2017 年国家粮食局科学研究院起草的"中国好粮油"的相关标准及要求为基准，从种植生产环节、收获环节、干燥技术、储藏技术、加工环节、运输、零售终端销售、检验检测、信息记录与保存实施等方面构建，具体细则可见中国好粮油生产质量控制规范（LS/T 1218—2017）和中国好粮油大米标准（LS/T 3247—2017）。

（2）运用信息技术进行质量追溯具可行性

快速检测技术具备提效基础，通过综合应用"大田物联网＋3S＋移动互联网"技术，完成精准质量追溯，实现"一袋一码"追溯管理是可行的。以黑龙江七星农场为例，信息服务中心将种植环节采集的信息，以一定的信息组织形式分别关联至供应链管理服务平台的"精准质量可追溯系统"及"一袋一码"的二维码中，供应链联盟成员通过访问可追溯系统、或扫码读取已关联的种植信息，实现对种植、收储等各环节的供应链质量监控。

7.3 2020 年收储政策体系设计的原则和目标

7.3.1 指导思想

为深入贯彻党的十九大精神和习近平总书记关于经济社会发展的系列重要讲话精神，坚守"谷物基本自给、口粮绝对安全"的战略底线，一方面，需遵守"以我为主，立足国内，确保产能，适度进口，科技支撑"的新粮食安全观；另一方面，明确"优质粮食工程"是推进粮食行业供给侧结构性改革的重要突破口，重点开展粮食产后服务中心建设，实现收储供应链治理，建成布局合理、能力充分、设施先进、功能完善、满足粮食产后处理需要的新型社会化粮食产后服务体系，全面提升粮食收储产业质量效益和竞争力。

7.3.2　基本原则

(1) 逐步完善东北三省主产区新型社会化粮食产后服务体系布局。通过逐步完善东北三省主产区新型社会化粮食产后服务体系，建成布局合理、能力充分、设施先进、功能完善、满足粮食产后处理需要的新型社会化粮食产后服务体系。

(2) 坚持扩展粮食产后服务中心市场化服务范围。分类遴选粮食产后服务主体，建设成为粮食产后服务中心，将粮食产后服务中心的服务范围从上游粮农群体，扩大到需要粮食产后服务的合作社、中小粮食收储企业等群体，同时，也要为下游粮食供应商、加工企业、饲料企业服务，形成粮食收储供应链、产业链协同发展的局面。

(3) 坚持提升粮食产后服务中心专业化服务水平。专业化服务水平不仅包括技术水平、服务水平，还包括收储供应链治理水平。粮食产后服务中心的设施建设按国家的《粮食产后服务中心建设技术指南（试行）》要求执行，技术标准建设的主要依据《关于印发黑龙江省粮食产后服务体系建设项目管理办法及相关建设技术指南的通知》（黑粮规〔2018〕4号）。服务水平的提升主要体现在"五代"服务方面，遵循按需服务原则。收储供应链治理水平的提升是指有实力的粮食产后服务中心，以因地制宜实施"建链、补链、强链"为原则，在粮食主产区进行"点、线、面"统筹布局，抓住关键节点，补齐薄弱环节，构建质量安全、高效便捷的粮油收储供应网络。

(4) 坚持建设具有示范引导作用的粮食产后服务中心。依托粮食主产区，遴选收储能力高和收储供应链治理模式可推广的粮食产后服务中心，作为省级示范单位进行建设支持，不断强化其示范带动作用，形成更大范围"粮农种好粮、收储企业收好粮、加工企业产好粮、消费者吃好粮"的局面。

7.3.3　主要目标

(1) 推进粮食产后服务中心示范建设。通过粮食产后服务中心示范建设，推广相对最优型收储供应链模式，以及可行的治理模式。推动东北三省粮食与物资储备局或者粮食局牵头建立 5 家以上省级粮食产后服务中心示范企业，借以带动其他粮食产后服务中心，或者粮食产后服务主体；建立区域收储供应链网络，形成粮食生产大省的粮食产后服务体系网络。根据《商务部等 8 部门关于进一步做好供应链创新与应用试点工作的通知》，针对产粮大县的粮食产后服务中心，按供应链创新与应用试点企业的评价标准，遴选省级粮食产后服务中心示范企业。

（2）增加粮食产后服务中心的数量，使得产后服务体系覆盖全部主产区。在产粮大县的覆盖率从 60％扩大至 100％，非产粮大县中，至少建一个粮食产后服务中心，以便形成收储供应链网络。粮食产后服务中心建设标准仍然依据《粮食产后服务中心建设技术指南（试行）》的要求制定。

（3）分类提升粮食产后服务中心供应链治理能力，以便增强农民市场议价能力，满足需求企业对粮食质量的需求，实现优质优价。产粮大县的粮食产后服务中心通过收储供应链治理，扩大服务规模，达到粮食需求主体的质量和规模要求，提高收储供应链运营绩效。依据财政部办公厅及商务部办公厅下发的《关于推动农商互联完善农产品供应链的通知》，围绕粮食产后服务中心形成的产销一体化供应链条数应大于等于四条，带动农民收入水平提高 5％以上。

根据 2020 年收储政策体系设计的目标，提出以下两个方面的启示。一是建立粮食产后服务中心收储供应链治理模式示范政策的启示，包括作为示范的粮食产后服务中心遴选规则以及支持、促进和调控政策，以实现产后服务体系在主产区的全覆盖以及相对最优型收储供应链及其治理模式的推广；二是建立粮食产后服务主体的运营政策，针对所有的粮食产后服务主体，提出支持、促进和调控政策，以实现产后服务体系覆盖全部主产区和分类推动粮食产后服务中心供应链治理能力提升，以便增强农民的市场议价能力，满足需求企业对粮食质量要求，实现优质优价。

7.4 以完善粮食产后服务体系为目标提出构建示范性产后服务中心的政策建议

截至 2020 年 3 月，收储政策体系建设效果显著①：一是粮食产后服务中

---

① 《粮食产后服务体系：有力促进粮食提质进档》，http：//www. lswz. gov. cn/html/zt/yzlsgc/2020 - 03/23/content＿249793. shtml，访问日期：2020 年 9 月 12 日。

心建设逐步推进，全国 26 个省份规划建设粮食产后服务中心 5 000 多个，于
2017—2018 年度首批启动建设任务的 16 省建设完成率达 90％。规划配置的农
户科学储粮仓约 60 万套，2020 年 3 月已完成计划 70％。二是从建设成效看，
已建成的粮食产后服务中心已陆续发挥效用，在一定程度上降低了粮食损失。
在优质粮食工程实施的三年间，中央财政累计安排专项资金近 200 亿元，带动
地方财政和社会投资 500 多亿元。但是，粮食产后服务体系建设有待进一步开
展和完善。优质粮食工程的应用落实和逐步完善，使得产后服务体系不断优
化，出现多种模式，及时挖掘并推广典型成为促进粮食产后服务体系发展的关
键途径。

依据粮食产后服务主体的收储行为机理和不同情境下与种植户双赢的合理
利润分配的治理模式，结合推进粮食产后服务中心示范建设的政策目标，按照
支持政策、促进政策和调控政策的政策体系设计框架[213]，提出建立粮食产后
服务中心示范企业的政策建议。

7.4.1　示范性粮食产后服务中心遴选规则

(1) 评选范围的确定

从东北三省粮食主产区的产粮大县，遴选收储能力高和收储供应链模式可
推广的粮食产后服务中心，作为省级示范企业予以支持，强化其作为示范性粮
食产后服务中心带动周边粮食产后服务中心的能力，满足上游种植主体和下游
粮食需求商的需求，引领粮食产后服务体系发展的作用。

(2) 评选标准的确定

企业规模指标。依据《粮食产后服务中心建设技术指南（试行）》的要求，
在产粮大县，充分结合现有基层收储库点，宜优先选择具有粮食仓储设施优势
（满足一年以上的安全储粮条件）、空置场地优势及人员技术优势的基层粮食收
储企业。以收储规模、管理技术人员数量、年营业收入和仓储设施条件等为评
价指标，建议示范企业的指标取值应处于省内粮食产后服务中心群的
前5％～10％。

烘干能力指标。由于气候等原因，东北三省的粮食普遍含水量比较高，因
此在粮食收储过程中，烘干环节至关重要。结合《粮食产后服务中心建设技术
指南》对东北三省 200～500 吨/天的烘干能力指导要求，建议示范企业达到
300～600 吨/天的标准。

财务记录指标。近三年运营账目中有 3 个以上稳定的规模粮食需求商交

易，以及服务农户为主的交易，资金流动单据可查。粮食收储企业近三年的运营账目可以反映企业的采购、销售渠道，包括上游合作主体和下游需求商的数量。作为示范企业，需要具有稳定的上下游合作主体，反映在均衡契约的数量上。资金流动单据就是依据资金收入或支出所开出的票据，包括汇票、本票、支票等票据，以及其他代表一定货币债权的凭证，如债券、银行存单、存折等。作为示范企业，各种单据应完整齐全。

税务局缴税记录合规。以完税记录作为企业资信评级结果的重要依据。

7.4.2 提出示范性粮食产后服务中心的支持政策

（1）财政政策

针对示范性粮食产后服务中心，实施粮食应急企业补贴政策。政策建立依据为《粮食安全保障调控和应急设施中央预算内投资专项管理办法》（发改经贸规〔2017〕1987号），即国家发改委、粮食局针对铁路散粮运输系统工程、港口散粮运输提升工程、粮食物流园区项目、粮食仓储设施项目、应急配送中心项目，建立全国或区域性粮食物流公共信息平台的办法，补助资金一般不超过1亿元，且均为一次性安排。示范企业可发挥粮食应急企业的功能，保障国家粮食安全和种植农户利益。针对省级示范企业，可纳入粮食应急企业名单，政策补助资金一般不超过500万元。建设市县两级费用管理体系，补助资金由当地政府根据实际情况予以安排解决。以黑龙江省为例，粮食产后服务体系建设财政奖补资金的拨付等工作按照《黑龙江省"优质粮食工程"资金管理办法》执行。对示范性产后服务中心建设项目的补助资金按照服务功能和运行效果分批拨付。

针对示范企业，设立培训的专项资金，引导其向粮食产后系统服务方向转变。在粮食供应链领域，除了基础设施的建设外，政府可设立专项资金用于示范企业对粮食产后服务主体的培训，使粮食产后服务中心及时向粮食产后服务主体提供储粮技术服务以及反馈市场需求，指导储存、生产与市场需求对接，以提高种植户的忠诚度。

（2）税收政策

建议政府减税退税。沈孝丽（2019）认为作为增值税一般纳税人的粮食收储企业，在采购所需设备或者免税农产品的过程中，其进项税额抵扣率应该由之前的10%更改为13%，如果采购的农产品来源于小规模纳税人，则需要在上述标准上附加一个折扣率[299]。在此基础上，为了加强示范企业的带动效应，省粮食主管部门应结合实际明确资格审查流程和细化具备减税退税资格的具体标准。如，企业规模、烘干能力、近三年运营账目、资金流动单据、信誉情况等。同时，针对申请减税或退税的成功案例，在官网进行公示。

（3）金融政策

政府应鼓励银行大力推广新型金融产品。通过提供示范企业名录等相关信息，鼓励银行针对粮食产后服务中心提供资金借贷和购买新型金融产品的支持服务，例如，国家粮食电子交易平台联合中国光大银行、国粮集运供应链管理有限责任公司、中国人寿保险公司面向平台会员定制推出了"物流运输粮食质押贷款"产品，以节省粮食产后服务中心与销售企业的时间和资金成本，降低运输及中转环节的各类风险。

为示范性粮食产后服务中心提供贴息贷款，更好满足其多样化、多层次的需求。各省财政厅应积极与各地农业银行分支行、邮储银行分支行和农村信用社、农合行、农商行（以下简称合作银行）等建立合作关系，由借款人自主选择借款方式，如，信用贷款、保证贷款、抵（质）押贷款、政策性融资担保贷款等，其中对30万元（含30万元）以内的贷款，凡符合银行授信条件的，一般采用信用贷款。结合农业生产的季节特点、生产经营项目周期和综合还贷能力等因素，粮食生产贴息贷款的期限一般为1年以内，最长不超过3年。粮食生产贴息贷款利率原则上按同期中国人民银行授权全国银行间同业拆借中心公布的贷款市场报价利率（LPR）执行。

7.4.3　提出示范性粮食产后服务中心的促进政策

（1）坚持推广相对最优型粮食收储供应链模式

按最终用户的粮食需求标准进行收储供应链管理，提升示范企业运营水平。示范企业要依据《商务部等8部门关于进一步做好供应链创新与应用试点工作的通知》，总结与种植主体双赢的收储供应链定价机制，实施收储供应链治理，保障粮食供应、加快示范项目实施进度。

政府应支持新型示范性粮食产后服务中心进行经营模式创新和信用系统建设。政府可从政策上支持粮食收储供应链相关信用体系建设。其核心是鼓励新型示范性粮食产后服务中心尝试依靠信用抵押从种植户收粮，在销售后对种植户进行返利的供应链治理模式。该模式的实施前提是当地已形成完整的粮食收储供应链信息查询系统，且示范性粮食产后服务中心有良好的信用基础，能够进行信用抵押。信用抵押不仅可以节省贷款成本，而且为示范性粮食产后服务中心与下游制造商合作提供了稳定的粮源保障。

（2）建设行业信息平台

以遴选出的省级示范性粮食产后服务中心为主，带动其他产后服务中心，建立行业信息平台，形成粮食生产大省的粮食产后信息服务网络体系。信息平台建设可依据《粮食和物资储备管理平台视频监控系统互联互通技术规范（2020 版）》执行，信息平台建设应发挥各类供应链平台资源集聚、供需对接和信息服务等功能优势，积极接入各方信息系统，提供交易、物流、金融、信用、资讯等综合服务，实现资源要素的高效整合和精准匹配。同时，政府可实行贴息贷款以及创新项目支持政策，鼓励示范性粮食产后服务中心应用区块链技术，由于具备去中心化、不可篡改、可追溯的特点，该技术将有效保证质量追溯结果的可靠性，政府可要求参与试点的示范性粮食产后服务中心具备供应链物联网平台以及区块链技术支撑的硬件条件。根据该数据，政府可以形成定期信用分析评价报告，并进行公示，帮助各主体提高实时更新交易现状的意识，改善粮食收储供应链交易环境。

（3）人才政策

人才政策主要涉及人才的吸引、培养、利用和管理机制[213]。2015 年《全国粮食行业技能拔尖人才选拔使用管理实施办法》提出坚持高端引领，在粮食行业选拔一批技能拔尖人才，支持建设技能拔尖人才工作室，发挥其在技术攻关、技能创新和传技带徒等方面的重要作用，并通过层层推荐选拔技能拔尖人才，逐步建立起分级负责的高技能人才选拔培养机制，为高技能人才成长创造良好环境。该政策涉及人才的吸引、培养和利用。基于此，提出如下建议：

建立项目专家或者科技特派员的人才补贴政策。包括中国好粮油、粮食产后服务体系建设、粮食质量安全检验检测体系建设等项目，每个项目建设县选派 2～3 名专家或者科技特派员。省级粮食行政管理部门要依托科研机构、院校、质检机构、销售平台、设备制造企业，以及示范性粮食产后服务中心的资源，选派符合要求的技术人员，启动领军人才选拔及管理服务工作。将县拔尖人才选拔管理制度调整为县领军人才管理服务制度，选拔一批在专业技术、行业管理技能和产业模式实施等领域引领发展、贡献显著的"县领军人才"。随示范项目一次性发放生活补贴 5 万元。

（4）科技政策

科技政策主要涉及技术法规和技术标准体系的建设[213]，示范性粮食产后服务中心急需国家粮食和物资储备局实施项目促进型的科技政策：一是粮食上门收购技术规范的制定。可注重基于云物联和人工智能的第三代分选技术项目。二是快速检测技术规范的制定和贯标。可注重基于仿生味觉传感的粮食品质检测评价技术项目和基于工业互联网的粮食收购自动在线检验项目。三是低温储藏技术标准的制定和贯标，要分区制定。东北三省主产区的粮食产后服务中心根据当地气温特征进行了低温储藏技术应用，已经积累了技术规范，但是各主产区环境不同，急需制定标准化规范。

7.4.4 示范性粮食产后服务中心的项目调控政策

(1) 严格把控示范企业评定标准。 严控市场导向有利于建立示范性产后服务体系的遴选标准，在东北三省粮食主产区的产粮大县，示范企业依据企业规模、烘干能力指标、3 个以上规模粮食需求商、以农户服务为主的交易记录和完税记录等标准评定。因地制宜选取收储供应链模式值得推广的示范企业。

(2) 全面评估项目实施效果。 县级粮食部门需定期到示范企业现场检查收储项目质量、项目进展等情况，及时协调解决建设中遇到的困难，发现问题及时督促整改，每月 5 日前向上级粮食主管部门逐级报送项目实施进展情况。相关部门要对项目实施效果进行预评估，项目全部建成后要对项目实施成效及时开展总结和后评价。评价内容包括：本地区粮食产后服务主体清理、干燥、收储、销售等能力和专业化服务水平；粮食产后服务主体在节粮减损、农民增收等方面取得的成效；粮食产后服务主体在促进粮食提质进档、实行优质优价策略等方面的情况。

(3) 严格履行项目验收程序。 项目建成后，由市级粮食、财政等部门组成验收组开展验收工作，并将有关资料存档备查。具体验收条件及程序参照《商务部等 8 部门关于进一步做好供应链创新与应用试点工作的通知》和《黑龙江省粮食产后服务中心建设技术指南（试行）》。

7.5 以引导粮食产后服务主体运营为目标提出全面提升粮食产后服务中心治理能力的政策建议

示范企业可以发挥带动粮食产后服务体系快速发展的作用，与此同时，其他粮食产后服务主体的收储服务功能和治理能力都需要提升，因此，根据设定的目标，即增加粮食产后服务中心使得产后服务体系覆盖全部主产区，分类提升粮食产后服务中心供应链治理能力，提出如下政策建议。

7.5.1 以引导粮食产后服务主体运营为目标构建全国提升粮食产后服务中心治理能力的政策导向

（1）以增加粮食产后服务中心为手段实现产后服务体系建设全覆盖

截至 2020 年，已通过认证建成的粮食产后服务中心在粮食产后服务主体中占比较小。因此，通过增加粮食产后服务中心的数量以及提升其质量，带动粮食产后服务主体发展成为提升粮食产后服务体系建设的必然选择。

无论是否在产粮大县，只要满足粮食产后服务中心建设标准的产后服务主体，应该给予认证。粮食产后服务中心仍然依据《粮食产后服务中心建设技术指南（试行）》的要求进行建设，在产粮大县的覆盖率从 60% 扩大至 100%，主产区中非产粮大县至少建立 1 个粮食产后服务中心，以便形成收储供应链网络。

（2）支持经费的多元化

粮食产后服务中心建设经费的主要来源是自筹资金。国家级、省级、县级相关部门的支持主要用于引导技术水平、服务水平和供应链治理水平提升，以及粮食收储供应链治理人才培养。

（3）聚焦粮食收储供应链的实施及治理的提升

2020 年粮食收储供应链竞争已经形成，相对最优型粮食收储供应链模式的推广，粮食收储供应链治理模式的推进，收储供应链治理能力提升，是粮食产后服务主体的管理重点和难点，也是实现主产区粮食产后服务体系建设全覆盖实施的关键所在。

7.5.2 实施提升粮食产后服务中心治理能力的支持政策

（1）支持粮食产后服务中心参与按照相关标准执行的检测认证

省级地方政府要整合社会资源，对粮食产后服务中心进行标准检测认证。省级地方政府根据标准文件对粮食产后服务中心在各服务环节的执行程度进行检测并给予相关财政支持。清理服务依据《GB 14881 食品安全国家标准食品生产通用卫生规范》进行检测。干燥服务依据《GB/T 21015 稻谷干燥技术规范》《GB/T 21017 玉米干燥技术规范》《GB/T 21016 小麦干燥技术规范》进行检测。储存服务依据《GB/T 29890 粮油储藏技术规范》进行检测。加工服务依据《GB 13122 食品安全国家标准 谷物加工卫生规范》进行检测。对于参与标准认证的粮食产后服务中心，省级地方政府要给予资金奖励支持。一方面，调动他们的积极性，有利于其持续稳定的运营；另一方面，鼓励未符合标准的粮食产后服务中心，积极提高技术标准。

（2）设立粮食产后服务中心的设备补贴

省级地方政府要鼓励粮食产后服务中心规范设施设备建设，提高技术标准和服务水平。粮食产后服务中心按需配备清理、干燥、输送、检化验等功能，为鼓励它们推广使用先进的粮食处理新设备，如上门收购、快速检测和低温储藏等技术设备，政府可设立专项资金用于设备补贴，或通过贴息的方式鼓励金融机构为粮食产后服务中心提供贷款，以利于技术水平建设，进一步满足下游多类企业的质量标准需求。

7.5.3　实施提升粮食产后服务中心治理能力的促进政策

（1）促进粮食产后服务中心持续提升技术水平

省、县主管部门通过项目补贴方式，支持粮食产后服务中心购买用于粮食收购环节的快速检测装置，从而加强检测水平建设，满足下游多类企业的质量需求。检测标准参照国标标准、饲料企业的标准执行。检测水平建设依据《国家粮食质量安全检验监测体系建设实施方案》执行，干燥成品质量指标检测依据《关于印发黑龙江省粮食产后服务体系建设项目管理办法及相关建设技术指南的通知》（黑粮规〔2018〕4号）执行。

规范粮食产后服务中心的设施设备建设，提升代清理、代干燥、代储存、代加工等四代服务水平，减少收购过程中发生的损耗。在收购过程中加强对粮食水分和杂质含量的控制，对含量高的粮食进行降低收购价格的处理方式，以低水分低杂质粮食为主要收购对象，降低企业在收购过程中发生的损耗。清理服务依据《GB 14881 食品安全国家标准食品生产通用卫生规范》执行。干燥服务依据《GB/T 21015 稻谷干燥技术规范》《GB/T 21017 玉米干燥技术规范》《GB/T 21016 小麦干燥技术规范》执行。储存服务依据《GB/T 29890 粮油储藏技术规范》执行。加工服务依据《GB 13122 食品安全国家标准 谷物加工卫生规范》执行。

（2）促进粮食产后服务中心提升收储专业化服务水平

提升与区域相适应且面向多种收储主体提供服务的粮食产后服务水平。精准对接农户和小型的粮食收储主体等，开展上门验质、预约烘干、收购、帮联销路等服务，即开展上门预约"一条龙"服务。同时，加大上门收购方式的覆盖范围。对于距离较远的农户，粮食产后服务中心可以考虑与小型粮食收储主体合作来完成产后收储服务。运输产生的合理费用，由粮食产后服务中心承担，既满足了不同主体对收购方式的要求，又提升了他们的销售意愿。

加强区域粮食产后服务体系的收储供应链网络建设。省级粮食部门指导市级粮食部门建设技术和管理服务体系，该体系可依托产后服务中心或农户科学储粮技术服务网点进行搭建。

落实粮食收储供应链的相关标准推进。专业化服务的整体发展离不开行业标准的贯彻执行。

（3）分类提升粮食产后服务中心收储供应链治理能力

国家粮食局发布的《粮食产后服务中心服务要点（试行）》中提出要以参股或协议等方式绑定粮食产后服务中心的服务内容。鼓励粮食产后服务中心与粮油专业合作社采取相互参股或签订协议等方式，建立长期稳定的合作关系，获得相对稳定的服务业务量。鼓励粮食产后服务中心与优质粮食种植重点区域有关机构、粮食种植大户等签订协议，绑定种植户作为服务对象。现有的政策手段侧重于稳固粮食供应链，如参股、协议，而缺少利益协调机制和关系协调机制相融合的治理能力提升手段，建议通过以下路径分类提升粮食产后服务中心收储供应链治理能力。

提供支持粮食产后服务中心运营的专家服务。省级粮食行政管理部门要依托科研机构、院校、质检机构、设备制造企业的资源，对每个主产区所属县选派1~2名符合要求的技术和管理人员，为粮食产后服务中心与农户等收储相关主体提供技术支持和培训服务。

提供针对玉米产后服务中心的收储供应链治理能力提升的培训支持。针对选择长期储存型的玉米产后服务中心，政府培训可侧重于提升其储存能力，选择资金占用少的仓储方式，延长销售周期；针对选择质量优型的玉米产后服务中心，政府培训可侧重于增强他们与上游种植者集成能力，使其掌握运用信誉抵押、收益共享契约等集成方式的能力；针对选择国家级补贴型的玉米产后服务中心，政府可参照国有收储企业标准与规范实施培训；针对选择关系型收储供应链模式的玉米产后服务中心，政府培训可侧重于人员合理布局的问题，即缩减员工规模，招聘有针对性的技术和销售人才；针对选择相对最优型收储供应链模式的玉米产后服务中心，政府培训可侧重于他们与上下游合作时服务水平的提高。

提供针对水稻产后服务中心收储供应链治理能力提升的培训支持。针对选择粮农收购型的水稻产后服务中心，政府可参照国有收储企业标准与规范实施培训；针对选择上游集成型的水稻产后服务中心，政府培训侧重于加强其与下游企业的集成能力、引导实施资金占用少的仓储方式，还要重视人员方面的培训，使其掌握缩减员工规模、招聘有针对性的技术和销售人才的人员布局策略；针对选择下游集成型的水稻产后服务中心，培训侧重于提升其与上游种植主体的集成能力，使其掌握采取信誉抵押、收益共享契约等方式的集成策略；针对相对最优型的水稻产后服务中心，培训侧重于其与下游企业合作中的履约机制和水稻质量标准体系建设，包括国家级、省级、市级大米相关标准，以及行业层面的中国好粮油标准，并针对市场的需求，普及水稻质量管理、监控、大米食味值等概念。

（4）提供支持粮食产后服务中心收储供应链治理能力提升的人才政策

构建与粮食产后服务相关的县级营销复合型人才体系。支持产粮大县构建产学研合作机制，鼓励粮食产后服务中心的复合型人才培养，注重支持粮食产后服务中心全年销售的人才需求，加大基层实用人才开发力度。将相关人才计划纳入县人才队伍建设中长期规划。县财政每年最高安排20万元用于推动有关职能部门提升粮食产后服务中心的人才队伍建设。依托现代远程教育系统、职业院校、龙头企业和专业合作组织、农村实用人才培训基地、涉农项目平台等建立多元化多层次农村实用人才培训体系。

7.5.4 实施提升粮食产后服务中心治理能力的调控政策

为实现形成区域性粮食产后服务网络的调控目标，政府支持粮食产后服务中心从以小农户为主要服务对象向多主体服务发展。其核心是粮食产后服务中心要具备全年销售的能力。其一，针对具备全年销售能力的粮食产后服务中心，政府应根据其年销售订单进行专项奖补，鼓励粮食产后服务中心在粮食供应链中发挥引领作用。其二，政府可引导粮食产后服务中心及时向农户提供储粮技术服务，同时，及时反馈市场需求，实现储存、生产与市场需求对接，保障全年粮食供需相匹配。此外，对规模化种植农户可将组合式地趴粮仓、自然干燥仓等成熟仓型引入产后服务中心，粮食收获入仓后由产后服务中心代为保管，实现安全储粮。

政府平台权威发布粮食产后服务中心相关收储信息。政府可通过信誉激励等政策手段，激励产后服务中心申报粮食收储供应链信息，及时有效发布粮食收储供应链核心主体供求信息、质量信息和价格信息等，并通过传统信息媒介和现代信息媒介进行传播。实施过程中需要基层政府加强市场监督管理，采用"严格准入-动态监管-规范退出"的策略，保证信息的真实性。同时，政府可指导产后服务中心做好市场调查与预测，制定长期发展规划，从而达到预定的经营目标。

7.6　本章小结

本章对 2017—2020 年现行政策和调研实际情况进行分析，提出促进提升粮食产后服务中心收储意愿及推进供应链治理模式实施的政府政策体系构建建议。(1) 运用政策周期分析方法，得出 2020 年收储政策体系需要进一步调整。粮食产后服务体系尚未搭建完整，在粮食产后服务中心具体运营方面仍存在问题。粮食安全追溯体系初步完成，但适合中国国情和粮情的粮食质量安全检验检测体系有待进一步完善。产后服务主体建设标准有待完善。(2) 提出在多层视角分析框架下 2020 年收储政策改进要点。当前利基市场推动收储供应链治理实施的支持政策，东北三省地景急需收储供应链模式的示范政策，收储相关的社会—技术范式急需更迭的促进政策。东三省主产区玉米和水稻去库存基本完成，具备市场套利基础。粮食上门收购和低温储藏技术已经积累了技术规范。(3) 依托粮食政策体系设计框架，完善粮食产后服务体系的产后服务中心示范政策建议。一是示范企业遴选要在产粮大县，依据企业规模、烘干能力指标、交易记录及完税记录制定规则；二是支持政策，主要包括实施粮食应急企业补贴政策及专项资金的财政政策，减税、退税政策，以及鼓励银行大力推广新型金融产品、贴息贷款；三是促进政策，主要包括坚持推广示范企业的相对最优型收储供应链模式、建设以省级示范企业为核心的行业信息平台服务政策，项目专家或者科技特派员的人才补贴政策，以及支持上门收购粮食技术规范、快速检测技术规范和低温储藏技术规范建设的科技政策；四是调控政策，主要指严格监管示范企业评定，实施和绩效追踪问责。(4) 依托粮食政策体系设计框架，得出引导粮食产后服务主体运营的粮食产后服务中心政策建议。一是支持粮食产后服务主体运营的粮食产后服务中心的政策架构，主要包括增加粮食产后服务中心的产后服务体系覆盖全部主产区政策、粮食产后服务中心支持经费的多元化政策，以及粮食产后服务中心相关政策应聚焦粮食收储供应链治理的推动。二是支持政策，支持粮食产后服务中心相关标准执行的检测认证，以及粮食产后服务中心的检测设备等支持政策。三是促进政策，主要包括规范设施设备建设、支持粮食产后服务中心运营的专家服务、针对玉米和水稻产后服务中心的收储供应链治理能力的培训支持的服务政策，县级营销复合型人才体系建设的人才政策。专业化服务的标准贯彻规范。四是调控政策，主要包括支持粮食产后服务中心以小农户产后服务为主向多主体服务规模发展，以及政府平台权威发布粮食产后服务中心相关收储信息。

参 考 文 献

[1] 冷志杰，谢如鹤.基于粮食处理中心讨价还价博弈模型的原粮供应链治理模式 [J].
中国流通经济，2016，30（5）：36－43.

[2] 翟晓娜，沈瑾，谢奇珍，等.以万欣农业合作社为例浅谈东北地区农民专业合作社玉
米收储行为的变化 [J].粮食问题研究，2019（04）：35－39.

[3] 程虹，邓溯锐.供应链管理的规范定义——基于实现方式的比较研究 [J].情报杂志，
2004（01）：53－55.

[4] 冷志杰，马伊茗.基于信任关系和质量投入的玉米收储供应链治理机制研究 [J].农
业技术经济，2018（12）：76－91.

[5] 李金华，黄光于.供应链社会责任的整合治理模式与机制 [J].系统科学学报，2016，
24（1）：65－69.

[6] 王小明.农业生产性服务经济发展模式探究——兼评《我国农业生产性服务业发展模
式研究》[J].农业经济问题，2018（4）：143－144.

[7] 温涛，王汉杰，王小华，等."一带一路"沿线国家的金融扶贫：模式比较、经验共
享与中国选择 [J].农业经济问题，2018（5）：114－129.

[8] 顾婧，程翔，邓翔.中小企业供应链金融模式创新研究 [J].软科学，2017，31（2）：
83－86，97.

[9] 张磊，王娜，吴金超.中国蔬菜批发行业结构、行为及绩效研究——以山东寿光到北
京的蔬菜流通为例 [J].农业经济问题，2018（2）：115－126.

[10] 张夏恒.基于区块链的供应链管理模式优化 [J].中国流通经济，2018，32（8）：
42－50.

[11] TRIENEKENS J H, HAGEN J M, BEULENS A J M, et al. Innovation through
(international) food supply chain development: a research agenda [J]. International
Food and Agribusiness Management Review, 2003（6）：1030；2016（8）：2618.

[12] 辛翔飞，孙致陆，王济民，等.国内外粮价倒挂带来的挑战、机遇及对策建议 [J].
农业经济问题，2018（3）：15－22.

[13] 罗海平，邹楠，潘柳欣，等.生态足迹视域下中国粮食主产区粮食生产安全态势的时
空属性研究：2007－2025 [J].江苏农业学报，2019，35（06）：1468－1475.

[14] GOYCHUK K, MEYERS W H. Black Sea and World Wheat Market Price Integration

Analysis [J]. Canadian Journal of Agricultural Economics/revue Canadienne Dagroeconomie, 2014, 62 (2): 245 - 261.

[15] GHOSH M. Agricultural policy reforms and spatial integration of food grain markets in India [J]. Journal of Economic Development, 2011, 36 (2): 15 - 37.

[16] JHA S, SRINIVASAN P V. Food inventory policies under liberalized trade [J]. International Journal of Production Economics, 2001, 71 (1 - 3): 21 - 29.

[17] MITRA S, BOUSSARD J. A simple model of endogenous agricultural commodity price fluctuations with storage [J]. Agricultural Economics, 2012, 43 (1): 1 - 15.

[18] RAMASWAMI B, BALAKRISHNAN P. Food prices and the efficiency of public intervention: the case of the public distribution system in India [J]. Food Policy, 2002 (5).

[19] ALAM MJ, MCKENZIE AM, BEGUM IA, et al. Asymmetry Price Transmission in the Deregulated Rice Markets in Bangladesh - Asymmetric Error Correction Model [J]. Agribusiness, 2016, 32 (4): 498 - 511.

[20] GEDARA K, RATNASIRI, BANDARA. Does asymmetry in price transmission exist in the rice market in Sri Lanka [J]. Applied Economics, 2016, 48 (27): 2491 - 2505.

[21] LOUW M, MEYER F, KIRSTEN J. Vertical price transmission and its inflationary implications in South African food chains [J]. Routledge, 2017, 56 (2): 110 - 122.

[22] SVANIDZE M, GÖTZ L. Determinants of spatial market efficiency of grain markets in Russia [J]. Food Policy, 2019, 89 (12): 1 - 10.

[23] KOUYATÉ C, CRAMON - TAUBADEL S. Distance and Border Effects on Price Transmission: A Meta - analysis [J]. Journal of Agricultural Economics, 2016, 67 (2): 255 - 271.

[24] JAMORA N, CRAMON - TAUBADEL S. Transaction Cost Thresholds in International Rice Markets [J]. Journal of Agricultural Economics, 2016, 67 (2): 292 - 307.

[25] BRÈUMMER B, CRAMON - TAUBADEL S, ZORYA S. The impact of market and policy instability on price transmission between wheat and flour in Ukraine [J]. European Review of Agricultural Economics, 2009, 36 (2): 203 - 230.

[26] 韩胜飞. 市场整合研究方法与传达的信息 [J]. 经济学 (季刊), 2007 (4): 1359 - 1372.

[27] 许世卫, 李哲敏, 董晓霞, 等. 中国农产品在产销间价格传导机制研究 [J]. 资源科学, 2010 (11): 2092 - 2099.

[28] 贾伟, 秦富. 中国主要省份玉米价格的传导效应分析 [J]. 华南农业大学学报 (社会科学版), 2012, 11 (2): 69 - 75.

[29] 文春玲，田志宏. 我国玉米市场整合及区域间价格传导研究 [J]. 价格理论与实践，2013 (11)：55 - 56.

[30] 刘艺卓，蔡海龙. 中国不同市场环节粮食价格传导研究 [J]. 农业技术经济，2015 (6)：66 - 73.

[31] 陈秀兰，章政，王兴旺. 产业链视角下我国玉米价格传导机制研究 [J]. 价格月刊，2015 (6)：1 - 5.

[32] 周章跃，万广华. 论市场整合研究方法——兼评喻闻、黄季焜《从大米市场整合程度看我国粮食市场改革》一文 [J]. 经济研究，1999 (3)：75 - 81.

[33] 万广华，周章跃，陈良彪. 我国水稻市场整合程度研究 [J]. 中国农村经济，1997 (8)：46 - 52.

[34] 查贵庭，王凯. 近年来国内主要大米市场协整研究 [J]. 农业技术经济，2006 (5)：33 - 39.

[35] 陈飞，王娟. 我国稻谷市场整合测度及非对称价格传导机制研究 [J]. 统计与决策，2014, (18)：112 - 116.

[36] 许世卫，李哲敏，孔繁涛，等. 农产品价格传导机制及其主要影响因素分析 [J]. 中国科技论坛，2012 (9)：71 - 76.

[37] 刘婷，曹宝明，李光泗. 粮食价格垂直传递与市场纵向整合——基于国内稻米和大豆市场的比较分析 [J]. 农业技术经济，2019 (2)：99 - 110.

[38] 缪书超，钱龙，宋亮. 收储制度市场化改革能够稳定玉米价格波动吗？——基于双重差分方法的分析 [J]. 商业研究，2019 (9)：11 - 19.

[39] 孙中叶，黄向阳. 粮食收储政策的国际比较及启示 [J]. 粮食科技与经济，2015, 40 (03)：17 - 19.

[40] 朱喜安，李良. 粮食最低收购价格通知对粮食价格的影响——基于事件分析法的研究 [J]. 社会科学家，2016 (05)：60 - 64.

[41] 宋锋，王雅琳，莫魏林，袁平，吕军，李强才. 加强和完善粮食产后服务体系建设的调查与思考 [J]. 粮油仓储科技通讯，2019, 35 (03)：1 - 2, 11.

[42] 任蓉，殷俊. 供给侧改革背景下我国粮食产后服务体系建设思考 [J]. 粮食科技与经济，2017, 42 (05)：9 - 11, 28.

[43] 普蒉喆，吕新业，钟钰. 主要国家（地区）粮食收储政策演进脉络及启示 [J]. 中国农村经济，2019 (11)：116 - 138.

[44] WRIGHT B. [Handbook of Agricultural Economics] Marketing, Distribution and Consumers Volume 1 ‖ Chapter 14 Storage and price stabilization [J]. 2001：817 - 861.

[45] DOROSH P A. "Food Price Stabilization and Food Security：International Experience" [J]. Bulletin of Indonesian EconomicStudies，2008, 44 (1)：93 - 114.

[46] STECKEL J H, GUPTA S, BANERJI A. Supply chain decision making: Will shorter cycle times and shared point - of - sale information necessarily help [J]. Management Science, 2004, 50 (4): 458 - 464.

[47] KE L U. An Initial Discussion on the New Pattern of the Supply Chain in Tourism Industry [J]. Tourism Tribune, 2006 (3): 30 - 33.

[48] FLYNN B B, HUO B, ZHAO X. The impact of supply chain integration on performance: A contingency and configuration approach [J]. Journal of operations management, 2010, 28 (1): 58 - 71.

[49] AGARWAL A, SHNNKAR R, TIWARI M K. Modeling the metrics of lean, agile and leagile supply chain: an ANP - based approach [J]. European Journal of Operational Research, 2006 (30): 211 - 225.

[50] CASTILLO - VILLAR K K, SMITH N R, SIMONTON J L. A model for supply chain design considering the cost of quality [J]. Applied Mathematical Modelling, 2012, 36 (12): 5920 - 5935.

[51] NIELSEN P, MICHNA Z. An Approach for Designing Order Size Dependent Lead Time Models for Use in Inventory and Supply Chain Management [M]. Intelligent Decision Technologies 2016. Springer International Publishing, 2016: 15 - 25.

[52] CHEN C T, LIN C T, HUANG S F. A fuzzy approach for supplier evaluation and selection in supply chain management [J]. International journal of production economics, 2006, 102 (2): 289 - 301.

[53] ESTAMPE D, LAMOURI S, PARIS J L, et al. A framework for analysing supply chain performance evaluation models [J]. International Journal of Production Economics, 2013, 142 (2): 247 - 258.

[54] LI Y, XU X, YE F. Supply chain coordination model with controllable lead time and service level constraint [J]. Computers & Industrial Engineering, 2011, 61 (3): 858 - 864.

[55] YIN J, FAN L, LI K X. Second ship registry in flag choice mechanism: The implications for China in promoting a maritime cluster policy [J]. Transportation Research Part A: Policy and Practice, 2018 (107): 152 - 165.

[56] JANG W, KLEIN C M. Supply chain models for small agricultural enterprises [J]. Annals of Operations Research, 2011, 190 (1): 359 - 374.

[57] AGBO M, ROUSSELIÈRE D, SALANIÉ J. Agricultural marketing cooperatives with direct selling: A cooperative - non - cooperative game [J]. Journal of Economic Behavior & Organization, 2015 (109): 56 - 71.

[58] CAI G G. Channel selection and coordination in dual - channel supply chains [J].

Journal of Retailing，2010，86（1）：22－36.

［59］CHUAN CHEN，Entry mode selection for international construction markets：the influence of host country related factors［J］Construction Management and Economics，2008，26（3）：23－27.

［60］MATISA C M，MOHDSAMAN H. Specific－factors influencing market selection decision by Malaysian construction firms into international market［J］. Procedia Social and Behavioral Sciences，2014（129）：4－10.

［61］SARATH J V，PILLAIV R J. Analysis of Decision Models in Supply Chain Management［J］. Procedia Engineering，2014（97）：2259－2268.

［62］CHEN G R，ZHAO J Y，et al. A Core Model for Parts Suppliers Selecting Method in Manufacturing Supply Chain［J］. Mathematical Problems in Engineering，2015：25－36.

［63］AROUNA A，ADEGBOLA P Y，ZOSSOU R C，et al. Contract Farming Preferences of Smallholder Rice Producers in Benin：A Stated Choice Model Using Mixed Logit［J］. Tropicultura，2015（29）：1－14.

［64］WANG J，PEETA S，HE X，et al. Combined multinomial logit modal split and paired combinatorial logit traffic assignment model［J］. Transportmetrica A：Transport Science，2018，14（9－10）：737－760.

［65］ZHANG J Q，DIXIT A，FRIEDMAN R. Customer Loyalty LifeTime Value：An Empirical Investigation of Customer packaged Goods［J］. Journal of Marketing Theory ＆ Practice，2010，18（2）：127－140.

［66］AGUSTIN C，SINGH J. Curvilinear Effects of Customer Loyalty Determinants in Relational Exchanges［J］. Journal of Marketing Research，2005，42（1）：96－108.

［67］THURAU T H. Relationship Quality and Customer Retention through Strategic Communication of Customer Skills［J］. Journal of Marketing Mangement，2000，16（1－3）：55－79.

［68］BRADY M K，CRONIN J. Some new thoughts on conceptualizing Perceived service quality：A hierarchical approach［J］. Journal of Marketing，2001，65（3）：34－49.

［69］ZHANG Q F，DONALDSON J A. The Rise of Agrarian Capitalism with Chinese Characteristics：Agricultural Modernization，Agribusiness and Collective Land Rights［J］. The China Journal，2008（60）：25－47.

［70］MONTALBANO P，PIETRELLI R，SALVATICI L. Participation in the market chain and food security：The case of the Ugandan maize farmers［J］. Food Policy，2018，76（1）：36－42.

［71］EGBETOKUN O A，SHITTU B A，AYOADE M O. Determinants of Market

Participation Among Maize Farmers in Ogbomoso Zone, Oyo State, Nigeria [J]. Cercetari Agronomice in Moldova, 2017, 50 (1): 109 - 118.

[72] SITKO N J, JAYNE T S. Exploitative Briefcase Businessmen, Parasites, and Other Myths and Legends: Assembly Traders and the Performance of Maize Markets in Eastern and Southern Africa [J]. World Development, 2014, 54 (10): 56 - 67.

[73] YAMI M, MEYER F, HASSAN R. Testing price leadership in major regional maize markets in Ethiopia: implications for targeted market intervention [J]. Agrekon, 2017, 56 (2): 97 - 109.

[74] 张力军. 搞好粮食收储 保障农民利益——就新粮收储问题访省粮食局局长韩福春 [J]. 吉林农业, 2016 (21): 5 - 6.

[75] 邵为仁. 粮食收储企业财务管理现状及改进建议 [J]. 财会研究, 2017 (26): 32 - 33.

[76] 钱煜昊, 曹宝明, 武舜臣. 中国粮食购销体制演变历程分析 (1949—2019) ——基于制度变迁中的主体权责转移视角 [J]. 中国农村观察, 2019 (4): 2 - 17.

[77] 陆文聪, 叶建. 粮食政策市场化改革与浙江农作物生产反应: 价格、风险和定购 [J]. 浙江大学学报 (人文社会科学版), 2004 (03): 6 - 12.

[78] 陈梦, 夏淑雅, 周清凌. 共享经济背景下农产品供应链模式创新研究 [J]. 商业经济研究, 2019 (14): 127 - 129.

[79] 张晓英, 吕兵. 不同供应链模式对花卉业影响因素分析——基于黄楼镇花农的调查数据分析 [J]. 管理观察, 2009 (10): 96 - 97.

[80] 刘大伟, 苏日乐, 时香凝, 等. 基于收储率影响因素的秸秆收储模式选择——以关中典型地区为例 [J]. 现代农业科技, 2019 (1): 154 - 158.

[81] 冷志杰, 马伊茗, 寇晨欢. 东北三省玉米收储供应链模式选择机理研究 [J]. 农业经济问题, 2019 (2): 41 - 53.

[82] 魏锋, 尹丽君, 于政扬. 基于供应链的原材料供应商选择评价模型 [J]. 物流技术, 2013, 32 (1): 162 - 165.

[83] 王林雪, 杜跃平, 彭兴, 等. 聚类分析法在供应链联盟合作伙伴初选中的应用 [J]. 情报杂志, 2005 (10): 26 - 28.

[84] 丁斌, 王鹏. 基于聚类分析的应急物资储备分类方法研究 [J]. 北京理工大学学报 (社会科学版), 2010, 12 (4): 10 - 13.

[85] 王艳萍. 农产品供应链中质量安全风险控制机制探析 [J]. 社会科学, 2018 (06): 52 - 61.

[86] 杨宏斌. 移动平均期数对农产品供应链成本及牛鞭效应的影响 [J]. 统计与决策, 2018, 34 (13): 64 - 66.

[87] 马士华, 吴智荣, 刘保山. 考虑保质期的两级供应链 MTS - MTO 提前期优化研究

[J]. 控制与决策, 2019, 34 (01): 129-136.

[88] 李坚飞, 孙梦霞, 任理. 新零售服务供应链线下服务质量稳态的动力机制 [J]. 系统工程, 2018, 36 (06): 79-89.

[89] 何瑛, 陈洋, 戴逸驰. 京东供应链融资模式及影响因素分析 [J]. 财务与会计, 2016 (17): 20-22.

[90] 杨子刚, 郭庆海. 供应链中玉米加工企业选择合作模式的影响因素分析——基于吉林省 45 家玉米加工龙头企业的调查 [J]. 中国农村观察, 2011 (04): 45-54, 95.

[91] 贡文伟, 葛翠翠, 黄海涛. 基于灰色综合评价的逆向供应链回收模式选择研究 [J]. 科技管理研究, 2012, 32 (13): 227-230, 262.

[92] 彭超. 我国农业补贴基本框架、政策绩效与动能转换方向 [J]. 理论探索, 2017 (03): 18-25.

[93] 兰录平. 我国粮食最低收购价政策的效应和问题及完善建议 [J]. 农业现代化研究, 2013, 34 (05): 513-517.

[94] 贺伟, 刘满平. 当前粮食宏观调控中的几个重点问题 [J]. 宏观经济管理, 2011 (07): 42-43.

[95] 王金秋, 张为付, 薛平平. 技术效率、融资约束与企业扩张——基于江苏省 150 家大米加工企业的调查与分析 [J]. 农业技术经济, 2019 (06): 120-131.

[96] 李竣, 杨旭. 跨国粮商冲击下的粮食收储参与主体决策分析 [J]. 世界农业, 2015 (1): 24-27, 47, 203-204.

[97] 李景峰, 任煦. 社会化媒体对供应链知识共享影响的理论探索 [J]. 情报理论与实践, 2016, 39 (9): 14-18.

[98] 牛彦绍. 粮食收储成本和效率分析——基于河南省粮食流通状况的研究 [J]. 管理世界, 1999 (6): 166-170.

[99] 周静, 曾福生, 张明霞. 农业补贴类型、农业生产及农户行为的理论分析 [J]. 农业技术经济, 2019 (05): 75-84.

[100] 彭建仿, 孙在国, 杨爽. 供应链环境下龙头企业共生合作行为选择的影响因素分析——基于 105 个龙头企业安全农产品生产的实证研究 [J]. 复旦学报 (社会科学版), 2012 (3): 128-140.

[101] 浦徐进, 路璐, 蒋力. 影响 "农超对接" 供应链运作效率的因素分析 [J]. 华南农业大学学报 (社会科学版), 2013, 12 (4): 27-34.

[102] 葛继红, 汪诗萍, 汤颖梅. 网络销售提高生鲜零售商的经营效率了吗——来自固城湖螃蟹的调查 [J]. 农业经济问题, 2018 (11): 114-123.

[103] 王珂, 李震, 周建. 电子商务参与下的农产品供应链渠道分析——以 "菜管家" 为例 [J]. 华东经济管理, 2014, 28 (12): 157-161.

[104] 李宝库, 邹瑞雪. 双渠道模式下供应链成员履约行为研究——基于行为博弈视角

[J]. 现代管理科学，2015（10）：22-24.

[105] 徐锦英，葛慧丽．同行评议专家信誉评价体系构建及实证研究[J]. 科技管理研究，2017，37（21）：35-39.

[106] 计春雷．黑龙江省玉米收储供应链模式选择及推进研究[D]. 大庆：黑龙江八一农垦大学，2018.

[107] 但斌，郑开维，吴胜男，等．"互联网＋"生鲜农产品供应链C2B商业模式的实现路径——基于拼好货的案例研究[J]. 经济与管理研究，2018，39（02）：65-78.

[108] 张强强，闫贝贝，霍学喜，等．苹果种植户生产环节外包行为研究——基于Heckman样本选择模型的实证分析[J]. 干旱区资源与环境，2019，33（01）：72-76.

[109] 王保乾，何承康．基于Logistic模型的城市共享泊位选择意愿研究[J]. 管理现代化，2019，39（01）：66-69.

[110] 闫俊周，童超，秦建军．企业进入战略性新兴产业的影响因素——基于Probit选择模型的实证分析[J]. 经济经纬，2019（02）：95-101.

[111] 张新洁，关宏志，赵磊，等．有限理性视野下出行者出行方式选择分层Logit模型研究[J]. 交通运输系统工程与信息，2018，18（06）：110-116.

[112] 傅丽芳，邓华玲，魏薇，等．基于Probit回归的绿色农产品消费影响因素及购买行为分析[J]. 生态经济，2014，30（07）：60-64.

[113] 丁友刚，宋献中．基于多元logit模型的国有企业高管更换决策机理研究[J]. 统计研究，2011，28（06）：35-40.

[114] 杨晓芳，王喆，姜海．基于多项logit模型的在线机票代理商选择行为[J]. 清华大学学报（自然科学版），2017，57（04）：437-442.

[115] 吴瑞林，杨琳静．在公共管理研究中应用结构方程模型——思想、模型和实践[J]. 中国行政管理，2014（03）：62-68.

[116] 贾新明，刘亮．结构方程模型与联立方程模型的比较[J]. 数理统计与管理，2008（03）：439-446.

[117] 程开明．结构方程模型的特点及应用[J]. 统计与决策，2006（10）：22-25.

[118] 辛士波，陈妍，张宸．结构方程模型理论的应用研究成果综述[J]. 工业技术经济，2014（05）：61-71.

[119] 周博，翟印礼，钱巍，等．农业可持续发展视角下的我国粮食安全影响因素分析——基于结构方程模型的实证分析[J]. 农村经济，2015（11）：15-19.

[120] 李后建．农户对循环农业技术采纳意愿的影响因素实证分析[J]. 中国农村观察，2012（02）：28-36，66.

[121] 王薇薇，谢琼，王雅鹏，等．粮食收购市场各主体利益协调的经济学分析[J]. 中国农村观察，2009（04）：13-19，96.

[122] 廖进球，黄青青. 价格支持政策与粮食可持续发展能力：基于玉米临时收储政策的自然实验 [J]. 改革，2019 (4)：115 - 125.

[123] 李维安，李勇建，石丹. 供应链治理理论研究：概念、内涵与规范性分析框架 [J]. 南开管理评论，2016，19 (01)：4 - 15.

[124] RICHEY R G，ROATH A S，WHIPPLE J M. Exploring a Governance Theory of Supply Chain Management：Barriers and Facilitators to Integration [J]. Journal of Business Logistics，2010，31 (1)：237 - 256.

[125] GEREFFI G，HUMPHREY J，STURGEON T. The governance of global value chains [J]. Review of International Political Economy，2005，12 (1)：78 - 104.

[126] AITKEN J，HARRISON A. Supply Governance Structures for Re - verse Logistics Systems [J]. International Journal of Operations amp；Production Management，2013，33 (6)：745 - 764.

[127] MALONI M J，BENTON W C. Supply chain partnerships：Opportunities for operations research [J]. European Journal of Operational Research，1997，101 (3)：419 - 429.

[128] MADHOK A. Opportunism and trust in joint venture relationship：an exploratory study and model [J]. Scandinavian Journal of Management，1994，11 (1)：57 - 74.

[129] DYER J H. How Chrysler created an American Keiretsu [J]. Harvard Business Review，1996，(4)：42 - 56.

[130] FARNDALE E，PAAUWE J，BOSELIE P. An Exploratory Study of Governance in the Intrafirm Human Resources Supply Chain [J]. Human Resource Management，2010，49 (5)：849 - 868.

[131] FANG Y，YU Y，SHI Y，et al. The effect of carbon tariffs on global emission control：A global supply chain model [J]. Transportation Research Part E - logistics and Transportation Review，2020：133.

[132] CALISKANDEMIRAG O，CHEN Y，LI J，et al. Customer and retailer rebates under risk aversion [J]. International Journal of Production Economics，2011，133 (2)：736 - 750.

[133] YOO S H. Product quality and return policy in a supply chain under risk aversion of a supplier [J]. International Journal of Production Economics，2014，154 (8)：146 - 155.

[134] MAZE A，POLIN S，RAYNAUD E，SAUVEE L，VALCES - CHINI E. Quality Signals and Governance Structures within European Agro - food Chains：A New Institutional Economics Approach [A]. Paper presented at the 78th EAAE Seminar and NJF Seminar 330，Economics of Contracts in Agriculture and the Food Supply

Chain [C]. Copenhagen. 2001: 15 - 16.

[135] RAYNAUD E, SAUVEE L, VALCESCHINI E. Governance of the Agri - food Chains as a Vector of Credibility for Quality Signalization in Europe [A]. 10th EAAE Congress: "Exploring diversity in the European Agri - foodSystem" [C]. Zaragoza. August 2002: 28 - 31.

[136] TAPIERO C S. Consumers risk and quality control in a collaborative supply chain [J]. European Journal of Operational Research, 2007, 182 (2): 683 - 694.

[137] ESCABASSE D, OTTENIO D. Food - contact paper and board based on recycled fibres: regulatory aspects e newrules and guidelines. Food Additives and Contaminants [J]. 1998 (3): 79 - 92.

[138] LU Q, MENG F W, GOH M. Choice of supply chain governance: Self - managing or outsourcing? [J]. International Journal of Production Economics, 2014, 154 (8): 32 - 38.

[139] AVITTATHUR B, JAYARAM J. Supply chain management in emerging economies [J]. Decision. 2016, 43 (2): 117 - 124.

[140] CAI G, ZHANG Z G, ZHANG M. Game theoretical perspectives on dual - channel supply chain competition with price discounts and pricing schemes [J]. International Journal of Production Economics, 2009, 117 (1): 80 - 96.

[141] HENSON S J, NORTHEN J. Consumer Assessment of the safety of beef at the point of purchase: A pan - European study. Journal of A gricultural Economics [J]. 2000 (51): 90 - 105.

[142] FOTOPOULOS C, KRYSTALLIS A. Quality labels as a marketing advantage [J]. European Journal of Marketing, 2003, 37 (10): 1350 - 1374.

[143] KETCHEN D J, HULT T M. Bridging Organization Theory and Supply Chain Management: The Case of Best Value Supply Chains [J]. Journal of Operations Management, 2007, 25 (2): 573 - 580.

[144] JÜTTNER U, PECK H, Christopher M. . Supply chain risk management: outlining an agenda forfuture research [J]. International Journal of Logistics: Research and Applications, 2003, 6 (4): 197 - 210.

[145] GULATI R. Does familiarity breed trust? The implications of repeated ties for contractual choice in alliances. [J]. Academy of Management Journal, 2005, 38 (1): 85 - 112.

[146] CARSON S J, MADHOK A, WU T. Uncertainty, Opportunism, and Governance: The Effects of Volatility and Ambiguity on Formal and Relational Contracting [J]. Academy of Management Journal, 2006, 49 (5): 1058 - 1077.

[147] GULATI R, NICKERSON J A. Interorganizational Trust, Governance Choice, and Exchange Performance [J]. Organization Science, 2009, 19 (5): 688-708.

[148] PAULRAJ A. Understanding the relationships between internal resources and capabilities, sustainable supply management and organizational sustainability [J]. Journal of Supply Chain Management. 2011, 47 (1): 19-37.

[149] FERNANDO. Bricks and Mortar v. s. Clicks and Mortar: an equilibrium analysis [J]. European Journal of Operational Research, 2008 (187): 671-690.

[150] YAO D Q, LIU J J. Competitive pricing of mixed retail and e-tail distribution channels [J]. Omega, 2005, 33 (3): 235-247.

[151] WANG C, CHEN X. Joint order and pricing decisions for fresh produce with put option contracts [J]. Journal of the Operational Research Society, 2017 (4): 1-11.

[152] YE F, LIN Q, LI Y. Coordination for contract farming supply chain with stochastic yield and demand under CVaR criterion [J]. Operational Research, 2017 (3): 1-29.

[153] CACHON U P. Supply Chain Coordination with Contracts [J]. Handbooks in Operations Research & Management Science 2003, 11 (11): 227-339.

[154] SUN G H. Research on the Fresh Agricultural Product Supply Chain Coordination with Supply Disruptions [J]. Discrete Dynamics in Nature and Society, 2013 (5): 135-142.

[155] NEVILLE B A, MENGUC B. Stakeholder Multiplicity: Toward an Understanding of the Interactions between Stakeholders [J]. Journalof Business Ethics, 2006, 66 (4): 377-391.

[156] 王影, 张纯. 供应链治理模式及其演化 [J]. 中国流通经济, 2017, 31 (02): 64-72.

[157] 陈正林. 论供应链的治理机制及其完善对策 [J]. 湖北社会科学, 2014 (11): 85-88.

[158] 陈伟, 张旭梅, 宋寒. 供应链企业间知识交易的关系契约机制: 基于合作创新的研究视角 [J]. 科研管理, 2015, 36 (7): 38-48.

[159] 肖迪, 潘可文. 基于收益共享契约的供应链质量控制与协调机制 [J]. 中国管理科学, 2012, 20 (04): 67-73.

[160] 李建斌, 余牛, 刘志学. 两种基于 CVaR 准则的供应链返利与惩罚契约研究 [J]. 系统工程理论与实践, 2015, 35 (07): 1666-1677.

[161] 贾金荣, 朱捷. 中国粮食生产激励机制及调整对策研究 [J]. 财经论丛, 2007 (01): 20-25.

[162] 董坤祥, 侯文华, 陈宗泽, 等. 信用期下时滞变质品供应链库存和定价的

Stackelberg 均衡策略 [J]. 运筹与管理，2015，24（06）：76-85.

[163] 赵秀堃，李勇建，石丹. 基于 EPR 的供应链治理机制博弈分析 [J]. 系统工程学报，2015，30（2）：231-239.

[164] 刘颖，武小涵. 博弈论视角下我国粮食储备主体行为研究 [J]. 华中农业大学学报（社会科学版），2014（06）：17-24.

[165] 杨磊，肖小翠，张智勇. 需求依赖努力水平的生鲜农产品供应链最优定价策略 [J]. 系统管理学报，2017（01）：142-153.

[166] 亢霞，刘丹妮，张庆，等. "去库存"背景下的玉米价格政策改革建议 [J]. 价格理论与实践，2016（1）：84-86.

[167] 林华. 吉林省玉米供应链现状分析 [J]. 吉林农业科技学院学报，2010，19（2）：29-31.

[168] 马士华，林勇. 供应链管理（第 2 版）[M]. 北京：机械工业出版社，2005.

[169] 周扬，石岿然. 粮食经销商主导的供应链合作及利润分配研究 [J]. 科技管理研究，2012，32（5）：136-140.

[170] 高艳，王蕾，李征等. "互联网+农业"：重构农产品全产业链发展模式 [J]. 世界农业，2017（12）：11-17.

[171] 拜瑞·J·内勒巴夫等. 合作竞争 [M]. 王煜昆，王煜全，译. 合肥：安徽人民出版社，2000.

[172] 薛婷. 农产品供应链利益分配机制优化分析 [J]. 商业经济研究，2014（23）：23-25.

[173] 冯春，于宝，王雅婷，等. 指数需求下农产品供应链渠道利润的公平分配机制 [J]. 系统管理学报，2018，27（3）：470-477.

[174] 周业付. 基于改进 Shapley 值模型的农产品供应链利益分配机制 [J]. 决策参考，2017，（23）：52-54.

[175] 高岗仓，陈亚乐. 博弈理论下农产品供应链收益分配研究 [J]. 商业经济研究，2016（16）：183-185.

[176] 冷志杰，蒋天宇，谢如鹤. 大宗粮食供应链利益补偿协调机制的长期实施条件 [J]. 江苏农业科学，2017，45（5）：308-311.

[177] 樊琦，祁迪，李霜. 玉米临时收储制度的改革与转型研究 [J]. 农业经济问题，2016（8）：74-81.

[178] 陈岩. 从供给侧解决玉米"高库存"问题研究 [J]. 吉林金融研究，2016（6）：59-61.

[179] 郭庆海. 玉米主产区：困境、改革与支持政策-基于吉林省的分析 [J]. 农业经济问题，2015（4）：4-10.

[180] 丁声俊. 玉米供求的阶段性转变与收储制度改革 [J]. 价格理论与实践，2016（8）：

25 - 28.

[181] 郑适. 玉米 "三量齐增" 与供给侧结构性改革政策研究 [J]. 价格理论与实践，2016 (8)：29 - 32.

[182] 杨桂红，曹先磊，张颖. 市场化收购、价格补贴与我国玉米市场调控效率 [J]. 价格理论与实践，2016 (6)：54 - 57.

[183] 李如珍，施啸奔. 东北地区玉米收储制度改革浅议 [J]. 粮食与饲料工业，2007 (11)：1 - 4.

[184] 冷志杰，田静. 加工企业主导型粮食供应链中粮农风险共担契约研究 [J]. 黑龙江八一农垦大学学报，2014 (05)：82 - 85.

[185] 高艳，刘永悦，冷志杰. 政策激励大宗商品粮三级供应链成员协调研究 [J]. 黑龙江八一农垦大学学报，2015 (03)：110 - 114，128.

[186] 古川，罗峦. 消费者质量识别对农产品供应链质量和价格决策的影响 [J]. 管理评论，2016 (12)：225 - 234.

[187] 刘侃莹. 信息共享环境下粮食运输协调研究 [J]. 物流科技，2017，40 (04)：96 - 102.

[188] 汪岚，张正亚. 论供应链信任治理机制 [J]. 商业时代，2007 (24)：16 - 17.

[189] 覃汉松，欧阳梓祥. 供应链中信任关系的建立和发展 [J]. 经济管理，2002 (16)：58 - 61.

[190] 胡建理，吴泉源，周斌. P2P 环境下基于信任的信任模型研究 [J]. 计算机科学，2009，36 (09)：1 - 6，16.

[191] 田立法. 高承诺工作系统驱动知识共享：信任关系的中介作用及性别的调节作用 [J]. 管理评论，2015，27 (06)：148 - 159.

[192] 赵学军. 农村信用担保制度变迁 [J]. 中国金融，2016 (05)：98 - 99.

[193] 黄子健，王龑. 大数据、互联网金融与信用资本：破解小微企业融资悖论 [J]. 金融经济学研究，2015，30 (01)：55 - 67.

[194] 李青，张鑫. 区块链：以技术推动教育的开放和公信 [J]. 远程教育杂志，2017，35 (01)：36 - 44.

[195] 李晓，刘正刚. 基于区块链技术的供应链智能治理机制 [J]. 中国流通经济，2017，31 (11)：34 - 44.

[196] GALLI F，PROSPERI P，FAVILLI E，et al. How can policy processes remove barriers to sustainable food systems in Europe? Contributing to a policy framework for agri - food transitions [J]. Food Policy，2020.

[197] ZUREK M，HEBINCK A，LEIP A，et al. Assessing Sustainable Food and Nutrition Security of the EU Food System—AnIntegrated Approach [J]. Sustainability 2018 (10)：1 - 16.

［198］ WILLETT W，Rockström，Johan，LOKEN B，et al. Food in the Anthropocene：the EAT - Lancet Commission on healthy diets from sustainable food systems ［J］. Lancet，2019，393 (10170)：447 - 492.

［199］ 李平. 社会-技术范式视角下的低碳转型 ［J］. 科学学研究，2018，36 (06)：1000 - 1007.

［200］ 陈德富，杜义飞，李仕明等. 中小企业产品利基与绩效的阶段动态关系研究——来自机械设备行业的证据 ［J］. 软科学，2013，27 (09)：64 - 67.

［201］ 吕涛，王春玲，王飞. 社会-技术系统转型理论及其在能源系统转型中的应用 ［J］. 中国科技论坛，2015 (10)：109 - 114.

［202］ 彭兆荣，田沐禾. 作为政治景观的广场 ［J］. 文化遗产，2018 (01)：14 - 20.

［203］ BACHRACH P，MORTON S B. Two Faces of Power ［J］. The Americana Political Science Review，1962，46 (4)：947 - 952.

［204］ 张红宇，陈良彪，胡振通. 构建农业农村优先发展体制机制和政策体系 ［J］. 中国农村经济，2019 (12)：16 - 28.

［205］ ROGGE K S，REICHARDT K. Going Beyond Instrument Interactions：Towards a More Comprehensive Policy Mix Conceptualization for Environmental Technological Change ［J］. SPRU Working Paper Series (SWPS 2015 - 12 April).

［206］ 梁睿. 我国绿色农业补贴政策体系建构研究 ［J］. 行政论坛，2020，27 (01)：56 - 62.

［207］ 陈振明. 公共政策分析 ［M］. 北京：中国人民大学出版社，2003.

［208］ 李伟. 坚持专业性、科学性和开放性理念实现政策评估的客观、公正与准确 ［J］. 管理世界，2015 (08)：1 - 4.

［209］ 杨曦，余翔，刘鑫. 基于多层视角模型的专利情报分析方法研究——以石墨烯技术为例 ［J］. 情报杂志，2018，37 (08)：64 - 70，91.

［210］ 李小芬，王胜光. 我国风能产业多维度演进机制 ［J］. 中国科技论坛，2012 (03)：56 - 62.

［211］ 王燕妮. 新能源汽车社会技术系统发展分析 ［J］. 中国科技论坛，2017 (01)：69 - 75.

［212］ 林苹. 我国新型农业经营体系构建机制与路径研究 ［J］. 农业经济，2016 (02)：50 - 52.

［213］ 王冲，肖洪安，王燕. 我国农产品流通体系建设的政策体系构建 ［J］. 农村经济，2012 (11)：94 - 95.

［214］ 刘秀玲，谢富纪，王海花. 政策组合视角下的区域创新政策分析——以东北地区为例 ［J］. 软科学，2019，33 (04)：6 - 10，15.

［215］ 丰雷. 土地宏观调控的政策体系设计——基于中国实践的分析 ［J］. 经济问题探索，

2010 （09）：99 - 104.

[216] 顾海兵，周智高，王晓丽．对我国价格传导过程的实证分析 ［J］．价格理论与实践，2005 （4）：37 - 38.

[217] 张志栋．玉米市场或续"怪象"：大量流向收储企业 ［N］．粮油市场报．2015 - 3 - 5 日 （B01）.

[218] 周爱民．金融工程 ［M］．北京：科学出版社，2007.

[219] 王红建，李茫茫，汤泰劼．实体企业跨行业套利的驱动因素及其对创新的影响 ［J］．中国工业经济，2016 （11）：73 - 89.

[220] 高鸿业．西方经济学 （微观部分·第六版） ［M］．北京：中国人民大学出版社，2014.

[221] 孙建明，张伟楠，张华．玉米与淀粉跨产品套利研究——基于价格协整关系的讨论 ［J］．价格理论与实践，2017 （7）：137 - 140.

[222] 马述忠，屈艺．市场整合与贸易成本——基于中国粮食市场空间价格传导的新证据 ［J］．农业经济问题，2017，38 （5）：72 - 82，112.

[223] 杨艳昭，梁玉斌，封志明，等．中国玉米生产消费的时空格局及供需平衡态势 ［J］．农业现代化研究，2016，37 （05）：817 - 823.

[224] 王荣星．中粮贸易物流中心副总经理王荣星：中粮贸易粮食流通供应链实践 ［J］．中国粮食经济，2019 （7）：45 - 46.

[225] 解安，杨峰．我国粮食收储制度的问题与改革路径 ［J］．中国行政管理，2019 （05）：153 - 154.

[226] 王勇，邓旭东．基于因子分析的农产品供应链绩效评价实证 ［J］．中国流通经济，2015，29 （3）：10 - 16.

[227] 曹家月，王永兴，周晓兰，等．量化指标的数据处理及在护理质量评价中的应用 ［J］．护理管理杂志，2004 （08）：24 - 26.

[228] 吴昉，张涛，顾锋．以客户为导向的供应链绩效评价 ［J］．工业工程与管理，2012，17 （02）：62 - 67.

[229] 石善冲，康凯立，皮晞正，等．基于组合权重法的供应链环境成本分摊模型研究 ［J］．工业技术经济，2018，37 （09）：68 - 74.

[230] 朱建平，陈民恳．面板数据的聚类分析及其应用 ［J］．统计研究，2007 （04）：11 - 14.

[231] 陈强．高级计量经济学及 Stata 应用 （第二版） ［M］．北京：高等教育出版社，2014：169 - 193.

[232] 南剑飞，赵丽丽，王振宇，等．论顾客忠诚度的内涵、功能、构成及模型 ［J］．标准科学，2004 （5）：12 - 14.

[233] MORRIS B. The service profit chain：how leading companies link profit and growth to

loyalty, satisfaction, and value [J]. International Journal of service Industry Management, 1998, 9 (3): 312 – 313.

[234] CRONIN J J C, BRADY M K, HULT G T M. Assessing the effects of quality, value, and customer satisfaction on consumer behavioral intentions in service environments [J]. Journal of Retailing, 2000, 76 (2): 193 – 218.

[235] ZEITHAML V A, BERRY L L, PARASURAMAN A. The Behavioral Consequence of Service Quality [J]. Journal of Marketing, 1996, 60 (2): 31 – 46.

[236] 丁丽英. 基于计划行为理论的福州居民赴台旅游行为意向研究 [J]. 吉林师范大学学报（自然科学版），2013, 34 (1): 117 – 119.

[237] 王晓蓉, 王树进. 基于 SEM 的休闲农业园游客满意度研究——以南京地区调查为例 [J]. 中国农学通报，2010, 26 (13): 413 – 419.

[238] HEAZAR J J, NAJAFI M M. Effective parameters on tourism development in Iranwith foreign tourist attraction approach [J]. Sociological study, 2012 (2): 147 – 160.

[239] 王玮, 廖勇. 基于信息系统成功模型的创新使用研究——组织创新气氛的调节作用 [C]. 中国系统工程学会, 信息系统协会中国分会. 信息系统协会中国分会第四届学术年会，2011: 602 – 606.

[240] 石玉, 罗金华. 高星级酒店员工培训对离职意向的影响机制 [J]. 三明学院学报. 2017 (1): 17 – 24.

[241] 李思宇. 基于结构方程模型的桂林市游客满意度分析 [D]. 桂林: 广西师范大学，2017.

[242] 刘铮, 周静, 王波, 等. 肉鸡供应链中超市质量安全控制行为的影响因素分析 [J]. 农业经济，2018 (1): 139 – 141.

[243] 徐海文, 姜晓红, 黄银娣, 等. 农村电子商务物流末端配送服务质量评价——以 A 电子商务企业为例 [J]. 物流科技，2018, 41 (03): 52 – 55.

[244] 张利国, 刘芳, 王慧芳. 水稻种植农户产品营销方式选择行为分析 [J]. 农业技术经济，2015 (3): 54 – 60.

[245] 金涛. 铁路客运服务质量评价系统研究 [D]. 成都: 西南交通大学，2005.

[246] 安敏. 结构方程模型中样本量估计的蒙特卡洛方法 [J]. 伤害医学（电子版），2016, 5 (04): 45 – 49.

[247] 邱皓政. 结构方程模式 LISREL 的理论、技术与应用 [M]. 双叶书廊有限公司出版社, 台北. 2003.

[248] YOON Y, GURSOY D, CHEN J. Validating a tourism development theory with structural equation modeling. Tourism Management，2001, 22 (4): 363 – 372.

[249] 卢纹岱. SPSS for Windows 统计分析（第 2 版）[M]. 北京: 电子工业出版社，

2002.

[250] HAIR J F. Multivariate Data Ailalysis [M]. New York：Pearson Education Interational，2006.

[251] CAO，MOKHTARIAN X P L，HANDY S L. Do Changes in Neighbothood Characteristics Lead to Changes in Travel Behavior - A Structural Equations Modeling Approach [J]. Transportation，2007. 34 (5)：535 - 556.

[252] AVENI R A D. Hypercompetition：Management the Dynamics of Strategic Maneuvering [M]. New York：The Free Press. 1994.

[253] 梁志隆. 台北大众捷运系统服务品质与顾客满意度之研究 [D]. 高雄：台湾中山大学，2000.

[254] 陈杰. 基于结构方程模型的 B2C 快递物流服务满意度研究 [D]. 成都：西南交通大学，2015.

[255] 裴飞，汤万金，咸奎桐. 顾客满意度研究应用综述 [J]. 世界标准化与质量管理，2006 (10)：4 - 7.

[256] 赵宝山. 企业顾客满意度指数模型与测评研究 [D]. 河北工业大学博士论文，2012：104 - 108.

[257] 顾海，谭晶荣. 国有粮食企业如何走出困境——兼与私营粮食企业比较分析 [J]. 农业经济问题，2002 (2)：52 - 54.

[258] 王建华，刘苗，朱淀. 生猪供应链生产环节安全风险识别与防控路径研究 [J]. 中国人口资源与环境，2017，27 (12)：174 - 182.

[259] BJORN V C. Modelling trends in food market integration：method and an application to tanzanian maize markets [J]. Food Policy，2007，32 (1)：112 - 127.

[260] 田文勇，张会嶙，黄超等. 农户种植结构调整行为的影响因素研究——基于贵州省的实证 [J]. 中国农业资源与区划 .2016，37 (4)：147 - 153.

[261] 高艳，王蕾. 粮食供应链定价协调研究进展 [J]. 世界农业，2019 (07)：25 - 32，128.

[262] WALLEY M，JOHNSON M E，DAVIS T. Vendor Managed Inventory in The Retail Supply Chain [J]. Journal of Business Logistics，1999，20 (1)：183 - 203.

[263] 刘永悦，郭翔宇，冷志杰. 大宗商品粮三级供应链利益补偿实施的政府支持政策与供应链运营对策 [J]. 农业经济，2016 (6)：78 - 80.

[264] 吴广谋，吕周洋. 博弈论基础与应用 [M]. 南京：东南大学出版社，2009.

[265] 王晓，邬冬华. 主从博弈的轻微利他平衡点 [J]. 应用数学与计算数学学报，2015，29 (4)：479 - 485.

[266] 郭岚，张祥建. 现代供应链的信息共享与激励策略研究 [J]. 软科学，2008，22 (7)：88 - 90.

[267] 常志平，蒋馥．供应链中信息共享的最优程度和制度安排［J］．上海交通大学学报，2004，38（3）：484-488.

[268] 郝国英，孔造杰，韩海彬．供应链中信息共享对各环节库存的影响研究［J］．系统工程理论与实践，2007，27（9）：131-135.

[269] 陈长彬，杨忠．供应链合作中的信息共享及激励［J］．情报杂志，2008，27（9）：129-132.

[270] RUBINSTEIN A. Perfect equilibrium in bargaining model［J］．Econometrica，1982，50（1）：97-109.

[271] YAO D Q，YUE X H，LIU J. Vertical cost information sharing in a supply chain with value-adding retailers［J］．International Journal of Management Science，2008，36（5）：838-851.

[272] SEONG Y P，HEAN T K，Modeling hybrid distribution channels：A game-theoretic analysis［J］．Journal of Retailing and Customer Services，2003，10（3）：155-167.

[273] 李庆海，吕小锋，李成友，等．社会资本对农户信贷违约影响的机制分析［J］．农业技术经济，2018（02）：104-118.

[274] 蔡海龙，关佳晨．不同经营规模农户借贷需求分析［J］．农业技术经济，2018（04）：90-97.

[275] 张梓榆，温涛，王小华．"新常态"下中国农贷市场供求关系的重新解读——基于农户分化视角［J］．农业技术经济，2018（04）：54-64.

[276] 许泉，黄惠春，祁艳．农地抵押风险与农户抵押贷款需求——以江苏试点为例［J］．农业技术经济，2016（12）：95-104.

[277] 周小梅，范鸿飞．区域声誉可激励农产品质量安全水平提升吗？——基于浙江省丽水区域品牌案例的研究［J］．农业经济问题，2017，38（04）：85-92，112.

[278] TSANOS C S，ZOGRAFOS K G. The effects of behavioural supply chain relationship antecedents on integration and performance［J］．Supply Chain Management，2016，21（6）：673-693.

[279] 魏旭光，康凯，张志颖，等．生产型企业间信任对合作满意度的影响研究——关系专用性投资的中介作用［J］．预测，2013，32（02）：42-48.

[280] 刘蕾，鄢章华．区块链体系下的产业集群融资信任机制［J］．中国流通经济，2017，31（12）：73-79.

[281] 赵晓丽，乞建勋．供应链不同合作模式下合作利益分配机制研究——以煤电企业供应链为例［J］．中国管理科学，2007（04）：70-76.

[282] 尹进，胡祥培，郑毅．基于主观逻辑方法的消费者多源信任融合模型［J］．管理科学，2017，30（03）：75-82.

[283] YAHYA P，ARMAND B，NAOUFEL C. A rewarding-punishing coordination mechanism

based on Trust in a divergent supply chain'. European Journal of Operational Research [J]. 2013, 230 (3): 527-538.

[284] 肖迪, 郝云宏. 基于关系契约的供应链企业社会责任协调及成本分担策略 [J]. 中国流通经济, 2017, 31 (06): 53-60.

[285] 万方. 自媒体议程设置的行动特征与政府角色定位——基于整体性视角的分析 [J]. 中国行政管理, 2017 (10): 59-63.

[286] 孙峰, 马旭飞. 政策议程设置: 演变、机理与"互联网＋"新样态 [J]. 天津行政学院学报, 2020, 22 (01): 10-18.

[287] 顾建光, 吴明华. 公共政策工具论视角述论 [J]. 科学学研究, 2007 (01): 47-51.

[288] 王惠娜. 自愿性环境政策工具与管制压力的关系——来自经济模型的验证 [J]. 经济社会体制比较, 2013 (05): 100-108.

[289] 宋姣姣, 王丽萍. 环境政策工具的演化规律及其对我国的启示 [J]. 湖北社会科学, 2011 (05): 97-100.

[290] 刘晓君, 郭晓彤, 李玲燕, 等. 基于改进高维多目标优化算法的中国住房租赁市场政策工具组合 [J]. 系统管理学报, 2020, 29 (03): 532-540.

[291] 孙科技. 论"双一流"政策执行的阻碍因素及其优化路径——基于政策工具理论的分析框架 [J]. 复旦教育论坛, 2019, 17 (03): 67-73.

[292] 耿旭. 公共政策领域中的公民参与问题研究进展——基于文献计量的分析 [J]. 东北大学学报 (社会科学版), 2014, 16 (03): 286-291.

[293] 高洪贵. 协商民主视野下的政府公共决策与公民参与 [J]. 理论导刊, 2012 (04): 4-7.

[294] 黄尔嘉. 基于系统动力原理的高校人事管理研究——1978 年以来的国家政策回顾 [J]. 复旦教育论坛, 2018, 16 (06): 20-26.

[295] 陈振明. 公共政策分析 [M]. 北京: 中国人民大学出版社. 2003.

[296] 彭忠益, 石玉. 中国政策评估研究二十年 (1998—2018): 学术回顾与研究展望 [J]. 北京行政学院学报, 2019 (02): 35-43.

[297] 谢帆. 公共政策评估的理论与方法 [J]. 经济研究导刊, 2020 (07): 180-181.

[298] 刘海波. 论科技政策决策过程的专家参与 [J]. 自然辩证法研究, 1998 (07): 3-5.

[299] 沈孝丽. 试析粮食收储企业税收优惠政策 [J]. 中国乡镇企业会计, 2019 (08): 61-62.

图书在版编目（CIP）数据

主产区粮食产后服务主体的收储行为及供应链治理机制研究／冷志杰等著. —北京：中国农业出版社，2022.1

ISBN 978-7-109-28966-6

Ⅰ.①主… Ⅱ.①冷… Ⅲ.①粮食产区－粮食储备－研究－中国②粮食产区－供应链管理－研究－中国 Ⅳ.①F326.11

中国版本图书馆 CIP 数据核字（2021）第 255733 号

主产区粮食产后服务主体的收储行为及供应链治理机制研究
ZHUCHANQU LIANGSHI CHANHOU FUWUZHUTI DE
SHOUCHU XINGWEI JI GONGYINGLIAN ZHILI JIZHI YANJIU

中国农业出版社出版

地址：北京市朝阳区麦子店街 18 号楼

邮编：100125

责任编辑：潘洪洋　邓琳琳

版式设计：王　晨　责任校对：刘丽香

印刷：北京中兴印刷有限公司

版次：2022 年 1 月第 1 版

印次：2022 年 1 月北京第 1 次印刷

发行：新华书店北京发行所

开本：700mm×1000mm　1/16

印张：20.75

字数：345 千字

定价：78.00 元

版权所有·侵权必究

凡购买本社图书，如有印装质量问题，我社负责调换。

服务电话：010-59195115　010-59194918